"十四五"国家重点出版物出版规划项目

"中国当代哲学史(1949—2009)"丛书

陈卫平　主编

中国当代哲学史史料

文献选编　上　①

第四卷

陈卫平　主编

广西师范大学出版社

·桂林·

图书在版编目（CIP）数据

中国当代哲学史史料·文献选编：上、中、下／陈卫平主编. —桂林：广西师范大学出版社，2024.10

（"中国当代哲学史（1949—2009）"丛书／陈卫平主编；第四卷）

ISBN 978 - 7 - 5598 - 6784 - 1

Ⅰ. ①中… Ⅱ. ①陈… Ⅲ. ①现代哲学－哲学史－文献－汇编－中国 Ⅳ. ①B262

中国国家版本馆 CIP 数据核字（2024）第 035499 号

中国当代哲学史史料·文献选编：上、中、下
ZHONGGUO DANGDAI ZHEXUESHI SHILIAO · WENXIAN XUANBIAN：
SHANG、ZHONG、XIA

出 品 人：刘广汉
策划编辑：刘孝霞
责任编辑：刘孝霞　吕解颐　李　影
装帧设计：李婷婷
广西师范大学出版社出版发行

（广西桂林市五里店路 9 号　　邮政编码：541004
网址：http://www.bbtpress.com　）

出版人：黄轩庄
全国新华书店经销
销售热线：021 - 65200318　021 - 31260822 - 898
山东临沂新华印刷物流集团有限责任公司印刷
（临沂高新技术产业开发区新华路 1 号　邮政编码：276017）
开本：690 mm × 960 mm　　1/16
印张：160.25　　　　　字数：2 473 千
2024 年 10 月第 1 版　　2024 年 10 月第 1 次印刷
定价：998.00 元（全六本）

总　序

陈卫平

本丛书共有六卷，是国家社科基金重大项目"当代中国哲学史（1949—2009）"（项目编号：11&ZD0085）的最终成果，也是国家新闻出版署"十四五"规划的最终成果。如何写中国当代哲学史，从申报这个课题起，是我始终在思考的问题。在这篇"总序"里就此作四个方面的阐述：一、意义、难题和基本构架；二、时代课题与中国当代哲学的重大哲学论争（讨论）；三、中国当代哲学改革开放前后的联系与区别；四、当代中国哲学家理论体系的品格。

一、意义、难题和基本构架

打开 2011 年申报项目的"投标书"，对课题的意义有这样的表述："新中国成立 60 年以来的道路，已为世界瞩目。尤其是近 30 年以来中国的发展被称为'世界的震撼'，中国的震撼是与中国人头脑中发生的思想震撼紧密相关的。这样的震撼是如何反映在哲学领域的？哲学应当如何认识和总结这样的思想震撼？这些是我们应当面对的问题。"2020 年项目的结项报告将这一意义进一步表述为："揭示 60 年来中国人走过什么样的哲学道路，如何构建反映中国道路的哲学学科、学术体系、学术话语"，从而"有利于深刻认识探索中国特色社会主义道路的理论内涵；有利于总结新中国哲学学科建设、学术体系和话语体系建设的经验教训"；由于本课题在编选史料上用功较多，因而还"有利于初步奠定当代中国哲学史的史料基础"。这些基本上是这套丛书力图呈现的意义。

1

意义的呈现须以真实的"信史"为根基。"不识庐山真面目，只缘身在此山中。"通常人们认为当代人写当代史，难识"庐山真面目"，因而隔代写史成为常态。这有一定道理。但是，当代人写当代史实有后人不具备的重大优势：能够直接观察到"庐山"的"远近高低"，甚至亲自攀爬过"庐山"的横之岭、侧之峰。由此切身感受而带来的对哲学理论力量的体会和深层意义的洞察，是后代人很难达到的。就此而言，当代人写的哲学史是可以成为至少是部分地成为"信史"的。但这在书写的实际中，面临一些前提性的难题，对此需要有清楚的认识和恰当的解题办法。

难题之一，如何处理与主流意识形态的关系。当代中国哲学中马克思主义哲学是重头，它较哲学其他学科更具意识形态和学术形态的双重身份，这两者既有联系又有区别。[①] 如何处理这两者的关系呢？本课题立项时，一些当代中国哲学史的论著关于马克思主义哲学的叙述存在一个偏颇：只注重对主流意识形态（以党和国家最高领袖为代表）的阐释，基本忽略了学术形态的马克思主义哲学的成果。本课题将主流意识形态作为制约学术研究的思想背景，在指出这种制约作用有时既有正面的，也有负面的同时，更多揭示学术发展的内在理路。这样的书写还需要顾及与现今主流意识形态的协调，如一位史学家所说："应不应讲，什么时候讲，讲些什么，从政治上考虑都不是径情直遂，无所斟酌的。"[②] 我们用以斟酌的依据是两个"决议"，即《中国共产党中央委员会关于建国以来党的若干历史问题的决议》《中共中央关于党的百年奋斗重大成就和历史经验的决议》。这样的协调并非曲意逢迎。

难题之二，如何处理与二级学科学术史的关系。"五四"以后，随着现代大学哲学系和哲学研究机构的出现。对于哲学的研究开始划分为若

---

① 参见陈卫平《理论创新·评价公正·知识普及》，载上海市社会科学界联合会编《当代中国：发展·安全·价值》第 2 卷（上），上海人民出版社，2004 年，第 85 页。
② 孙思白：《试论历史与现实的联系与区别》，载《红旗》杂志社编《历史研究的理论与方法》，红旗出版社，1983 年，第 106 页。

干二级学科（尽管当时没有二级学科的名称）。1949年新中国成立后，进一步强化了这一点。这有益于学术研究的精细化，但也容易将二级学科各自孤立起来，造成缺失综合贯通的问题。我们在进行本课题研究时，参考了不少研究当代中国哲学的论著，它们给予我们很多帮助，但程度不同地存在上述问题。这突出地表现在：一是把当代中国哲学简单地作为若干二级学科的叠加，缺乏总体问题的引领；二是疏漏了超越二级学科限制而建立体系的哲学家，如果说中国古代哲学通史的书写是以不同时期的哲学家为历史链条的，那么哲学家在当代中国哲学通史性著作的书写中则是缺席的。总体问题的引领源自对时代中心问题的把握。这个时代中心问题就是：如何在具有悠久农业文明传统而现代经济文化相对落后的中国实现社会主义现代化？当代中国哲学之"当代"就在于它是对这个问题的思考和回答。由此为聚焦点，把二级学科的学术发展综合贯通为整体性的当代中国哲学史。没有哲学家的哲学史是无法想象的。我们的课题分析了当代中国三位哲学家（张岱年、冯契、高清海）的理论体系，并概括了他们共同的理论品格，弥补了以往当代中国哲学通史性著作中哲学家缺席的遗憾。

难题之三，如何在庞富繁杂的材料中确定基本史料。相较于中国古代和近代的哲学史研究，这是个很大的难题。当代中国哲学的材料庞富繁杂，并有很多散见于众多学术期刊、大学学报、会议论文集，没有得到系统整理。从浩如烟海、汗牛充栋的材料中收集鉴别基本的史料，既是研究当代中国哲学史所必须的，也是开创当代中国哲学史史料学所必须的。对此我们采取了"五个结合"的办法：一是书面史料与口述史料相结合，两者的相互印证，能够更充分地揭示真相；同时采访一些见证和亲历当代中国发展的人物，他们的口述，具有史料抢救的性质。二是重大争论和重要哲学家的文献与分学科的文献相结合，这样可以看到这些重大争论和重要哲学家与各分科学术的相互影响。三是理论性文献与综述性文献相结合，前者着眼于该文献的重要价值，后者着眼于该文献具有提供进一步的线索的功能。四是把文献实录和反思评论相结合，这样不仅提供历史的实境，而且提供当今的评价，把历史和现实相联系。五是把相关问题讨论的文献与表现这些讨论在海外影响的文献相结合，显示海内外的交流互鉴。我们以这样的"五个结合"来呈现当代中国哲学史基本史料。

下面对丛书六卷的基本构架作简略的说明。六卷在总体上分为两大部分：理论部分（前三卷）和史料部分（后三卷）。

第一卷，《"第二次结合"的哲学探索——中国当代的马克思主义哲学研究》。本卷揭示新中国马克思主义哲学的发展，以马克思主义和中国具体实际"第二次结合"为主题，以主流意识形态演变为历史背景，以学术形态的马克思主义哲学及其研究路径转换为主线。

第二卷，《根植中华民族的智慧——中国当代的中国哲学史和哲学家研究》。认为当代中国的中国哲学史研究的大势，是走向阐释中华民族哲学智慧的学术自觉的过程；论述了当代中国三位重要哲学家（张岱年、冯契、高清海）的理论体系与中华民族的哲学智慧血脉相连。

第三卷，《中西合流与"中国的立场"——中国当代的外国哲学、伦理学、科技哲学、宗教学、美学、逻辑学研究》。当代中国哲学继承和推进了近代中国的中西哲学合流。这样的合流坚持了"中国的立场"（叶秀山语）的主体性，因而这些学科领域的理论构建，立足于现实的中国问题吸取和解读西方哲学的相关研究，将其与中国传统相衔接。

以上三卷构成了贯通当代中国 60 年的哲学通史。

第四卷，《中国当代哲学史史料·文献选编》（上、中、下）。上册为1950 年代至 1990 年代中期的九次重大论争（讨论）。九次重大论争具体内容见下文，所选的文献大体上分为三个方面：一是这些重大讨论的历史过程；二是对于这些讨论的评析；三是与这些讨论相关的横向和纵向联系，"横向"是指与海外思想的关联，"纵向"是指改革开放前后两个时期的关联。中册和下册为马克思主义哲学、中国哲学、外国哲学、伦理学、科技哲学、宗教学、美学、逻辑学研究的文献及三位当代重要哲学家的文献。在内容上（三位哲学家的文献除外）分为三个部分：一是关于这些领域的学术研究发展进程的综述，二是关于这些领域有较大影响的讨论和论文，三是关于这些领域的学术进展与海内外的关联。

第五卷，《中国当代哲学史史料·口述访谈录——述往事　思来者》。本卷由三部分组成：一是中国大陆学者的访谈录（20 位）；二是海外和台湾学者的访谈录（6 位）；三是附录，有两个部分：首先是 4 篇分别回忆 20 世纪五六十年代重要的学术刊物《光明日报》哲学专刊和《新建设》的文章，其次是台湾学界对大陆改革开放后哲学研究的评述。访谈录不仅有对于过去的回忆，也有对于如何进一步发展中国哲学的探讨。

第六卷，《中国当代哲学史史料·专题汇编——改革开放初期人的学说的论争实录及反思》。1970 年代末至 1980 年代中期，进行了人道主义和异化问题大讨论。这是 1949 年以来规模最大的哲学讨论，发表文章 1 200 余篇，出版有关文集 20 余种。本卷作为专题史料汇编，包括了当时的争鸣文章、某些当事者对当时史实的回忆以及 30 年后对这场大讨论的反思。

以上三卷体现了上述的收集鉴别史料的"五个结合"，以史料呈现新中国构建哲学的学科体系、学术体系、话语体系的历程。

二、时代课题与中国当代哲学的重大哲学论争（讨论）

哲学是时代的精华。写好中国当代哲学史，首先需要考察当代中国哲学与时代中心问题的关系。毛泽东在《新民主主义论》中以"中国向何处去？"作为时代中心问题，并以完成"中国式的、特殊的、新式的民主主义"[①]革命对此作了回答。他在 1957 年说："当人民推翻了帝国主义、封建主义和官僚资本主义的统治之后，中国要向哪里去？向资本主义，

---

① 毛泽东：《新民主主义论》，《毛泽东选集》第 2 卷，人民出版社，1991 年，第 666 页。

还是社会主义？"① 而在此前的 1956 年他指出："应该用自己的头脑思索了。应该把马克思主义的基本原理同中国革命和建设的具体实际结合起来，探索在我们国家里建设社会主义的道路了。"强调"现在是社会主义革命和建设时期，我们要进行第二次结合，找出在中国怎样建设社会主义的道路"②。就是说，新中国成立后，"中国向何处去？"依然是时代中心问题，但其内涵从如何进行新民主主义革命转变为如何找出在中国实现社会主义现代化的道路，为此必须进行马克思主义与中国具体实际的"第二次结合"。

当代中国哲学发生的重大论争（讨论）正是这个时代课题的反映。这里的"重大"是指论争（讨论）的问题和论争（讨论）的规模具有全国影响，持续时间比较长，参与人员涉及哲学多个学科，甚至哲学以外的学科。这样的论争（讨论）主要有以下九次：（1）1950 年代初期批判资产阶级唯心主义运动；（2）所谓"哲学上三次大论战"③；（3）1957 年中国哲学史座谈会；（4）批判林彪、"四人帮"的哲学思想；（5）关于实践是检验真理的唯一标准的大讨论；（6）关于生产力问题的论争；（7）关于人道主义和异化问题的大论辩；（8）历史发展动力和历史创造者问题的论争；（9）"文化热"与"国学热"的论争。上述重大论争（讨论）集中于两个时段，即 1950 年代到 1966 年"文革"前和 1976 年粉碎"四人帮"到 20 世纪 90 年代中期。前一时段的历史背景是把半殖民地半封建的旧中国转变为建立社会主义制度的新中国，后一时段的历史背景是在

---

① 毛泽东：《关于正确处理人民内部矛盾的问题》，《毛泽东文集》第 7 卷，人民出版社，1999 年，第 214 页。
② 吴冷西：《忆毛主席——我亲身经历的若干重大历史事件片断》，新华出版社，1995 年，第 6—7 页。
③ 论述中国当代哲学史或马克思主义哲学史的著作，一般都会提及 1950 年代至 1960 年代的"哲学上三次大论战"，即"综合经济基础论和单一经济基础论""思维与存在同一性""一分为二与合二而一"的论争。改革开放以来对此的研究成果表明，把这三次论争概括为新中国成立以来与"两条路线斗争"相联系的"三次大论战"，是由康生炮制出来的（详见许全兴《"哲学上三次大论战"的提法不宜继续使用》，《理论视野》2009 年第 5 期）。因此，这里用了"所谓"一词。不过，这三次论争确实存在。

改革开放中开辟中国特色社会主义道路。这两个时段的历史背景呈现的是巨大的社会变革的画面，它使得哲学领域思想激荡、风云变幻。20世纪中叶以后，中国特色社会主义道路的指导理论、基本制度、文化建构日益明朗，哲学领域不再出现思想学术界聚焦的重大论争，学术讨论基本上在各自学科范围里展开。上述九方面论争（讨论）展开的历史背景，显示出当代中国哲学是对于时代课题的回答。为了进一步说明这一点，这里对其中三个论争（讨论）即1950年代初期批判资产阶级唯心主义运动、关于生产力问题的论争、"文化热"与"国学热"的论争略作阐述，揭示它们的时代精神。

1950年代初期批判资产阶级唯心主义运动。[①] 习近平《在哲学社会科学工作座谈会上的讲话》指出，"如何巩固马克思主义在意识形态领域的指导地位"，是"需要哲学社会科学更好发挥作用"的重要方面。新中国成立初期对于唯心主义的批判，旨在确立马克思主义在意识形态领域的指导地位，为建立社会主义制度提供世界观、方法论。1951年2月16日《人民日报》发表社论《〈实践论〉开辟了我们学术革命的思想道路》，提出"按照唯物论的道路去从事学术革命的工作"，批判曾经弥漫于旧中国学术界的唯心主义，由此"中国学术界将出现伟大的成果"。1955年3月，中共中央发布了《关于宣传唯物主义思想批判资产阶级唯心主义思想的指示》，指出"在六万万人口的伟大国家中建成社会主义社会，必须在知识分子中和广大人民中宣传辩证唯物主义和历史唯物主义思想，批判资产阶级唯心主义思想，并在这个思想战线上取得胜利"；还指出这样的批判集中于学术界，是因为"在学术问题上的资产阶级唯心主义思想是社会生活中的形形色色的资产阶级思想的理论化、系统化、集中化了的表现"。1955年《哲学研究》的创刊号上具有发刊词性质的评论文章，就以"为马克思主义哲学的胜利而斗争"为题，并在此后一年内，刊发

---

① 关于1950年代批判资产阶级唯心主义运动的详情，参见胡海涛《建国初期对唯心主义的四次批判》，百花洲文艺出版社，2006年。

了 5 篇综述，报道全国批判唯心主义的情况，从中可以看到这场运动几乎涉及哲学社会科学各个领域。新中国成立伊始，进行这样的运动并非偶然。《毛泽东选集》（4 卷本）以《唯心历史观的破产》结尾："自从中国人学会了马克思列宁主义以后，中国人在精神上就由被动转入主动。"[①]此文写于新中国成立的前夜，以评论美国国务院白皮书以及美国国务卿艾奇逊信件为主题。这预示了新中国将要用马克思主义哲学批判作为西方资本主义意识形态哲学基础的唯心主义，以此构建新中国人民的精神世界。1950 年代初期批判资产阶级唯心主义运动揭开了这样的序幕。这意味着当代中国哲学史的起点，表现为马克思主义立场、观点、方法在哲学研究中的贯彻落实以及发挥塑造人民精神世界的意识形态作用。这个运动曾被比喻为"思想领域的解放战争"[②]。这个比喻，一方面表明这样的批判体现了马克思主义哲学改造人们精神世界的强大力量，一方面也意味着这样的批判存在着某些如习近平所指出的"用解决政治问题的办法对待学术问题的简单化做法"[③]。因此，考察新中国成立初期对于唯心主义的批判，对于写好当代中国哲学史的启示是：既要揭示哲学的意识形态政治功能，又不能把政治问题和学术问题相混淆。

关于生产力问题的论争。旧中国的生产力极其落后，因而新中国在建立社会主义制度后，面临的重大问题是如何迅速发展生产力。从 1950 年代到 1990 年代初期，关于生产力问题有过多次论争，其中最有影响的是两次。一次是 1959 年到 1961 年，围绕李平心提出的"生产力性质"的理论，在《学术月刊》《新建设》《文汇报》《光明日报》等刊物上展开讨论。李平心在两年半的时间里对此发表了 15 篇论文，有 20 余万字。[④]李平心从"生产力的二重性"即生产力具有物质技术方面和社会方面的双重属性的基本观点出发，认为生产力在其自身领域中存在物质技术力

① 毛泽东：《唯心史观的破产》，《毛泽东选集》第 4 卷，人民出版社，1991 年，第 1516 页。
② 黄楠森主编：《马克思主义哲学史》第 7 卷，北京出版社，1989 年，第 5 页。
③ 习近平：《在哲学社会科学工作座谈会上的讲话》，《人民日报》2016 年 5 月 19 日。
④ 这些论文后来编为《论生产力问题》，生活·读书·新知三联书店 1980 年出版。

量和社会劳动力量的矛盾运动，由此而呈现"自行增值"的趋势，生产力的发展并不是完全依赖生产关系的反作用，生产力的发展有其内在动力，有其自身的规律。对于这一理论讨论的背景，是1956年党的八大提出了国内主要矛盾是先进的生产关系和落后的生产力之间的矛盾，但在随后的经济建设中出现了强调生产关系对生产力的反作用，而忽视研究生产力的片面性。李平心试图从理论上克服这种片面性，然而这在"文革"中被作为修正主义"唯生产力论"的典型。另一次关于生产力问题的讨论，从1979年展开，直至1990年代中期，讨论除了否定林彪、"四人帮"对所谓"唯生产力论"的批判之外，主要内容还有社会主义生产目的是什么，即发展生产的价值取向问题、重新认识生产力和生产关系的关系（与重新评价李平心的生产力理论紧密相关）、科学技术是生产力的问题、生产力标准的含义等。这次讨论在改革开放初期提出了关于发展生产力的很多新观点，极大提高了关于社会主义本质是发展生产力的认识。两次讨论的历史背景、具体内容不尽相同，但贯穿的主线是一致的，即如何认识生产力在社会主义建设中的作用以及如何发展生产力。卫兴华将包括上述两次讨论在内的有关生产力问题的论争，归结为"科学把握生产力和生产关系研究中的唯物史观"[1]。这其中的重点应该是生产力的研究，如匡亚明所说："在理论战线上虽然研究生产关系方面的问题仍不能说已很充分，确实仍需加强，毕竟还是做了不少工作，唯独从事生产力方面问题的研究，做得很不够。这种情况不仅国内如此，国外也大体如此。"[2] 然而，正因为生产力问题的研究还比较薄弱，所以在上述两次讨论中提出了较多新的概念和命题，如生产力二重性、生产力标准、生产目的、科学技术是第一生产力等。这告诉我们对于当代中国哲学史的书写，应力求体现时代精神，把标识性的概念和命题反映出来。

---

① 卫兴华：《科学把握生产力与生产关系研究中的唯物史观——兼评"生产关系决定生产力论"和"唯生产力标准论"》，《清华政治经济学报》第2卷，社会科学文献出版社，2014年。

② 匡亚明：《〈论生产力问题〉序》，载李平心《论生产力问题》，第2页。

"文化热"与"国学热"的论争。① 从 1980 年代中期掀动的"文化热"到 1990 年代兴起的"国学热",虽然两个"热"论争的具体问题和价值趋向不尽相同,但贯穿着同一个主题,即传统文化与现代化的关系。两个"热",从"文化"趋于"国学",正表明了这一点。后一个"热"的出现很大程度上是出于对前一个"热"在对待传统文化问题上的反思。译介西方的现代思潮虽然是"文化热"的重头戏之一,但这往往是给讨论传统文化与现代化的问题提供外来思想资源,如马克斯·韦伯的《新教伦理与资本主义精神》的译介突出地表现了这一点。习近平指出:"怎样对待本国历史?怎样对待本国传统文化?这是任何国家在实现现代化过程中都必须解决好的问题。"② "文化热"与"国学热"的论争正是为了解决好这个问题。对此两个"热"进行了很多方面的讨论:什么是传统文化的主干?传统文化的核心精神或哲学智慧是什么?传统文化与现代化是对立还是相容?如何评价"五四"的反传统?传统文化与现代化是否存在"体""用"关系?现代新儒家的保守主义对于现代化是否具有正面价值?中国传统文化是否可以作为克服西方现代性危机的良方?等等。海外一些学者的观点,如由"东亚现代性"显示出的"现代化多元倾向"、现代化须由"中国传统的创造性转化"才能逐渐获得、中国传统文化是"内在超越"而不同于西方的"外在超越"等进入上述争辩的话语体系。通过争辩大约形成下列三个基本共识。(1)"现代化不只限于科学技术层面,更重要的是应该有文化深层的现代化相配合。"③
(2)对于现代化而言,"传统固然是一种保守的力量,但同时,传统也是一切前进的基地",因此,"传统是一个包袱","传统又是一宗财富"。④
(3)"把中国文化放在整个世界文化发展的总趋势中来考察,使中国文化

① "文化热"的详情,参见郭双林著《八十年代以来的文化论争》,百花洲文艺出版社,2004年;"国学热"的详情,参见梁涛、顾家宁编《国学问题争鸣集 1990—2010》,广西师范大学出版社,2010 年。
② 《牢记历史经验历史教训历史警示 为国家治理能力现代化提供有益借鉴》,《人民日报》2014 年 10 月 14 日。
③ 汤一介:《"文化热"与"国学热"》,《二十一世纪》1995 年 10 月号。
④ 庞朴:《中国传统文化与现代化断想》,《未定稿》1985 年第 11 期。

的真精神和现时代的时代要求接轨。"① 这三个共识为 21 世纪提出继承发扬中华优秀传统文化、对传统文化进行创造性转换和创新性发展的思想铺垫，也为明确提出"第二个结合"即马克思主义基本原理与中华优秀传统文化相结合作了思想先导。

与上述三大论争一样，上述列出的九大论争的其他论争，也是中国当代哲学紧扣时代脉搏的集中反映。这意味着我们对于这些重大论争的论述，需要揭示它们对时代的长远影响。

三、中国当代哲学改革开放前后的联系与区别

中国当代哲学根植于中国社会主义历史进程，习近平指出："我们党领导人民进行社会主义建设，有改革开放前和改革开放后两个历史时期，这是两个相互联系又有重大区别的时期，但本质上都是我们党领导人民进行社会主义建设的实践探索。"② 改革开放前后两个时期的中国哲学，在本质上都是上述的毛泽东提出的"第二次结合"的探索，因而有着内在的联系，但又因处于不同历史时期而有重大区别。这种联系和区别，大致有如下两种情况：一是改革开放后讨论的问题，往往在改革开放前已有某些铺垫，但改革开放后对于这些问题的研究达到了新的境界；二是改革开放后讨论的问题，是从反思改革开放前的某些错误而引发的，于是改革开放后对于这些问题的研究起到了修正错误、坚持真理的作用。这两种情况在同一学科、同一学术问题上往往是交织在一起的。下面以哲学学科中影响和规模较大的马克思主义哲学、中国哲学、外国哲学三个学科进一步予以说明。

在马克思主义哲学领域里，改革开放后影响最为巨大的是始于 1978 年的"实践是检验真理的唯一标准"的大讨论。③ 它发挥了解放思想的

---

① 汤一介：《"文化热"与"国学热"》，《二十一世纪》1995 年 10 月号。
② 习近平：《在发展中国特色社会主义实践中不断发现、创造、前进》，《人民日报》2013 年 1 月 6 日。
③ 这场讨论的详情，参见贺金瑞等《新时期马克思主义哲学创新发展论辩》第一章，百花洲文艺出版社，2007 年。

政治功能，拉开了马克思主义哲学在新的历史时期的创新序幕。① 这场大讨论发端于那年 5 月 11 日《光明日报》以本报特约评论员名义发表的《实践是检验真理的唯一标准》。而在十五年前 1963 年 2 月 1 日的《光明日报》有篇同名文章，作者是朱士耀。从 1962 年 4 月到 1964 年年底，有过一场有相当规模的"关于真理和错误关系问题讨论"②。朱士耀的文章为参与讨论而写，它针对实践是检验真理的直接方式，唯物辩证法是检验真理的间接方式的观点，阐述了实践是检验真理的唯一标准。这与后来的同名文章的精神是一致的。在更早的 1956 年，在《光明日报》上就有过关于"真理是什么"的讨论，发表了近 20 篇文章，讨论的焦点是真理有无阶级性，目的是破除盲从苏联对自然科学贴上阶级标签的做法。③20 世纪从 50 年代到 60 年代再到 70 年代末，三次真理问题讨论典型地反映了马克思主义哲学在改革开放前后两个时期既有联系又有重大区别。

关于马克思主义和人道主义的关系，是 1970 年代末至 1980 年代中期进行的人道主义和异化问题大讨论的中心。④ 有学者在 30 多年后就此作了这样的评论："关于'马克思主义与人道主义'问题的争论，其根本指向为马克思主义的整体性"，"它的实际作用与影响是深远的，甚至可以说对于中国马克思主义的发展是支配性的，其后的许多富有成效的理论问题的提出与探索，无不是在这一指向整体性的总问题的规划之下的"。⑤ 如此意义重大的讨论是由反思改革开放前对人道主义的错误批判

① 孙正聿、杨晓、丁宁：《改革开放以来的当代中国哲学史（1978—2009）》（人民出版社，2019 年，第 51 页）说："以检验真理的实践标准为突破口的思想解放，蕴含着一系列深层的哲学问题"；由此以马克思恩格斯"关于'实践'的论述为立足点和出发点，重新理解和阐释马克思主义哲学，并形成了关于'实践唯物主义'的基本理念"。
② 《哲学研究》编辑部把 1962—1963 年报刊上有关的部分文章，编辑为《真理问题讨论集》，由上海人民出版社 1964 年出版。
③ 关于改革开放前的两次关于真理问题的讨论，参见曹光章《60 年代初关于真理标准问题的讨论：当代中国思想史上被忽略的一个片段》，《毛泽东邓小平理论研究》2015 年第 11 期。
④ 这场讨论的详细情况，参见黎德化《新时期人与文化的反思》第一至第四章，百花洲文艺出版社，2006 年。
⑤ 孙正聿、杨晓、丁宁：《改革开放以来的当代中国哲学史（1978—2009）》，第 60 页。

而开启的。汝信的《人道主义就是修正主义吗?——对人道主义的再认识》①,就是对改革开放前曾经当作修正主义来批判的人道主义的再认识:"马克思主义和人道主义究竟是什么样的关系?把人道主义看作修正主义,在理论上究竟是否站得住脚?"文章还提到研究马克思主义和人道主义的关系,必须重视马克思早期著作《1844 年经济学哲学手稿》,尤其是"异化"问题,揭示"这些思想和后来马克思的更为成熟的思想之间的延续性和内在联系"。改革开放前巴人(王任叔)作为宣扬修正主义的人道主义的典型被点名批判,被批判的观点主要是"人类本性的人道主义"和人性"异化"及"复归"论。巴人的论述引用了列宁《马克思恩格斯〈神圣家族〉一书摘要》中有关"自我异化"的一段话,这被认为是利用马克思恩格斯早期著作"篡改马克思主义的无产阶级的斗争学说"②。这里出现了改革开放后讨论马克思主义和人道主义关系的两大关键词"异化"和"人道主义"。不难看出,改革开放后的论争与改革开放前的批判人道主义有着否定性的联系,而改革开放后的再认识则是表现了马克思主义哲学与改革开放前相区别的重要特点:在反省曾经走过的弯路的自我革命中前进。

中国哲学史(狭义的中国哲学)在改革开放前后两个时期的联系和区别,首先体现在中国哲学史研究的整体走向上。1957 年的"中国哲学史座谈会"(以下简称"座谈会")作为改革开放前哲学界规模最大的学术会议,对日丹诺夫以唯物和唯心"两军对垒"为哲学史定义的教条提出质疑③,相对于胡适、冯友兰把中国哲学史从经学中独立出来的第一次学术自觉,这是摆脱日丹诺夫定义束缚的第二次学术自觉的开端。但是,

---

① 汝信:《人道主义就是修正主义吗?——对人道主义的再认识》,《人民日报》1980 年 8 月 15 日。

② 批判巴人的详情,参见王伟民等《十年建设时期哲学若干学科建设的论辩》第六章,百花洲文艺出版社,2012 年。

③ 此次会议的论文由《哲学研究》编辑部编辑为《中国哲学史问题讨论专辑》,科学出版社 1957 年出版。

这在不久之后被视为"哲学史工作中的修正主义"遭到批判。[①]自 1980 年代往后的 30 年间,改革开放以来的中国哲学史研究大势,笔者曾经将其概括为:从突破"两军对阵"到关注"合法性"[②]。由此回溯"座谈会",可以看到改革开放以来的中国哲学史研究不仅接续了"座谈会"开启的学术自觉,而且展开、丰富和提升了"座谈会"提出的具有推进"学术中国化"意义的观点,是对"座谈会"的螺旋式上升。对此本丛书第二卷有较详细的论述,这里不再赘述。

改革开放前后的中国哲学史研究在很多方面都表现出既有联系又有重大区别。关于少数民族哲学的研究尤为如此。"少数民族哲学"是改革开放后新出现的概念。但是,改革开放前对各少数民族的系统调查以及在此基础上编写的各少数民族的民族志和语言简志,还有编辑出版的包含哲理的少数民族民间文学资料,都为少数民族哲学研究提供了基础。同时,改革开放前的中国哲学史虽然局限于汉族,但有关中国哲学发展阶段的梳理、主要概念范畴和不同学派的阐述,为少数民族哲学研究提供了借鉴和参照。改革开放后,少数民族哲学研究全面展开,取得了丰硕成果。[③]这使得中国哲学史的书写正在改变以汉族为限的旧格局,如任继愈所说:"中国哲学史,是中华各民族共同创造的认识史","对各民族的哲学思想研究得越彻底,思想资料掌握得越丰富,将来我们写出来的中国哲学史的内容就越充实,从而做到名副其实的'中国哲学史'"。[④]这样的中国哲学史正在形成。哲学的萌芽出自原始意识、原始思维,少数民族留存的这方面资料远比汉族丰富,任继愈主编的《中国哲学发展史》(先秦卷)第一章"中国原始社会思维的发展和世界观的早

---

① 关锋:《反对哲学史工作中的修正主义》,《哲学研究》1958 年第 1 期。
② 陈卫平:《从突破"两军对阵"到关注"合法性"——新时期中国哲学史研究之趋向》,《学术月刊》2008 年第 6 期。
③ 参见伍雄武《中国少数民族哲学研究三十年述评》,载宝贵贞主编《回顾与创新:多元文化视野下的中国少数民族哲学》,中央民族大学出版社,2013 年。
④ 任继愈《中国少数民族哲学思想史论集·序》,载中国北方少数民族哲学及社会思想史学会编《中国少数民族哲学思想史论集》,中国社会科学出版社,1985 年,第 1、3 页。

期形态"引用了较多少数民族资料，这是在哲学源头上书写名副其实的中国哲学史。郭齐勇担任主编、问永宁担任副主编的《当代中国哲学研究（1949—2009）》（中国社会科学出版社，2011年），专设"少数民族哲学研究"一章，将其置于整个中国哲学研究之内。少数民族哲学史料成为整个中国哲学史史料学的组成部分，刘文英主编的《中国哲学史史料学》（高等教育出版社，2002年）专设一章"中国少数民族哲学思想史料"。打造任继愈所说的名副其实的中国哲学史，是改革开放后的中国哲学史研究不同于改革开放前的显著标志。

外国哲学主要是西方哲学的研究。这在改革开放前的相当长的时期，为日丹诺夫的哲学史定义所束缚，基本内容是两大方面：一是对于马克思主义经典作家有关西方哲学的论断作"旁证注脚"；二是把马克思主义诞生后的西方哲学作为"反面教员"进行批判。尽管如此，西方哲学研究还是取得了一定成果，并且出版了数量可观的西方哲学译著，其中有贺麟《精神现象学》这样的精品，还编辑出版了作为学科建设基础的"西方古典哲学原著选辑"（4卷）和《西方现代资产阶级哲学论著选辑》。① 这些成为改革开放后西方哲学研究的全面复兴和繁荣的重要基础。这个时期编写的《哲学史简编》尤其值得提出，它的内容分为马克思列宁主义以前的西方哲学、马克思列宁主义哲学、中国哲学史三部分②，表现出独特的眼光：把马、中、西的哲学联系起来，具有以世界哲学考察哲学史的意义；从中西哲学史的比较中认识中国哲学的民族性。这里蕴含着以"中国的立场"研究西方哲学的朦胧意识。

进入改革开放时期，在摒弃日丹诺夫定义之后，西方哲学研究的最重要的进步，就是把原先的朦胧意识发展为鲜明的"中国的立场"。2006

---

① 黄见德的《西方哲学东渐史》下册（人民出版社，2006年），以"洪谦和《哲学史简编》""葛力研究18世纪法国哲学的起步""韦卓民为西方哲学东渐的多方面努力""杨一之的译著与讲稿""贺麟研究黑格尔哲学的新进展""张世英及其《论黑格尔的〈逻辑学〉》""姜丕之的黑格尔哲学研究"作为改革开放前研究西方哲学的成果的标志（见该书第6章第3节）；该书第6章第2节中的"西方哲学原著的译介"叙述了改革开放前的相关情形。
② 该书编写者洪谦、任华、汪子嵩、张世英、陈修斋、朱伯崑，人民出版社1957年版。

年全部出齐的 8 卷 11 册《西方哲学史》①被称为"致力于促进具有中国特色与气派的西方哲学学术研究"②。近十几年来，"西方哲学的中国式解读""西方哲学研究中的中国视角""西方哲学中国化""诠释学的中国化""中国现象学"等不时出现在西方哲学研究的论著中，叶秀山将此归结为："站在中国的立场探讨西方哲学的问题。"③所谓"中国的立场"，就是以发展中国哲学作为研究西方哲学的内核。这主要表现为两个方面：一是从发展中国马克思主义哲学着眼，比较研究马克思主义哲学与现代西方哲学；二是以中西哲学互鉴入手，提出中国人的原创理论。刘放桐作为前者的代表，阐明了西方哲学的现代转型与马克思在哲学上的革命变革大体发生在同一历史时代，二者在批判和超越西方近代哲学和建立适应现代的哲学思维方式上存在着重要的共同之处，因而应当吸取西方现代哲学的积极因素，丰富和发展中国的马克思主义哲学。④后者的代表是张世英，他富有原创性的"万有相通"理论，"把中国传统的'万物一体'与西方近代的'主体—客体'关系式结合起来"，将后者吸取和充实到前者中去，又结合了西方现当代哲学关于"在场"与"不在场"综合为一的观点，形成了"中国式的'后主客关系的天人合一'"。⑤

以上三个学科在改革开放前后两个时期的情形，告诉我们写好中国当代哲学史必须揭示出这个历史进程中在改革开放前后的联系和区别。同时，我们的丛书在史料部分力图用史料来证实这样的联系和区别。

四、当代中国哲学家理论体系的品格

1989 年以来，通观中国当代哲学史的著作逐渐涌现，遗憾的是这些

① 该著作由叶秀山、王树人任总主编，江苏人民出版社 2001 年至 2006 年陆续出版。
② 景崇：《中国学术视野中的西方哲学研究》，《国外社会科学》2006 年第 4 期。
③ 叶秀山：《哲学的希望——欧洲哲学的发展与中国哲学的机遇·编者的话》，江苏人民出版社，2019 年，第 6 页。
④ 参见刘放桐《马克思主义哲学与现代西方哲学比较研究的回顾与前瞻》，《天津社会科学》2017 年第 5 期。
⑤ 张世英：《九十思问》，中国人民大学出版社，2016 年，第 130—131 页。

著作都未能明确回答新中国 70 年来有没有哲学家，有怎样的哲学家。习近平指出："十月革命一声炮响，给中国送来了马克思列宁主义"，"许多进步学者运用马克思主义进行哲学社会科学研究"，产生了"一大批名家大师"，他们"为我国当代哲学社会科学发展进行了开拓性努力"。① 在中国当代哲学史上，张岱年、冯契、高清海正是如此的名家大师，他们分别建立了"天人五论""智慧说""类哲学"的理论体系。对于这些理论体系，已经有了不少研究。这里试图阐明他们作为新中国哲学家的共同的理论品格，以显示中国当代哲学史之所以"当代"的学术风貌。

张岱年的"天人五论"完成于 20 世纪 40 年代，为何将其作为新中国的哲学理论体系呢？首先，"天人五论"面世是在 1988 年②，作为哲学家的张岱年由此引起关注。另外，1980 年代之后，作为构建"天人五论"重要依据的"综合创造"文化观，发展为有相当影响的以"综合创新"建设当代中国文化的思想。"天人五论"中的很多思想在他以后的论著中得到进一步的阐发和丰富。其次，更重要的是"天人五论"具有为新中国专业哲学家建立哲学体系的奠基作用。"五四"以后，随着哲学成为专门学术领域，在 20 世纪三四十年代出现了专业哲学家建立的中西结合的哲学体系，对此张岱年曾这样说道："忆三十年代初期，读熊十力先生的《新唯识论》，四十年代之初，读冯友兰先生的《新理学》与金岳霖先生的《论道》，深佩诸先生好学深思，各自建立自己的理论体系。然而犹未餍足，亦想提出自己对于哲学问题之所见。于是写出这些关于哲学问题的论稿，我与诸先生不同之处在于我比较推崇唯物论、赞扬辩证法。"③这表明"天人五论"旨在建立以马克思主义为指导，而与熊十力、冯友兰、金岳霖比肩并立的哲学体系，习近平指出："当代中国哲学社会科学是以马克思主义进入我国为起点的，是在马克思主义指导下逐步发展起

---

① 习近平：《在哲学社会科学工作座谈会上的讲话》，《人民日报》2016 年 5 月 19 日。
② 1988 年齐鲁书社出版的《真与善的探索》，首次发表了"天人五论"。
③ 张岱年：《〈真与善的探索〉自序》，《天人五论》，中华书局，2017 年，第 3 页。

来的。"①"天人五论"正体现了这一点，奠定了当代中国哲学家理论体系的最重要的特质。因此，"天人五论"在中国当代哲学史上具有承上启下的历史意义：承上，即以学术形态的马克思主义哲学中国化与20世纪三四十年代非马克思主义哲学家的理论体系鼎足而立；启下，对于新中国哲学家建立自己的理论体系具有范导意义。

张岱年、冯契、高清海的理论体系各具个性。而从考察中国当代哲学史的意义上说，则更需要把握他们的理论体系的共同品格。这里从理论立场、理论资源、理论构造三方面对此略作概括。

在理论立场上，坚守马克思主义与以创造性态度对待马克思主义相统一。当代中国哲学在马克思主义指导下发展起来，而这和反对苏联教科书模式的教条化是联系在一起的。习近平说："对待马克思主义，不能采取教条主义的态度"，"什么都用马克思主义经典作家的语录来说话，马克思主义经典作家没有说过的就不能说，这不是马克思主义的态度"。②张岱年、冯契、高清海的理论立场正是如此，都是在苏联教科书的模式之外，自开生面。

张岱年说："唯物论是最有征验，最合科学且符协于生活实践的哲学。"但他反对"现在许多自命为新唯物论者的人"那种"类似于宗教信仰的态度。凡宗师所已有，概不容批评；宗师所未言及者，不可有所创说"；对待新唯物论的应有态度"是发挥扩充，对于已有之理论应更加阐发，而以前未及讨论之问题，应补充研讨之"。③其"天人五论"正是基于这样的理论立场而进行的"综合创造"。冯契说：自己"始终相信马克思主义基本原理的正确性"，但"不赞成以马克思主义为教条"。④其"智慧说"充分体现了这一点。他说："我给自己规定了一个哲学的任务，就

① 习近平：《在哲学社会科学工作座谈会上的讲话》，《人民日报》2016年5月19日。
② 同上。
③ 张岱年：《哲学上一个可能的综合》，《张岱年文集》第1卷，清华大学出版社，1989年，第221、226、225、210页。
④ 冯契：《哲学讲演录·哲学通信》，《冯契文集》（增订版）第10卷，华东师范大学出版社，2016年，第315页。

是要根据实践唯物主义辩证法来阐明由无知到知，由知识到智慧的辩证运动。"又说："如何用实践唯物主义的辩证方法来解决知识和智慧的关系问题，在书本上，在马克思主义著作中是找不到现成答案的"，"在苏联模式的教科书中，辩证唯物主义认识论也是只讲知识，没有讲智慧学说"。①高清海走上"类哲学"的创新之路，始于1957年对苏联教科书将辩证唯物主义和历史唯物主义成为独立并行的两个部分提出质疑②，此后进行了长达30年的变革苏联教科书模式的哲学体系的工作。以此为突破口，"才捕捉到现实和具体的'人'，由此确立了'类哲学'"。③上述三位哲学家的理论立场启示我们：构建中国特色哲学理论体系与教条主义的不相容，应当在中国当代哲学史的书写里得到反映。

在理论资源上，马、中、西相会通。这是上述理论立场的必然要求，因为以创造性态度对待马克思主义，就需要和其他思想学说交流互鉴。习近平指出："要善于融通古今中外各种资源"，特别是"马克思主义的资源"、"中华优秀传统文化的资源"和"国外哲学社会科学的资源"。④张岱年、冯契和高清海的理论体系是会通这三方面资源的典范。

张岱年的"天人五论"是"倚重于唯物"并综合了"唯物、理想、解析"⑤，即把马克思主义哲学、中国注重生活理想的传统哲学和西方逻辑实证论的逻辑分析方法予以会通。在"天人五论"于1988年首次发表时，他进一步指出：其"意图将中国古典唯物论与现代唯物论，将中国古典辩证法与现代科学辩证法结合起来，采取民族的形式，而以概念分析的方法出之"⑥。这是张岱年从"现在中国需要一个什么样的哲学"⑦出

① 冯契：《认识世界和认识自己》，《冯契文集》（增订版）第1卷，华东师范大学出版社，2016年，第10、13页。
② 高清海：《论辩证唯物主义与历史唯物主义的关系——哲学与社会学的统一和分化》，《东北人民大学人文科学学报》1957年第1期。
③ 高清海：《探寻人的精神家园——我走过的哲学历程》，《社会科学战线》1996年第6期。
④ 习近平：《在哲学社会科学工作座谈会上的讲话》，《人民日报》2016年5月19日。
⑤ 张岱年：《哲学上一个可能的综合》，《张岱年文集》第1卷，第210页。
⑥ 张岱年：《〈真与善的探索〉自序》，《天人五论》，第2页。
⑦ 张岱年：《论现在中国所需要的哲学》，《张岱年文集》第1卷，第205页。

发所做的马、中、西会通。冯契则从当代中国哲学发生的直接历史背景即中国近代哲学（1840—1949）来阐述马、中、西的会通。他说：在中国近代哲学阶段，"中西文化、中西哲学在中国土地上已经开始汇合（当然仅仅是开始），这不仅表现在马克思主义哲学的中国化，而且表现在某些专业哲学家尝试建立中西结合的哲学体系"，而这"预示着中国哲学将成为统一的世界哲学的重要组成部分"。[①]就是说，建立当代中国的哲学体系，应当推进中国近代以来中西合流的进程，使其合乎中国哲学走向世界的趋向。"智慧说"体现了这样的自觉认识。冯契在简要阐明《智慧说三篇》时说："这些就是我在系统研究了中国哲学史，并同西方哲学作了粗略比较后所形成的看法"；当然，这是以"沿着实践唯物主义辩证法的道路前进"为基础的。[②]高清海的"类哲学"以回归现实和具体的人作为方向，马克思的类理论无疑是其重要思想资源，而这是西方马克思主义较为关注的。这表示"类哲学"中的"马"资源包括了西方马克思主义。高清海阐发马克思的类理论是与考察西方哲学相联系的，他指出类的观念是西方近代人本主义的思想成果，马克思的类理论既继承了它们，又超越了它们。"类哲学"以马克思"实践观点的思维方式"作为阐明"人是哲学的奥秘"的前提，这同样与考察西方哲学分不开，他以为正是这样的思维方式使马克思与以往的唯物主义相区别。《中国传统哲学属于全人类的精神财富》《中国传统哲学的思维特质及其价值》等，则表明中国传统哲学也是"类哲学"的思想资源，用"天人一体"来表达"类生命"显然是对中国"天人合一"传统的转化。三位哲学家对于马、中、西的会通，体现了当代中国哲学家的一种追求：既发扬民族特色，又会通中西，使中国哲学成为世界哲学的一部分。呈现这种追求无疑是写好中国当代哲学史的题中之义。

---

① 冯契：《中国近代哲学的革命进程》，《冯契文集》（增订版）第 7 卷，华东师范大学出版社，2016 年，第 652、620 页。
② 冯契：《认识世界和认识自己》，《冯契文集》（增订版）第 1 卷，第 27、10 页。

在理论构造上，哲学与哲学史相交融。它是马、中、西会通的反映，因为这三者的会通表现在理论构造上必然会以马克思主义为根基的理论创造和考察中西哲学史相结合。张岱年、冯契、高清海不仅有哲学著作，也有哲学史著作。他们的哲学创作是基于对哲学史的反思和借鉴，他们的哲学史研究不是单纯地对以往哲学的"照着讲"，而是贯注着自己的哲学观点的阐释。

张岱年指出，要建立"中国现在所需要的哲学"，基本条件之一是"能融会中国先哲思想之精粹与西洋哲学之优长为一大系统"。① 这就表明了他的哲学将以哲学与哲学史的交融为理论结构。张岱年的《哲学上一个可能的综合》说："今后哲学之一个新路，当是将唯物、理想、解析，综合于一"②，其内容分为宇宙论、人生论、知识论三个方面；此后的《中国哲学大纲》从宇宙论、人生论、致知论三大部分阐述"中国哲学问题"的条理系统，就是以唯物、理想、解析综合于一的哲学眼光研究中国哲学；在这以后产生的"天人五论"是对《中国哲学大纲》展示的中国哲学宇宙论、人生论、致知论的总结和提升，表明其"与横渠、船山之旨为最近，与西方则兼取唯物论与解析哲学之说"③。这里显示的轨迹是哲学—哲学史—哲学。关于哲学与哲学史的交融，张岱年特别提出"以新唯物论与现代他派哲学对较，然后乃可见新唯物论之为现代最可信取之哲学"④，意味着哲学与哲学史交融，既是对以往哲学的"接着讲"，也是与现代西方哲学的"对着讲"。冯契明确以"哲学是哲学史的总结，哲学史是哲学的展开"作为构建"智慧说"的原则。他说："我从哲学史研究中作出概括，以为认识论的主要问题有四个，即，感觉能否给予客观实在？理论思维能否把握普遍有效的规律性知识？逻辑思维能否把握具体真理（首先是世界统一性原理和发展原理）？理想人格或自由人格如何培

① 张岱年：《论现在中国所需要的哲学》，《张岱年文集》第 1 卷，第 205 页。
② 张岱年：《哲学上一个可能的综合》，《张岱年文集》第 1 卷，第 210 页。
③ 张岱年：《天人五论》，第 135 页。
④ 张岱年：《关于新唯物论》，《张岱年文集》第 1 卷，第 190 页。

养？"①由此构成的"广义认识论"是其"智慧说"的基本骨架。这里说的"哲学史"包括了中西哲学史。如冯契所说："这四个问题，可以说是在中西哲学史上反复讨论了的问题"，相比较而言，西方哲学更侧重于前两个问题，中国传统哲学较多和较长期地考察了后两个问题。②可见，"智慧说"是从哲学史中概括出四个问题，然后从超越20世纪在西方和中国存在的实证主义和非理性主义这两种思潮的对立的高度来回答这四个问题。而这两种思潮的对立与中国近代哲学史相关联，因而冯契以中国近代哲学革命作为创作"智慧说"的直接背景，将其视为"进一步发展哲学革命"③的理论果实。高清海说："哲学的历史是哲学理论的基础，哲学理论是哲学认识历史发展的总结和概括。"④以此为遵循的"类哲学"必定是哲学与哲学史的交融。他说："我使用类的概念，从另一个角度说也是对哲学史的继承。"⑤他认为哲学的"共同本性"是"为了促进人性的自觉"，"在这一点上，无论中国哲学也好，西方哲学也好，都是共同的"，但"侧重面不一样，表达方式各有不同"；⑥而"每种哲学都有它的历史贡献，也都有它的历史局限"⑦，因此，"类哲学"的建立，是与研究中西哲学在促进人性自觉上的贡献和局限紧密结合的，但是与张岱年、冯契偏重于中国哲学史有所不同，高清海以西方哲学史为主轴。他深入研究西方哲学从古希腊到现代的历史，指出西方现代哲学相对于传统哲学发生了七个方面的转向⑧，表现出"迫切要求一种与哲学和人的本性相适应的

---

① 冯契：《认识世界和认识自己》，《冯契文集》（增订版）第 1 卷，第 37 页。
② 参见冯契《中国古代哲学的逻辑发展》（上），《冯契文集》（增订版）第 4 卷，华东师范大学出版社，2016 年，第 32—34 页。
③ 参见冯契《中国近代哲学的革命进程》，《冯契文集》（增订版）第 7 卷，第 648 页。
④ 高清海：《欧洲哲学史纲新编》，《传统哲学到现代哲学》，吉林人民出版社，1997 年，第 332 页。
⑤ 高清海："类型"：把握人之特有本性的哲学理念》，《"人"的哲学悟觉》，黑龙江教育出版社，2004 年，第 103 页。
⑥ 高清海：《中西哲学思维的不同特质》，《思想解放与人的解放》，黑龙江教育出版社，2004 年，第 209 页。
⑦ 高清海：《重新理解西方的哲学历史》，《"人"的哲学悟觉》，第 169 页。
⑧ 参见高清海《重新理解"哲学"》，《哲学的奥秘》，吉林人民出版社，1997 年，第 59 页。

新的哲学观念和人性观念"，然而，中国哲学"有着西方哲学所缺乏然而具有深厚文化价值的思想资源"，"能够有效地弥补西方哲学的有限性和不足"。[①]为此，他在《中国传统哲学的思维特质及其价值》等论文中揭示了中国哲学的相关传统，意在表明"类哲学"的创新并非与中国传统哲学相隔绝。当代中国哲学家融哲学与哲学史于一体的理论结构，是中国特色哲学体系的重要侧面。在中国当代哲学史中写出这一点，对于尔后的中国哲学的理论创新具有方法论的意义。

就中国学术史而言，尽管如前所述，隔代写史是常态，但也有重视书写当代哲学史的传统。先秦《庄子·天下篇》和《荀子·非十二子》等是书写当代哲学史的最初篇章，以后从《史记》开始的二十四史，都为同时代哲学家立传记言，而《汉书》开始的众多正史的《艺文志》，包括对同时代哲学文献的记载，黄宗羲的《明儒学案》是中国古代研究当代哲学史的典范。在中国近代，梁启超的《清代学术概论》《中国近三百年学术史》有很大篇幅阐述当代哲学，在 20 世纪三四十年代出现了一些当代哲学史论著，如郭湛波的《中国近五十年思想史》，贺麟的《五十年来的中国哲学》，艾思奇的《二十二年来之中国哲学思潮》《抗战以来的几种重要哲学思想的评述》。我们今天书写中国当代哲学史，是对上述自先秦至近代的当代哲学史的书写的"接着讲"，到底"接"得如何，有待于学术界和读者的评论。

---

① 高清海：《重新理解西方的哲学历史》，《"人"的哲学悟觉》，第 229 页。

本卷说明

这是本丛书第四卷，分为上、中、下三册。上册为 1950 年代至 1990 年代中期的九次重大论争（讨论）。所谓重大是指讨论的问题和讨论的规模具有全国影响，持续时间较长，参与人员往往涉及哲学多个学科，甚至哲学以外的学科；所选的文献大体上分为三个方面：一是这些重大讨论的历史过程；二是对于这些讨论的评析；三是与这些讨论相关的横向和纵向联系，"横向"是指与海外思想的关联，"纵向"是指改革开放前后两个时期的关联。上册分为之一、之二。中册和下册按照哲学八个二级学科编选。中册为马克思主义哲学、中国哲学和外国哲学研究的文献，分为之一、之二，这三个学科的研究成果相较其他五个学科更多些，而且这三方面的思想是构建当代中国哲学的主要资源。下册为伦理学、科技哲学、宗教学、美学、逻辑学研究的文献和"总序"提到的三位当代哲学家张岱年、冯契、高清海的论著选辑，分为之一、之二。按说三位哲学家论著选辑放在上册更合适。现在将它们置于下册，主要是考虑三册的篇幅平衡。中册和下册的文献（三位哲学家的除外）在内容上，基本上分为三个部分：一是关于这些领域的学术研究发展进程的综述，二是关于这些领域有较大影响的讨论和论文，三是关于这些领域的学术进展与海内外的关联。上述三册内容的确定，一方面是考虑到篇幅不宜过大，因而比较着重于综述性文献（对于重要哲学家而言，就是选择表现他们宗旨的论著），更主要的是考虑到在互联网时代，综述性文献可以更好地为读者提供检索相关文献的线索。所选文献截至 2019 年，因该年是新中国成立 70 周年，有较多回顾这 70 年哲学发展的论著，与本丛书新中国哲学 60 年历程的研究有密切关系。

所选文献中的论著作者的职称，均以论著发表时的情况为准。所选论著及其引文，除了个别错讹，一般不作改动。所选论著的夹注、尾注改为脚注，删去原有的参考文献。所选论著引用的外文文献，省去原作者的国籍。

本卷由华东师范大学陈卫平教授主编。编选过程中，将选定的文献转换为 PDF 文档及 Word 文档的工作，上海师范大学蔡志栋副教授及其指导的研究生承担了上册的三分之一左右，其余由陈卫平指导的研究生完成。

作为第一部中国当代哲学史史料文献选编，无疑存在误删、有待于改进之处，请学术界同仁和读者多多批评指正。

本册目录

重大论争（讨论）

四、批判林彪、"四人帮"的哲学"理论" / 133

五、关于实践是检验真理的唯一标准的大讨论 / 239

六、关于生产力问题的论争 / 351

重大论争（讨论）

　　以下九方面的重大论争（讨论）集中于两个时期，即 1950 年代到 1966 年"文革"之前和 1976 年粉碎"四人帮"到 1990 年代中期。前一个时期的历史主线是把半殖民地半封建的旧中国转变为建立社会主义制度的新中国，探索中国建设社会主义的道路；后一时期的历史主线是在改革开放中开辟中国特色社会主义事业，实现中国式现代化。这样巨大的社会变革使得哲学领域思想激荡，风云变幻，产生了这些重大论争。1990 年代中期以来，中国特色社会主义的指导理论、基本制度、道路走向、文化构建日益明朗，哲学的学术研究不再出现那种成为思想学术界中心议题的重大论争，学术讨论基本上在各自学科领域里展开。

一、1950 年代初期批判资产阶级唯心主义运动

　　编选毛泽东在新中国成立前重要著作的《毛泽东选集》（四卷本），最后一篇文章是《唯心史观的破产》，表明与唯心史观相对立的马克思主义哲学，不仅是建立新中国的理论基础，也是建设新中国的理论基础。同时，这篇文章以美国国务卿艾奇逊的白皮书为对象，意味着新中国将以马克思主义为指导，批判作为西方资本主义意识形态哲学基础的唯心主义。这表现于学术界就是要用马克思主义哲学作为"学术革命"的武器，批判曾经弥漫于旧中国学术界的唯心主义，从而"提高新中国的学术水平"。因此，在 1950 年代的建国之初，开展了全国范围的宣传唯物主义批判资产阶级唯心主义的运动。在学术界主要有电影《武训传》批判、胡适思想批判、梁漱溟思想批判、胡风文艺思想批判，这些批判几乎涉及哲学社会科学的所有领域。这些批判表现了马克思主义哲学改造人们精神世界的政治功能，但这样的批判也留下了不少过度政治化的经验教训。关于建国初期批判唯心主义的详细情形，参见胡海涛著《建国初期对唯心主义的四次批判》（百花洲文艺出版社，2006 年）。这里选编的文献分为 2 辑：第 1 辑，有关的《人民日报》社论和中共中央文件；第 2 辑，1955 年和 1956 年《哲学研究》有关的综述。

《实践论》开辟了我们学术革命的思想道路

《人民日报》社论

近两年来，随着人民大革命的胜利，全国学术界已经开始自己的革命。这个学术界革命开端的特点，就是历史唯物论的观点从根底和极大规模地破坏了历史的唯心论和历史的神秘主义。劳动创造人类历史的观点，已经为极广大的知识分子所接受，并成为广大的知识分子进行自觉改造的思想基础。

但这只是我们学术革命的开端。这个学术革命必须继续深入地前进，以求获得更大的结果。这就是要把辩证唯物论和历史唯物论的观点与方法具体地应用于各种学术的部门，认真地从事各种有系统的、而不是以枝节举例为满足的批判的和研究的工作。

中国学术界在历史上有过极其光荣的贡献。我们也有很丰富的唯物论的历史传统。几十年来，中国进步的学术界做了许多有利于人民事业的工作。但是，有一种事实也是我们所不能否认的，这就是：我们近代学术界工作的真正成就，还是很少很少的。毛泽东同志极其光辉地执行了中国革命所需要的各种根本理论工作的任务，他的理论工作总是站在实践的前面，因而领导了革命实践的前进。但是，就我们学术界本身来说，却还不善于学习毛泽东同志进行理论工作的方法，我们学术界的工作大大地落后于人民的需要，理论落后于实际。

毛泽东同志在一九四二年的整风报告曾经指出，我们必须努力宣传唯物论，宣传辩证法，以克服理论战线的落后。现在的问题仍然同样：要克服我们在学术方面工作的落后，而使我们的学术工作提高到完全适合于人民新中国的建设的需要，提高到更高的水平，这就必须大力宣传唯物论，宣传辩证法。但毛泽东同志的所谓"宣传"，并不是指那种口头的空嚷，而是指那种必须按照唯物论和辩证法的理论和方法，从事埋头刻苦的工作。

宣传唯物论，宣传辩证法，这就是说，必须对着那种从封建社会沿袭下来的神秘主义和烦琐主义的经院学派，对着近代中国那些或是土生的，或是从西方反动资产阶级那里贩运来的各种唯心论和神秘主义的反动思潮，继续进行革命的批判的战斗。

宣传唯物论，宣传辩证法，这就是说，必须用唯物论和辩证法来建立我们真正的历史科学，来发展我们的自然科学。

当然，这一切工作，绝不是用口号或标语所能解决的，也不是用一些贫困的知识去硬套若干抽象的公式所能解决的。这里只能依靠认真的搜集大量材料和认真的研究。

恩格斯是说得非常精确的："即令是唯物的观点在一个单独的历史实例上的发展，也是一种需要数年静心研究的科学事业。因为很明显的，在这里，徒托空言是无益的。只有多数经过批判的选择与全部精细研究过的历史材料，才能解决这样一个课题。"（恩格斯：《马克思的政治经济学批判》）。

毛泽东同志的《实践论》，正是我们宣传唯物论的伟大旗帜，它给我们指出了如何按照唯物论的道路去从事学术革命的工作。

不用讳言：我们进步的学术界在长时期中所以成就很少，就自己方面来说，最重要的原因，乃是在于把唯物论徒托空言。对于一个问题精细研究过材料，或者对于很多材料加以批判的选择，这样工作过的人是很少很少的。时常出现这样的情况：若干简单的材料在很多人中间长期抄袭来抄袭去，以致连抄者都还弄不清楚它的出处。毛泽东同志说："只有感觉的材料十分丰富（不是零碎不全）与合于实际（不是错觉），才能根据这样的材料造出正确的概念与论理来。"[①]但我们的许多学术工作者实

---

① 《实践论》在收入《毛泽东选集》第 1 卷（人民出版社，1952 年）时，这段话最末一句中的"概念与论理来"改为"概念和论理来"。——编者注

际上看轻了、以致否定了感觉的材料，更不用说有什么"十分丰富"的感觉的材料，因此，他们的"学术工作"也就变成了如毛泽东同志所说的"无源之水，无本之木"。这样的所谓"学术工作"，结果当然只能是可悲的。

这样的所谓"学术工作者"既然把唯物论徒托空言，所以很多人极力逃避对于现代问题和当前问题的研究。他们只喜欢集中谈论古代而不喜欢研究近代，或者只喜欢集中谈论外国的故事而不喜欢研究切近的事物。这些乃是因为古代的事情或外国的故事，究竟离我们很远，就可以便利于彼此长期空论不休，并不需要急求认真的解决。

毛泽东同志在一九四一年五月间关于《改造我们的学习》的著作中，对于我们社会历史学术界方面的状况，曾经这样指出："近百年的经济史，近百年的政治史，近百年的军事史，近百年的文化史，简直还没有人认真动手去研究。有些人对于自己的东西既无知识，于是剩下希腊及外国故事（限于故事）；也是可怜得很，从外国故纸堆中抽象地搬来的。"① 毛泽东同志说这些话时，离现在已经将近十年，但是应该承认：我们整个学术界的成绩还是很低微的。

是的，在我们的学术界中，也有些人从事搜集过某些问题的材料，而且是一些很可宝贵的材料。但是，这些人结果还只是为材料而材料，这些人把自己工作停在半路上，而正如毛泽东同志所指出的，他们"不知道感觉材料固然是客观外界某些真实性的反映，但它们仅是片面的与表面的东西，这种反映是不完全的，是没有反映事物本质的"②。毛泽东同志说："认识的真正任务在于经过感觉而到达于思维，到达于逐步了解客观事物的内部矛盾，了解它的规律性，了解这一过程与那一过程间的内部联系，即到达于论理的认识。"没有把感觉的材料提高到论理的认识，这就是说，没有认真地从事研究的工作。在这种情况下，要有真正好的成绩，乃是不可能的。

----

① 《改造我们的学习》在收入《毛泽东选集》第 3 卷（人民出版社，1953 年）时，这段论述删去了"（限于故事）"，把"抽象地搬来的"改为"零星地捡来的"。——编者注
② 《实践论》在收入《毛泽东选集》第 1 卷（人民出版社，1952 年）时，这段论述中的"真实性的反映"后面加上了"（我这里不来说经验只是内省体验的那种唯心的经验论）"。——编者注

马克思在《资本论》法文译本序言里写过以下有名的话："在科学上面是没有平安的大路可走的，只有那在攀登上不畏劳苦不畏险阻的人，有希望攀到光辉的顶点。"这是极端正确的。事实上，毛泽东同志的《实践论》所指出的认识运动的全部过程，正是告诉了我们：在科学的路上必然会有怎样的劳苦和险阻，而我们应该怎样不惜劳苦地去克服必然遇到的险阻。在搜集十分丰富和合于实际的感觉材料的时候，这当然是要遇到许多险阻，并经历一番极大的劳苦；在"将丰富的感觉材料加以去粗取精、去伪存真、由此及彼、由表及里的改造制作工夫，造成概念及理论的系统"的时候，这当然又是要遇到许多险阻，并经历一番更大的劳苦。

毛泽东同志在《实践论》这个著作中常常提到失败的可能性和错误的可能性，而指出我们应该怎样去变失败为胜利和变错误为正确，这个启发是极端重要的。

毛泽东同志写道："一般地说来，不论在变革自然或变革社会的实践中，人们原定的思想、理论、计划、方案，毫无改变地实现出来的事，是很少的。这是因为从事变革现实的人们，常常受着许多的限制，不但常常受着科学条件与技术条件的限制，而且也受着客观过程的发展及其表现程度的限制（客观过程的方面及本质尚未充分暴露）。在这种情形之下，由于实践中发现前所未料的情况，因而部分地改变思想、理论、计划、方案的事是常有的，全部地改变的事也是有的。即是说，原定的思想、理论、计划、方案，部分地或全部地不合于实际，部分错了或全部错了的事，都是有的。许多时候须反复失败过多次，才能纠正错误的认识，才能到达于和客观过程的规律性相符合，因而才能够变主观的东西为客观的东西，即在实践中得到预想的结果。"

当然，学术工作的实践也是同样的。但我们学术界许多工作者，总只期望自己一旦笔到功成，或者"日试万言，倚马可待"，而一遇挫折，便丧失了自己的毅力。把事情看得这样容易，就当然不会真正懂得什么是学术的实践，就不会在任何学术上"实现了预想的目的"，不会"得到预想的结果"。

毛泽东同志《实践论》的重新发表，应该引起我们学术革命的展开。

在我们的学术界各方面、各部门，应该认真地讨论《实践论》，而把自己工作的检讨和这个讨论联系起来，采取有秩序的恰当的态度，而不是采取粗暴的态度，从而改进自己的工作。

我们的革命经验和历史遗产都是极端丰富的，这是一方面。另一方面，人民大革命的胜利和新国家建设的需要则给我们各方面的学术界开辟了极其广大的"英雄用武之地"。我们已经存在的学术研究工作，现在需要更多和更深入的工作；我们还没有开垦的学术研究工作当然很多很多，现在则需要大力从事开垦。恩格斯曾经有封信批评当时德国青年很少有人用唯物论作向导去认真地进行研究工作，而指出研究的领域是无限地大，"谁只要肯认真地去做，就可以有很多成就，就能够出人头地"（"给史密特的信"）。恩格斯的这个意见在我们这里也是完全合适的。

毛泽东同志的《实践论》这个唯物论的伟大旗帜，将使中国学术革命的工作开辟了新的历史的一页。只要我们真正能够领略《实践论》的深刻思想，并认真地把它转化为学术的实践，那末，中国学术界将出现伟大的成果，那是完全是可以预卜的。

原载《人民日报》1951 年 2 月 16 日

学习《实践论》，提高新中国的学术水平！

《新建设》社论

去年十二月二十九日，《人民日报》发表了毛主席的《实践论》，这是一篇极重要、极光辉的哲学论文。它简明而精密地分析了认识对社会实践的依赖关系，并且具体而深刻地揭露了教条主义和经验主义的严重错误。在这篇论文里，毛主席进一步发展了马克思列宁主义的辩证唯物论关于认识过程的基本原理、关于实践在认识过程中的作用的基本原理，以及关于革命理论在实际革命斗争中的意义的基本原理。这篇论文的发表，对于新中国的学术研究工作是有极大意义的。

学术研究工作，不论多么高深，就其基本上说来，仍不能不是依赖于社会实践的。学术研究成果之是否正确，最后也必须从社会实践中予以检证。学术研究工作离开了社会实践，就不能生根，更谈不上开花结果。许多人虽然研究了马克思列宁主义的著述，虽然学习了辩证唯物主义和历史唯物主义的思想，但并不是从实际出发来学习理论，也不是从实际出发来运用理论。很有一些人，还多少抱着"为学术而学术"的主观主义的研究态度，甚至不免生吞活剥马克思主义书籍中的片言只语，去吓唬别人，像这样把理论与实践割裂了开来，就很容易犯右倾机会主义和"左"翼空谈主义的毛病，前者把理论变成死的教条，变成脱离实际生活的公式；后者更把幻想看作真理，也完全离开了当前的活生生的实践。要纠正这些错误，要使我们的理论水平提高一步，我们就得接受"马克思主义不是教条而是行动的指南"这个真理，我们就得努力学习和潜心领会马克思列宁主义与毛泽东思想的根本精神，用来做我们的学术研究工作的指针。

我们认真学习了《实践论》，就会更深切地了解"理论的基础是实践，又转过来为实践服务"；我们认真学习了《实践论》，就能彻底地领悟"一切正确的认识，都必须是在实践中通过感性的阶段而上升到理性的阶段"；我们认真学习了《实践论》，就会真正懂得"通过实践而发现真理，又通过实践而证实真理和发展真理"。一句话，我们认真学习《实践论》，就是为了使我们可能用马克思列宁主义的认识论的科学规律知识，来指导我们的理论学习和研究工作，也就是说，为了使我们可能从实际出发来学习理论和运用理论。唯有如此，我们才能把理论和实践统一起来，把科学研究和实际经验结合起来；唯有如此，理论才不是空洞的，而是与实践相联系的，同时，实践才不是盲目的，而是与理论相联系的。

理论和实践的有机的统一，就是马克思列宁主义和毛泽东思想的科学真理，就是一切理论学习和研究工作的基本指导原则。在今天，对于我们学术工作者来说，它就是一盏照路的明灯。在它的照明之下，我们才会懂得怎样来研究中国社会历史发展的规律、怎样来研究中国革命的问题；在它的照明之下，我们才能更好地展开与新中国的国家生活与社会生活的发展相适应的思想斗争与思想建设的工作，才能使学术研究更好地为国防建设和经济建设服务，才能不断地提高新中国的学术水平。

所以，我们希望全国学术工作者，来热烈展开《实践论》的学习运动，努力提高新中国的学术水平，共同推进新民主主义的文化建设。

原载《新建设》1951 年第 5 期

中共中央关于宣传唯物主义思想批判资产阶级
唯心主义思想的指示

（一九五五年三月一日）

一

为了实现党的总路线，在三个五年计划、十五年左右（一九五三年算起）的时期内实现我国的社会主义建设和社会主义改造，达到消灭城乡资本主义的成分，在六万万人口的伟大国家中建成社会主义社会，必须在知识分子中和广大人民中宣传辩证唯物主义和历史唯物主义思想，批判资产阶级唯心主义思想，并在这个思想战线上取得胜利。没有这个思想战线上的胜利，社会主义建设和社会主义改造的任务就将受到严重阻碍。

随着社会主义建设和社会主义改造的进展，阶级斗争更为复杂和尖锐起来了。外国帝国主义和国内已被消灭和将被消灭的阶级中的坚决反动分子，力图破坏社会主义的事业。他们破坏我们事业的最重要的方法之一，就是用资产阶级的思想反对马克思主义的思想，用唯心主义的世界观反对唯物主义的世界观。他们用这个方法抗拒改造，阻碍社会的进步，阻碍科学和文化的进步，阻碍建设事业的发展，并且腐蚀劳动人民，直到腐蚀我们的党。

应当指出：由于我们对民族资产阶级还采取联合的政策，由于小资产阶级还像汪洋大海一样地存在，由于资本主义包围的存在，资产阶级错误思想在广大劳动人民中间，在知识分子中间，在学术和文化领域中间，以至在党内很大一部分党员和干部中间，都还有深刻的影响，许多人分不清唯物主义思想和唯心主义思想的区别，有不少党的干部或者自己在思想上是唯心主义者，或者在实际上被资产阶级唯心主义的世界观俘虏。

中央认为，必须唤起全党的注意，进一步认真地加强党的思想工作，各级党委必须真正做到把思想领导当作自己领导的首要职责。马克思列宁主义的理论基础是辩证唯物主义和历史唯物主义，而任何形式的资产阶级思想的核心就是唯心主义世界观。因此，党在思想工作中最根本的任务，就是宣传唯物主义的思想，反对唯心主义的思想，使党的干部能够懂得思想和客观存在的关系，懂得思想、意识是客观存在的反映，懂得要根据社会现实生活的发展规律来进行党的工作，从而提高自己的理论水平和政治觉悟，便于在实际工作中学会运用马克思列宁主义这个思想武器，改进党和国家的工作，同时使广大人民群众脱离资产阶级思想的影响，大大提高他们为建设社会主义社会而奋斗的觉悟程度，便于形成以马克思列宁主义为基础的政治上和思想上的一致。毛泽东同志在《实践论》中指出："……马克思主义看重理论，正是，也仅仅是，因为它能够指导行动。"加强党的理论工作对于改进党的工作和国家工作具有决定性的意义，对理论工作的忽视是不能容许的。长期以来，许多党委对于理论工作是不注意或注意不够的。党需要有一支强大的理论工作的队伍，这样的队伍现在还没有组织起来。这种情形，如果再任其继续下去，就会严重地妨害党的思想工作的加强，妨碍党的总路线的实现。

各级党委首先是省市以上的党委，必须加强对理论工作的领导，组织和培养理论工作的队伍，在广大人民和党员中、在党内外知识分子中、在学术和文化的各个领域中，宣传唯物主义思想，批判资产阶级唯心主义思想，为实现党的总路线而斗争。

二

从一九五四年十月开始的对胡适、俞平伯和胡风等资产阶级唯心主义思想的批判，有极其重大的意义。一九五一年十月所发动的对知识分子的思想改造运动的直接目的是清除封建的、买办的、法西斯的思想，同时也对资产阶级的错误思想给了初步的批判。关于电影《武训传》的批判唤起了全党的注意，使大家认识到必须对资产阶级错误思想提高警惕，进行坚决斗争。但是，在各个学术和文化领域中清除资产阶级错误思想的任务，是不能在一个短期的运动中解决的，必须以长期的努力，开展学术的批评和讨论，才能达到目的。现在进行的在各个学术领域中对资产阶级唯心主义思想的代表人物的批判，因而就是非常必要的。这种批判，是在学术界中、在党内外知识分子中宣传唯物主义的有效方法，是推动科学和文化进步的有效方法，是促进各个学术领域中马克思主义新生力量的成长的有效方法，是培养和组织理论工作的队伍的有效方法。在学术问题上的资产阶级唯心主义思想是社会生活中的形形色色的资产阶级思想的理论化、系统化、集中化了的表现，所以绝不能认为，在学术问题上的反对唯心主义的斗争只是学术界内部的事情。恰恰相反，由于在学术领域中进行了有系统的反对唯心主义的斗争，同时就有系统地宣传了唯物主义，这就会使党的干部、全国的知识分子和经过他们使广大人民群众得到唯物主义思想的教育，这种教育就会使党和非党的干部提高嗅觉，学会在实际生活中去同帝国主义思想和封建主义思想、同资产阶级思想和富农思想、同主观主义和个人主义、同各种腐化堕落的倾向进行斗争，这种教育就会使广大的人民群众鄙弃形形色色的资产阶级思想，更自觉地拥护社会主义建设和社会主义改造的事业。省市委以上的党的委员会和国家机关、群众团体的党组，必须注意领导和发展这种思想斗争，并且用各种方法使它的影响首先扩大到党内外广大知识分子中，然后普及到广大的人民群众中。这种工作做得愈加好，愈加能与实际工作联系起来，愈加能为更多的人所了解，就对实际工作的帮助愈大。

除了对资产阶级思想的代表人物的批判外，各个学术领域中还有很多争论的问题，这些争论中也有许多是反映着工人阶级思想和资产阶级思想的对立。对这些问题应分别处理，其中迫切需要解决的，必须在根本点上做出结论；另一些问题不是紧急的，或者不可能立即得出结论的，可以容许长期讨论。

为了充分地和正确地开展在学术问题上的反对资产阶级唯心主义的

斗争和各种学术问题的批评和讨论，各级党委在领导上应注意下列问题：

1. 必须坚决反对阻碍开展学术批评和讨论的思想。这些思想表现为：对资产阶级"名人"的偶像崇拜，认为他们是"权威"，不能批评；对青年的马克思主义的学术工作者采取资产阶级贵族老爷的态度，对他们实行压制；某些党员以"权威"自居，不许别人批评自己，不进行自我批评；某些党员因为"怕破坏统一战线""怕影响团结"，不敢批评别人；某些党员，因为私人友情或情面的关系，对别人的错误不去批评，甚至加以掩护。必须坚持这样的原则：在学术批评和讨论中，任何人都不能有什么特权：党员可以批评党员，也可以批评非党员；非党员同样可以批评党员和非党员；任何著名的或不著名的学术工作者都可以对别人提出批评和受到别人的批评。共产党员的学术工作者应当在批评和自我批评上起模范作用。以"权威"自居，压制批评，或者对资产阶级错误思想熟视无睹，采取自由主义甚至投降主义的态度，都是同共产党员的光荣称号不相容的。

2. 学术批评和讨论，应当是说理的，实事求是的。这就是说：应当提倡建立在科学基础上的尖锐的学术论争。批评和讨论应当以研究工作为基础，反对采取简单、粗暴的态度。说明问题，应当力求内容生动，辞句明白，善于分析具体的事实。解决学术的争论，应当采取自由讨论的方法，反对采取行政命令的方法。应当容许被批评者进行反批评，而不是压制这种反批评。应当容许持有不同意见的少数人保留自己的意见，而不是实行少数服从多数的原则。对于在学术问题上犯了错误的人，经过批评和讨论后，如果不愿意发表文章检讨自己的错误，不一定要他写检讨的文章。在已经做了结论之后，如果又发生不同意见，仍然容许讨论。这样做，是为了使学术界减少顾虑，敢于大胆展开不同意见的争论，从而给读者以深刻的教育，使他们知道什么是真正对的，什么是真正错的，以便达到对资产阶级错误思想彻底批判的目的，或达到学术问题得到正确解决的目的。

3. 报刊编辑部和学术机关应当在党委领导之下发起和组织学术问题的讨论。学术讨论应当是有领导的。党委应当掌握自己手中的报刊，分别问题的轻重缓急，发起和组织学术问题的讨论。报刊编辑部应当尽最大可能发表讨论的文章，但同时应当防止坏分子借学术讨论为名，挑拨是非，进行宗派斗争，甚至进行政治性的破坏活动，或者伪装进步、骗取党和群众的信任等行为。为此，报刊编辑部对于作者、对于所批评的内容，应进行必要的调查研究。对于坏分子或显然别有企图的"批评"和"反批评"，不应发表，如果为了揭露他的真面目而必须发表时，应在发表时加按语指出其阴谋，并立即组织反驳，以教育群众。

4. 在一个学术问题的批评和讨论进行到一定阶段时，应当及时做出结论或总结。方式是由学术机关，或由报刊编辑部，单独地或联合地召开学术会议或学术讨论会，对可以做出结论的做结论，对尚不能做肯定结论的做讨论总结，以便继续讨论。

5. 学术的批评和讨论，一般地应当服从于向广大知识分子和人民宣传唯物主义和马克思主义的其他思想的基本方针，因此批评和讨论的主要内容和语言形式，应当力求使广大群众能够理解和发生兴趣，并着重在批评和讨论的过程中正面地有系统地和力求浅显地解释马克思主义的各项基本观点，以便各种读者读了都觉得有所获益。无论宣传唯物主义或进行学术的批评讨论，都是为了帮助社会主义建设和社会主义改造，反对帝国主义，保卫祖国，因此这种宣传和讨论应当力求联系到当前我国社会主义建设和改造的迫切问题，联系到当前国际国内阶级斗争的迫切问题，联系到党和国家工作中的迫切问题，使知识分子、干部和人民群众能够经过这种宣传教育学会用马克思主义的观点正确地理解这些迫切问题。应当注意在思想批判的过程中，善于把唯物主义的宣传工作和具体的实际的研究工作结合起来，使同志们能够运用唯物主义作为自己研究工作的向导，能够运用唯物主义的原理总结各种工作的经验，说明和解决问题。也就是说，在向干部和知识分子进行唯物主义思想的宣传时，必须强调理论与实际联系的马克思主义的原则，引导他们去批判自己头脑中的唯心主义思想，批判自己在实际工作和生活中所接触到的资产阶级思想，应用马克思主义的立场、观点、方法去认识和解决自己工作中所遇到的问题。

6. 唯物主义在各个学术部门中的彻底胜利，依靠在这些部门中产生一系列的联系中国实际的马克思主义的教科书和基本科学著作。这是一个困难的、复杂的、巨大的任务，但又是一个必须完成的任务。党的宣传部门应当进行准备工作，然后拟出计划，以便在今后一个相当长的时期中逐步组织力量加以实现。

7. 应当注意在思想批判的过程中发现和培养学术界中马克思主义的新生力量，组织和培养理论工作的队伍。近几年来，青年的马克思主义的学术工作者已经逐渐增加，有些党员的学术工作者和党外的马克思主义学术工作者回到了自己原来的岗位，旧的学术工作者中间也有一部分在思想上得到了改造，这些力量都应当很好地运用起来。在党的理论工作的发展中，青年的马克思主义的学术工作者必然能够日益增加起来，这是我国学术发展的希望。必须在对资产阶级错误思想的批判工作中，在学术批评和讨论的过程中，发现他们，了解他们的情况，给他们以必要的指导和帮助，把他们之中的优秀人物放到适当的工作岗位上。目前社会科学研究机关或者极为薄弱，或者还没有成立，高等学校的社会科学教学力量和学生数目极为不足，省级以至中央级报刊编辑部中马克思主义的宣传力量也很不够，这就严重地妨碍党的思想战线的工作。党的组织部门、宣传部门和政府文教工作领导机关应当逐步改进这种状况。

8. 在进行对资产阶级错误思想的批判和学术问题的批评和讨论时，应当坚持党的统一战线政策和团结改造知识分子的政策。首先，应当分清思想上的敌友我三方。对于在思想上坚持资产阶级错误观点的代表人物，应当视为思想上的敌人，展开斗争，使他在思想上孤立，肃清这种资产阶级错误思想在群众中的影响。对于虽有错误，但是倾向于唯物主义的知识分子，应当视为朋友，帮助他们进步，再则，应当分清政治上的反革命分子和学术思想上犯错误的人，对学术思想上有严重的资产阶级错误观点的学术工作者，只要他政治上不是反革命，应当保障他们获得适合于他们的工作岗位，保障他们有可能继续进行对于社会有用的研究，尊重和发挥他们对社会有用的专长，并将这种专长传授给青年，同时鼓励他们积极参加学术的批评和讨论，实行自我改造。他们的含有错误观点的著作，如果在学术上有一定的价值，仍可允其继续发行，在加上适当序言或经原著者修改后可以重新出版。有些出版发行机关一看到某种学术出版物受到批评，立即不问情由地停止出版或停止发行，是不妥当的。在学术的批评和讨论中，对年老有病的、在学术研究工作上有一定成绩的人，各级党委应特别注意掌握分寸；对有全国影响的人物如需进行集中批判，应经中央批准。

三

在党内外干部和知识分子中，宣传唯物主义思想，批判资产阶级唯心主义思想，并且通过他们，用唯物主义思想教育文化水平较低的广大的人民群众，是极为艰巨的任务。为此必须在全国范围内进行一个长期的思想运动。

甲、现在全国党的、军队的、文教系统的、经济系统的、政法系统的，以及其他部门和各群众团体的有阅读能力的干部和知识分子，大约有五百万人，中央认为，应当在今后八年内（即到第二个五年计划期末），做到他们的绝大部分（例如三百万人）都能够了解马克思列宁主义的基本知识，了解唯物主义与唯心主义的区别，懂得辩证唯物主义和历史唯物主义的基本内容。各级党委，除加强对在职干部的理论自学的指导外，还应采取有效办法，坚决地完成这一项重大的战略任务。为此必须：

1. 执行中央一九五五年一月二十六日的通知，在各大城市、各省会、各工矿城市和文化比较发达的城市中，组织宣传唯物主义思想、批判资产阶级唯心主义思想的演讲工作，积极提倡党内党外的干部和知识分子前去听讲，并把这种演讲工作逐渐经常化，使之成为党向知识分子和干部宣传唯物主义、时事问题、重要政策的定期讲坛。

2. 依照中央一九五四年十二月十七日指示的精神，轮训全党干部，并力求在今后五年左右，使全党高级别干部凡有阅读能力者经过轮训，中级和初级干部也应积极进行轮训工作。为此目的，要逐步发展中级党校，尽可能使各省市都有一个。要逐步发展初级党校，尽可能使每个地委都有一个。为了增设党校，需要训练教员，中级党校的教员由马列学院负责训练，初级党校的教员由中级党校负责训练，对于文化较低的党员干部，应当用设立干部文化补习学校和组织在职文化学习的方法，提高他们的文化水平到一定程度，并限期做完这项工作。党校工作和干部文化补习工作由党委的组织部门主管，宣传部门负责教学工作的指导。

3. 在城市中按地区，按系统组织业余政治学校和政治夜校，组织在职的党员和非党员干部去学习。在各县，也应当尽可能设立业余政治学校和政治夜校，或采用由教员巡回讲课及其他方法。为此目的，应训练和配备大批教员。责成中央组织部、中央宣传部会同各有关方面具体解决这个问题。

4. 加强高等学校中的马克思列宁主义的课程。中等学校教科书中也要有通俗浅显的关于辩证唯物主义和历史唯物主义的课文。

5. 在报纸刊物上组织学术论争，介绍这种论争的情形，介绍唯物主义的理论知识，组织对资产阶级思想、富农思想、主观主义、个人主义、堕落腐化现象的批评。

6. 利用广播向听众宣传辩证唯物主义和历史唯物主义。

7. 出版学术论争的文集。出版向各种不同对象介绍辩证唯物主义和历史唯物主义的书籍。特别注意出版马克思主义经典作家的哲学著作。

乙、对文化程度较低的广大劳动人民，也应当按照可能随时随地向他们进行唯物主义思想的教育和反对资产阶级各种错误思想的教育。近年全国各地发生的许多事实，证明帝国主义分子和反革命分子经常利用宗教迷信在群众中进行破坏活动，党的组织和人民团体必须同这种破坏活动进行经常的持久的斗争。使广大劳动人民正确地认识自然现象和社会现象的客观规律，是引导他们接受唯物主义世界观的重要方法之一，为此就应当在尊重宗教信仰自由的原则下，认真进行自然科学常识和无神论思想的通俗宣传（在有些宗教信仰很深的少数民族地区，则着重正面宣传自然科学常识），认真进行马克思主义关于社会发展规律的宣传，关于总路线的宣传，关于劳动人民必须在工人阶级政党共产党领导之下才能得到解放、才能达到社会主义的宣传。进行这种宣传，应当利用各种文教工具，采取为群众所愿意接受的形式。通俗的报纸、刊物、画册、书籍、广播、电影、幻灯、通俗演讲、展览会等都是可以运用的工具，应当充分利用。

四

上海局、各分局、各省市委和人民解放军总政治部应当讨论中央的这个指示并作出决议报告中央。中央和省、市的国家机关和群众团体的党组，科学研究机关、文学艺术团体、党校、高等学校、报社、出版社的党的组织也应当讨论这个指示，并作出适当的决定和计划送交上级党委。在讨论中并可适当吸收党外的人参加。

（此件除登党刊外，并可发给一切能够阅读的党员干部阅读。党外人士除在文教系统工作的应发给外，其他方面的由省市委自行规定。）

原载中共中央文献研究室编《建国以来重要文献选编》第六册，中央文献出版社，1993 年

全国广泛展开批判资产阶级唯心主义
宣传马克思主义唯物主义的斗争

李泽厚*

目前正在全国范围内展开宣传马克思主义唯物主义批判资产阶级唯心主义的思想斗争。这是社会主义建设的伟大事业，向全国人民、向全国的知识分子、向全国的文化学术界，提出的一个严重的战斗任务。必须坚决地扫清横在我们前进道路上的一切资产阶级唯心主义思想的严重障碍，必须艰苦踏实地在一切工作中奠定马克思主义唯物论的思想根基。历史证明："不破不立，不止不行"，马克思主义唯物主义思想，正是在对各种各样的资产阶级唯心主义的不断的激烈的斗争中成长起来和坚强起来的。

由批评俞平伯《红楼梦》研究中的错误立场、观点、方法展开的胡适思想批判，是最近一阶段的思想斗争中最重要的中心环节，它同时也是解放以来在一定科学研究基础之上的规模最大的一次学术讨论。以实用主义主观唯心论为其哲学基础的胡适反动思想，是最集中地反映着和服务于帝国主义和中国封建买办阶级的利益的。它像幽灵一般长久地影响着很大一部分的知识分子和文化学术界人士。彻底根除这种影响，具有着巨大的理论意义和实际意义。去年年底，北京组织了"胡适思想批判讨论工作委员会"，领导和推动了这个思想斗争。上海、长春、江苏等省、市也相继成立了同样性质的机构，组织和领导了科学工作者、教授、

* 李泽厚，1930—2021，男，中国社会科学院哲学研究所研究员。

作家以及其他文化学术工作者参加了讨论。截至三月底，这样的讨论会在北京就已陆续开会二十二次，其中八次是关于哲学方面的。会上发挥了自由论辩的科学研究的精神。此外，在全国各地的综合性大学、师范大学（学院）等高等学校中，也都举行了各种讨论会、座谈会，很多年老和年轻的科学文化工作者参加了这种讨论。全国省、市以上的报刊也都发表了许多有关的批判和研究的论文。讨论会上的专题报告和自由发言以及报刊所发表的文章中，通过科学的分析和论证，对于胡适反动奴才的政治面貌，对于胡适整个思想的反动实质及其严重的危害性，已作了很多的揭发和初步的批判。

首先，已历时数月的《红楼梦》问题的讨论，虽然至今对这一巨著内容的某些具体问题的解释上尚未得到完全一致的意见，还需要我们作更深入更全面的较长时期的系统研究；但是，讨论却早已充分证明了：一向盘踞在我们古典文学研究领域中的胡适派资产阶级唯心论观点、方法的严重危害及其在马克思主义批判武器下的彻底破产。讨论证明了：《红楼梦》并不如胡适派所歪曲的那样，是一本没有任何倾向性和社会政治意义的所谓"平淡无奇的自然主义的杰作"；恰恰相反，它是一本具有高度的人民性和艺术价值的伟大作品。它通过丰美的艺术形象最深刻地反映了生活的真实，最深刻地揭示了封建制度的残暴罪恶及其没落崩溃的历史规律的必然趋向。这就有力驳斥了胡适派的歪曲，初步建立了对这一巨著的真正马克思主义的正确了解。

"射人先射马，擒贼先擒王"，《红楼梦》问题的讨论必然地把批判的针锋集中指向于唯心主义的首脑胡适，展开了轰轰烈烈的胡适思想的全面批判。而胡适一向是在其所谓"学者"立场的外衣下进行其殖民主义政治掮客的丑恶勾当的。讨论会上的发言和许多文章首先就在这方面进行了揭发和批判，充分证明了胡适的"学者"幌子的完全虚伪，证明了胡适正是不折不扣、彻头彻尾的帝国主义和封建买办阶级的忠谨奴才。今后就要更加深入地和更加细致地通过马克思主义的社会阶级分析，揭露和批判从"五四"运动到新民主主义革命胜利的中国革命的各个阶段中，胡适反动政治路线与中国人民的革命运动根本对抗坚决为敌的实质，从而彻底揭穿胡适一切文化学术活动的恶毒的政治阴谋。这对提高我们的政治水平和思想水平，对整个胡适思想批判将有很大的好处。

实用主义哲学是胡适派思想的理论基础，对胡适哲学思想的批判，在整个批判中占着极重要的地位。从讨论会和已发表的文章来看，这一方面的批判也进行得较深入，所获的战果也较大。许多文章根据马克思主义哲学的基本原则，从世界观、方法论各方面全面地揭露和批判了伪装"超越"唯物论唯心论之上的反动的实用主义哲学的主观唯心论的理论实质和它为帝国主义资产阶级服务的阶级实质。讨论正日渐深入，已抓住了实用主义反动哲学的根本问题和中心环节——主观唯心主义经验论。讨论会指出，有些文章对这一问题的批判是有缺点和错误的。例如把唯心论的经验论和马克思以前的唯物论的经验论混淆起来。会议指出了有关"经验""实践"等许多认识论上的根本问题——例如经验是否不包括理性认识、实践是否经验，它与经验的关系等尚待进一步深入研究讨论。会议指出，必须在认识论这一重要问题上坚决划清马克思主义唯物论同实用主义唯心论的根本界限。

批判胡适唯心主义的历史观也是整个批判中的重要环节。胡适素来以"历史癖""考据癖"自炫，胡适大量的有关考据学、文学史、哲学史以及历史见解的文章，曾长期影响和支配着旧中国的史学界。许多历史学家都指斥了胡适历史观点为反动阶级利益服务的世界主义、个人主义、主观唯心主义的本质。在讨论会上对于考据是否有阶级性、考据在历史研究中的地位和作用等问题曾展开了论辩。但是，应该指出，对胡适历史观点的批判工作还只是开始，还必须大力加强和进一步深入展开。

文艺学家和作家们对胡适反动文学观点进行了揭露和批判，指出胡适抛弃和歪曲文学思想内容的形式主义和自然主义的反动性质。会上对自然主义的内容、实质，它与形式主义的关系以及自然主义是否系胡适主导文学思想等问题，也曾有不同意见的争论。在教育学、语言学等方面，也正展开着同样性质的批判。

很明显，胡适思想的批判，对全国学术文化界和知识分子发生了强烈的影响，大大地提高了他们的思想理论水平，大大地增强了他们研究工作的科学性和战斗性。这一批判，在现有收获的基础上，目前正向深入和普及的方向发展。一方面，由范围较广泛的研究和讨论逐步转入重点的细致的研究和讨论，从而问题也更集中，内容也更具体深入，不同意见的自由论辩也更加增多了。另一方面，还必须把这次批判的成果通过通俗的方式广泛向人民群众宣传、介绍。可以预料，这一思想斗争将获得全面彻底的胜利。

在批判胡适思想的同时，全国范围内最近又展开了对胡风反动文艺观点的全面批判。如果说，胡适是明目张胆地反对马克思主义宣扬资产阶级反动思想；那末，胡风却是在马克思主义词句的伪装下贩卖资产阶级唯心主义的私货。它在文艺界长久地散发着不良的影响。它反对作家深入工农兵革命群众的斗争生活和学习马克思列宁主义以改造自己、使自己获得工人阶级世界观；它反对党的领导；它蔑视民族遗产，反对民族形式……很清楚，胡风的文艺思想同毛泽东同志《在延安文艺座谈会上的讲话》中所指示的方针是根本对立的，它曾经阻碍了现在也仍然在一定程度上阻碍着作家们去创作具有高度思想性和艺术性的作品。彻底全面地批判这种反马克思主义的唯心主义文艺思想，对进一步发展我国社会主义现实主义文学有着巨大的意义。文艺界正根据马克思主义基本观点从各个具体论点和问题上对胡风思想进行了分析和批判，而进一步深入批判胡风资产阶级思想的阶级实质和其主观唯心论的理论实质以及它的严重的危害性，仍是我们今日重要的任务。应当指出，批判胡风思想绝不只是文艺界的事情，全国广大的文化学术界人士和知识分子，应该积极地坚决地参加到这一重要的思想斗争中来。

不能把唯心主义思想的批判工作仅仅局限在批判胡适、胡风思想的范围内。事实证明，唯心主义思想在广大的领域和工作部门中还有着各种不同的严重影响。最近正热烈展开的对建筑学和建筑工作上的复古主义、形式主义、唯美主义的批判，对医学上排斥中医、轻视民族遗产的错误思想的批判，就雄辩地证实了这一点。建筑学和医学上的这种错误有害的观点，就正是资产阶级唯心主义思想的各种不同形式的表现。此外，在其他许多实际工作和理论工作中，也都以各种不同形式在不同程度上反映出这种影响的存在。唯心主义永远是科学的大敌、人民的大敌、革命的事业的大敌。今日讲来，就正是社会主义革命的大敌。建筑工作上的错误倾向所带来的惊人浪费，它给我们今日经济建设所带来的大的损害，就生动地证明了这一点。必须坚决地继续不断地展开对于各种工作中的唯心主义思想的批判。

胡适、胡风思想的全面批判，通过丰富的事实和科学的论证，不但充分揭发了资产阶级唯心主义的反动实质及其严重的危害性，而且还更加充分地证实了马克思主义哲学唯物论的高度的科学性和革命性，证实了马克思主义"战无不胜，攻无不克"的巨大的科学威力，而这也就在宣传、普及和提高大家对唯物主义的学习和认识上获得了一定的成绩。实际上，也只有全面地深入地宣传马克思主义唯物论，才能彻底粉碎一切唯心主义思想。随着唯心主义批判的展开，已在全国范围内，激起了广大人民群众、干部和知识分子学习和要求学习马克思主义哲学的高度热情。从今年三月份起，北京和各省、市在党的领导下，更开始了大规模的宣传马克思主义唯物主义的运动。全国文联组织了对文艺工作者的马克思列宁主义理论讲座，中国科学院也举行了自然科学家批判唯心主义思想宣传辩证唯物主义的报告会。《北京日报》《学习》等报刊和中央人民广播电台也已开始连续刊载或举办宣传马克思主义唯物论的文章或讲座。应该指出，这不过才是开始，向广大人民群众、干部和知识分子宣传和普及马克思主义哲学唯物论是一个长期的重要的、艰巨的战斗任务。我们必须通过各种生动、活泼的通俗的语言形式，密切联系当前社会主义建设和改造事业，联系当前国内外尖锐复杂的阶级斗争，结合一些具体问题，正面地、系统地宣传唯物主义，使人民群众，干部和知识分子清楚地充分地认识到学习马克思主义哲学唯物论的迫切的重要的意义，使他们逐步掌握和善于运用马克思主义唯物论基本观点、方法，随时在实际工作中批判各种资产阶级唯心论的影响，正确地进行工作，解决问题。"理论一掌握群众，便立即化为物质的力量"。为了社会主义的伟大事业，让我们为宣传马克思主义哲学唯物论反对资产阶级唯心主义而斗争到底！

原载《哲学研究》1955 年第 1 期

批判资产阶级唯心主义思想斗争继续展开

燕鸣轩 *

彻底揭发和肃清胡风反革命集团是最近一阶段思想斗争中压倒一切的中心环节，也是这一阶段中由思想斗争转入政治斗争的巨大胜利。在这一时期中，对其他反动资产阶级唯心主义的批判也同样获得了一定的进展。对胡适反动思想的批判，在哲学方面，《人民日报》《哲学研究》发表的文章都紧紧抓住了实用主义经验论作了重点的较深入的批判；在哲学史、文学史方面，《人民文学》《光明日报·文学遗产》《文史哲》《哲学研究》对胡适歪曲污蔑祖国文化遗产作了比较有力的驳斥。然而也应该指出，在某些方面，例如考古学、教育学、心理学等方面，胡适实用主义反动思想的批判还是亟待加强的。

很明显，胡适反动思想的批判运动不能认为是已经够了、"要结束"了，实际上它正由轰轰烈烈的全面展开的阶段逐渐转入长期的细致的深入阶段。应该看到，彻底肃清实用主义反动思想在中国的余毒还是一个艰巨的、长期的工作。

胡适思想批判在这一阶段的另一特点，是由批判胡适思想逐渐扩展为对其他反动思想的批判。《人民日报》《哲学研究》已开始发表批判梁漱溟反动思想的文章，此外，冯友兰先生对自己过去的反动哲学思想也作了初步的自我批判。《光明日报》陆续发表了对"五四"时代陈独秀思想的批判文章，指出了陈独秀这一时期中严重的资产阶级唯心主义的成分。这就不但论证了陈独秀在后期堕落为革命叛徒的思想渊源，而且也进一

---

* 燕鸣轩，1905—1996，男，中国社会科学院哲学研究所离休干部。

步明确了"五四"运动是以李大钊为代表的无产阶级思想领导的，这同样应看作是批判胡适反动思想的收获。

对实际工作中唯心主义的批判主要仍围绕着建筑学和医学上的错误观点进行着。清华大学、同济大学等校建筑系师生开会揭发和批判了以梁思成先生为代表的形式主义、复古主义的错误建筑思想给国家带来的巨大损害。《新建设》杂志第五期也登载了这方面的论文。许多建筑设计机关负责人陆续在《人民日报》《北京日报》等报刊上发表自我检讨的文章，对自己的错误思想进行了批判。在医学方面，各地医务工作者在党和人民政府领导和帮助下逐渐纠正了歧视和排斥中医中药的思想，东北医务界举行了对所受王斌错误思想影响的检查，最近文化教育工作会议更着重指出了歧视和排斥中医是一种方针性的严重错误，是一种"资产阶级思想"。但是应该指出，如何从理论上、从其唯心主义思想根源和实质上来深入地揭发和批判这种实际工作的错误思想，仍然是一件做得极其不够的工作，这就要求我们进一步加强这方面的理论工作。

原载《哲学研究》1955 年第 2 期

继续深入地批判胡适反动的资产阶级唯心思想

燕鸣轩*

全国学术界批判胡适反动的资产阶级唯心主义思想，在最近一二个月中已进入到深入细致的阶段。全国各报刊都已发表了各种批判论文，针对胡适在学术界所散布的"实用主义"毒素，进行了犁庭扫穴的肃清。

在历史学方面，《历史研究》第三期发表了《看看胡适的历史的态度和科学的方法》及《胡适不是研究历史，而是歪曲和捏造历史》两篇论文，均以无可辩驳的论证，说明了胡适是以唯心独断的态度，任意"装扮"或"涂抹"历史。作者指出：胡适把中国古代的伟大思想家孔子和老子都"涂抹"成亡国奴，就是为的寻找他准备做汉奸的理论根据。作者又特别指出：胡适为了反对共产主义在中国的发展，不惜以"去头，空足，骨割其身"的横蛮态度来抹杀中国历史；如"斫掉商周以前的历史"，就可以否认中国有原始社会的存在；抽空近百年的历史，说什么"中国没有封建势力""也没有帝国主义侵略"；而且多方歪曲地说"中国历史上没有阶级斗争"。胡适这种反科学的历史态度是恶劣的，影响也是很大的。作者号召大家必须自觉地进行思想改造，提高马克思主义的理论学习，彻底肃清这种恶劣影响。

在哲学史方面，《人民日报》七月二十四日发表了《批判胡适〈中国哲学史大纲〉的实用主义观点和方法》一文，指出胡适在其《中国哲学史大纲》中所散布的主要反动观点就是"实用主义"和"庸俗的进化论"。胡适从实用主义的反动观点出发，否认哲学上有唯心唯物的根本问

---

* 燕鸣轩，1905—1996，男，中国社会科学院哲学研究所离休干部。

题，并把哲学内容归结为"方法"，单凭"主观的"追求"效果"，任意地去涂改或抹掉哲学史的真实内容。胡适所散布的实用主义的观点和方法，对于中国哲学史的研究工作一直起着严重的危害作用，进一步肃清这些流毒是我们当前文化思想战线上的迫切任务。

在哲学问题方面，《新建设》八月号发表了《马克思主义的实践观与实用主义实践观的根本对立》，《历史教学》八月号发表了《对胡适实用主义"真理论"的批判》。这两篇文，一方面指出：资本主义到达帝国主义的垂死阶段，是以绝望的心情实行"冒险"的实践，暴露出反革命的狰狞面目；另一方面指出：胡适不敢正视客观存在的真理，把"真理"当作"人造的"东西，否认真理是同"实在"有"相符合的意义"。这和盲目的实践，正是表里一致的荒谬。于此可知，所谓"实用主义"的哲学，正是资本主义文化破产的哲学。

此外，在教育学方面，《人民教育》八月号发表了《批判杜威关于教育超经济超政治的学说》一文；《光明日报》在最近两个月中也先后发表了几篇关于批判和肃清胡适的实验主义教育思想文章。这些文章从各方面揭露了杜威和胡适的反动教育思想本质以及这些思想所加于教育界的毒害。并指出：这些思想在很长的时期里像瘴气般地毒化着许多知识分子的头脑，我们消除这团瘴气，不仅有历史的意义，而且还有深刻的现实意义。

原载《哲学研究》1955 年第 3 期

对梁漱溟的反动思想展开批判

燕鸣轩 *

旧中国是半殖民地半封建的社会。资本主义和封建主义的反动唯心思想，是各有其顽固的体系的；正如胡适的反动资产阶级唯心思想成为一个中心一样，梁漱溟先生也是封建文化反动思想的代表者。

《人民日报》自七月中旬以来继续发表了批判梁漱溟思想的三篇文章，即《批判梁漱溟的乡村建设理论》（七月十一日）、《梁漱溟对帝国主义采取什么态度》（七月十八日）以及《批判梁漱溟坚持中国落后反对工业化的谬论》（八月十日），《新建设》八月号发表了《批判梁漱溟的直觉主义》一文；本刊第三期也发表了《批判梁漱溟先生的文化观》一文。此外国内各大学学报，有些已经发表了此类批判文章，有些正在准备发表此类文章。可以说，继批判胡适的反动思想之后，批判梁漱溟思想已经全面展开了。

从已发表的批判梁漱溟思想文章中，可以分析为这几个重点：首先是梁漱溟的哲学思想乃是佛学和儒家陆王学派思想中带有神秘主义的主观唯心思想。崇尚"直觉"，宣扬"非象"[①]，把宇宙看成"大意欲"的"生活相续"。主张什么"物我一体""人我一体"；其次是梁漱溟并不是真有所谓"超阶级"的世界观，而是十足地站在地主阶级的立场，憧憬封建王国的复活；因而，第三就是他企图中国长久地停滞于农业社会的被奴役地位，反对中国工业化；最后是梁漱溟由他的幻想出发，积极地从事"乡村建设"的"实践"企图挽回封建地主阶级死亡的命运。无可

---

* 燕鸣轩，1905—1996，男，中国社会科学院哲学研究所离休干部。
① 此处"非象"疑是"非量"之误。——编者注

讳言，这一套完整的反动思想，在旧社会是曾起过极大的欺骗作用的。

在各批判文章里也指出：梁漱溟的一套主观唯心论，不仅沿袭着中国封建文化反动传统的一面，而且也撷取了西洋哲学中柏格森、叔本华、罗素等等的唯心实质，这就和资产阶级思想建立了血肉的联系；因而梁漱溟的反动思想，一方面给旧中国的法西斯统治提供了反人民的策略，一方面也给帝国主义奴役中国寻找了有力的口实。当然，根据已发表的批判理论，特别是关于哲学思想方面的批判理论，还是不够完备、不够深刻的；这也是个面对面的斗争，尚有待于学术界的继续开展。

原载《哲学研究》1955 年第 3 期

学术界继续深入、细致地批判资产阶级唯心主义思想

《哲学研究·思想学术动态》

全国学术界对于资产阶级唯心主义思想的批判，在最近一季中仍然在继续深入地发展。

首先应当指出的，是对各色各样的资产阶级教育思想继续作了深入的批判。我们知道，本季度的开始，也正是我国随着社会主义革命取得巨大胜利从而开始展开向科学大进军的准备工作的时候。因此，教育工作者就站在科学大进军的前列，进一步地展开了肃清教育理论中资产阶级反动思想的斗争。这是教育界整刷阵容、磨砺武器的自然趋向。在这方面，《新建设》杂志本年一月号发表了《批判实用主义教育思想》及《批判杜威的教学论》二篇论文；三月号发表了《批判杜威"教育即生活"的反动学说》一文：《人民教育》杂志去年十二月号与本年一月号发表了两篇"批判梁漱溟的反动教育思想"的文章，二月号又发表了《清除实用主义教育思想在我国教育界的影响》一文。《光明日报》二月二十日发表了《梁漱溟乡农学校的反动本质》一文，《历史教学》杂志本年一月号发表了一篇题为《在历史教学中加强马克思主义阶级和阶级斗争观点的教育》的论文。

这些文章批判的内容，包括着教育目的、课程、制度及教学方法等等。文章中一致指出，无论是杜威、胡适的实用主义教育理论，或是梁漱溟的生命派教育理论，它们的中心思想都不外是主观唯心主义的体现。实用主义的教育理论，披着科学和民主的外衣，给我国教育界带来的恶毒影响既普遍而又深入。实用主义所宣传的"儿童本位主义"及"兴趣主义"，"教育即生活，学校即社会"等等口号，乃是用眼前生活的服务

取消了教育上的远大目标，企图达到为资产阶级服务的目的。这些口号支配了旧社会许多教育工作者的头脑，甚至被规定在反动政府的教育法令与制度中。有的文章中着重指出：这种根深蒂固似的恶劣影响在我们今天某些教育工作者的头脑中仍然相当严重地存在着，因而需要展开不调和的斗争以彻底消灭它。至于梁漱溟的反动教育思想所影响的范围虽然不如实用主义那样厉害，但在神秘主义的封建气息下也有它一定的市场；尤其在所谓"乡村建设运动"的反动实践下，对于旧中国的教育界是起了许多欺骗作用的。例如他所宣传的"精神陶炼"、"伦理情谊"、"政教合一"、社会教育和学校教育的"融和归一"等口号，特别是在他反对中国有阶级及阶级斗争的欺骗性上，是和胡适教育思想的目的殊途同归的。

除在教育理论上比较集中地批判了资产阶级唯心主义思想外，在语言学问题上、在史学问题上、在文学史问题上及在逻辑问题上，也都对它作了较深入、细致的批判。本季发表的关于这几方面的文章有《批判胡适在汉族文学语言上的主观唯心论观点》(《教学与研究》杂志，本年第二期)，《批判胡适文学史"著作"中的形式主义和庸俗进化论》(《东北人民大学人文科学学报》，本年第一期)，《实用主义宗教观批判》(《人民日报》，二月二十日)，《批判梁漱溟反动的历史观点及其复古主义》(《历史研究》，本年第一期)，以及本刊本期所发表的《批判反科学的实验逻辑》《科学与玄学论战中胡适派所谓"科学"的反科学性》这几篇文章。这些文章都根据马克思主义理论的精神，在不同的学术问题上，作出了科学的分析与论证，并据以指破资产阶级唯心主义思想的丑恶的本质。

原载《哲学研究》1956 年第 1 期

批判资产阶级唯心主义思想继续发展中的新情况

《哲学研究·思想学术动态》

批判各种资产阶级的唯心主义思想的继续发展，是我国学术界的重要课题，也是理论工作的进步标志。本季度我们学术界在批判工作上的继续深入又有了一些新的成绩。在批判实用主义思想方面有：《北京大学学报》本年第一期发表的《批判胡适实用主义唯心史观》，《新建设》第三期发表的批判杜威关于"教育即生活"的反动学说，《中山大学学报》本年第一期发表的《批判杜威的人性论》，《东北人民大学学报》本年第一期发表的《批判胡适文学史"著作"中的形式主义和庸俗进化论》，《光明日报》五月十五日发表的《批判实用主义教育学的个性论》，《中山大学学报》发表的《批判胡适的"戴东原的哲学"》，以及本刊本期发表的《揭露并批判胡适标榜"反理学"的历史渊源和反动本质》，与《对詹姆士实用主义的初步批判》等文。在批判梁漱溟唯心主义思想方面有：《北京大学学报》发表的《批判梁漱溟所谓"周孔教化"》，《中山大学学报》发表的《批判梁漱溟的主观唯心主义世界观》和《梁漱溟的"乡村建设运动"如何为国民党反动统治服务》，《光明日报》三月七日发表的《批判梁漱溟唯心主义历史观》以及本刊本期发表的《批判梁漱溟的直觉主义》等文。

从上面列举的一些批判胡适和杜威的实用主义的论文中，可以归纳为三个问题。第一个问题，是关于哲学的根本问题。在这个问题上，指出了杜威和马赫之间的联系：实用主义是把"经验"这一概念放在超乎存在和意识两者之上的地位，而又把经验说成是"能深入到自然内部深处"，于是就得出荒谬的结论说："自然不依赖经验，则将不可能存在"，或"世界存在于主观的经验中"，这就看出了杜威和马赫之间的"理论"是如何的息息相关。第二个问题是对于杜威教育学说的批判问题。在这个问题上，根据历史唯物主义的观点及巴甫洛夫的高级神经活动的科学理论，揭露了杜威的所谓"人性论""个性论""本能论"等等唯心主义的实质；指出了杜威先验性的谬论，所谓"人性不变而其表现形式可变"，"人的行为一般和动物的活动无何区别"，"人的动机似乎在生物学上已经决定"以及"人性因素与文化因素的相互影响"等，都不外是离开人们生活方面具体的历史条件的一种主观的、违反科学的胡说。杜威的"儿童中心说""个性差异说"就是建立在这种谬论上的。第三个问题，是关于"中国哲学史"问题。在这个问题上揭露了胡适对清代"反理学"的反动立场：胡适把戴东原的反理学思想曲解为实用主义，"胡适的赞颂戴氏和反对理学本是虚伪的，他表面上反对理学，其实是维护理学"；胡适标榜反理学的动机，乃是出发于维护旧的反动统治的腐朽政权及甘心作帝国主义奴才的思想的；他的反动思想和清代凌廷堪、费密等的汉奸"学者"的反动思想是先后契合的。

在对梁漱溟唯心主义思想的批判文章中，首先对梁漱溟强调儒家思想中落后一面的主观唯心主义的神秘部分作了批判，指出梁漱溟把孔子所说的"仁"当作情感的直觉的反理性主义的东西，在表面上不把"孔子哲学"看作宗教，其实正是要以变相的宗教代替科学。梁漱溟说："宗教是起稳定人生的作用，而孔子正是要稳定人生"，又说："孔家哲学是凡宗教效用，无不具有"，这正是说明了梁漱溟主导思想的原形。无论在世界观和认识论各方面，梁漱溟都是在其另一主观唯心主义来源的佛家思想中，走到诡辩的、神秘主义的泥潭里；所以他认为"宇宙是一生活"，是"事的相续"，说什么世界就是一问一答中从主观上问出来的，把"概念"也比附于"独影境"的"非量"诡辩。而梁漱溟又把这种东方的主观唯心主义思想和帝国主义时代的柏格森、叔本华等生命派糅杂一起，是与蒋介石的"唯生论"反动思想彼此相辉映的。所谓"宇宙即生命"，正是"生命原子"的胡说。

不容否认，在对各色资产阶级唯心主义思想作继续批判的过程中，我们是更全面地更深入地揭露了它们丑恶的本质，因而也就是对他们给了一个更严重的打击；同时，也更进一步地锻炼了我们自己，使我们能更好地运用马克思列宁主义的武器。

原载《哲学研究》1956 年第 2 期

二、所谓"哲学上三次大论战"

　　论述当代中国哲学史或马克思主义哲学史的著作，一般都会论及1950年代至1960年代的"哲学上三次大论战"，即"综合经济基础论和单一经济基础论""思维与存在同一性""一分为二与合二而一"的争论，涉及其中的有杨献珍、艾思奇、王若水等当时的哲学名家。改革开放以来，对此的研究成果表明，所谓"哲学上三次大论战"完全是适应当时政治上的"路线斗争"，把中央党校内部的不同意见夸大为全国性的争论，是由康生捏造和炮制出来的，今后不宜沿用"哲学上三次大论战"的提法。这里选编的文献分为2辑：第1辑，齐评和许全兴的文章相隔30年，反映了哲学界对这个问题的认识的深化，即从重新评价当时遭到批判的思想观点，到论证"哲学上三次大论战"是康生等人制造的历史谎言；第2辑，有关这三次争论的主要文章篇目，供读者进一步了解和研究之用。

第 1 辑

应当重新评价建国以来哲学战线上的几次争论

齐 评 *

最近，在四川省理论工作务虚会上，有些同志提出：建国以来哲学战线上的几次争论应当重新评价。

有的同志说：1970年年底，《人民日报》刊载了署名"中央党校革命大批判写作组"的文章，题为《哲学斗争与阶级斗争》，给所谓"建国以来哲学战线上的三次大斗争"定了性，说"这三次大斗争都是在两个阶级、两条道路、两条路线斗争的关键时刻，由叛徒、内奸、工贼刘少奇幕后导演，由叛徒杨献珍一个一个挑起的"；三个"论"对抗四条路线："综合基础论"对抗过渡时期总路线，"思维与存在没有同一性论"对抗社会主义建设总路线，"合二而一论"对抗党的基本路线和国际共运总路线。粉碎"四人帮"以后，重新评价建国以来哲学战线斗争的文章很少，有的文章甚至还把上述三次争论中杨献珍等同志的观点，作为对毛主席革命路线的一种干扰，即来自机械唯物论的干扰加以批判。今天，应当对建国以来哲学战线上的争论重新加以认识和估价。

一、关于"综合经济基础论"

有的同志认为：杨献珍同志说"中国现在明明还是一个多种经济成分的国家，这是一种客观事实"。这是根据生产关系的总和组成社会经济

---

* 齐评，《哲学动态》通讯员，其他情况不详。

形态的原理，把当时共同纲领和宪法规定的五种经济成分都归在过渡时期的经济基础之内，究竟有什么错？即使理论概括有缺陷，也不能就上纲说是对抗过渡时期的总路线。至于说杨献珍的"综合基础论"是刘少奇发展资本主义的路线的理论基础，就更站不住了。

二、关于"思维与存在有没有同一性"的争论

有的同志认为：杨献珍同志一般否认思维与存在的同一性，把思维与存在的同一性一概斥之为唯心主义的命题，这在理论概括上、哲学概念的运用上是不正确的。但把它作为修正主义批判，是做得太过分、太无理了。杨献珍同志反对那种"原则同格"的所谓同一性，在理论上和实践上都是很重要的。这个问题的提出，其背景是一九五九年要正确地总结经验教训，针对当时有人不尊重客观实际，搞"人有多大胆，地有多大产"那种片面强调主观能动性的主观唯心主义。在当时，重新强调唯物主义路线，强调实事求是，是合理的，也是迫切需要的。这无论从政治上讲，从哲学上讲，应该说都是正确的。

三、关于"一分为二"和"合二而一"的争论

有的同志认为：杨献珍等同志并没有否定"一分为二"，而是主张还要加上"合二而一"。他讲这个问题，也是有针对性的，就是针对当时现实生活中阶级斗争扩大化，敌我矛盾扩大化这样一种"左"倾机会主义思潮，从哲学上讲，就是针对只讲对立面的斗争，不讲对立面的统一的错误倾向。有的同志还认为："一分为二"与"合二而一"的统一，才能完整地表述唯物辩证法。多少年来，只讲"分"，不讲"合"；只讲斗争，不讲统一，就导致共产党人的哲学就是斗争哲学这种片面而有害的理论。全面否定"合二而一"这个命题，这也是十多年来混淆两类矛盾，不断搞政治运动的认识论根源之一。

原载《哲学动态》1979 年第 5 期

"哲学上三次大论战"提法不宜继续使用

许全兴 *

习惯是一种巨大的力量。"文化大革命"中使用的"哲学上的三次大论战"的提法至今仍为一些研究者所沿用。笔者以为把"经济基础和上层建筑问题的讨论""思维与存在的同一性问题的讨论"和"一分为二与合二而一的论战"简单地概括为"哲学上的三次大论战"的提法值得商榷,不宜继续使用。其理由如下:

第一,所谓"哲学上三次大论战"的说法源于康生,有特定的含义

杨献珍在《我的哲学"罪案"》一书序的开头就说:"本书收集的若干篇文稿,都是有关所谓'哲学上的三次大论战',或者叫作'建国以来哲学战线上的三次大斗争'的。所谓'哲学上的三次大论战'云云,都是那个罪恶昭彰的理论恶霸康生的语言。康生说我是这'三次大论战'的'罪魁祸首',犯了'弥天大罪'。"杨献珍的这一说法是有事实依据的。

1964 年,康生就"合二而一"问题发动了对杨献珍的大批判。为了彻底"批倒"杨献珍,"为了给杨献珍加上一贯反对党的政治路线、反对社会主义的罪名,康生挖空心思地罗织罪状,把 1953 年关于基础与上层建筑的讨论及后来关于思维与存在的同一性的讨论,同'合二而一'联结在一起,把它们说成是'哲学战线上的三大论战'。杨献珍前两次讨论的见解和关于'合二而一'的观点,则被歪曲为反党反社会主义、反毛泽东、反毛泽东思想的理论思想。到了'文化大革命',更把'三大论战'进一步夸大为'三大斗争',把问题提到吓人的高度,对杨献珍进行

---

* 许全兴,1941— ,男,中共中央党校哲学教研部教授。

多次批判"。

中央高级党校对杨献珍的批判贯彻了康生把"合二而一"问题同前两次讨论联系起来全面批倒杨献珍的意图。1965年6月9日，党校校委在报送给党中央的《关于杨献珍问题的报告》中列举了杨的所谓"十大罪状"，其中第二条为"制造反对社会主义的'理论'"。报告说：杨献珍的"综合经济基础论""反对对国民经济进行社会主义改造"；他关于思维与存在的同一性的观点，是"反对党的社会主义建设总路线"；提出"合二而一"论，则是"有计划、有组织地向党发动了总进攻"。把杨献珍的三个哲学理论观点说成"是一贯的政治错误，是反对社会主义，反对马克思列宁主义、毛泽东思想，反对党的路线和政策的错误"，这完全是不实之词。

在"文化大革命"中，杨献珍进一步受到残酷的政治迫害和批判。1970年11月13日上午，康生在钓鱼台召见中央高级党校的造反派头头，布置写批判杨献珍的文章。他说："党校的三次大的理论斗争，都是很原则的斗争，是和刘少奇叛徒集团的斗争，在政治上和刘少奇、彭德怀都有联系。"康生的这次布置，一是把哲学上分歧、争论上升为党内所谓的两条路线斗争的高度，把学术问题变为政治问题；二是把党校内部的分歧、争论说成建国以来哲学战线上的三次很原则的大斗争，夸大了三次分歧、争论在建国以来哲学领域学术争论中的地位。

根据康生的旨意，党校的造反派头头立即组织人马写大批文章。同年12月18日，以中央高级党校大批判组的名义在《人民日报》发表了首篇文章《哲学斗争与阶级斗争——建国以来哲学战线上的三次大斗争》。该文说，"建国以来，我国哲学战线上曾经发生过三次原则性的大斗争"，"这三次大斗争，都是在两个阶级、两条道路、两条路线斗争的关键时刻"，由刘少奇幕后导演、杨献珍一个一个挑起的，"是国际、国内尖锐阶级在哲学战线上的反映"。之后，中央党校大批判组又在报刊上分别发表《"综合经济基础论"必须彻底批判》《哲学战线上的一场严重斗争——揭露杨献珍在思维与存在的同一性问题上的反革命阴谋活动》《"合二而一"是复辟资本主义的反动哲学》三篇文章，从所谓的"路线斗争"高度对杨献珍的三个理论观点进行歪曲和批判。1971年8月，四篇文章汇编成《哲学斗争与阶级斗争》的小册子由人民出版社出版。经此批判,"哲学上三次大论战"或"哲学上三次大斗争"的提法在哲学界以至整个学术界广为流传、普遍使用。

对杨献珍的政治冤案早已平反了,对在"哲学上的三次大论战"上加害于杨献珍的诬陷不实之词也都推翻了,但许多人并不了解"所谓'哲学上的三次大论战'云云"是"康生的语言",是有特定的含义的,是康生对杨献珍的诬陷。现在知道了这些,就不宜继续沿用。

第二,"文化大革命"前,我国哲学界在经济基础和上层建筑问题、思维与存在的同一性问题和一分为二与合二而一问题上存在分歧、争论,但三个问题上分歧、争论的情况各不相同,不宜以"哲学上的三次大论战"加以概括

第一次是关于经济基础和上层建筑问题的分歧。

1953 年,马列学院(中共中央党校前身)的领导人和教员在学习过渡时期总路线和斯大林的《马克思主义语言学问题》时,对经济基础和上层建筑的概念、我国过渡时期的经济基础和上层建筑的理解上有分歧。杨献珍撰写了《关于中华人民共和国在过渡时期的基础与上层建筑的问题》。他认为,"基础"就是整个"社会"的诸种生产关系的总和,而不是某一生产关系的所有制、人与人的关系和分配形式三者的总和;我国过渡时期的经济基础包括国营经济的社会主义所有制(整个国民经济的领导成分)、合作社经济的半社会主义所有制、私人资本主义所有制、个体农民所有制、国家和私人合作的国家资本主义所有制这五种生产关系。他还指出,承认过渡时期多种经济成分的"基础",并不是要永远保持这个"基础"的各种经济成分,而是要把这个多种经济成分的"基础",逐步改变成为单一的社会主义经济。他不赞成过渡时期的经济基础只有唯一的社会主义经济的观点,即不赞成"单一经济基础论"。对过渡时期的上层建筑,杨献珍认为,不能把资产阶级思想列入过渡时期的上层建筑,它只能是批判的对象。杨献珍还提出:"单一经济基础论"观点是"反对我党七届二中全会决议的,是反对中华人民共和国宪法的,是违反党的许多政策原则的"。艾思奇则不同意杨的观点,他在讲课中认为,构成社会经济基础的"生产关系的总和"是指代表整个社会发展阶段的生产关系的所有制形式、人在生产中的地位及相互关系、分配形式三个方面的总和，而非一个社会各种生产关系的总和。针对杨文，他撰写了《对杨献珍同志的〈关于中华人民共和国在过渡时期的基础与上层建筑〉一文的意见》。他认为，过渡时期还没有一种已经完成了经济基础，而是社会主义的和资本主义的两种互相对抗的经济基础，"综合基础论""正是违反了党的过渡时期的总路线和过渡时期的政策"。过渡时期的上层建筑存在着占统治地位的社会主义上层建筑和与之敌对的资本主义上层建筑因素的对立的统一。这次争论涉及对"经济基础""上层建筑"概念及我国过渡时期的经济基础和上层建筑的理解。当时杨为马列学院院长，艾则为教员，各说各的，所以谈不上大论战。

　　杨、艾两人的文章都没有公开发表。但在 1954—1958 年，我国学术界对基础和上层建筑问题进行了公开的讨论。中国人民大学在 1954 年 12 月和《哲学研究》编辑部（1955 年）曾分别组织过对这一问题的讨论，《哲学研究》杂志发表了不同观点的文章，并对讨论中的不同观点有所报道和综述。学术界的公开讨论没有给不同的意见上纲、上线，没有扣帽子，完全是自由的学术讨论。只是到 1964 年，情况才发生了根本变化，中央党校在批判杨献珍的"合二而一论"时，也批了杨献珍的"综合基础论"。这时已没有什么学术争论可言，有的只是大批判。

　　第二次是关于"思维与存在的同一性"问题的争论。

　　这完全是在党校哲学教学中由对恩格斯在《路德维希·费尔巴哈与德国古典哲学的终结》一书中的"思维与存在的同一性问题"的不同理解引起的。恩格斯指出，思维和存在的关系除了何者为本原之外还有另一方面的问题，即我们的思维能不能认识现实世界，"用哲学的语言来说，这个问题叫作思维和存在的同一性问题，绝大多数哲学家对这问题都做了肯定的回答"。党校学员和教员在如何理解思维和存在的同一性问题上发生了争论。杨献珍认为，思维与存在的同一性是指思维等同于存在，是一个唯心主义的命题。艾思奇等则认为，思维与存在的同一性除了做唯心主义理解外，还可做唯物主义的解释，恩格斯肯定了思维与存在的同一性。杨批评艾等人的观点，并说：在马列学院的课堂上，宣传唯心主义是绝对不容许的。这是党校内部教学过程中对恩格斯著作的不同理解的纯学术争论，与政治路线并不相干。1958年上半年，在中央党校"反右运动"中，康生派自己的爱人"坐镇哲学教研室，把批判矛头直指艾思奇，把认为恩格斯肯定了思维与存在的同一性的观点，上纲为'反党''反马列主义'，并围攻艾思奇"。康生还把认为恩格斯肯定了思维与存在的同一性的观点，确定为"右派言论"。在此之前，学术界对这一问题还没有展开争论。

1958年8月，受陈伯达的提议，杨献珍写作了《略论两种范畴的同一性》一文，旨在批评苏联《简明哲学辞典》"同一性"条目对毛泽东同一性思想的歪曲和批评。针对当时我国学术界把思维与存在的同一性问题当作哲学根本问题的第二个方面的观点，杨献珍提出：思维与存在的同一性的"同一性"与矛盾的同一性的"同一性"是两种范畴，前者是唯心主义范畴的同一性，后者则是辩证法范畴的同一性；绝不能把思维与存在的同一性命题解释为唯物主义的命题，更不能用它来代替唯物主义的认识论——反映论；弄清这个问题，不仅在理论上有重大意义，在克服实际工作中的主观主义、官僚主义上也有重大意义。杨的文章印了三份，一份送陈伯达，一份送康生。杨文当时没有公开发表。

1958年《哲学研究》第1期发表了郭月争的《思维和存在的同一性问题是哲学基本问题的第二个方面》一文，拉开了思维和存在的同一性问题在报刊上公开讨论的序幕。同年10月11日《光明日报》发表了于世诚的《"思维和存在的同一性"是唯物主义的原理吗？》。从此之后，我国哲学界就思维与存在的同一性进行了数年的讨论、争论，许多哲学工作者发表了各自的意见。艾思奇先后写过两篇文章：《恩格斯肯定了思维与存在的同一性》（1960年7月21日）和《再论"恩格斯肯定了存在的同一性"》（1962年9月）。主张思维与存在的同一性是唯心主义的命题的人，竭力保卫唯物主义，反对唯心主义、主观主义。杨献珍在1958—1959年尖锐批评大跃进、人民公社化运动中的浮夸风、共产风，并上升到世界观的高度，大声疾呼坚持贯彻唯物主义，反对唯心主义、主观主义。为此在1959年庐山会议后，他受到错误批判和处分。主张恩格斯肯定了思维与存在的同一性的人，则竭力坚持辩证法，反对形而上学，强调人的主观能动性。在1964年批判"合二而一论"之前，报刊上进行的思维与存在的同一性的讨论、争论，虽然有的文章也联系到当时的形势，有的文字也不免尖锐、激烈，但总起来看主要还是学术上的争论，有批评，也可以进行反批评。

第三次是关于一分为二与合二而一的分歧。

虽然这本身是个哲学问题，但它们之间的论战实质上已不是学术争论，而是在"左"的错误指导下，由康生策划的一场有计划有组织的思想政治的大批判和政治大迫害。1962年党的八届十中全会后，毛泽东的以阶级斗争为纲的"左"的错误日益严重，在哲学上片面讲分、讲斗。杨献珍看到问题所在。他力图用中国哲学的"合二而一"来表达马克思主义的"对立统一"。1964年4月，他在给中央党校新疆学员讲课时讲到了"合二而一"论。从讲课提纲看，他讲的中心意思是：学辩证法，要抓对立统一这个辩证法的核心问题；学会掌握对立统一规律做工作，要在对立面的统一中把握对立面，善于把对立面结合起来，两条腿走路，防止片面性。整个讲课提纲的文字，大量的是从毛泽东未公开发表的著作和讲话中摘引来的。他写道："一分为二，就是对立统一。"又说："'合有无谓之元'，就是'对立面的统一'。"他批判现代修正主义否认矛盾、取消斗争的形而上学。他在讲课时又说："什么叫对立统一规律？中国有句古话叫作'合二而一'。认识论里，有'一分为二'这句话，同上句是一个意思。""辩证法不应当只讲斗争性不讲同一性；不应当只讲'一分为二'，不讲'合二而一'。辩证法只提'一分为二'，不提'合二而一'，是只要斗争性，不要同一性。不要同一性，只讲斗争性，不讲团结的理论，是阉割了辩证法的全面性，因此是打人的理论。"杨献珍的"合二而一"思想经党校两位教员写的《"一分为二"与"合二而一"——学习毛主席唯物辩证法思想的体会》一文在《光明日报》（1964年5月29日）上首次公开。康生利用该文策划和发动了对"合二而一"论及杨献珍的大批判和大迫害。康生提出："合二而一"论是彻头彻尾的形而上学，是修正主义，宣扬阶级调和论，同党唱对台戏。杨献珍和"合二而一"论的赞同者完全处于被批判的地位，没有什么答辩和争论。

综上所述，我国哲学界在经济基础与上层建筑问题、思维与存在的同一性问题、"一分为二"与"合二而一"的问题确实存在分歧、争论，但三次的情况不同，性质不同。前两次分歧，纯粹是由学术问题引起的争论，学术界的讨论基本上是平等的、自由的，不是什么大论战、大批判。"一分为二"与"合二而一"的问题上的分歧则不同。它一开始就是有领导有组织的全国性的大规模的思想政治大批判。所以，把三个问题上的不同性质的争论、批判概括为"哲学上的三次大论战"是难以成立的。

第三，所谓"哲学上的三次大论战"的提法夸大了三个哲学问题上分歧、争论的作用，不符合历史实际

就中央党校内部（主要是杨献珍与艾思奇之间）的哲学分歧、争论、批判而言，确实主要是这三个问题。但就全国哲学界而言，则不能这样讲。因为全国哲学界在学术上的分歧、争论、批判甚多。就大的批判而言，在五十年代前期，就有对胡适、梁漱溟的唯心主义批判。这两次全国性批判的规模之大，参加哲学家之多，远胜于对"合二而一"的批判。对"合二而一"的批判参加者虽多，但一些著名的、有影响的哲学家（如李达）却没有写文章。1958年后，哲学界还对巴人人性论、马寅初人口论、冯定伦理思想等进行了错误批判，其影响同样非常之坏。

就学术争论而言，这一时期，除经济基础与上层建筑关系问题和思维与存在的同一性问题外，还有中国民族资产阶级问题、生产力和生产关系问题、中国哲学史研究问题、逻辑问题、真理问题、美学问题、道德问题等（参见黄楠森等主编的《马克思主义哲学史》第7卷）。其中有些问题讨论、争论的规模之大，时间之长不亚于经济基础与上层建筑关系问题和思维与存在的同一性问题的讨论、争论，而且产生了积极影响，有利于学术的发展。

总之，从事实层面讲，把经济基础与上层建筑关系问题的讨论、思维与存在的同一性问题的争论同"一分为二"与"合二而一"的论战凸现出来，说成是"建国以来哲学战线上的三次大斗争"，并不符合这一时期我国哲学界学术争论的实际。所谓"哲学上的三次大论战"完全是适应当时"路线斗争"而对历史的一种歪曲，是康生为陷害杨献珍而提出的个人意思。

第四，所谓"哲学上三次大论战"的提法不利于实事求是地总结历史经验

康生提出"哲学上的三次大论战"是有特定的含义的：把哲学上的分歧上升为路线问题，认为论战是由杨献珍挑起的，是为了反对过渡时期总路线，反对社会主义建设总路线，反对党的基本路线，是国际国内阶级斗争在哲学战线上的反映。这完全不符合历史事实，是对杨献珍的诬陷、攻击和迫害。康生把哲学（学术）等同于政治，歪曲了哲学与政治的复杂关系。现在有的研究者虽然批判康生及"左"的政治错误，为杨献珍所受的政治迫害洗冤，反对把学术讨论政治化，但同时却仍在沿用"哲学上三次大论战"的提法，承袭把哲学上的分歧上升为路线问题的传统，把三次"分歧"视为中国社会大转折的哲学反映，把杨献珍多次明确反对的思想硬是附加给他。

哲学家生活在社会中，哲学不可能脱离政治。哲学为政治左右，这是就总的倾向、趋势而言。但哲学与政治的关系是十分复杂的。哲学不同于政治，它处于社会意识的顶端，具有相对独立性。一个人政治观点正确，并不等于他的哲学理论也正确。反之亦然，一个人哲学理论正确，并不等于政治上也正确。要把哲学上的争论与政治上的争论严格地区别开来，切不可混淆。1905年俄国革命失败后，波格丹诺夫在政治上是属布尔什维克主义，但在哲学上却鼓吹唯心主义，受到列宁的激烈批判；而普列汉诺夫在政治上主张孟什维克主义，但在哲学上却坚决捍卫马克思的唯物主义，批判唯心主义，得到列宁的肯定。在中国共产党内，第二次国内革命战争时期的教条主义者，在哲学理论上并不主张唯心主义，但在革命的实践中却犯"左"倾错误，犯主观主义。毛泽东在晚年，尊重唯物论、尊重辩证法、尊重群众的话讲了很多，有些也很精彩，但在实践上还是脱离实际、脱离群众，犯严重的主观主义，给党和人民带来严重损失。要找出犯错误的认识论根源和哲学理论根源，这是对的，但不能把所有实践上的错误都简单地归结为唯心主义。因为即使在正确的哲学思想指导下，犯错误也是难免的。同样，一个人在实践上、政治上有错误，并不一定哲学理论上也有错误。把哲学观点上的分歧、争论简单地直接同政治问题联系起来的做法，不利于学术的发展。

政治上为杨献珍平反、洗冤，提倡学习杨献珍的独立思考、实事求是、无私无畏的彻底唯物主义精神，这十分必要、正确，但就学术观点而言，则不存在平反的问题，可以继续自由争论。事实上，"文化大革命"结束后，直至今天，仍有不同观点的争论。对杨献珍与艾思奇之间的哲学争论，笔者曾有这样的见解："艾思奇对'经济基础'概念和'思维与存在同一性'问题的理解是符合经典作家原意的。至于对哲学原理的运用上，对现实问题的思考上，艾思奇受毛泽东影响甚深，并不完全正确，在这方面杨献珍的真理要多一些。"

哲学的发展离不开争论，离不开批判（不是"大批判"意义上的批判，而是质疑、批评、辩证否定）。没有争论，没有批判，就没有学术的发展。但这种争论、批判应是平等的、自由的、说理的。真理在争论中、实践中确立，而不能靠权力、权威来维系。要确保言论自由、学术自由。在宪法、法律范围内，公民无论对政治问题，还是对学术问题，均有讨论的自由，真正贯彻"百花齐放，百家争鸣"。

哲学不同于政治，哲学要保持自己的独立性。哲学是自由之学，哲学具有批判的本质，不可把哲学变成政治的婢女。哲学家要有独立自主的人格。马克思主义哲学的科学性与党性是统一的。只有真理才有益于社会的发展，有益于最大多数人的利益。哲学家要有为真理而献身的精神，彻底的唯物主义者是无所畏惧的。

原载《理论视野》2009 年第 5 期

讨论综合经济基础和单一经济基础问题的主要文章篇目
（存目）

杨献珍：《关于中华人民共和国在过渡时期的基础与上层建筑的问题》（1955 年 6 月 23 日），《社会科学战线》1979 年第 4 期；

艾思奇：《对杨献珍同志的〈关于中华人民共和国在过渡时期的基础与上层建筑的问题〉一文的意见》（1955 年 8 月），《艾思奇文集》第 2 卷，人民出版社，1983 年；

力新：《哲学界重评"综合经济基础论"》，《哲学动态》1980 年第 9 期。

讨论思维与存在同一性问题的主要文章篇目（存目）

郭月争：《思维和存在的同一性问题是哲学基本问题的第二个方面》,《哲学研究》1958 年第 1 期；

于世诚：《"思维和存在的同一性"是唯物主义的原理吗？》,《光明日报》1958 年 10 月 11 日；

杨献珍：《略论两种范畴的"同一性"》,《学术月刊》1979 年第 10 期；

艾思奇：《再论"恩格斯肯定了思维与存在的同一性"》,《哲学研究》1962 年第 5 期；

王若水：《关于思维和存在的同一性问题》,《红旗》1960 年第 11 期；

金顺尧：《评思维和存在同一性问题的争论》,《复旦学报》（社会科学版）1980 年第 4 期。

讨论一分为二与合二而一问题的主要文章篇目（存目）

杨献珍:《要学会掌握对立统一规律去做工作，在实际工作中尊重辩证法（提纲）》(1964 年 4 月),《我的哲学"罪案"》,人民出版社,1981 年;

艾恒武、林青山:《"一分为二"与"合二而一"》,《光明日报》1964 年 5 月 29 日;

王中、郭佩衡:《就"合二而一"问题和杨献珍同志商榷》,《人民日报》1964 年 7 月 17 日;

撒仁兴:《"合二而一"是阶级调和论的理论基础》,《光明日报》1964 年 8 月 14 日;

《红旗》报道员:《哲学战线上的新论战——关于杨献珍同志的"合二而一"论的讨论的报道》,《红旗》1964 年第 16 期;

林青山:《理论战线上的一场横暴围剿——关于"一分为二"与"合二而一"的论战》,《学术月刊》1979 年第 6 期。

三、1957年中国哲学史座谈会

    这里的1957年的中国哲学史座谈会包括了两次会议，一是1957年1月22日至26日在北京大学举行的"中国哲学史座谈会"，一是同年5月10日至14日在北京大学举行的"中国哲学史工作会议"。这是建国后的前30年里哲学界规模最为盛大的学术会议，也是当时贯彻百家争鸣的标志性事件。与会者名家荟萃，老中青皆有，气氛活跃。中央新闻媒体和学术刊物对于会议情况向全社会做了广泛传播。会议对于如何看待唯物主义和唯心主义的关系、如何认识哲学斗争与阶级斗争的关系、如何根据中国哲学的民族传统进行中国哲学史的研究、如何继承中国哲学遗产等问题，展开了不同意见的争论，如会议的主要筹备者之一汪子嵩称，这是"建国后近30年中仅有的一次基本上做到自由争鸣的讨论会"。会议以中国哲学史研究中遇到的困惑为话题，质疑当时被奉为马列主义经典的日丹诺夫的哲学史定义。它的本质是如何摆脱苏联教条主义理论的束缚，探索中国自己的哲学研究道路和学术话语。但在不久之后的反右派运动中，这次会议被作为"修正主义"遭到清算。比较全面反映"座谈会"的文献有两种：一是《哲学研究》编辑部编辑的《中国哲学史问题讨论专辑》（科学出版社，1957年）；二是赵修义等编的《守道1957——1957年中国哲学史座谈会实录与反思》（上海人民出版社，2012年），该书将《中国哲学史问题讨论专辑》全部收录其内，并补充了一些新的资料以及回忆、反思的文章。这里选编的文献分为3辑：第1辑，有关会议情况的述评和原藏北京大学档案馆的两份有关会议的档案材料；

第 2 辑，苏共二十大之后苏联哲学界的动向和美国哲学家霍金对会议的关注，前者是影响这次会议的国外因素，后者反映了西方学者对这次会议的观察；第 3 辑，改革开放初期三个哲学史学术会议的综述，体现了对 1957 年中国哲学史座谈会的接续。

第 1 辑

不该湮没的一次“百家争鸣”的尝试（节选）

赵修义 *

　　粗看起来，1957 年 1 月由北京大学哲学系主办的“中国哲学史座谈会”仅仅是一所大学中的一个系科举办的一次以“中国哲学史”为主题的学术会议，好像是小事一桩。尤其是在今天，遍布全国的众多的哲学系一年里不知要举行多少次学术会议，有的题目还远比中哲史宏大。所以，对这次会议学界少有研究，好像只是北大哲学系的一件年代久远的家事。其实不然。如果放在当时大背景下来看，它是百家争鸣的方针提出之后的一次重要尝试，是中国思想界学术界的一件大事。无论是它的成功举办和广为宣传还是不久之后就被当作哲学中的“修正主义”加以清算，都对整个学术界思想界产生了重大的影响。遗憾的是，现在几乎已被湮没，正史上不见一笔。当年为“百家争鸣”开辟道路的先贤，大多已经谢世，仅存者多已入耄耋之年。特撰本文，希冀引起学界对这段历史的关注，并聊表对先贤的感怀。

一、“百家争鸣”的一次成功尝试

　　1957 年 1 月，北京大学哲学系主办的中国哲学史座谈会，是在“百花齐放，百家争鸣”的方针提出之后难得的一次盛会。正如当时主持哲学系工作的汪子嵩在回忆这次会议时所说：这“是为了贯彻‘百家争

*　赵修义，1938—　，男，华东师范大学哲学系教授。

鸣'而开的，是建国后近三十年中仅有的一次基本上做到自由争鸣的讨论会"①。之所以说是一次盛会，不仅因为此次会议名家荟萃，老中青学者参与，会议气氛活跃，畅所欲言，自由争辩，而且因为会前会后，《人民日报》等主流媒体刊登了大量的报道和文章，在社会上引起了广泛的关注。同年 5 月为推广这次会议的成果由中国科学院哲学研究所、北京大学哲学系和中国人民大学哲学系联合召开了中国哲学史工作会议。科学出版社汇集这次讨论的文集一次就印发了一万多本，这样一个专业性看似很强的文集在哲学队伍很小的 50 年代中期有如此大的印数，实属罕见。可见这是一次为社会广泛关注的盛会。究其原因，恐怕最主要的就是因为这是提出"百家争鸣"方针之后的一个重要举措，或者说是一次重要的尝试。

　　"百家争鸣，百花齐放"的方针是马克思主义中国化的一个重要的成果。"1956 年 4 月毛泽东《论十大关系》的讲话，是中国共产党比较系统地探索中国自己的建设社会主义道路的开端"②。毛泽东在《论十大关系》中提出要以苏联的经验为借鉴："最近苏联方面暴露了他们在建设社会主义过程中的一些缺点和错误，他们走过的弯路，你还想走？过去我们就是借鉴了他们的经验教训，少走了一些弯路，现在当然更要引以为戒。"③ 十大关系就是在汲取苏联的教训的基础上提出的，而其中就包括在文化建设方面的经验教训。"双百方针"就是在发表和讨论这个讲话的中央政治局扩大会议总结会上提出的。毛泽东在总结讲话中说："艺术问题上的百花齐放，学术问题上的百家争鸣，我看应该成为我们的方针。""讲学术，这种学术可以讲，那种学术也可以讲，不要拿一种学术压倒一切。"你讲的如果是真理，信的人势必会越来越多。④ 5 月 2 日在最高国务会议上，毛泽东正式提出了"百花齐放，百家争鸣"的方针。他阐释说："现在春天来了嘛，一百种花都让它开

---

① 　汪子嵩：《一次争鸣的讨论会》，《读书》1994 年第 2 期。

② 　中共中央党史研究室：《中国共产党历史》第二卷（1949—1978）上册，中央党史出版社，2011 年，第 380 页。

③ 　《毛泽东文集》第 7 卷，人民出版社，1999 年，第 23 页。

④ 　同上书，第 54、55 页。

放，不要只让几种花开放，还有几种不让它开放，这就叫百花齐放。百家争鸣是说春秋战国时代，二千年以前那个时候，有许多学派，诸子百家，大家自由争论，现在我们也需要这个。""在中华人民共和国宪法的范围之内，各种学术思想，正确的、错误的，让他们去说，不干涉他们。"①

5 月 26 日，时任中宣部部长的陆定一在中南海召开的知识界会议上作了《百花齐放，百家争鸣》的报告。强调这一方针是提倡在文学艺术工作和科学研究工作中要有独立思考的自由，有辩论的自由，有创作和批评的自由，有发表自己的意见、坚持自己的意见和保留自己的意见的自由。并认为，"应当提倡建立在科学基础上的尖锐的学术论争。批评和讨论应当以研究工作为基础，反对采取简单、粗暴的态度"②。

这一方针的正式提出，在文化界、学术界、科学界引起了极其强烈的反响。不仅作家协会等有关团体专门组织了讨论，茅盾、马寅初、竺可桢、朱光潜、汤用彤、王亚南等等名家在《人民日报》著文表示拥护，还各自阐释对这一方针的理解并提出执行这一方针的意见，而且在校的学生甚至部队的战士也纷纷投书《人民日报》，表达自己的拥护之心和欣喜之情。7 月，《人民日报》发表评论员的文章《略论"百家争鸣"》，就讨论中提出的疑问和顾虑做了回应。在讨论进行到一定程度之后，有作者在《人民日报》著文提出："与其老是停留在论争鸣、谈争鸣，不如大家实际拿出东西来鸣一番。"③

那么，什么样的"东西"，才是关键性的，既能够体现百家争鸣的方针又比较能够引起多数人的兴趣的问题呢？对此高层早就有所考虑。最典型的是在科学研究和学术研究中对待苏联科学流派的教条主义问题，其中包括了在生物学界把苏联的米丘林学说和李森科学说说成是社会主义的，把西方的孟德尔-摩尔根学说说成是资本主义的。此外日丹诺夫和马林科夫的几条在学界、文艺界成为清规戒律也是一大问题。对于哲学

---

① 中共中央文献研究室编：《毛泽东年谱（1949—1966）》第 2 卷，中央文献出版社，2013 年，第 574、575 页。

② 陆定一：《百花齐放，百家争鸣》，《人民日报》1956 年 6 月 13 日。

③ 洪毅然：《请大家拿出东西来争鸣吧！》，《人民日报》1956 年 7 月 27 日。

问题，陆定一在关于"双百方针"的报告中予以很大的关注，明确指出："在人民内部，不但有宣传唯物主义的自由，也有宣传唯心主义的自由。只要不是反革命分子，不管是宣传唯物主义或者是宣传唯心主义，都是有自由的。两者之间的辩论，也是自由的。"强调"只有经过公开辩论，唯物主义的思想才能一步步克服唯心主义的思想"。①

所以，在这一阶段高层组织的就是两次会议：一次是自然科学界关于遗传学的讨论，另一次就是哲学界关于中国哲学史的会议。

1956 年 8 月，中国科学院和高等教育部联合在青岛召开了历时十五天的遗传学座谈会。新华社当时的报道称，这次集中讨论遗传学中各国长期以来争论的理论问题和研究工作中的问题的会议是"我国在自然科学领域中百家争鸣的开端"②。尽管历时半个月的会议，遗传学界在学术上还是歧见纷呈，但是会上时任中宣部科学处处长的于光远在代表官方的发言提出："我主张以前给摩尔根学派戴的那顶唯心论的帽子，从这个会起，从今天起，应该摘掉。我认为只有这样，才符合党的百家争鸣方针。原来给摩尔根学派戴的帽子还不仅'唯心论'而是'反动的唯心论'，这'反动的'三个字更不是哲学帽子而是政治帽子了，当然更应该首先摘掉。"③其结果是使各个学派能够在学术上处于平等地位，得以在学术界落实百家争鸣的方针。

八个月之后，1957 年 4 月《光明日报》刊载了北京大学李汝祺教授的文章《从遗传学谈百家争鸣》，毛泽东为此文重新拟定了题目《发展科学的必由之路》，并建议《人民日报》予以转载，还代《人民日报》写了编者按语："这篇文章载在四月二十九日的《光明日报》，我们将原题改为副题，替作者换了一个肯定性的题目，表示我们赞成这篇文章。"④5 月 1 日《人民日报》加编者按转载这篇文章。这可以视为会议引发的讨论的一个总结。

---

① 陆定一:《百花齐放，百家争鸣》，《人民日报》1956 年 6 月 13 日。
② 《人民日报》1956 年 8 月 12 日。
③ 于光远:《1956 年青岛遗传学会议:"双百方针"的试验场》，转引自 2011 年 8 月 8 日《新闻周刊》。
④ 中共中央文献研究室编:《毛泽东年谱（1949—1976）》第 3 卷，中央文献出版社，2013 年，第 142—143 页。

中国哲学史的讨论，情况有所不同。它不是由教育部、中科院这样的部级单位出面主持的，而是由北京大学哲学系这样一个级别较低的单位出面组织的。会议的主题也不是哲学这样一个大的学科，而是"中国哲学史"这样一个较小的分支学科。然而值得注意的是，从当时党中央机关报《人民日报》所发的报道、消息和文章的数量以及连续时间之长都可以看出，这是一个高层极其关注的重点。

《人民日报》从 1956 年 9 月开始就连续报道了北大哲学系开设唯心主义课程、举办"新实在论"等西方哲学讨论会等等消息。10 月连续刊发了朱伯崑、郑昕、冯友兰三篇长文。会议一结束，马上就刊登了朱伯崑写的长篇会议综述。接下来在三个月的时间里连续刊发了会上发言的张岱年、关锋、胡绳等人的五篇长文以及邓初民回应关锋的文章。还对此后由哲学所等单位召开的哲学史工作会议连发三篇报道。而其他的学科只有一两篇讨论综述或会议消息，哲学学科的其他分支也只有几篇综述和文章。当时的《人民日报》总共才八个版面，作为中央的机关报，对由北京大学哲学系这样一个处级单位出面举办的这样一次座谈会给出如此多的篇幅，透露出的是高层的重视。据北京大学档案馆中查到的《北京大学中国哲学史座谈会的工作总结（草稿）》(以下简称《总结》)透露，这个会议实际上是由中宣部和中科院的哲学所倡议举办的。这些单位的有关同志还就会议如何举行进行指导，强调这是"百家争鸣"提出之后社会科学中第一次大规模的座谈会，如何贯彻"百家争鸣"是思想领导方面的最主要的问题，并做了精心准备。

从会前发表的文章来看，郑昕的《开放唯心主义》一文，无论从题目和内容来看，都是极具冲击力的。在国内外都产生了巨大的反响。文章开宗明义就在引述对陆定一报告关于人民内部既有宣传唯物主义的自由又有宣传唯心主义的自由的论述之后，直截了当地提出了两个问题，一个是学术与政治的关系问题，一个是正确估计唯心主义的问题，并认为这两个问题是有关联的。郑昕称这是老知识分子思想中长期存在的矛盾，并称陆定一的这些论述对广大知识分子来说"是一个思想解放"。

他首先坦陈自己在解放之后内心的矛盾：政治上的唯物主义，学术思想上的唯心主义；在公开场合的唯物主义和在书斋里的唯心主义。自己是政治上接受思想改造，所以宣称自己与唯心主义无关，但是学术观点则并没有改变。个中的原因之一就是"政治即哲学"。但是在历次政治运动中，只许批判，不许辩护的做法，只是把唯心主义"压"了下去，"难以使人信服"。应该说郑昕的这些陈述是十分真诚的。当年他给我们哲学系 55 级开设康德哲学的课程时，就对我们这些学生坦言，我熟悉康德也有感情，要说康德怎么说怎么想、怎么论证，我可以头头是道；但是我是系主任，我也要求进步，那就不能不批判康德，可我又不会批判。所以我的课大概没法上好。你们想听就听，不想听就睡觉。青年人要有充足的睡眠，睡觉也是好事。

对于第二个问题，郑昕强调，唯心主义的哲学家都是脑力劳动者，他们都是有自尊心的人，都是学有根底的人。唯心主义哲学家在认识论和逻辑方面，有细致的分析，尽管是片面的。他们的政治结论的错误和反动，只是其中的一个方面，所以"不能一棍子打死"。这里透露出来的不仅是对历史上的唯心主义哲学家如何评价的一种看法，而且也表达了一种公正地对待持有唯心主义哲学观点的老一辈哲学家的诉求。嗣后冯友兰则用不能把唯心主义和唯心主义者完全隔离开来，表达了同样的意思。郑昕这篇文章，后来被《哲学研究》编辑部置于讨论专辑的首篇，可见是最鲜明地点明会议主题之作。

那么，会议为什么以"中国哲学史座谈会"的名义召开呢？原因之一，在郑昕的文章之前，朱伯崑在《人民日报》发表了《我们在中国哲学史研究中所遇到的一些问题》一文。从教学和研究的实际出发，将时常引起争论的三大问题铺陈出来。这些问题看上去都是中国哲学史的一些特殊的问题，如中国哲学史的研究对象和范围，中国哲学的特点或特色，中国哲学的继承问题，对中国历史上的哲学家的评价和分析，等等。但是，从具体的叙述中人们会清楚地感觉到，这些都关涉方法论的问题。几乎郑昕的文章所提到的那些重大的问题都有所体现。而此后冯友兰发表的《关于中国哲学史研究的两个问题》则以中国哲学史上的许多事例说明，唯物主义未必正确，历史上进步的思想也未必是唯物主义的。

实际上对当时奉为经典的日丹诺夫哲学史定义提出了质疑。[①] 这些都说明，他们提出的问题与郑昕先生提出的问题，是一脉相通的。

会议的准备过程，决策层如何选定会议的题目，至今我们只能从档案中查到的会议总结中获得有限的信息。《总结》是这样说的："这次我们选择的既不是十分具体的问题（例如对孔子评价的问题），也不是'先验'的由头脑中空想出来的大问题，而是我们在教学和科学研究中经常遇到的带有方法论性质的一些具体问题，因而是一些真问题。这样不但大家有兴趣来讨论这些问题，而且解决这些问题可以使哲学史工作前进一步。如由另一个意义上看：我们所提出要讨论的问题都和'如何对待唯心主义'有关。"

这里所说的"我们"到底仅仅是指落款所署的哲学系或"中国哲学史教研室党支部"，还是更高的决策部门，现在我们不得而知。但是从《总结》多次强调会议是在中宣部和哲学所的倡议之下开始筹备，中宣部和哲学所的有关领导给予了许多指示，可以推论，会议主题的选定，至少是上下沟通的结果。

这确实是一个比较巧妙的选择，可以作为"百家争鸣"的一次尝试以达到多重的目的。一方面，从比较中性的中国哲学史研究切入来进行讨论，可以解除人们尤其是经历了连续的政治批判运动之后的那些老教师们的顾虑，让他们敞开思想说出自己内心的想法，避免由于议题过于宏大和敏感而顾虑重重，这样既可以更加深入和准确地把握知识分子尤其是老教师们的真实的思想情况，又可以就真问题的讨论，营造出百家争鸣的气氛，通过这些在社会上声名卓著的大知识分子的自由争鸣向社

---

① 安·亚·日丹诺夫（1896—1848），曾任联共（布）和苏共中央政治局委员、中央书记，长期负责宣传和思想文化工作。1947 年联共（布）中央召开会议，对亚历山大洛夫所著《西欧哲学史》第三卷进行了审查和批判。他在总结发言中，反复强调唯物主义是在与唯心主义无情的斗争中发生发展和获得胜利的。而亚历山大洛夫的书中充满着客观主义，以为哲学思想的发展具有独立性，因而总要先对以往的哲学做一些肯定，其实是在宣传对敌人的慈悲观念，替资产阶级的学院派的科学传统效劳，剥夺了马克思主义的唯物主义哲学的战斗精神。这些观点最集中地体现在他给哲学史下的如下的定义之中："科学的哲学史，是科学的唯物主义世界观及其规律的胚胎、发生与发展的历史。唯物主义既然是从唯心主义派别斗争中生长和发展起来的，那么，哲学史也就是唯物主义与唯心主义斗争的历史。"这篇发言以《在关于亚历山大洛夫著〈西欧哲学史〉一书讨论会上的发言》为名出版发行。1948 年初便开始有中译本问世，建国后大量发行，广为流传，被奉为哲学研究之圭臬。

会宣示"百家争鸣"的政策的真实性。在多年的政治运动中将唯心主义当作是一种反动的学说，并将如何对待"资产阶级唯心主义"作为检验知识分子尤其是从旧中国过来的老知识分子的政治态度的背景下，过分尖锐地提出问题，无论对于会议的组织者还是参与者，都未必没有顾虑。另一方面，从中国哲学史这个比较具体的领域切入，一方面可以就中国哲学史研究中的具体问题进行讨论，以推动哲学史等学科的发展，体现"百家争鸣"的宗旨是推进学术的发展；另一方面又可以通过方法论问题这一中介切入"如何对待唯心主义？""如何看待日丹诺夫的哲学史定义？"等等大家关心的问题进行比较心平气和的论难。组织者的愿望是通过这样的深入的讨论来说服组织者看来不相信马克思主义的那些人，至少能够在理论上澄清一些观点，以教育青年学子。会议的安排中，特地邀请一些并非从事中国哲学史研究和教学的知名的马克思主义专家做重点发言，也是出于这样的一种考虑。

会议的进程确实如汪子嵩所说基本上做到了"自由争鸣"。

这首先表现在，会前的文章、会上的讨论和会后的文章，都是说的真心话。尤其是一些老先生，坦陈自己内心的真实的想法、思想上的困惑与矛盾。

在学术观点上，诸如中国哲学史的研究对象，如何评价中国哲学史上的唯心主义者，如何处理阶级性和继承性之间的关系等等，持有不同观点的学者，都能勇敢地、自由地申述自己的主张，也可以自由地批评他人的主张，保留自己的主张。尤为罕见的是不少的老教师在会上坦陈自己在思想改造中的种种困惑。如朱光潜先生在《论思想两栖》一文中所说，只要根据普通人的常识就应该承认一个事实，"有些人的思想就像蛤蟆一样，是水陆两栖的，时而唯心，时而唯物。就拿现在的知识分子来说吧，多数人是热爱马克思列宁主义的，但是对各种各样的唯心主义也还是怀着好感"。而且还指出除了知识分子有这种思想两栖的事实之外，"革命干部本来是在马克思列宁主义的教导下而形成他们的思想体系的，有时也在教条主义的言行上暴露一点唯心色彩"，这是"思想两栖"的另一种情形。"正视这种事实，思想改造工作才可以顺利进行"。①

---

① 《中国哲学史问题讨论专辑》，科学出版社，1957年，第158—159页。

　　第二，座谈会上大家都平等相待。无论是被一些年轻人称为"活的唯心主义者"的以前有自己独创的哲学体系的学界前辈、公认的大学问家（如冯友兰、金岳霖、朱谦之、贺麟等），还是资历较浅的讲师、助教、本科生，都踊跃发言，著文发表。《哲学研究》编辑部编辑的讨论专辑中就收有两篇本科生的文章。有些重头文章还是助教之作。身居官职的又有革命经历的马克思主义者都是以学者的身份发言，叙说自己的观点和看法。少有那种常见的意识形态官员居高临下、颐指气使的架势。

　　第三，和风细雨，以理服人，不扣帽子。这一方面，胡绳带有总结性的发言，体现得最好。我读了之后，十分感慨。什么叫坚持马克思主义，怎么对待自己认为不符合马克思主义的学界同行，什么叫不要简单粗暴，什么叫以理服人，堪称范例。

　　第四，是互相切磋，"反复论难"。冯友兰在会议前后有四篇文稿，贺麟、张岱年等也有多次发言。不断地补充自己的观点，也不断对他人的批评作出回应，或修改自己的不当的看法，或回答对方的质疑。

　　当然会议也只能如汪子嵩在回顾时所说，"基本上做到自由争鸣"。因为在会议的过程中，有组织的重点发言，有的还是难以改变积习，如有的批评者就把冯友兰对于遗产继承问题的看法概括为"抽象继承法"，并断言这是他在 40 年代发表的《新理学》的翻版，示意他拒绝思想改造。据《总结》披露的资料，时任中央政治研究室哲学组组长的关锋发言之后，整个会议就气氛大变，有些老教师发言就有些保留了。以至于有些与会者觉得，座谈会成了对冯友兰和贺麟的批判会。

　　不过从当时的历史条件来看确实是一次难得的自由争鸣。

　　会议在当时产生了积极的影响。《总结》说：很多老教师都说，会议真正贯彻了"百家争鸣"，做到了"畅所欲言"。他们还谈道：会议表现了人民内部的争论，没有扣帽子，希望以后常开这样的会。对于校内外的影响也很大，很多地方也想开类似的会议。哲学史党支部在会后收集的反映说得更具体：好些位老教师都感到会议中真正做到了"畅所欲言"（北大中国哲学史教授黄子通、北大中国哲学史教授周辅成、武大历史系谭介甫）。认为这次会是一次"具体的贯彻百家争鸣的会议"，"表现了人民内部的争论，没有扣帽子"（人民大学哲学系副教授石峻），因而认识到

"百家争鸣"的方针的正确。武汉大学来参加的谭介甫先生说："这样的
会议只有在中央才能开，在武汉就不行。"他准备回去宣传宣传，"可见
这样的会议形式是好的，会议开的是有成绩的"（郑昕）。

　　《总结》对于会议的收获的叙述，首先强调：其中最主要的是"推动
了反对教条主义"。强调整个会议的准备过程，我们发表了不少文章，突
破教条主义。会上在一些问题上大家一致认为过去的教条主义、简单化
的处理方法，是不能解决问题的。最为集中的就是开始摆脱以日丹诺夫
的哲学史定义为代表的苏联教条主义的束缚。但是所涉及的不仅仅是哲
学史的对象和定义等等，而且涉及如何正确地理解和把握马克思主义哲
学的一些基本原理，防止教条主义和简单化、庸俗化的诸多问题。这些
分析对于所有的哲学社会科学学科都是有意义的。其影响超越了哲学学
科，对落实当时高层的指示，对整个社会形成反对教条主义的舆论氛围
也起了积极的推动作用。

　　对于哲学学科的发展来说也是有积极意义的。《总结》写道："会议
摆出来一些值得我们研究的问题，对于这些问题的研究就能推动哲学史
的发展。通过会议大大提高了党内外研究哲学史的兴趣。孙定国同志要
研究哲学史，北大一些青年讲助也感到这方面自己应该加紧研究。"《总
结》还透露，周辅成先生认为，重要的是"推动大家思考，并对中国哲
学发生兴趣"。尽管对于会议集中讨论的一些把问题如唯心主义与唯物主
义的关系问题、中国哲学的特点问题、哲学的继承问题等等，没有一致
的结论。但是如冯友兰会后所说，会议讨论的都是"真问题"。这里所谓
的"真问题"，就是指学者们在解放之后学习马克思主义，借鉴苏联学界
对西方哲学史研究中的一些做法，尝试用于研究中国哲学史之后，遇到
的许多疑惑和不解。[①]抓住了这些"真问题"对于学术的发展无疑是有积
极意义的。而且这些问题，不仅对中国哲学史的研究而且对外国哲学史
的研究和教学都是有积极意义的。会上一些外国哲学的专家如贺麟、洪

[①]　冯友兰先生晚年在回顾这一段的经历时曾经说过："解放以后，提倡向苏联学习，我也想向
　　苏联的'学术权威'学习看看他们是如何研究西方哲学史的。学到的方法是，寻找一些马
　　克思主义的词句，作为条条框框，生搬硬套。""自序"，见《中国哲学史新编》第一册，人
　　民出版社，1982 年，1—2 页。

谦、任华、王太庆等等都就这一领域的问题提出了自己的看法。同时还启发了一些对其他的哲学分支的思考。如周辅成先生在会后谈到：过去哲学思想中，有没有永恒的东西，确实是一个问题，苏联至今没有建立起伦理学来，就是这个问题难处理。这是一个大问题，我现在还不准备提出来。

值得一说的是，会议前后的哲学争鸣，在国际上也引起了关注，产生了积极的影响。据汪子嵩的回忆，会后他和朱伯崑一起曾应在华的苏联专家的邀请向他们介绍会议的情况。苏共中央机关报《真理报》也有报道。最近顾红亮教授在哈佛大学发现了该校哲学系年届八旬的老教授霍金（William Ernest Hocking，1873—1966）1956 年 11 月 21 日致陆定一的信。开端处引用了陆定一的一句话："只有经过公开辩论，唯物主义的思想才能一步步克服唯心主义的思想。"霍金对于陆定一的前半句话予以充分的肯定，对于后半句话则有所保留。他说，呼吁公开辩论是一件好事。公开辩论的另一个说法是百家争鸣，百家争鸣一定诉诸公开辩论。在信中，他肯定陆定一提出的公开辩论或百家争鸣原则，肯定中国方面将此原则付诸实施的做法。霍金在信里继续说："政治活动的开展有赖于哲学立场，这就是我们所说的'意识形态'。意识形态必须和公众的信念一致，否则，国家就建立在一个虚空之上。公众的信念不能单靠行政命令来确立或维系。在辩论中显现出来的思想活力才会持久。"同时霍金还提出了一个问题和一个建议，问题是："你们如何界定与唯物主义相对的唯心主义？"建议是：增进与中国哲学界的交流，促进双方对于哲学问题和哲学观点的互相理解，消除一些因术语的混乱使用而引起的不必要的误解。时任哲学所正副所长的潘梓年和金岳霖代表陆定一在 1957 年 2 月给霍金的英文复函也保留在该校的档案之中（参见收入本书的顾红亮的论文——编者注）。

高层对于会议如何评价，我们从会后《人民日报》的一些报道可以看出一些端倪。会议结束当月就发表了朱伯崑写的长篇的综述。接下来先后发表关锋、张岱年、张恒寿、邓初民和胡绳的相关文章。

在毛泽东在最高国务会议做正确处理人民内部矛盾的讲话之后，1957年 3 月 16 日，《人民日报》刊登冯友兰在全国政协第二届全国委员会第三次全体会议上的长篇发言，并用《坚决拥护"百花齐放，百家争鸣"政策——冯友兰批判对这一政策的各种怀疑论调》作为副标题。其中有这样的一段论说："北京大学哲学系于1月间曾召集一个座谈会，参加的人很踊跃，讨论也很热烈。会中的发言，后来写成文章，陆续在《人民日报》《光明日报》和其他刊物中发表，一直到现在还没有发表完。将来还要编成一个四十多万字的专辑。这个座谈会着重讨论有关哲学史方法论问题，后来讨论集中在两个问题上：一个是哲学史对象（主要是对唯心主义评价）的问题，一个是哲学遗产继承性的问题。这些问题都是很重大、很复杂，不是一时所能完全解决的，但是经过讨论，参加的人得了一些初步的共同认识。时间的限制，我不能把这些共同的认识向大会汇报，但是可以肯定地说，在这些共同认识的基础上，我们的中国哲学史工作是会提高一步的。"[①]这里，冯友兰是把中国哲学史座谈会作为"百家争鸣"的一个成功的案例来说明为何不应怀疑"百家争鸣"的方针。而作为中央机关报的《人民日报》大篇幅的报道，也从一个侧面显示了高层的态度。

为了推广会议的成果，5月，中国科学院哲学所、北京大学等单位联合召开全国性的中国哲学史工作会议。据报道，未参加座谈会的吕振羽、侯外庐、何思敬、赵纪彬、于光远以及冯契、杨荣国等外地专家也纷纷与会。一方面就座谈会所论及的方法论问题继续争鸣，另一方面就如何开展中国哲学史研究进行讨论和部署（包括组织资料选编、制定规划、建立研究会等等）。时任哲学所所长的潘梓年在总结发言时指出：过去哲学史教学和研究中所产生的问题，根源在于吃了教条主义的亏，百家争鸣就是要破教条主义。方法论的初步讨论，开拓了思想，但解决问题还在于实践。实事求是的方法，是必须掌握大量材料，进行深入踏实的研究，因此，不应该轻视资料工作。[②]这些都对后来哲学学科的建设，起了积极的作用。

可见当时对座谈会是采取肯定的态度的，有意加以推广并落实到日常的研究和教学工作中去。但是后来，这个评价发生了变化。

---

① 《人民日报》1957年3月16日。
② 《人民日报》1957年5月14日。

二、成功的试验何以成为 30 年间的一次绝唱？

关于中哲史的学术讨论，到 1957 年 5 月的中国哲学史工作会议，就画上了一个句号。其时间与遗传学的讨论在 4 月李汝祺教授的文章发表相近。此后学术界的百家争鸣，也就画上了句号。这固然与政治形势的突变是分不开的。当年 5 月 1 日，中央发布整风的决定和接下来的反右派斗争，又重新回归政治运动。而且比以往更为激烈，打击面之广也是前所未见。一切都高度政治化、意识形态化了。中国哲学史座谈会上活跃的一些老先生，有的被打成了右派，其他的也都沉寂了。学术本身就不再有什么地位和意义了。

中国哲学史座谈会上的一些话题是在反右派斗争的后期被重新提起的。1958 年《哲学研究》第一期，在刊首发表了关锋的《反对哲学史研究中的修正主义》一文，发出了清算这次会议的信号。他写道："在去年一月，北京大学哲学系举行了一次规模相当大的'中国哲学史座谈会'，实质上讨论的是关于哲学史的方法论问题"，"这次讨论，对于哲学史工作中的某些教条主义倾向做了批判，这是对的；但是据我看来，在讨论中却出现了为害更为严重的修正主义倾向"。[①] 会议虽然对一些修正马克思主义的论点进行了批判，但是没有分析它的修正主义实质、严重性和根源。"因此，现在有必要对它进行进一步的清算。"[②]

这篇洋洋数万字的长文，不仅点名批判了贺麟、陈修斋、冯友兰，而且不点名地批判了会上的许多发言。在关锋的笔下，会议就中哲史问题所进行的学术讨论被一笔抹杀，纯粹成了一次借方法论问题对马克思主义的挑战。文章的核心是搬出了"哲学修正主义"这个列宁当时用来批判党内的波格丹诺夫时使用的概念，来为中哲史座谈会定性。身居中央政治研究室哲学组组长高位的关锋的这篇文章吹响了清算这次会议的号角。

……

按照当时的惯例，被批判者得做无限地上纲上线的自我批判，否则

---

① 《哲学研究》1958 年第 1 期。
② 同上。

是无法过关的；能像陈寅恪那样保持沉默，是不多见的。张岱年后来说过："在那种环境下，冯先生地位特殊，不仅没有'言而当'的自由，甚至没有'默而当'的自由。"① 于是他在《哲学研究》1959 年第三期上发表了《质疑和请教》一文，回应了关锋等人的批判，表示基本上同意批判文章对他的旧作的分析，承认这些文章对他的著述在当时客观上所起的反动作用的分析，"是完全正确的"。仅仅做了一些无关紧要的辩解，提出了在继承问题上还有一些没有想通的地方，并要求大家继续批评帮助。1959 年 4 月，冯友兰在全国政协的全体会议上，做了长篇发言，并在当月 27 日的《人民日报》全文刊载，题为《一悟昨非便少年——谈思想改造的一些体会》。发言除了对"大跃进"的肯定和对党在学术教育方面的领导的拥护之外，主要是一次公开的检讨。他说："1956 年、1957 年间，我对于中国哲学史中一些问题，发表了些错误的言论。即在去年，对于党的教育方针，也要'树立对立面'。这都证明恩格斯的一句名言：'宣布一个哲学思想是错误的，并不等于制服它。'""四十年的回顾：总的方向是维护旧的、保守的、反动的东西。"发言的最后用 1958 年最为流行的方式——诗歌，来表示改造的决心："奋笔当时信有由，根源一一细搜求。不堪往事重回顾，四十年间作逆流。马列道高北斗悬，淫辞一扫散如烟。明时不虑老将至，一悟昨非便少年……"

这篇发言，不管是发自内心的真诚的检讨还是为了过关而做出的违心之言，都足以表明那个"自由争鸣"的短暂的"春天"已经结束。"百家争鸣"所倡导的学术上的自由讨论已经为作为政治思想领域的阶级斗争和社会主义革命的意识形态的大批判所取代。"百家"变成了"两家"，其中一家被定性为"毒草"，于是剩下的只有"一家独鸣"。曾经自由讨论的中国哲学史座谈会也只能成为改革开放前的一次绝唱，留存于史。

这种大翻转究竟是如何发生的，前后有何种关联？这是我们不得不去思考的问题。对此我们听到的有两种不同的看法：一种认为本来这次会议的宗旨就不是什么"自由争鸣"，而是采取一种与以往不同的方法对冯友兰、贺麟等人进行的批判；另一种则是认为本来的宗旨是"百家争

① 宗璞：《旧事与新说》，新星出版社，2010 年，第 123 页。

鸣"，但是后来大形势发生了变化，才带来了大逆转。

从档案中找出的《总结》和《中国哲学史座谈会后的一些反映》来看，说当时就根本没有想要自由争鸣，恐怕未必有充分的依据。《总结》记载，时任哲学所所长的潘梓年对会议的指导性意见是，要从具体材料出发，不要从抽象概念出发；要"和风细雨"以理服人，不要扣帽子；要坐下来谈，反复论难，充分展开讨论等。他在 5 月召开的中哲史工作会议上还是在说过去哲学史教学和研究中所产生的问题，根源在于吃了教条主义的亏，百家争鸣就是要破教条主义。而会议的《总结》，也肯定了"座谈会应该是开得好的。很多老教师都说：会议真正贯彻了'百家争鸣'，做到了'畅所欲言'"，希望以后常开这样的会。

但是，这并不表明，原先没有要继续对老教师原有的哲学观点进行改造的打算。《总结》在谈到举办座谈会的背景的时候，首先分析的是教师尤其是一些老教师的思想状况。认为"院系调整后，曾对一些典型的唯心主义者（冯友兰、贺麟）的思想加以批判，使参加讨论的人开始用学得的马克思主义分析唯心主义思想，知道他们那些研究方向是错误的，使被批判者对自己的思想也开始动摇；但是对这些思想的分析，仍然只是停留在说明这些思想是什么，而没有深刻分析为什么这样的思想就是错误的；只说明这些思想不合于马克思主义，但没有说明为什么不合于马克思主义就不够呢？"在对会议的成绩的分析中也非常强调"通过会议使我们对于老教师的思想情况有了进一步的了解"。最重要的是"通过会议我们可以看到老教师虽然愿意学习并且也学习到了一些马克思主义，但思想中的唯心主义和形而上学思想仍然很大量存在。他们会有意无意地用这样的思想来修改马克思主义，附会马克思主义"。因此我们深感"百家争鸣"本身中就还含有思想批判和思想改造的问题。

会议之所以在准备的阶段就安排了一些重点发言，就是出于这样的考虑。而会议的进程之所以会在关锋发言之后出现转折，使得一些与会的人感到"讨论会开成了批判会"，其原因也在这里。这也引起了一些原来期望会议是真实的要在学术上自由讨论的学者的不满。《总结》透露，张岱年在总结工作的会议上提出"还名"的问题。《总结》认为虽然张岱年在会上提出的不应把中国哲学史座谈会开成哲学座谈会，但恐怕主要的还是上述意思。

《总结》在谈到会议的不足时写道：会议在理论方面准备不够，致使大会发言比较空洞，科学性不强，特别是我们事先所考虑的几个重点发言准备不够。胡绳同志发言较好，但所谈问题不集中，因此不很深入；艾思奇、孙定国的发言也还不能满足群众要求。青年同志认为，"始终没有摆脱教条主义的气味"。郑昕说："这次艾思奇、孙定国同志的发言恐怕一般老先生是不会满足的，一定觉得你说的那些我都知道，老一套，不联系实际问题，还是一般化，解决不了什么问题。"总的来看也许郑昕先生的观察比较到位："这次会上，唯心主义和唯物主义斗争，我们是不是胜利了？也可以说是'胜利'了，但好像胜得太快，有些勉强，好像是以声势取胜，说服分析是不够的。"

《总结》还透露，会后有些青年讲师和学生，感到应"很好向老教师学习"。有些人认为"贺先生的发言很好，有道理，过去对唯心主义的批判根本是教条主义，简单化"。"听了贺麟先生第一次发言，很真挚，令人感动，同情"。有的认为一些马克思主义的名家的发言大家感到一般化。"始终没有摆脱教条主义的气味"。这些情况很可能引起高层的顾虑。

面对这样一种格局，有两种可能的选择，一种就是潘梓年在工作会议的发言所说，"方法论的初步讨论，开拓了思想，但解决问题，还在于实践。实事求是的方法，是必须掌握大量材料，进行深入踏实的研究，因此，不应该轻视资料工作"①。胡绳也有类似的主张。这也就是通过艰苦的学习、学术研究和百家争鸣去解决问题。

另一种主张就是继续采取"以声势取胜"的办法，重新回归到用政治的批判取代学术的研究。把学术观点的问题简单地归结为政治态度和阶级立场，在学术上依然采取简单粗暴的办法，以势压人。关锋吹响的"清算"的号角，就是如此。

节选自赵修义等编《守道1957——1957年中国哲学史座谈会实录与反思》，上海人民出版社，2012年

---

① 《人民日报》1957年5月14日。

北京大学中国哲学史座谈会的工作总结（草稿）

北京大学哲学系党总支

一、座谈会前哲学系教师的思想情况和
座谈会所讨论的问题的提出

　　解放后，新哲学会曾组织了一系列的学习，其中特别是对日丹诺夫在《西方哲学史的讨论会上的发言》的学习，起了很大作用，使我系教师们知道另外一条研究哲学史的道路、方法，并初步了解了哲学史的对象、党性等问题。"三反""五反"后的思想改造运动对于批判教师的思想起了很大作用，但主要是在政治思想方面进行批判，对于学术思想仅是在"为什么服务"这一点上提出了一些批评。院系调整后，曾对一些典型的唯心主义者（冯友兰、贺麟）的思想加以批判，使参加讨论的人开始用学得的马克思主义分析唯心主义思想，知道他们那些研究方向是错误的，使被批判者对自己的思想也开始动摇；但是对这些思想的分析，仍然只是停留在说明这些思想是什么，而没有深刻分析为什么这样的思想就是错误的；只说明这些思想不合于马克思主义，但没有说明为什么不合于马克思主义就不够呢？

　　在这一时间内并大力开展对马克思主义经典著作的学习，特别是苏联哲学史经验的学习，因而教师们也就努力沿着这个方向做了一些工作。《近代思想史提纲》就是在这样的情况下写出来的。也发表了一些试图用马克思主义观点写的哲学史论文。

　　由 1954 年年底起绝大部分教师都积极参加批判资产阶级唯心主义思想，即对胡适、胡风、梁漱溟等的思想批判。这对于曾在我国起着影

71

响的一些哲学思想有了较清楚的认识。但有同志认为这次批判主要是对主观唯心主义的批判，而对客观唯心主义则批判得较少，因此还有教师（例冯友兰、张岱年等）直到现在还认为主观唯心主义是错误，但客观唯心主义却又有其合理的内核。

从我们系教师的主观思想状况看，我们认为由于这些年来的社会主义革命，社会主义建设的实践教育，由于这几年的政治思想教育，政治地位的提高，在他们的政治思想方面确如周总理所说"起了根本的变化"。由于政治思想的变化和马克思主义的学习，我们认为在学术思想上也起了一定程度的变化。郑昕在《人民日报》上所发表的《开放唯心主义》一文，似乎对老教师学术思想的改造估计得保守了一些（我们想他可能主要指洪谦的思想状况那时是比较合适的）。而张岱年在《人民日报》上发表的《如何对待唯心主义》一文，又可能对老教师的思想估计高了一些（我们想这可能是张岱年自己认为他自己和冯友兰基本上已经是马克思主义者了）。我们认为，应该看到这几年我系老教师努力学习马克思主义还是自觉自愿的，学习态度也是诚恳的。因而对于一些马克思主义的基本原理也还是基本上相信的，例如："应该对哲学家进行阶级分析"，"社会经济状况对哲学思想决定性的作用"，"日丹诺夫对哲学史对象的定义"，等等。但也应该看到，对他们本身的学术思想在很多观点上并没有动的。贺麟对于黑格尔唯心主义的看法：黑格尔的绝对观念就是马克思的社会存在；冯友兰认为他的新理学中还有合理的内核。对于马克思主义的一些原理也不是完全没有怀疑。张岱年对于基础和上层建筑的关系问题有怀疑。但因为在思想上有些顾虑而不敢提出。汤用彤说："我以前认为空宗和有宗是不同的。有宗里面有唯物主义因素。他想到它是宗教，就不敢提出来。现在苏联提出了。我才敢说。"因此，我们认为，老教师一方面愿意思想改造，另一方面对于他们自己的观点尽量保留，或者用马克思主义附会自己的思想，或是留在心中不敢提出。

老教师思想上的顾虑，一方面阻碍了认真地学习马克思主义，另一方面又只得用马克思主义来分析这些问题。这样就一定分析不好。

过去有没有教条主义呢？应该肯定说是有的。我们看，原因大概有三点。第一，由于马克思主义学习和运用得不够好。常常只是把马克思主义的一些结论或苏联处理哲学史的一些结论拿来机械地运用；不是把马克思主义当作立场、观点、方法来分析问题。例如阶级分析"张载家有田数百亩，因此不是农民，而几百亩可能是两三百亩。宋亩小于今亩，因此有两百亩地，生活仍然贫困。只能是小地主，小地主接近农民。因此张载的唯物主义思想就是反映这样的阶级要求"。显然这是对马克思主义的庸俗化、简单化，是我们产生教条主义的一个根源；第二，这几年来，老教师虽然学习了一些马克思主义，但很多老教师这几年来并未认真再去看原始材料。有"吃老本"的说法。没有"掌握大量材料"并用马克思主义的方法来分析。这就是教条主义产生的第二个原因；第三，过去我们对于老教师的一些错误看法批判时有些过于简单化。在形式上有些生硬，例如冯友兰提出韩非的思想中有唯物主义因素。本来是一个可以研究的具体问题，但是有些同志用"在马克思主义以前历史观都是唯心主义"一条，致使冯友兰不得不在教研室作了检讨。教条主义不仅是在青年人中存在，就是老教师身上也存在。

"百家争鸣"提出以后确实解除了老教师的一些思想顾虑。张岱年说："现在我有些问题敢提了。"这样就使老教师不仅把那些长期存在的问题提了出来，而且试图由各方面来解决。不仅如此，由于"百家争鸣"的推动，思想不至于再束缚在一条绳子上，因而思想比以前更活跃，还提出来了一些新的问题。"百家争鸣"的直接结果，就是中国哲学史教研室在《人民日报》上提出的那些问题。以及问题提出后的一些对这些问题的解决办法。这些问题和看法应该说是对于推动反对教条主义起了一定的作用。其中也有值得我们重视的意见。但是，也暴露出来，虽然有些老教师有当马克思主义者的愿望，但自己仍是在自觉或不自觉地保护着自己旧有的某些观点。

在这样的情况下，就在哲学所和中宣部的领导和推动下，我们就准备个座谈会来解决这些问题。

二、座谈会前的准备工作

由于"百家争鸣"的提出，解放了教条主义的束缚，因此我系中国哲学史教研室的教师们就把过去存在的一些问题提了出来。如何解决呢？在中宣部和哲学所的倡议之下，就开始筹备这个座谈会。

（一）理论方面的准备

经过几次教研室会议首先确定了会议所要讨论的题目。选择讨论议题是很重要的。由于这次我们选择的既不是十分具体的问题（例：对孔子评价的问题），也不是"先验"的由头脑中空想出来的大问题，而是我们在教学和科学研究中经常遇到的带有方法论性质的一些具体问题，因而是一些真问题。这样不但大家有兴趣来讨论这些问题，而且解决这些问题可以使哲学史的工作前进一步。如由另一个意义上看：我们所提出要讨论的问题都和"如何对待唯心主义"有关。这样就对于"开放唯心主义"、推动"百家争鸣"、用唯物主义不是教条主义式的而是马克思主义式的批判唯心主义等这些方面，都会通过会议的讨论，起一些积极作用。

在讨论前冯友兰、贺麟、张岱年等是有较充分的准备的。他们都写出不止一篇的论文，而且在有些地方作过报告。冯先生为解决一个问题曾闭门读了几天的书。

但是在党内应该说是在理论上准备不够的。在准备过程中我们是由冯友兰、贺麟等人的文章中看到有离开马克思主义的倾向。我们也开过几次会议交换过些意见，但只是大体上摸了一下问题所在，至于如何解决这些问题，就研究不够了。这方面的情况我们虽然向中宣部同志汇报过，但积极争取领导上帮助我们分析一下这些问题，指出一些深入研究的方向来，也是做得不够。我们也没有更好地向一些参加会议的重点发言人（胡绳、艾思奇、孙定国等人）提供一些情况帮助他们准备，争取他们经常在理论上给以指导。因此，使会上对于一些错误的观点批判无力，没有能解决什么问题。因此可以说是"在理论上打了一场并没有充分准备的仗"。

（二）思想领导方面的准备工作

这样较大规模的座谈会还是在"百家争鸣"后社会科学中的第一次，

如何在座谈会中贯彻"百家争鸣"当是思想领导方面的最主要问题。

中宣部的同志和潘梓年同志都曾对在讨论会中如何贯彻"百家争鸣"提出过重要意见，提到讨论会应是贯彻"整顿学风和文风"的精神；要从具体材料出发，不要从抽象概念出发；要"和风细雨"以理服人，不要扣帽子；要坐下来谈，反复论难，充分展开讨论等，都是这是会议开好的重要保证。

但由于我们在准备过程中对老教师的思想情况了解不够，因此给领导的汇报难免有些片面；又加上我们对领导的指示研究不够，因此在某些方面可能领会上也有些片面性。在会议的准备过程中，我们看到有些老教师有离开了马克思主义的倾向。我们注意到了这一点，而且动员一些同志作一些批判。这是必要的，而且也是正确的。但问题在于我们在准备过程中也应该很明确地认识到会议仍然是要反对教条主义的。这样就全面了，也会更有利于"百家争鸣"政策的贯彻。因为老教师虽然暴露出相当重的离开马克思主义的倾向，这方面我们应该着重批评。但另一方面他们正是企图反对离开马克思主义的教条主义的。因此在这一点上我们应与他们站在一起，这样就不但有利于我们实事求是地吸取他们正确的部分，而且能够提高他们的积极性。

（三）组织工作方向的准备

我们认为这次会议采取座谈会的形式是很好的，发言可以自由些，不受什么限制。采取这样的形式在组织方面也要有些准备。

首先，我们印发了有关大会讨论问题的文章，并把有些文章在报纸和杂志上先行发表。这样就使参加会议的人能在事先有充分的准备，对这些问题进行科学研究。

其次，我们召开了一些预备会议，在我系中对一些问题自己展开讨论，并组织了多次小型会议，随便交换意见，互相启发问题。特别是我们事先邀请了一些准备发言的人（约四五十人）向他们介绍了一下会议的开法，所讨论的问题的一些意见，这样对于推动大会是起了积极作用的。

再次，我们也分别到校外介绍情况，争取校外专家的帮助并请他们写文章等。

　　但是我们对重点发言人的组织工作还是做得不够，致使他们的发言准备不够充分。

三、座谈会的主要收获和存在的问题

　　座谈会应该是开得好的。很多老教师都说：会议真正贯彻了"百家争鸣"，做到了"畅所欲言"。他们还谈到：表现了人民内部的争论，没有扣帽子，希望以后常开这样的会。对于校内外的影响也很大，很多地方也想开类似的会议。

（一）主要收获

　　首先，会议推动了反对教条主义。整个会议的准备过程，我们发表了不少文章，突破了教条主义。虽然文章中有不少错误观点，但已不是只由一个方面考虑问题。在会议上虽然发言中没有把教条主义当作重点来反对，但实际上起了这一方面的作用。因而在一些问题上大家一致认为过去的教条主义、简单化的处理方法，是不能解决问题的。而且阻碍了对于问题的深入研究（例如对于唯心主义的估价问题）。

　　其次，通过会议使我们对老教师的思想情况有了进一步的了解。过去我们知道的主要是他们的政治思想情况，而对他们的学术思想状况估计很不一致。前面提到了郑昕和张岱年的两种看法。其实在党内的看法也有分歧。通过这次会议就有可能在这基础上经过分析而接近起来。通过会议我们可以看到老教师虽然愿意学习并且也学习到了一些马克思主义，但思想中的唯心主义和形而上学思想仍然很大量存在。他们会有意无意地用这样的思想来修改马克思主义，附会马克思主义。因此我们深感"百家争鸣"本身中就还含有思想批判和思想改造的问题。这次会议对于一些青年党员可说是一次很好的锻炼，也是一次警告，告诉我们只有努力学习马克思主义才能不致受唯心主义和形而上学思想的影响。

　　再次，会议摆出来一些值得我们研究的问题，对这些问题的研究就能推动哲学史的发展。通过会议大大提高了党内外研究哲学史的兴趣。

孙定国同志要研究哲学史，北大一些青年讲助也感到这方面自己应该加紧研究。冯友兰、张岱年等也感到这些问题还要进一步研究。这将是一个很好的开端。

（二）主要缺点

首先，会议的思想领导不够明确。会议本来是由反对教条主义开始的，但在准备的过程中发现有离开马克思主义的倾向，因而就把全部注意力集中在这一点上。对如何继续在会议中贯彻马克思主义同时反对教条主义注意不够。我们就好像没有和他们共同站在这一点上，再来批判修正主义；好像他们是反对教条主义，我们是反对修正主义。在讨论过程中对于他们和我们的共同点就肯定不够。对他们的合理部分吸收也就不够。我们想，之所以有些人（张岱年、李世繁、李曰华）把讨论看成是冯、贺的批判会原因就在这里。

其次，会议在理论方面准备不够，致使大会发言比较空洞，科学性不强，特别是我们事先所考虑的几个重点发言准备不够。胡绳同志发言较好，但所谈问题不集中，因此不很深入；艾思奇、孙定国的发言也还不能满足群众要求，认为没有完全摆脱教条主义。因此周辅成（北大哲学系教授）谈："会上一讨论就空了，空的原则的争论是没有什么意义。"郑昕也说："这次会上，唯心主义和唯物主义斗争，我们是不是胜利了？也可以算是'胜利'了，但好像胜得太快，有些勉强，好像是以声势取胜，说服分析是不够的。"

再次，对会议的发言事先缺乏考虑，应让各种各样的思想发表出来，然后再具体分析。也就是说"放得还不够"。关锋发言后，可能有些老教师发言就有些保留了。

（三）会上所讨论的几个重要问题都没有解决，但是问题较明确了

对于唯物主义与唯心主义的斗争问题（即两者的统一性与斗争性的问题），会后有些人认为基本上已经解决了，但是也有不少人不同意，任继愈认为："日丹诺夫定义还值得研究。"陈修斋认为："唯心主义有好东西还应研究。"钱广华、陈修斋认为："在马克思主义以前有些问题只能

在唯心主义体系中歪曲地反映出来，例如，主观能动性作用。"冯友兰认为："唯心主义者和唯心主义分不开。"

对于哲学继承性问题（即哲学的阶级性和继承性的问题），冯友兰认为没有解决它的问题。因为大家解决的是继承什么的问题，而不是解决怎样继承的问题。现在有些同志认为在一定意义上应该承认冯友兰的意见是对的。

对于中国唯物主义的特点问题（即普遍性和特殊性的关系），很多同志不同意艾思奇的看法，即认为唯物主义的特点只有三种基本形式，他们认为中国唯物主义的特点在基本形式上与欧洲不同；同时很多同志也反对汪毅的看法，他们认为汪毅的看法是梁启超、梁漱溟的思想的再版。

对于以上问题很多人还很感兴趣。正在进一步进行研究。

北京大学档案馆藏，节选自赵修义等编《守道 1957——1957 年中国哲学史座谈会实录与反思》，上海人民出版社，2012 年

中国哲学史座谈会后的一些反映

北京大学哲学系中国哲学史教研室党支部

一、绝大多数同志认为这次座谈会是开得很好的

人民大学的同志认为"这次会议比过渡时期资产阶级与工人阶级矛盾性质问题的讨论要好得多"。好些位老教师都感到会议中真正做到了"畅所欲言"（北大中国哲学史教授黄子通、北大中国哲学史教授周辅成、武大历史系谭介甫）。认为这次会是一次"具体的贯彻百家争鸣的会议"，"表现了人民内部的争论，没有扣帽子"（人民大学哲学系副教授石峻），因而认识到"百家争鸣"的方针的正确，对推动学术发展的作用。还有同志（周辅成）认为："这次会议开得好，能推动大家思考，并对中国哲学发生兴趣。"武汉大学来参加的谭介甫先生说："这样的会议只有在中央才能开，在武汉就不行。"他准备回去宣传宣传，"可见这样的会议形式是好的，会议开的是有成绩的"（郑昕）。

参加会议的同志认为"虽然会议中所讨论的问题没有完全解决，但是对问题何在比较清楚了，今后可以进一步研究"（北大哲学系讲师、群众张世英）。也有些同志认为"还不能说问题一点没有解决，例如哲学史的对象、继承的方向等问题还是明确了"（北大哲学系教授张岱年），青年同志也感到在这样一些问题上比较明确了。特别是青年同志认为："在批判离开马克思主义的基本原则方向，对大家还是有帮助的。"黄子通先生还说："对冯友兰的批评我是完全同意的，批判尖锐些也无妨害……"可见批判思想还是对的。

经过讨论会，很多同志都感到"掌握材料很重要"。郑昕先生说：

"大家对张恒寿的发言就比较满意，因为他不那么教条，提出了些问题，并且联系历史材料很生动。"北大哲学系助教（团员）卢育三和张世英同志也有同感。因而青年同志感到应"很好地向老教师学习"。同时青年同志认为："如不很好地学习马克思主义，就会受唯心主义欺骗。"（卢育三）"通过会议，才看到活的唯心主义。比起书本上的胡适等唯心主义者，更难批判，真感到自己马克思主义的水平很低，必须很好地掌握马克思主义。"（武大哲学系助教、团员朱传启）

有些同志认为会议开得好的原因大概有两条：一是"所讨论的问题是真问题"（冯友兰），二是"事先有了一些准备"（人民大学同志）因此有不少同志提出希望这样的会议多开。黄子通先生说："希望这样的会多开，最好春假再开一次。"郑昕先生也提到今后应在科学研究的基础上多开一些，可以讨论一些具体问题，也可以讨论一些方法论问题。

二、参加会议的人也对会议提出了一些意见

在对于会议的成绩估计上，郑昕认为："这次会上，唯心主义与唯物主义的斗争，唯物主义是不是胜利了呢？也可以算是胜利了，但好像胜得太快，有些勉强，好像是以声势取胜，说服分析是不够的。"这样的看法大概不是个别的，而是代表一部分人的看法。

有些老教授感到会议的"性质"改变了，"不是一个哲学讨论会，而是冯友兰、贺麟的思想批判会"（张岱年、李世繁，均系北大哲学系教授）。李同伟（北大哲学系教授）说："会开得很好，但好像有点偏向，讨论会开成了批判会。"因此张岱年在总结工作的会议上提出"还名"的问题。虽然张岱年在会上提出的不应把中国哲学史座谈会开成哲学座谈会，但恐怕主要的还是上述意思，还有部分青年同志（包括一些党员）也提出在会议中"没有同时也反对教条主义"，因而使整个会议的方向在这一点上有些搞不清楚。

参加会议的同志感到大会发言内容不够充实，有不少空论。周辅成认为："问题在会上一讨论就空了，空的原则的争论没有什么意义，治学

向来是要踏踏实实的。"张岱年先生认为"用事实材料分析问题不够"。青年同志认为除少数发言(胡绳、张恒寿、张世英、关锋)较有内容外,"大多数的发言是一般化,科学性不强的"。"发言不如理想的那么精彩。"(冯瑞芳、傅素和等)因此有些同志(张岱年等)认为"会议的准备工作还是不够的"。

会后对个别同志的发言都有一些意见。

多数同志认为胡绳同志的发言较好,但对胡绳支持汪毅一点感到不满,也有同志认为胡绳因为抓问题抓得多了,因而没有对一些重点问题作深入分析,比较一般化,而且有些像"总结"。

艾思奇同志的发言大家感到一般化。"始终没有摆脱教条主义的气味"(青年同志)。郑昕说:"这次艾思奇、孙定国同志的发言恐怕一般老先生是不会满足的,一定觉得你说的那些我都知道,老一套,不联系实际问题,还是一般化,解决不了什么问题。"

参加会议的同志对汪子嵩同志发言的态度感到不满,郑昕认为"像吵架"。卢育三认为:"如果说会议有教训的话,这就是主要的教训,金先生、冯先生都是全国知名的老学者,指名说:'我提醒你注意……'这成什么话。"

对洪谦的发言,参加会议的人也认为态度不好,是"对冯先生进行人身攻击"(东北人大助教、群众吴锦东)。

对于贺麟的发言有两种不同的看法,有些人认为:"贺先生的发言很好,有道理,过去对唯心主义的批判根本是教条主义、简单化。"(邹化政,东北人大哲学教研室副主任)"听了贺麟先生第一次发言,很真挚,令人感动,同情。"(吴锦东)但也有同志说:"听了贺麟的发言很气愤,拿列宁和苏格拉底比,这样的提法表明贺麟的国民党的本质没有改变。"(朱传启)

汪毅的发言,引起极大的反感。"他自称是青年哲学工作者,真是既狂妄又无知。"在他发言时,就没有人愿意给他记录。

有部分同志认为在会议上对冯、贺等老先生的意见肯定得太少。"不应用成见去假定他们说的都是错的，应该冷静，防止宗派情绪。"（吴锦东）"应该向他们学习，不应有成见和宗派情绪。"（邹化政）张恩慈同志认为："老先生们的发言都很精彩，有学问，有内容……"

对于发言太长有意见，报名而没有发言的同志也有些意见。

三、对于所讨论的问题的看法

大多数同志认为：虽然会议开得很好，但所讨论的问题不能说已经都解决了。而且认为应该继续讨论，周辅成说："虽然《人民日报》发表了一些文章，但是不能说就是结论。"

有些同志认为对唯心主义的估价问题可以说基本上已经解决了，但也有很多同志不同意。北大哲学系讲师（落后群众）陈修斋说："什么叫唯心主义有好东西，也还可以研究。""在辩证唯物主义以前，是不是有些问题只能在唯心主义体系中片面歪曲的被反映出来，例如主观能动性的问题。"（北大哲学系研究生钱广华、陈修斋）"能不能把唯心主义与唯心主义者分开，很成问题。"（冯友兰）

对于哲学遗产的继承问题，多数同志感到没有解决。石峻认为："虽然冯友兰先生的方法是错误的，但冯先生的问题没有解决。"冯先生自己也说："'继承什么'这一点，我也认为应该继承科学性、民主性的东西，但是'怎样继承'才是我提出来的问题，这个问题会议上没有讨论。"有不少同志指出："冯先生所提出来的问题是值得很好的研究的。"（哲学研究所燕鸣轩）"过去哲学思想中，有没有永恒的东西，确实是一个问题，苏联至今没有建立起伦理学来，使这个问题难处理。这是一个大问题，我现在还不准备提出来。"（周辅成）

对于中国哲学史的特点这一问题，有些人认为"应该多讨论"（李曰华）。青年同志对艾思奇同志所说的"唯物主义只有三种形式"有怀疑，认为这是教条主义。对于汪毅的提法，有些人认为是"梁启超、梁漱溟的意见的再版"。

任继愈同志（北大哲学系教授）对日丹诺夫的定义仍有不同看法，他说"如果这个定义大家都理解错了，可见是定义的问题，例如过去高教部所提的'全面发展'为什么所有校长都理解错了呢？那不就是因为方针有问题，所以现在补充上'因材施教'。"

中国哲学史支部 3 月 2 日整理完

北京大学档案馆藏，节选自赵修义等编《守道 1957——1957 年中国哲学史座谈会实录与反思》，上海人民出版社，2012 年

苏联学术界全面检查哲学研究工作

《哲学研究·思想学术动态》

最近苏联《共产党人》杂志与《哲学问题》杂志，连续发表了社论和论文，论述苏联哲学研究工作的状况与今后的迫切任务。该两杂志所发表的论文有：《哲学科学的迫切问题》(《共产党人》1955 年第 2 期，译文见《学习译丛》1955 年第 5 期)、《要创造性地研究辩证唯物主义》(《哲学问题》1954 年第 2 期，译文见《学习译丛》1955 年第 1 期)、《历史唯物主义的迫切问题》(《哲学问题》1955 年第 2 期，译文见《学习译丛》本年第 1 期)、《提高哲学史研究工作的思想理论水平》(《哲学问题》1955 年第 3 期，译文见《学习译丛》1955 年第 9 期)、《论马克思列宁主义美学的任务》(《哲学问题》1955 年第 4 期，译文见《学习译丛》本年第 1 期) 等。这些文章多是根据苏联科学院主席团所组织由米丁院士主持的检查委员会对科学院哲学研究所工作检查的报告，以及苏联科学院所作的决议而加以发表和论述的。这些文章和检查决议所提出的一些问题，其中有许多是值得我们注意学习的。

文章和检查决议中首先指出：五年来苏联的哲学工作者是做了一定工作并取得了一定成绩的。在宣传马克思列宁主义哲学方面，与现代资产阶级最新的唯心主义派别进行斗争方面，都取得了重大的胜利。哲学家所编著的产品也大量增加，在哲学史和自然科学中的哲学问题及逻辑等问题方面也都有了个人的或集体的有价值著作。这些光辉的成就，无疑地是我们努力的方向。

肯定了成就以后，文章和检查决议中又指出了存在的缺点：苏联的哲学研究工作，还是落后于各人民民主国家在社会主义建设的实践、世界工人运动的经验及科学发展提出的要求。辩证唯物主义一些重要理论问题的研究，是一个落后的部门。而且在论述重要理论著作中犯了不少的重大错误。例如在解释社会主义制度下经济规律时所犯的唯意志论的错误；在解释社会主义生产方式的两个方面的矛盾问题上长期存在着混乱现象；有害的"无冲突论"曾得到流行和传播；许多哲学家否认辩证逻辑的存在……

文章和检查决议中又指出：许多科学工作者没有认真地概括现代自然科学的成就，而简单地给苏联科学家加上一个"辩证唯物主义"的商标或马赫主义的帽子。对于资本主义国家科学家的成就采取轻率的抹杀态度，如否认"相对论"的科学成就和"控制论"的巨大意义，把达尔文的进化论叫作"肤浅的进化论"等。对于现代资产阶级哲学和社会学的批判工作也做得不够，许多批判的论文和著作的作者，对于它们缺乏了解与研究，没有进行周密的、确凿的、具体的批判。哲学史方面，很少注意到哲学史中最大最重要的方法论问题，很少注意逻辑史、马克思列宁主义哲学史的研究。对外国哲学史，特别是东方哲学史（特别是中国、印度哲学史）阐述得不够。

在苏联科学院主席团所作的决议中，要求哲学工作者须注意研究这些中心问题：（一）辩证唯物主义方面，如辩证法、逻辑学和辩证唯物主义认识论的统一问题；（二）历史唯物主义方面，如更深入地研究新的、社会主义社会经济形态的发展规律；（三）现代自然科学中的哲学问题方面，如唯物主义地概括现代物理学的成就（相对论、量子力学、核子物理等）以及现代生物学的材料；（四）哲学史方面，如探讨各个国家的哲学思想史和社会思想史，及发表哲学经典作家的主要著作。此外，关于美学方面也为苏联哲学界所特别注意，在《论马克思列宁主义美学的任务》一文中指出：现实主义和现实主义方法的问题，美学的规律与范畴问题，乃是应当研究的中心问题。

为了克服哲学研究工作脱离实际倾向，必须加强哲学家对现实生活的了解与研究。苏联哲学研究所在这次检查之后规定了这些具体办法：（一）制定访问厂矿、集体农庄等计划；（二）建立研究自然科学和技术的发展，及现代资产阶级哲学和社会学等方面的基本问题的常设研究室；（三）增加著名学者关于自然科学各方面最新成就的报告。

文章和检查决议中也特别指出：要发展马克思主义哲学，必须加强国内各哲学机关的联系，扩大与国外特别是人民民主国家哲学家的联系和合作，加强学术批评与讨论。大家一致认为：无产阶级革命的斗争，苏联和人民民主国家建设的实践，现代自然科学的发展，要求进一步开展马克思主义哲学，同时也充分提供了解决这个任务的可能。苏联哲学家必须担当起和完成这个光荣而巨大的任务。

原载《哲学研究》1956 年第 1 期

苏联哲学讨论中的若干问题

陈 一 *

最近几年，苏联哲学家讨论的问题主要的有逻辑问题、意识问题、物质同空间和时间的相互关系问题、实践在认识中的地位和作用问题、社会主义制度下的矛盾问题、社会发展的一般规律和特殊规律的相互关系问题、基础和上层建筑问题、相对论中的哲学问题、质量和能量问题、有机化学的结构问题、天体的起源和演化问题、生命起源问题、种与种的形成问题、心理学中的哲学问题等。现在根据现有的材料，将其中若干问题的讨论情况简要地介绍如下：

关于逻辑问题

逻辑问题的争论问题是：辩证逻辑和形式逻辑的关系，辩证逻辑的对象、结构和内容。苏联哲学家和逻辑学家在 1950 年到 1952 年期间对这个问题曾展开了激烈的争论，当时争论的主要问题是辩证逻辑和形式逻辑的相互关系问题。讨论结束后，仍存在着很多分歧的意见。现在这个问题还是一个研究和讨论的问题。

逻辑问题的讨论，使哲学家、逻辑学家承认了形式逻辑的地位和作用，明确了形式逻辑的特点（没有阶级性、随着整个人类社会的发展而逐渐地发展等等）；使多数哲学家和逻辑学家承认辩证逻辑的存在。

但是在讨论过程中，暴露出部分逻辑学家的错误观点：否认辩证逻

---

* 陈一，作者情况不详。

辑；把形式逻辑辩证法化，或把辩证逻辑和形式逻辑混淆在一起，用形式逻辑代替辩证法、辩证逻辑。巴克拉节、康达柯夫、阿力山大洛夫就是这种观点的坚持者。他们认为，世界及其发展规律是统一的，人的认识规律也是统一的，因此关于认识规律的科学——逻辑也就只有一个，即形式逻辑。巴克拉节说："不存在两门关于正确的思维形式和规律的科学；只存在一门这样的科学，这门科学就是逻辑或形式逻辑。"

这种观点，受到哲学家、逻辑学家严厉的批判。苏联《哲学问题》杂志编辑部关于《反对逻辑问题的混乱看法和庸俗化》一文指出，这种错误倾向"已经不是个别的错误和个别作者的谬误，而是逻辑学中公然违反马克思主义的整个观点体系。开始时还可以非常勉强地认为这是马克思主义范围内的不同意见的斗争，而现在已经显然完全超越了这个范围"。

大多数哲学家和逻辑学家从马克思主义经典著作中关于逻辑问题的理论出发，指出事物的关系和联系有简单的，也有复杂的，因而辩证逻辑和形式逻辑两者都是存在的。

关于形式逻辑与辩证逻辑的关系问题，哲学家、逻辑学家根据恩格斯和列宁的著作中的理论，如恩格斯说形式逻辑是思维的"初等数学"，辩证逻辑是思维的"高等数学"，等等，发表了各自的意见，但没有彻底的解决。

现在关于这个问题的多数人同意的意见是，形式逻辑是思维的形式和初步规律的科学，辩证逻辑是思维过程的辩证法。如罗森培尔等人就主张这种意见。他们认为，形式逻辑反映事物间最简单的、普通的联系和关系；它表述思维的初步规则和原则，是研究关于思维的连贯性和正确联系的学说。他们认为辩证逻辑反映世界不断发展和变化的现象和过程的联系和关系，从事物的一切联系和"中介"来把握事物，从发展和变化来考察事物，从事物的具体性来了解事物；它是思维过程的辩证法，即关系概念、判断和推理等思维形式的辩证法，也就是辩证唯物主义的认识论。

在讨论逻辑问题的过程中，还有以下一些意见：1.辩证逻辑就是唯物辩证法，它是形式逻辑的基础。2.形式逻辑反映最简单的事物和过程的关系和联系；辩证逻辑反映复杂的、高级的事物和过程的关系和联系。

从现有的材料来看，苏联哲学家、逻辑学家对于辩证逻辑的对象和内容问题，意见是很不一致的。因为最近他们对这个问题已进一步去研究，我们还没有看到新的研究成果的材料和讨论情况。

辩证逻辑是哲学中待建立的新学科。苏联哲学界开始反对停留在讨论辩证逻辑与形式逻辑关系上，提出要全面地研究和讨论辩证逻辑的对象和内容，以制定它的原理、规律和范畴。苏联科学院哲学研究所已把辩证逻辑列入 1956 年到 1960 年的研究工作计划中，作为重要问题进行研究。

关于物质同空间和时间的相互关系问题

苏联《哲学问题》杂志 1954 年第 3 期开始，展开了关于物质同空间和时间相互关系问题的讨论。这是根据自然科学的新成果来探讨辩证唯物主义的范畴和规律的一个问题。该杂志上发表的论文有阿·乌耶莫夫的《空间和时间的持续能否同物质相互作用》、依·诺维克的《论空间、时间同物质的相互关系》等。这些文章主要地对物质与空间和时间的相互作用问题发表了意见。

目前的主要分歧意见有下面两种：

第一种意见认为，空间和时间能给物质以作用，并认为引力作用就是空间和时间对物质作用的结果。这种意见是阿·乌耶莫夫提出来的。他认为：1. 只要有因果关系存在，就永远存在各现象间的普遍联系和相互作用。这个原理对于物质同空间和时间的相互关系来说，也是完全适用的。他说，物质决定空间和时间，反之，空间和时间也必然给物质以反作用。2. 内容和形式是相互制约和相互作用的，空间和时间是物质存在的形式，因此空间和时间能给物质以反作用。阿·乌耶莫夫从现代物理学和数学的材料中提出了一些论据，论证他提出的观点。

另外一种意见，认为物质同空间和时间不能相互作用。依·诺维克是这种意见的主张者。他反对阿·乌耶莫夫的意见，他认为：1. 不能把物质同空间和时间的关系看作是因果关系。通常所说的因果关系是指具体事物和具体现象间的因果关系而言的。唯物辩证法所揭示的各种对象和现象间的相互联系和相互作用的原理，指的是物质同物质间的相互关系，而不是指物质和物质以外的某种东西的相互作用。如果把空间、时间同物质的相互作用，看作物质同物质间的相互作用，那么就会把物质和空间、时间看成一个东西；如果把空间和时间同物质的相互作用，看成存在于物质之外的某种东西同物质的相互作用，那么就要否认物质的实体性。2. 唯物辩证法关于内容和形式相互作用的原理，只能适用于具体的对象和现象的内容和形式，不能机械地把这个原理搬到整个宇宙去。辩证唯物主义说空间和时间是物质存在的形式，是从物质的属性这个意义来说的，而且这种"形式"没有相对独立性。而唯物辩证法所说的形式，是指内容发展的境界、内容的表现，内容的形式使一个内容和另一个内容分开来。形式对内容来说，它具有相对的独立性。依·诺维克举出了现代物理学和数学的若干材料论证了自己的观点，同时批评了阿·乌耶莫夫的观点。

关于社会主义制度下的矛盾问题

苏联哲学界提出对于这一问题的研究和讨论，是由下列情况决定的。1. 苏联学术界曾长期在社会主义社会矛盾的看法上存在着混乱现象。有些哲学家否认社会主义条件下，生产方式内部的矛盾。他们认为，承认社会主义的生产方式的两个方面的矛盾，就要承认社会主义制度下"冲突"的不可避免性。许多哲学家认为，在社会主义条件下，旧东西不是发展的障碍，它可以由新东西"一帆风顺"地来代替。在这种观点影响下，"无冲突论"曾一度流行起来，使人们去粉饰现实，安于现状。因此必须去研究社会主义的矛盾，克服这种缺点和错误。2. 社会主义社会发展规律和以前社会发展规律有很大不同，因此要研究辩证法规律在社会主义制度下的表现形式、作用等的特点。

苏联科学工作者和教师曾举行会议对这个问题进行了讨论。苏联《哲学问题》杂志号召哲学家对这个问题进行研究和讨论。该杂志于

1955 年第 2 期发表了茨·斯杰泮年的《社会主义社会发展中的矛盾及其克服的途径》一文提供大家讨论（译文载《学习译丛》1955 年第 10 期）。到目前为止，杂志上发表的讨论文章有：尔·柯干和伊·格列祖诺夫的《苏维埃社会的矛盾问题》、符·契尔特柯夫的《苏维埃社会的一致性和新旧间的斗争》、弗·卡希阿尼的《我们社会的主导矛盾》、普·别尔德尼克的《几点意见》、勃·特鲁索夫的《必要的更正》等五篇文章（以上五篇文章均载苏联《哲学问题》1955 年第 6 期，译文均见《学习译丛》1956 年第 4 期）。这些文章对社会主义社会矛盾的特点、社会主义社会的基本矛盾、社会主义社会矛盾的克服办法等问题发表了意见。

（一）关于社会主义矛盾的性质和特点问题

有人认为社会主义社会生产方式内部没有矛盾，另有一些人认为社会主义下没有任何对抗矛盾和冲突的因素。

茨·斯杰泮年，尔·柯干、符·契尔特柯夫等人批评了这种说法。他们认为这是不符合辩证法原理和事实的。他们从矛盾是一切事物发展的源泉、矛盾规律是最普遍的规律的理论出发，指出社会主义社会与先前一切社会一样，存在着矛盾，是通过矛盾的揭露和克服而发展的，他们认为社会主义社会的矛盾有：1. 社会主义生产方式发展中的矛盾。社会主义的生产关系虽然和生产力的性质完全适合，但生产关系并没有丧失它的相对稳固性和落后的趋势，并没有消除生产力蓬勃的发展和生产关系改进程度之间的矛盾。这种矛盾的表现有：工业和农业的矛盾、农业中的新生产力和陈旧的生产关系的矛盾等。2. 社会主义存在和资本主义残余间的矛盾。3. 由于对社会主义社会发展的客观规律及原则考虑不够全面和深刻而引起的矛盾，如某些工作中的错误所产生的矛盾等。

产生和存在这些矛盾的原因是：1. 生产力的增长总是经常超过生产关系的变化和发展，这是最根本的原因。2. 资本主义阵营的存在。3. 人的意识变化和发展落后于社会存在的变化和发展。4. 主观上的缺点和错误。

社会主义的矛盾的特点有：1. 矛盾的非对抗性。因为消灭了生产关系和生产力关系的对抗性，消灭了剥削阶级和阶级对立。但是在共产主义的第一阶段也有某些对抗性矛盾的因素，如社会主义国家与帝国主义阵营列强间的矛盾、劳动人民与国内叛徒、帝国主义暗探间的矛盾、社会主义思想和资本主义思想的矛盾等。2. 是社会发展和成长中的矛盾。社会主义矛盾存在和解决会导致社会进一步的发展。

（二）社会主义的基本矛盾

关于这个问题的主要分歧意见有：

1. 社会主义制度下，只能有局部的暂时的矛盾，而不能有基本矛盾。因为社会主义社会没有剥削阶级、消灭了生产关系和生产力之间矛盾的对抗性质，没有基本矛盾存在的基础。

茨·斯杰泮年等人批判了这种观点。他们认为任何复杂的事物中都包含有一系列的矛盾，其中必有一个是基本矛盾；任何社会形态的矛盾中，必有一个矛盾是基本矛盾，它反映生产方式的实质，决定其他矛盾的性质和作用。

2. 社会主义的基本矛盾是新的社会主义关系和资本主义"斑痕"和残余的矛盾。

3. 社会主义基本矛盾是人们在利用生产资料方面的平等地位和享受物质和文化待遇方面的不平等现象之间的矛盾。

第二和第三种意见受到茨·斯杰泮年的批判，被认为是错误的。因为这些矛盾不能决定社会主义社会的特点和发展，而且它们都只存在于共产主义的第一阶段，而不是整个社会形态所固有的。

4. 社会主义基本矛盾是全体人民无限增长的需要和物质与文化资料的生产在每个时期已达到的水平之间的矛盾。主张这种意见的有茨·斯杰泮年、尔·阿干、弗·卡希阿尼等人。他们认为社会主义的基本矛盾是生产关系和生产力之间的一般矛盾在一定范围内的特殊表现，它和社会主义基本经济规律有密切的联系，并决定社会主义的发展。弗·卡希阿尼说，在社会主义条件下，"不断增长的群众消费和已达到的物质与文化资料的生产发展水平之间矛盾的不断的形成和解决，是社会主义社会发展中的运动着的主导因素"。

（三）矛盾的克服办法

茨·斯杰泮年、弗·卡希阿尼等人认为，由于社会主义社会矛盾的特点，它的克服办法也有其特点。这就是：1. 矛盾本身就包含有解决矛盾的条件。在社会主义社会条件下，矛盾首先是采用有计划地发展生产的办法、和平地发展经济和文化的办法来克服的。如社会主义的基本矛盾主要地是采用在高度的技术基础上使生产不断地增长和完善的办法来克服的。2. 矛盾是通过批评和自我批评、人民群众的积极性和创造性来克服的。3. 矛盾是采用逐渐的办法来解决的，是由于党和国家的倡议与领导和群众的拥护与支持的形式解决的。至于某些对抗性矛盾因素的解决，也有采用强力的办法的。

社会发展的一般规律和特殊规律的相互关系

正确地、科学地阐明社会发展的一般规律和特殊规律的相互关系，有助于明确历史唯物主义的研究对象、研究社会发展的一般规律的历史唯物主义和研究特殊规律的各门社会科学之间的相互关系，有助于进行社会科学的正确的分类，有助于理解个别的历史事件和社会发展的整个历史过程。从现有的材料看来，苏联哲学家还没有在杂志上就这一问题作过专门的讨论。但是在《历史问题》杂志上讨论"对抗性社会经济规律的作用"问题时，其中有不少争论都涉及这个问题，在苏联《哲学问题》等杂志上发表的有些文章也就这个问题发表了意见。若干在杂志上发表的论文还指出，苏联科学家，特别是哲学家对于这个问题，有很大的意见分歧。现在看到的关于这一问题的论文有：格·格列则尔曼的《斯大林论社会发展规律的客观性质和人们对于这些规律的自觉运用》、乌·杜加林诺夫的《论社会发展的客观规律和相互关系》、依·孔恩的《论对抗性的社会形态中经济规律的作用》（译文见《史学译丛》1955 年第 3 期）、莫·别尔索夫《关于社会形态的一般规律和特殊规律的相互关系》（译文见《史学译丛》1955 年第 4 期）、纳·柳波什茨的《论经济发展的一般规律和特殊规律的相互关系》、阿·奥尔伯安斯基的《论社会发展的规律性问题》、叶·霍明科的《关于社会发展的一般规律和特殊规律的相互关系》等七篇。在苏联科学院哲学研究所出版的《历史唯物主义》一书中论述了作者们对于这一问题的见解。

关于这一问题的不同意见，主要的有：

1. 有些哲学家认为社会发展的一般规律客观上是没有的，存在的只有特殊规律。他们并从这个论断出发，建议建立两种历史唯物主义，一种用于对抗性社会形态，另外一种用于社会主义社会，有的还主张按各个不同社会形态来编写历史唯物主义教程。这种看法被许多哲学家批评。《哲学问题》1955 年第 5 期的社论指出，这是把社会发展的特殊规律绝对化，把它们和现实存在的一般规律割裂开来，从而必然要导致错误的结论，就是在实质上取消研究社会发展一般规律的科学——历史唯物主义。

2. 另外有些哲学家认为社会发展的特殊规律只是一般规律的表现形式。支持这种观点的有格·格列则尔曼等人。格·格列则尔曼说："个别形态的特殊规律的存在决不排斥一般规律的作用。恰好相反，一般规律只有通过特殊规律方才能表现出自己的作用，它们始终不能脱离这些特殊规律的表现形式。因此，不能把一般社会学规律和个别形态的特殊规律看成是彼此对立、互不依赖的东西。"莫·别尔索夫也发表了与格列则尔曼相同的意见。他说，生产关系一定要适合生产力性质的规律和其他的社会学一般规律都不能脱离它们的具体的表现形式，它们存在于特殊规律之中。

这种观点为一些哲学家所反对。《哲学问题》的前述社论、乌·杜加林诺夫和纳·柳波什茨的文章都指出，特殊规律是存在的，不能把它归结为一般规律的表现形式。

3. 有的人认为社会发展有两套规律，一般规律和特殊规律，两者之间是彼此独立的，只有通过它们的作用，才发生相互的联系和影响。乌·杜加林诺夫、依·孔恩、叶·霍明科等人就是这种观点的主张者。杜加林诺夫认为，不能把一般规律和特殊规律的关系说成是本质与表现形式之间的关系，因为这种关系不是规律间的关系所特有，而是规律和它的个别表现、个别事实之间所特有的。他认为，各种不同的规律（一般规律和特殊规律）反映各种不同的本质联系，特殊规律和一般规律一样，具有着本质上的联系。有的人还进一步论证了在对抗性社会条件下，一般规律和特殊规律之间的相互关系。他们认为社会发展的一般规律和特殊规律的关系，在每一个对抗性社会形态的上升时期和衰落时期是不同的，在上升时期是一致的，在衰落时期是矛盾的、对立的。

这种意见被有的人批评，被认为是错误的。因为把一般和特殊、一般规律和特殊规律割裂开来，把它们之间的关系说成是外部的关系，在实际上就否认了两者之间的联系和统一。

4. 有的人认为一般规律和特殊规律都是客观存在的，两者是相互依存的，但又不互相吞没。纳·柳波茨基说："一般规律和特殊规律的相互关系只能是内部的相互关系；虽然一般规律只有通过特殊条件决定的特殊规律才能获得具体的表现形式，但它们保持独立的意义，而且同特殊规律密切地联系着。……总之，一般规律和特殊规律的统一并不意味着它们是同一的或是互相吞没的，因为它们反映着不同的本质联系和关系。"

苏联《哲学问题》杂志的前述社论指出，社会发展的一般规律和特殊规律都是客观存在的，任务是在于揭示两者之间的辩证关系。

原载《哲学研究》1956 年第 1 期

关于《哲学史》一书中东方哲学史若干问题的说明

M.T. 约夫楚克 *

《哲学研究》编者按：这是今年 2 月 28 日苏联科学院哲学研究所学术会议上的一篇报告。因为它涉及许多中国哲学史研究的问题，以及中国哲学在世界哲学史的地位问题，值得我们参考。经商得作者的同意，发表在这里。

我，诸位知道，不是东方哲学史专家，所以在这里只打算报告一下：在准备出版的《哲学史》第 1 和第 2 卷里，将反映东方哲学史的哪些思想和哪些基本原理。参加《哲学史》第 1 和第 2 卷有关东方哲学史诸篇的编写和付印工作的约有 20 位作者，因此，我，作为参与编辑工作的一员，觉得有必要在这里向诸位简要地汇报一下我们在该书中对这些问题所表述的意见。

苏联哲学科学早就面临这么一个任务：就东方各国哲学思想发展状况作一个多少有些系统的概括性的介绍。苏联科学在研究东方包括哲学思想在内的社会思想上，是有着严肃认真的传统的。

在最近 10—15 年内，苏联的 Я.B. 拉杜利-扎屠洛夫斯基教授、科学院通讯院士 A.O. 乌科维利斯基、已故的 A.A. 彼得洛夫、杨兴顺同志、H.Г. 谢宁同志以及别的一些科学家，都曾作了东方哲学史的著述。但在我国，对东方各民族社会思想史的科学研究的规模以及有关东方哲学的某些专题论著的出现，对于对东方各民族丰富多彩的文化及其哲学充满深切敬意和巨大兴趣的苏联人民来说，只能在某种程度上满足他们日益

---

* M.T. 约夫楚克，1908—1990，男，苏联哲学家、社会活动家。

增长的精神需要。

哲学史研究工作中的一个严重缺点是：苏联过去出版的概括论述哲学史的著作中，很遗憾，都没有提到东方哲学史。

苏联科学院哲学研究所于 40 年代初出版的 3 卷本《哲学史》，在第 1 和第 2 卷中（讲 18—19 世纪哲学的第 3 卷那就更不用谈了）没有包括关于东方哲学史的任何材料。它是直接从希腊开始来叙述哲学思想史的。

在各种教科书和教学参考资料中曾有过这样的情况，譬如说，在哲学研究所 1940 年出版的《哲学史概论》中，对东方哲学竟只字不谈，而且，却提出了这样一种错误见解，认为"希腊是哲学的摇篮，是各主要哲学思潮产生达到高度发展的第一个国家"。

在 1947 年哲学讨论会上，г.ф.亚历山大洛夫的《西欧哲学史》一书受到了公正的批判，除了这部书中所犯的一些错误以外，亚历山大洛夫院士还犯了另一个错误：尽管他声明在先，说该书范围只限于西欧，但他没有任何理由可以对东方默而不言，因为东方哲学思想是西方各民族哲学思想的来源之一，特别是中世纪。

应当说，在这方面，上述诸书的作者们甚至比黑格尔还落后。黑格尔是从东方各民族哲学开始来写他的"哲学史"的，虽然他对古代东方哲学也曾作了错误的、唯心主义的阐释，把这全部哲学当作宗教唯心主义的、直观神秘主义的哲学。

苏联哲学家们发表的一系列著作中所以低估东方哲学史，其原因之一，在于他们不大熟悉原著，在于我们苏联哲学家中大多数人不懂东方语言。但问题并不仅在于此，而是在于：在苏联历史哲学这门科学中还没有彻底克服哲学史上那种不正确的"欧洲中心论"的，更确切点说，"西方中心论"的观念。这种观念从不正确的立场出发，认为哲学思想的发展似乎是从古代希腊和罗马开始，而且似乎只有西欧国家才是哲学思想发展的主要而且几乎唯一的基地，至于东方，似乎在哲学思想发展中没有起过什么大的作用，这里主要地只是宗教伦理学说的中心罢了。

虽然"欧洲中心论""西方中心论"的观点老早就被苏联哲学科学斥责为站不住脚的有害的观点，但我们还不能说，在实践中我们已经彻底消除了这种"欧洲中心论"的观点，因为我们还没有一本教科书、还没有一本马克思主义的概括性的基础著作能明确有根据地表明埃及和阿拉伯其他国家、中国、印度、伊朗以及东方其他各民族的哲学思想在全部哲学思想史中的地位。

向我党干部、广大知识分子和青年学生系统地介绍东方哲学史及其最重要的思想，今天依然是苏联哲学界的迫切任务。《哲学史》第1和第2卷的作者和编者们就是尝试着根据这一任务的精神在某种程度上，或者说以一种远不够完善的形式来处理古代奴隶占有制时代和封建时代的哲学的。这两卷书现在已经脱稿，审校工作也已经完成，目前正排印中，预计能于1957年上半年出版。《哲学史》第1卷包括东方在奴隶占有制时代和封建时代（大约到18世纪末）的哲学思想史，即古代埃及和巴比伦、古代中国、古代印度、封建中国、封建印度、封建时代的日本、中世纪时代的阿拉伯国家、伊朗、拜占庭、封建时代外高加索和中亚细亚各民族的哲学思想史。《哲学史》第1卷一直讲到18世纪末期的哲学，在它的40个印张中（不算序言、结论和索引），有10个印张是讲奴隶占有制时代和封建时代东方各民族的哲学思想史的。这当然是十分不够的；但在历史哲学这门科学发展的现阶段，当我们研究东方各民族哲学的有充分价值的马克思列宁主义专题学术著作还很少的时候，这多少算是向前迈进一步了。

至于《哲学史》在探讨东方各民族哲学思想史时以哪些原则为根据，在这里我不能详细谈了，我只想指出一点，即《哲学史》这部著作在阐明东方哲学史上跟一些唯心主义著作以及先前俄国出版的一些哲学史书籍的若干区别。例如，如果说从前在关于印度哲学史的书籍中，以及现今在印度和英国出版的许多关于印度哲学史的唯心主义著作中，都把印度哲学的发展看作是一种似乎同社会关系的发展、物质生产方式的发展和更替没有关系的"自我发展着的精神的行进"，例如，如果说马克斯·弥勒在《印度哲学的六个体系》一书中，和那著述印度哲学的俄国唯心主义者弗·莎洛继也夫一样，把印度哲学看作是思想继承的结果，是自我发展着的精神的产物，那末，编写《哲学史》中印度哲学史部分的作者们则是从与之相反的、马克思主义的前提出发的。他们把哲学思想史分期问题、印度哲学体系起源和变更的基本原因以及印度哲学发展的内部规律，同印度历史中社会关系和阶级斗争的发展密切地联系起来。在以前出版的有关印度哲学史的教科书和著作中，都把印度哲学思想的发展归结为承认吠陀经权威的哲学"正统"派同不承认吠陀经权威的"非正统"派之间的矛盾，在这种情形下便混淆了唯心主义体系与唯物主义体系；无论斫婆伽的唯物主义学派，或耆那教和佛教的宗教哲学学说，都被指为是"非正统"的。与诸如此类的唯心主义历史哲学观不同，东方哲学思想史，其中也包括印度哲学思想史，在《哲学史》中则是通过唯物主义与唯心主义相互斗争来考察的。但仅仅限于阐明以前几个时代尤其是封建时代哲学发展的内部基本规律，乃是远远不够的。在反对占统治地位的宗教思想时，往往出现过这样的情况：先进哲学学说的代表人物能够而且也确是站在同一思想即宗教思想的领域内来反对的。当任继愈教授在其十分有意义的报告中说到那些在宗教学说范围内立论的无神论者的时候，我是并不奇怪的。《哲学史》表明，除了哲学历史发展的基本方面——唯心主义与唯物主义相互斗争以外，在哲学思想发展中，也有一些其他的、虽是不太重要的、哲学斗争的方面，譬如，唯理论的、"世俗的"唯心主义派别和"异教"反对哲学教权教义和经院哲学派别的斗争。

在《哲学史》中，我们想探究唯物主义和唯心主义在它们相互斗争过程中的历史发展，探究某些哲学学说的进化，譬如，封建时代唯物主义学说在占统治地位的宗教思想的压力之下就有唯心主义的倾向。例如，在数论-正理论（僧佉-尼耶也）学派中，起初这个学派还是唯物主义的，后来便出现了唯心主义的观点，特别是在伦理学问题上，尽管这个学派的哲学家在解决宇宙观和认识论问题上，一般还是站在以前的唯物主义立场上。《哲学史》（包括东方哲学史部分在内）的作者们并不限于阐明哲学思想发展的这种极为重要的内部规律性，如唯物主义与唯心主义的斗争（然而，这一点并不能概括净尽哲学发展过程的全部复杂性和矛盾性），他们同时也企图表明唯心主义哲学的各个派别内历史地存在过的矛盾。特别是讲到中国哲学史的时候，作者们（中国学者侯外庐、冯友兰、胡绳）力图表明孔子学说中的矛盾和中国哲学史上早在公元前4世纪就已开始的围绕孔子学说所进行的斗争；他们表明孔子学说的一些后继者们使自己的思想陷于神秘主义一个方面，为统治阶级反动势力的利益服务，譬如，孟子和他的后继者等人发挥了孔子哲学中的合理因素，譬如，公元前3世纪时，荀子以唯物主义的精神断言道，一切自然现象的更替都是按照自然规律发生的，而不取决于"天意"，他承认世界是可以认识的（他认为：没有感官，认识自然界是不可能的；但感官则是受思维——心所支配的）。

《哲学史》的作者和编者坚持这样一种意见：假如把公元前几百年时的孔子学说看作是一种全盘反动的学说，那就把问题简单化了，他们表明，孔子学说之变为反动的宗教伦理学说，乃是在后来发生的，那时已是封建主义时代了。

在考察东方其他各国的哲学史时，大体上也是持着这种观点的。譬如，《哲学史》的作者和编者们力图表明阿拉伯国家和伊朗的各种哲学学说中所存在过的矛盾。

在我国文献中，像伊斯兰教经院哲学（卡拉姆），尤其是其中苏非派这样的宗教哲学学说长期以来仅被看作反动唯心主义的和神秘主义的东西。其实在苏非派中，有许多代表人物，虽然其世界观一般是唯心主义性质的，但曾有过泛神论的思想，有时也有唯物主义的思想；而且在这种学说中包含有非理性主义的因素、消极和禁欲主义的说教。苏非派是一个很复杂而又矛盾的思想流派；对它应该采取历史态度，而不能一棍打死。我们的作者就是企图在有关阿拉伯国家、伊朗和中亚细亚哲学史诸篇里反映问题的这一方面的，尽管看来他们还没有做到这点。

唯心主义的哲学历史观过去和现在都是把中国、印度和东方其他国家的哲学，描述成宗教直观的、停滞的、没有内部矛盾和发展的哲学。与这种观点不同，《哲学史》的作者和编者们则力图恢复历史真实。在这一方面，有一点曾使我们很注意，这一点刚才任继愈同志在这里已清楚地谈到了，那就是驳斥那种我们认为是片面的错误的观点。根据这种观点，似乎中国和全部东方哲学的特点是：它们只限于宗教伦理问题的领域，仿佛并不研究认识论、自然哲学等方面的问题。

我们的作者——中国同志侯外庐、冯友兰和胡绳，和编写印度、日本、阿拉伯、伊朗和东方其他民族哲学史的苏联作者——都表明了：早在古代，尤其在封建时代，这些国家的思想家们在自己的哲学学说中决不是仅仅局限在宗教和伦理的范围内，而是深刻地、独特地并且就当时来说常常是正确地解决了本体论、认识论、逻辑学的问题，而且也在社会学方面发表过有趣的思想。

抛弃过去那种认为东方哲学主要是宗教伦理哲学的片面见解，帮助我们在《哲学史》中阐明，关于物质——作为世界本原的统一原初物质——的自发唯物主义观念，而后是最初的原子论观念，首先是出现在公元前 7—前 6 世纪的埃及、中国，出现在印度等这样一些古代东方的国家中的，这些观念只是到后来才在古希腊人的哲学中得到独立和深刻的探讨。

《哲学史》表明，在斫婆伽学说中、在胜论（吠世师迦）学派以及印度哲学的其他派别中，曾探讨过认识论和逻辑的问题。例如，正理论（尼耶也）学派在人类思想史上破天荒第一次制定了五支论式。

《哲学史》的作者们在本书有关东方哲学史问题的篇章里，力图揭示各民族哲学思想的国际联系，同时并估计了每个民族通过其哲学和社会政治思想而反映出来的历史发展特点。这样，在我们《哲学史》一书中就反映了斯大林所明白表述的一条重要的具有原则意义的马克思列宁主义原理，即每个民族，无论是大的或小的，对于世界文化的发展都有自己独特的贡献，这种贡献也就使它的文化（其中也包括哲学）同其他各民族的文化区别开来。

在《哲学史》中，我们力求恢复历史的真实，表明东方许多民族的哲学思想比欧洲各民族的要萌芽得早。例如，《哲学史》第 1 卷关于封建主义的那一章表明，外高加索（亚美尼亚、阿塞拜疆、格鲁吉亚）各民族、中亚细亚各民族的哲学思想和社会思想之产生，比 16 世纪末以前封建俄国的哲学思想和社会学思想要早得多而且也发达得多。

这一历史事实，绝对不会减少俄罗斯民族及其文化的历史作用。

历史哲学这门科学的某些重要问题，在《哲学史》中只是提了出来，但还没有得到应有的解决。譬如说，若是探溯一下封建时代东方各民族的哲学思想同古代希腊和罗马的哲学思想之间的思想联系，那会是非常重要的；表明东方各民族的哲学思想和科学对封建时代和"文艺复兴时代"西欧哲学思想和科学的影响，是十分重要的。探溯一下 16—17 世纪中国的哲学思想，特别是 17 世纪中国卓越的启蒙哲学者的思想同西欧哲学学说和社会学说之间的思想联系，也会是很有兴趣的。这些问题目前还没有在《哲学史》中反映出来，因为它们还未成为我们科学研究的对象。诚然，最近在中华人民共和国出版了侯外庐教授的一本关于 17 世纪中国卓越启蒙思想家的书，这部书看来是要翻译成俄文的。苏联科学院通讯院士和阿塞拜疆科学院院士 A.O. 马科维利斯基在这方面已经进行了好几年的研究工作，并且正在打算研究古代哲学与东方哲学的联系。用 Я.B. 拉杜尔-扎屠洛夫斯基教授（列宁格勒）现在正从事封建时代日本哲学思想同中国哲学思想的关系史的研究。应当认为，即使历史哲学科学的这些重要问题，虽说目前在我国文献中尚没有得到阐明，而在《哲学史》中也仅只是刚刚涉及，将会在最近的未来得到其科学的解决。

至于印度、阿拉伯国家、伊朗、日本以及东方其他国家的哲学思想史问题，在这个短短的汇报中我就没法谈及了。

现在只来谈谈《哲学史》一书中对于中国哲学史的一些问题，是如何阐述的并作了哪些结论。不过，首先我想对任继愈教授在发言中提出的那个重要论点表示同意。他满腔热忱地叙述了一种对 10—17 世纪中国哲学的看法；根据这种热忱可以判断，他是拥护这样一种观点的，即认为第 10—17 世纪中国唯物主义的特点是理论联系实践，以自然科学为依据，反对宗教；这时期的中国唯物主义就其内容来说在许多方面都不同于先前的古代唯物主义，而且不能与古代的原初素朴唯物主义等同。但是，这还不就是 17 世纪左右在西欧产生的那种以机械自然科学为依据的新的、形而上学的唯物主义。某些中国哲学史家所作的这一重要而有趣味的结论，应该在哲学史著作中获得详细的阐明；可是很遗憾，这点在我们的《哲学史》一书中还没有做到。在研究中国 10—17 世纪的这一种唯物主义方面，在阐明像王夫之、黄宗羲、戴震等这些启蒙学者的哲学观点的性质方面，《哲学史》的作者还仅仅是迈了第一步，像王夫之、黄宗羲、戴震等人，就其观点的性质说，还不能归入原初素朴唯物主义者之列。

我们清楚知道：中国哲学史的某些问题现在还是争论的问题，而且，无论在中国或苏联，在历史学家和哲学家中间都在围绕这些问题进行讨论。我们和中国的学者一样，对中国历史的分期问题，因而也对中国哲学史的分期问题是极感兴趣的。《哲学史》中中国哲学史这一部分是以侯外庐同志以及其他同志给苏联《大百科全书》21 卷写的那篇文章为基础的；当在《哲学史》中发表这一部分的时候，我们曾考虑到如何划分奴隶占有制时代哲学和封建时代哲学的问题。

我们原则上同意了任继愈同志刚才谈到的"第三种观点"后，就这样做了；所谓"第三种观点"，那就是认为：中国的封建时代大约开始于公元前 2 世纪。这样一来，诸如刘安在其《淮南子》一书中所叙述的哲学学说、王充的唯物主义学说，另方面如儒家董仲舒的神秘主义学说等，我们都看作是封建时代哲学观点的表现。

苏联哲学史家对于如何评价孔子学说（特别是其早期学说）的问题，以及如何解决反动气焰充塞孔子学说的时间问题，也非常感兴趣。当然，由于篇幅不多，我们只能大致根据郭沫若同志和某些其他中国学者解决这些问题的精神而约略地涉及这些问题，如果研究中国哲学史的学者们，包括苏联哲学家在内，能继续研究这个问题，以便在《哲学史》的再版中和专题学术著作中能对这些问题作更加切实更加详尽的阐明，那将是一桩很重要的事情。

我们还可以举出《哲学史》中由于阐明中国哲学史的提出的一些其他问题，但这些问题都有待于彻底的解决。

我们的读者都期待着我们能对东方各国包括中国在内的哲学思想的各种派别作详尽而细致的阐明，可是当他们看到有关中国哲学史及其许许多多的派别的阐述在《哲学史》中只占三印页左右的篇幅，一定会感到失望的。至于中国逻辑史，我们在书中几乎是没讲，这一点看来就更不能令读者满意了。像墨家的逻辑在中国哲学史上具有重要的意义，它曾独有见地地探讨了关于普遍、特殊和单一的概念。佛教的逻辑也不无重大意义。这些学派的逻辑观点在该书中只是提了提，还没有加以详尽的揭示。因此，我们的任务就是：要使这些问题能够在《哲学史》的以后各版中得到阐述，而这是只有靠中国哲学家和苏联的中国哲学史学家的共同努力才能办到的。

在《哲学史》中，比较简略地谈到了各种古代哲学学说（儒教、道教等）的进化过程；并指出：这些学说在封建时代（约从公元前 2 世纪起）是日益向着神秘主义和荒诞的方向发展的，并且按其内容说是日益变成宗教的和唯心主义的了；因此，后期的儒教和后期的道教就受到了王充和其他唯物主义者的批判，特别是批判它们反动的、宿命论的"天意"说。但是，关于古代儒教、道教以及中国古代其他学说的发展问题，在该书中叙述得非常肤浅、非常简略；为了《哲学史》再版时能够得到充实，就要求对中国哲学发展的这些过程进行更全面更详尽的论述。

中国同志为《哲学史》所写的中国哲学史部分，一般说来是用相当谦虚的口吻叙述的，这种谦虚的口吻还不够符合中国哲学在人类哲学思想史中所记的那种作用。在《哲学史》的再版里，我们希望能对中国哲学史作更充分更全面的阐述；我们怀着这一目的，将很高兴能尽快地看到中国思想家"选集"的俄译本和北京大学中国同志所编写的那部中国哲学史著作。但即使在中国同志（侯外庐、冯友兰和胡绳）为《哲学史》第 1 卷所编写的关于中国哲学史部分中，虽说叙述得极其简练而扼要，却已经包含有重要的、原则性的结论和论据了。

例如，反动的中国汉学家（像胡适之流）和西方汉学家（如 1934 年在法西斯德国出版了《中国中世纪哲学史》一书的德国哲学史家福尔克之辈）都把中国的唯物主义学说描述成有害的、没给人类思想史增添任何新东西的学说，他们捏造过去唯物主义者的世界观，譬如，把王充说成是唯心主义者和怀疑论者。与他们相反，在《哲学史》中，由于中国哲学史家们的研究，唯物主义才被看作是最古老而又富有生命力的和最富有成果的哲学思想派别。《哲学史》表明，在中国哲学史上起了最进步作用的，有这样一些唯物主义世界观的代表，如：早期的道家、荀子以及墨家学派中唯物主义路线的拥护者、封建主义初期哲学的王充和范缜、哲学上所谓"正统派"里面的周敦颐和张载、17—18 世纪的唯物主义启蒙学者，特别是王夫之和戴震。

《哲学史》的作者表明：中国哲学思想（特别是封建时期的）中的唯物主义派别是跟自然科学知识密切结合在一起发展的，在自然科学知识的基础上，唯物主义哲学由于先进社会力量的需要而产生并发展起来；当时先进的社会力量反对经济生活中停滞不前的封建主义趋向，反对国家的封建割据和宗教思想的横暴势力。今后，可以推测，我们在中国同志的帮助下也将能表明一个相反的过程——唯物主义哲学思想对自然科学知识发展的影响；在正在排印的《哲学史》第 1 版里，这个任务尚未得到解决。

为《哲学史》编写中国哲学史部分的中国学者，也和负责编写该书其他东方民族哲学史的苏联作者一样，都得出一个有充分根据的结论：东方思想从古代起就研究认识论和逻辑的问题的，更不要说自然哲学对本体论问题的解决了（尽管中国以及其他的东方国家，曾经有过主要是研究宗教和伦理问题的哲学学说，如孔子学说）。中国的哲学史家证明，早在公元前 5—前 4 世纪，中国哲学家墨子在研究认识论问题时教导说，在认识真理的过程中具有决定性意义的有三个因素：前代人的经验、人民的见解以及知识在治理国家方面的实际运用。他的后继者墨家早在公元前 4 世纪即远在亚里士多德以前，就探讨过逻辑的概念，如"原因"等等。墨家把所有的概念（他们称作物之名）分为 3 类：（1）达名、（2）类名、（3）私名，同时大体上把它们看作是认识事物用的普遍、特殊和单一的范畴。墨家曾制定了 7 种成立推理的方法，这 7 种方法近似后来产生的归纳和演绎的逻辑方法。

据我们的意见，在《哲学史》一书中，对《道德经》一书中世界观的估价，是比从前作得更正确了（对《道德经》，现在还正在争论：这书和老子个人有无直接的关系）。

当然，把《道德经》一书说成是完全唯物主义的，那会是过分地夸大；《哲学史》反对把这部著述看作按其哲学内容说是客观唯心主义的这种观点，并且表明：它包含有对宗教视点的批判，它提出了关于"道"这个普遍规律的观念，说"道"是不依赖于人们的意识和意志而存在的，等等。

《哲学史》指出：《道德经》一书充满着对世界的自发辩证法的观点，特别是世界万物都处在变化和运动状态中的思想，以及万物都转变为自己的对立物的思想，等等。

在正确评价《道德经》问题上，苏联的中国哲学史研究者杨兴顺同志给予了《哲学史》的作者和编者以重大的帮助。

在《哲学史》第 1 卷中，苏联作者做了某些尝试，虽然还是十分不大胆的尝试，这就是想表明中国人民的哲学思想同其他各国特别是日本的哲学思想之间的内部联系和思想交流。例如，Я.В.拉杜利-扎屠洛夫斯基教授在其日本哲学思想史概论里指出，像古代中国所探讨的哲学范畴，如 "气"（"ЦИ"，世界的基原，通过各种不同形式来表现的物质实体）这个概念，在日本则变为一种类似的概念 "气"（КИ，即基原、物质实体）。中国哲学中关于 "理"（"ЛИ"，"气" 的发展形式、规律）的概念，在日本哲学中则变为 "理"（РИ）的概念。10—11 世纪中国哲学史上关于 "理" 或 "气" 孰是第一性的争论，被传播到日本的土壤上。中日两国人民哲学思想上的这种此呼彼应的情况，在《哲学史》第 1 卷中只是以提问题的方式反映了出来，它需要进一步研究这种对哲学史至为重要的过程。

如上所述，在《哲学史》中，正确地提出了关于 17 世纪中国启蒙思想家（黄宗羲、王夫之等）的问题；这些人严厉地批判了君主政体和专制制度，宣传了唯物主义的思想，号召认识自然界，斥责后期儒教和佛教关于 "内知" 的反动思想，期望靠发展教育、传播仁爱思想等等来推动文明进步。但这仅仅是研究中国启蒙思想家哲学的开端。最近，《人民中国》发表了侯外庐教授关于 17 世纪中国启蒙思想家的学术著作，和杨廷福关于明代末年三位伟大思想家的科学通俗著作（1955 年上海出版），等等。这些著作都注意到：中国的这些思想家们——17 世纪中国文艺复兴时期的代表人物，看来都是通晓当时传入中国的西欧先进哲学政治思想的，他们树立了新的人道主义的观点和与自然科学有密切联系的唯物主义哲学思想。当时的中国启蒙思想家之一黄宗羲曾编写了在当时看来是科学的哲学史。

这个问题，苏联的中国哲学史家还没有研究而且在《哲学史》一书中也没有得到阐明；我们必须在该书的后几卷中当讲到 19 世纪中国哲学的时候来填补这个疏漏，而且，在 19 世纪时，17—18 世纪的启蒙思想在中国有着广泛的影响，况且，黄宗羲关于哲学史的论著（他的后继者曾加以补充）以定本的形式于 1838 年公之于世①；王夫之的主要作品也在他死后 150 年即 1840 年发表了②；他们这些著作中的思想主要是在 19 世纪传播的。因此，在这方面，我们虽然有些失算，没有仔细考察 17—18 世纪中国启蒙思想家的观点（这本应在《哲学史》第 1 或第 2 卷中来讲的），但是在《哲学史》第 3 卷中借我们中国同志的帮助，还是有某种可能来纠正这一疏漏的。

现在苏联哲学家面前，摆着一个严重的和责任重大的任务，这就是对 19 世纪和 20 世纪前半期的东方哲学史作一个科学的概括和系统的叙述。在《哲学史》第 3 卷中，必须要有若干篇章来探讨从 19 世纪初到伟大十月革命这段时期内中国、印度、日本、伊朗、阿拉伯东方各国等这些国家的哲学思想史。

这是一项复杂而重要的任务。譬如，以中国为例，像许多中国和苏联的中国哲学史家所说的，这个时期在社会思想方面至少有四个哲学、社会学派别。在《哲学史》第 3 卷中，就应详尽阐明下述四个思想流派：（1）19 世纪的中国启蒙改革者（龚自珍、林则徐和魏源），（2）表现了被压迫农民群众的情绪和期望的太平天国运动思想家（洪秀全、洪仁玕等），（3）19 世纪末变法运动的思想家（康有为等），（4）革命民主主义者、革命农民思想家（孙中山等）。最近，Н.Г. 谢宁的著作问世了。在我们看来，他在这本书里正当地提出了关于孙中山革命民主主义思想中唯物主义倾向的问题。在这个问题上，中国同志的意见是很重要的，因为正是他们才是这个问题的真正的内行。

在研究和论述包括中国哲学在内的东方哲学史时，要确切而严格地遵守哲学史对象的范围，是极其困难的；在叙述哲学史时，如果把社会政治思想和自然科学思想（特别是东方古代的）抛开不管，那是不对的，因此，譬如在东方思想家的同一本著作中，在同一个学派中，这些问题是同时考察的，是交织在一起的。但是，如果作者能提出哲学和社会学问题作为研究哲学史的重心，当然他们将会是更正确一些。因为社会学，

① 黄宗羲著的《明儒学案》刊刻于 1693 年；黄宗羲、黄百家、全祖望著的《宋元学案》1838 年有何凌汉、冯五桥刻本。——编者注
② 王夫之逝世于 1692 年，1842 年王夫之裔孙王世佺刊成《船山遗书》。——编者注

在座诸位都清楚，并不直接就是人们的全部社会政治观点，而是社会关系在理论上的论证，是对社会发展一般规律的哲学见解。哲学史家虽然无须详细涉及社会政治思想的发展，但是除了哲学观点本身的发展、逻辑史等以外，还应该研究研究属于哲学知识领域的社会学的、伦理学的和美学的思想史。

我们也必须揭示，进步的社会政治思想、反封建的和民族解放的欲望为什么在东方各国里常常采取宗教的形式（中国的太平天国起义者的思想、印度的甘地主义、印度尼西亚的平民主义等等）。

还有一件更为重要的事情，那就是研究马克思列宁主义哲学思想在东方各国发展的历史及其反对反马克思主义哲学学说和社会学学说的斗争；科学的哲学思想在东方各国开展的（主要是在苏联伟大十月社会主义革命后开展的）过程，必须在《哲学史》第 4 卷中得到自己的反映。

我们面临的任务，就是要在《哲学史》第 4 卷中表明马克思主义哲学于 1919 年以后在中国同唯心主义哲学斗争的发展历史。这是中国哲学发展中、伟大中国人民思想生活中一个崭新的光辉灿烂的时期，这个时期是同英勇的中国共产党的活动、同毛泽东同志的著作相联系的。我们预计，《哲学史》的这一部分，中国的哲学史家在研究这些问题的苏联哲学史家的帮助下一定会极其成功地写出来的。

我们将希望，东方哲学史、首先是中国哲学今后在马克思主义的世界哲学史著作中所占的地位，将是东方各伟大民族应得的地位，因为他们给世界文化的共同宝库已带来了重大的贡献。

原载《哲学研究》1957 年第 4 期

"你们如何界定唯心主义？"

——记霍金与陆定一、潘梓年、金岳霖的几则通信（节选）

顾红亮 *

1956 年，"百花齐放，百家争鸣"方针提出后，中国哲学界出现了一些"大胆的"举动。当时中国哲学界关于唯心主义哲学的讨论在海外一定范围内引起一些学者的注意，哈佛大学哲学系教授霍金（William Ernest Hocking，1873—1966）就是其中一位。我于 2010—2011 年在哈佛大学访学期间，在哈佛大学档案馆查到霍金与陆定一、潘梓年、金岳霖的几则通信。通过阅读这些通信，我们从一个侧面大致了解 20 世纪 50 年代中国哲学界与部分国外哲学家的交流情况。这些信件不仅为 20 世纪 50 年代的中国哲学史研究提供佐证材料，而且为我们理解"双百"方针的意义提供一个国际的视角。

......

二、"百家争鸣"原则 [1]

我在哈佛大学档案馆所藏霍金通信档案中看到的相关材料包括三封信件和一则笔记。第一封信，霍金致陆定一的信，写于 1956 年 11 月 21 日，打印稿，两页纸，另外有一页打印稿系信件的摘要。第二封信，潘梓年、金岳霖给霍金的信，写于 1957 年 2 月 22 日，打印稿，两页纸。霍金在 1956 年 11 月 21 日给陆定一写信，没有得到陆定一的亲笔回复，却得

---

*　顾红亮，1971—　　，男，华东师范大学党委副书记、副校长、教授。
① 本文节选未选第一节和第五节。——编者注

到了潘梓年和金岳霖的回复，他们两人在 1957 年的 2 月 22 日代表陆定一给霍金写了一封回信，两封信中间隔了三个月。潘梓年和金岳霖的信笺的最上方有"中国科学院哲学研究所"中文字样，信的正文是英文。此信的末尾有潘梓年和金岳霖的中文签名，还印有英文的头衔，潘梓年的头衔是中国科学院哲学研究所所长，金岳霖的头衔是中国科学院哲学研究所副所长和北京大学哲学教授。第三封信，1959 年 1 月霍金致潘梓年和金岳霖的信。霍金通信档案里所存的信件是打印草稿，有 4 份草稿，其顺序没有标号，我按信纸的摆放次序排序。第一和第二份书信草稿的写作时间是1959 年 1 月 27 日，均为一页纸，内容大体一致，第二份书信草稿内容更完整一些，在右边的空白处有两行手写的补充内容。第三、第四份书信草稿的写作时间是 1959 年 1 月 28 日，第三份书信草稿的内容相对完整，两页纸。第四份草稿为一页纸。我不知道潘梓年和金岳霖是否收到了此封来自霍金的信件，也无法确认霍金发出的究竟是哪一份草稿。第二和第三份书信草稿的内容较完整，第三份草稿比第二份更详细。第四个材料为一则笔记，是 1957 年 4 月 4 日霍金与 Y.T.Mei、唐君毅的谈话记录，其内容涉及潘梓年、金岳霖致霍金的信，该笔记为打印稿，一页纸。

　　哈佛大学档案馆所藏的这些通信材料主要涉及以下几个话题：第一，关于百家争鸣的话题。第二，何谓唯心主义？第三，如何促进不同哲学思想、意识形态之间的互相理解？第四，关于通信者的诚意问题。下文将对这些话题逐一介绍，在此首先介绍百家争鸣话题。

　　1956 年，霍金看到路透社一则关于北京方面的新闻报道（1956 年11 月 17 日），其中包含中共中央宣传部部长陆定一的发言内容，于是萌发他致信陆定一的想法。他在 1956 年 11 月 21 日致陆定一的英文信的开头处，引用了陆定一的一句话："只有经过公开辩论，唯物主义的思想才能一步步克服唯心主义的思想。"霍金对于陆定一的前半句话予以充分的肯定，对于后半句话则有所保留。他说，呼吁公开辩论是一件好事。公开辩论的另一个说法是百家争鸣，百家争鸣一定诉诸公开辩论。在信中，他肯定陆定一提出的公开辩论或百家争鸣原则，肯定中国方面将此原则付诸实施的做法。

　　霍金在信里继续说："政治活动的开展有赖于哲学立场，这就是我们所说的'意识形态'。意识形态必须和公众的信念一致，否则，国家就建立在一个虚空之上。公众的信念不能单靠行政命令来确立或维系。在辩论中显现出来的思想活力才会持久。"霍金的这个发挥是对陆定一的公开辩论主张的回应，也是对"百家争鸣"方针的一个正面回应。1956年，毛泽东提出"双百"方针，陆定一的《百花齐放，百家争鸣》报告阐释了"双百"方针的内容和意义，这些都引起了文化界、学术界和科学界的热烈讨论，科学界在1956年8月举行关于遗传学的座谈会，哲学界在1957年1月举行关于中国哲学史的座谈会，当时，学术界几乎形成一股鼓励学术争鸣、自由辩论的风气。霍金对于"百家争鸣"的方针显然是赞同的。他在信里说的一句话——"公众的信念不能单靠行政命令来确立或维系"——和陆定一在报告中说的一句话——"对于思想问题，想用行政命令的办法来解决，是不会有效的"——意思一致。1956年提出的"百家争鸣"原则不仅得到了国内学术界的肯定，也得到了像霍金这样的美国哲学家的认可。

霍金的来信正是在"百家争鸣"方针得到贯彻落实的时候，当时国内学术界的自由争鸣气氛正日趋浓厚。给霍金写回信的通信者之一金岳霖写过一篇《如何贯彻和掌握"百家争鸣问题"》的文章（《哲学研究》1956年第3期），表示拥护百家争鸣原则，对于如何更好地贯彻百家争鸣、掌握争鸣的分寸问题，他主张放而不是收。"为了克服教条主义，使学术研究活跃起来，我觉得我们不能不放。不放，争鸣不大容易展开。""问题不只是发表，而且是在研究。不在这两方面都大力地放他一下，科学研究就很难推动起来。"金岳霖的这些看法都没有在他和潘梓年给霍金的回信里反映出来。潘梓年和金岳霖在给霍金的回信中说："陆定一和我们都相信，哲学家之间书信往来，保持密切的联系，将会推进两国之间的文化交流，促进世界和平。"他们在回信中没有介绍国内正在进行的百家争鸣的讨论，也没有对霍金认可公开辩论原则作出直接的回应。

三、何谓唯心主义

霍金在致陆定一的信里提出一个问题和一个建议。霍金提出的问题是："你们如何界定与唯物主义相对的唯心主义？"霍金接着解释说，他看到的新闻报道里包含着这样的消息，北京大学将开课教授唯心主义的代表黑格尔和罗素的哲学。没有比黑格尔更好的唯心主义哲学家的例子了，费尔巴哈和马克思都曾对黑格尔予以激烈的批判。然而，罗素通常被认为是与黑格尔哲学相对的哲学家，他的老师怀特海更近乎黑格尔。霍金是一位新黑格尔主义者和有神论的唯心主义者，相信上帝的存在。基于他自己的哲学立场，霍金对于北京大学开设唯心主义哲学课程很感兴趣，他认为黑格尔哲学是唯心主义哲学的最佳代表，而罗素显然不是。罗素早年信奉新黑格尔主义，后来在摩尔的影响下，转向新实在论。中国哲学界把罗素哲学也作为唯心主义哲学的代表，与黑格尔哲学并列，这个看法与霍金的观点不同，引起霍金的疑问：中国哲学界或者中国的马克思主义者究竟如何界定"唯心主义"一词的含义？因为他意识到，很多无谓的学术争论是由于语言意义混乱造成的。

潘梓年和金岳霖在回信中代表陆定一感谢霍金的来信，并对霍金提出的问题给予答复。霍金在信里询问中国马克思主义者如何界定唯心主义的含义，潘梓年和金岳霖在回信中说，什么是唯心主义这个问题，在马克思主义哲学的代表作中已经作出了清晰的、明确的回答，中国马克思主义者对此没有特别的补充。潘梓年和金岳霖没有给出唯心主义的具体定义，只是表明，在唯心主义这个问题上，中国马克思主义者和马克思、恩格斯的理解是一致的。

关于唯心主义哲学课程的问题，潘梓年和金岳霖的答复是："我们已经或将在北京大学和其他地方开设介绍唯心主义的课程，这些课程对于哲学系高年级学生特别有价值。如果高年级学生想扩大知识面，培养和错误的世界观做斗争的能力，那么，我们认为这些课程对于这些学生来说是必要的。"潘梓年和金岳霖确认了霍金读到的关于增设唯心主义课程的新闻报道的真实性，同时指出，唯心主义课程是为哲学系高年级学生或研究生开设的，目的在于增强批判唯心主义的能力。这个看法和上面提到的《人民日报》1956年9月2日的报道口径是一致的，也和陆定一关于通过公开辩论来克服唯心主义的观点相一致。

有一个事实需要提一下，金岳霖在1956年9月开始，在北京大学哲学系主讲"罗素哲学批判"的课，课程到1957年1月结束，之后他开始写作《罗素哲学批判》一书。《北京大学学报》1956年第1期发表金岳霖的论文《批判唯心哲学关于逻辑与语言的思想——对罗素的批判之一》，从这些情况看，金岳霖当时对于罗素哲学十分熟悉，但是，他并未就霍金的信里提出的关于罗素与黑格尔哲学的差异进行讨论，也没有对于为什么把罗素看作和黑格尔一样的唯心主义哲学家这个问题作出解释。事实上，霍金和当时的中国马克思主义者关于唯心主义的界定是有差别的，当时的中国马克思主义者大多从唯物主义和唯心主义的对立中来看唯心主义的含义，那些不属于唯物主义的哲学家通常被归入唯心主义哲学家的阵营。霍金没有从这么宽泛的角度认识唯心主义，他把黑格尔哲学认作是真正的唯心主义代表。潘梓年和金岳霖对于霍金的答复带有官方意识形态的色彩，基本没有表达他们个人的见解，在一定程度上回避了霍金提到的罗素问题。

潘梓年和金岳霖给霍金的回信是在北京大学的中国哲学史座谈会之后写的，这次座谈会是"双百"方针提出后在哲学界召开的一次重要会议，其议题包括了中国哲学史的对象和范围问题、对历史上唯心主义哲学的估价问题、中国哲学遗产的继承问题等，金岳霖参加了这次座谈会，就日丹诺夫的哲学史定义、中国古代哲学家在自然观和社会观上的不同立场发了言。他和潘梓年在给霍金的回信里没有直接谈及此次中国哲学史座谈会的内容与成果。

四、不同哲学之间的互相理解

为了促进世界范围内不同哲学之间的理解，避免由于哲学术语的不同含义引起的无谓争执，需要使用合适的著作来作沟通的桥梁。霍金在致陆定一的信里提出一个建议，他有一本著作，书名叫《哲学大纲》，也许此书对于北京大学的唯心主义哲学教学有些用处。此书的英文名字叫 *Types of Philosophy*，直译为《哲学之派别》。霍金还在信纸的右边空白处用中文写"哲学大纲"字样。他说，现在要找到此书的复本也许不太容易。他有两个复本可供中国哲学家使用。位于纽约的 Scribner 出版公司正在准备出版《哲学大纲》的新版本，新的修订版本对于黑格尔和怀特海的讨论比1932年版本更丰富。《哲学大纲》的中译本于1931年在上海的神州国光社出版，由霍金的哈佛学生瞿世英翻译。1948 年该书在上海的独立出版社出版新版本。

在霍金致陆定一的信的签名后面，他又加了一段话，大意是：他写此信时已经 83 岁高龄了，已经从教学岗位上退下来了，致力于人类文明的统一问题的研究和写作。以前，他关注过晏阳初进行的平民教育运动。平民教育运动的一个工作是通过语言文字的现代化，提高人们的识字能力，他对此予以同情理解。他的著作《哲学大纲》简洁明了，响应了这个变革趋势。霍金希望通过他的著作《哲学大纲》来增进他与中国哲学界的交流，促进双方对于哲学问题和哲学观点的互相理解，消除一些因术语的混乱使用而引起的不必要的误解。他曾表示，公开辩论原则或百家争鸣原则关系到世界人民的相互理解这个至高利益之所在。他期望他的著作可以在百家争鸣过程中发挥一点作用。

霍金的建议得到了潘梓年和金岳霖的积极响应。潘梓年和金岳霖在回信中说，霍金的《哲学大纲》的确在 1931 年被译成中文出版，中国哲学家们将对此书（包括将来 Scribenr 的新版本）作仔细的研究。他们在回信的最后一段里说："我们认为，在促进世界和平和社会进步方面，哲学家负有崇高的使命。我们高兴地知道，在过去和现在，您在这两个方面都做出了重要的努力。我们重申，中国哲学家非常愿意通过书信或其他方式与您和美国哲学家建立联系，推动文化交流，促进中美两国人民的理解和信任。"潘梓年和金岳霖一方面肯定霍金为推动中美哲学家之间的理解所做的努力，另一方面，友善地回应霍金的建议，准备通过研究他的著作来推进双方的交流。

1959 年 1 月 28 日，霍金在致潘梓年和金岳霖的信件草稿里说，他的《哲学大纲》第三版终于出版了，他会请出版社寄赠两本给潘梓年和金岳霖。希望他的著作促进两国人民的互相理解，而这正是哲学的使命所在。霍金在信里说，不同的国家有不同的政治观和经济观，有不同的关于自然和人类历史的看法，有不同的哲学观，这些不同的观点在不同的国家进行实验和应用。世界上不同国家共存的理由在于每个国家根据其国民性和目标进行各自的实验，我们欢迎这种多样性，它不应该成为彼此疏远的理由，而应该成为增进互利和互动的理由。霍金说他今年已经 85 岁高龄了，尽管所剩时间不多，但是仍然投身于此项工作。

霍金继续在信里说，在不同的差异中，哲学之间的差异是更为根本的。他相信存在一种包容差异的哲学，它致力于刻画不同的差异性，公正地对待每一种观点，这表明在人类思想的深处存在着潜在的共识，中国思想已经对此做出了巨大的贡献。这也正是《哲学大纲》所做的努力。霍金在此信的末尾大段引述了《哲学大纲》第三版序言的结论。这个结论预示自然主义者（包括唯物主义者）和唯心主义者的世界观可以达成某种理解。

在 1959 年 1 月 27 日霍金致潘梓年和金岳霖的书信草稿里，他表达了和 1 月 28 日的书信草稿里相似的意思。他说，在美国，他属于年长一辈的哲学教师，现在已经 85 岁了。他目前正在写一本书，试图把不同国家的潜在态度整合起来，那些根本性的政治、经济问题会得到平和地、认真地思考。人类思想有一个基础，没有一个国家比中国做出了更重要的贡献。"我尽最大的努力克服人为的障碍，正是这些障碍，阻碍了学者之间进行的持续的、富有成效的交流。"

……

六、结 论

……

唯心主义的宣传自由问题、唯心主义课程的设置问题和唯心主义含义的界定问题，已经越出国内哲学界的讨论，而引起了一些国外哲学家的注意。……我们不能在一个封闭的语境里来审视 20 世纪 50 年代中国哲学界的一些学术争论，不能只联系当时的国内政治气候和苏联的哲学影响来反省哲学争论和政治的关系，还要注意到像霍金这样的美国哲学家与中国哲学界的互动，注意到国内哲学界的一些理论动态有可能引起国外哲学家的兴趣。

……

节选自赵修义等编《守道 1957——1957 年中国哲学史座谈会实录与反思》，上海人民出版社，2012 年

全国西方哲学讨论会在安徽芜湖市举行

蒙登进 *

全国西方哲学讨论会于 10 月 16 日至 11 月 5 日，在安徽省芜湖市举行。这次讨论会，是由安徽劳动大学、中国社会科学院哲学研究所、北京大学、人民出版社和商务印书馆 5 个单位发起的。出席这次讨论会的有 204 人，来自 28 个省、自治区、直辖市的 83 个单位。他们当中有贺麟、严群等老一辈的著名哲学家，有一批西方哲学的教学和科研的中年骨干，还有不少有志于西方哲学的教学和科研的青年同志。这是打倒"四人帮"后第一次全国性的西方哲学学术讨论会，也是建国以来西方哲学史工作者的一次空前的盛会。

中共安徽省委常委、省革委会副主任胡开明同志，北京大学副校长冯定同志，安徽劳动大学副校长祝明夫同志在会上讲了话。会上由王永江同志传达了中国社会科学院副院长于光远同志就如何开好这次会议、搞好西方哲学的研究和教学的讲话。

于光远同志说，我们中国人应当重视西方哲学的研究，特别是对马克思主义哲学的理论来源之一的德国古典哲学的研究，这对于我们深入理解马克思主义哲学是大有帮助的。我们还应当认真研究西方哲学的现状，研究西方形形色色的哲学流派。只有对它们进行系统的而不是零星的、深入的而不是表面的研究，并根据马克思主义哲学的基本原理，总结和运用社会科学和自然科学的最新成果，给以科学的批判，才能战胜

---

* 蒙登进，1928—2017，男，中国社会科学院哲学所研究员。

它们，才能使马克思主义哲学保持旺盛的生命力和战斗力。

于光远同志说，我们研究西方哲学，必须采取古为今用、洋为中用的方针。要认真贯彻"百花齐放，百家争鸣"的方针。在相互争论的时候，不但扣帽子、打棍子不行，就是靠贴标签或者单凭引证经典著作来宣判哪种看法对、哪种看法不对也是不行的。无论是批评或反批评，都要采取讲道理的办法，都要拿出论据来，没有强有力的论据，没有充分的说理，是不能解决问题的。我们应该以恩格斯批判杜林、列宁批判马赫主义者为榜样。恩格斯、列宁对敌对的哲学的批判，没有一处是依靠单纯的引证、依靠贴标签的判决来解决问题的。他们总是抓住对方的要害，运用大量的科学材料和不可抗拒的逻辑力量把对方驳倒。在恩格斯和列宁手里，马克思主义不是判决书，而是锋利无比的解剖刀。我们只有学会使用这把解剖刀，才能战胜形形色色的资产阶级哲学流派。这样做也可以帮助我们克服躺在经典著作上过日子，而不是凭真正的批判能力过日子的坏毛病。

这个大会是团结战斗的大会。会上同志们愤怒揭批林彪、"四人帮"干扰破坏西方哲学研究的罪行，揭批林彪、"四人帮"的文化专制主义，促进了思想的进一步解放。与会同志对西方哲学研究中的一些问题，开展了热烈的讨论。

一、关于哲学史方法论问题

（一）在哲学史的对象和定义问题上，一些同志认为，过去把哲学史理解为唯物主义与唯心主义斗争的历史

这个定义没有把辩证法与形而上学的斗争包括进去；只强调了唯物主义与唯心主义的斗争的一面，而完全忽略了和否定了它们之间的相互联系、相互转化、相互渗透的一面；把哲学史是认识史同哲学史是唯物主义与唯心主义斗争史对立起来。从而把极其复杂的历史现象简单化、片面化了。认为只有把哲学史看作人类认识的历史，这才真正抓住哲学史的本质内容。认识论比世界观更有直接的现实意义，世界观如果同认识论割裂开来，将是抽象的、不可理解的东西。孤立地、静止地去看待哲学史中的世界观的斗争，抛弃了哲学作为认识论的本质特征以及认识论领域中唯物主义与唯心主义斗争的复杂内容，就会陷入形而上学片面性。

有些同志不同意哲学史就是认识史的提法。认为哲学是各门科学的概括和总结，哲学史不能等同于认识史。也不能只把哲学基本问题的第二个方面说成是认识论的基本问题。有同志说，列宁虽有"哲学史就是人类认识的历史"的提法，但是列宁这样说时是有限制的，说的是一个侧面，而不是全部。无条件地说哲学史就是认识史，有片面性。

也有同志认为哲学史的定义应为：哲学史就是人类对思维与存在的关系问题的认识发展史。还有同志主张，哲学史的定义应该是：作为阶级斗争一个侧面的唯物主义与唯心主义、辩证法与形而上学斗争史。

（二）关于唯物主义与唯心主义之间是否有"共同点"的问题

有些同志认为，唯物主义与唯心主义之间，既有对立的一面，又有相互渗透、相互转化的一面。两者之间的批判继承关系，不是唯物主义只继承唯物主义，唯心主义只继承唯心主义，而是互相继承。例如，唯物主义者狄德罗，大量吸收了唯心主义者莱布尼茨哲学中的辩证法因素和其他合理成分，从而使他们之间的哲学呈现出某种一致性。狄德罗正因为有这些与莱布尼茨显得类似或一致的观点，才使自己的唯物主义哲学超出 17 世纪唯物主义的水平，而达到一个新的高度。并认为类似的现象也存在于马克思的辩证法与黑格尔的辩证法、马克思的唯物主义与费尔巴哈的唯物主义之间。

有些同志不同意上述把唯物主义与唯心主义的互相转化说成是有"共同点"的观点。认为狄德罗和莱布尼茨在哲学观点上有相似之处，是由于他们都是在当时的相同的实践基础上提出来的，前者是作了唯物主义的概括，后者是作了唯心主义的概括。脱离实践来谈他们之间的转化，谈他们之间的一致是不妥当的。

（三）关于哲学史研究中的阶级分析方法问题

在发言中很多同志都认为，马克思主义的阶级分析方法是研究哲学史的基本方法，马克思主义的基本原则是不能违背的。认为过去在哲学史研究中，贯彻这个原则不是多了，而是不够，而是把阶级分析方法简单化、庸俗化，当作套语用以剪裁历史事实。认为西方哲学的研究，也像其他学科一样，不能凭片言只语去立论和裁剪史料，不能靠单纯的引证、贴标签的办法去解决问题，而要详细地占有材料，运用马克思主义的立场、观点、方法，进行实事求是的分析研究，从中得出科学的结论来，这才是科学的研究方法。

有的同志认为，思想发展有相对独立性，过去阶级性讲得多了，对哲学思想本身的分析则违反科学性。过去着重强调了哲学史是阶级斗争的反映这一面，现在应重视作为认识史的哲学史。因为阶级地位、阶级立场对一个哲学家不是决定一切的东西；影响一个哲学家思想的，还有认识方面的复杂因素。

二、关于德国古典哲学的研究问题

在这个问题上，有下面几个方面的不同意见：

（一）关于对德国古典哲学的评价问题

许多同志认为，解放以来，我国哲学界在德国古典哲学的研究中，深受斯大林同志和 40 年代苏联哲学界的观点的影响，对德国古典哲学的评价过低，甚至还有全盘否定的倾向。同志们认为，研究德国古典哲学不能靠引证去解决问题，而必须从历史的实际出发，实事求是地对它进行恰如其分的分析，充分肯定它的革命性，还它原来的面目。同时要坚持阶级分析的方法，对它作一分为二的分析，防止把它抬高到不应有的地位，抹杀它同马克思主义哲学之间的原则界限。

在讨论对德国古典哲学的具体评价时，许多同志根据大量史实，说明了德国古典唯心主义哲学是 18 世纪中至 19 世纪初德国资产阶级反封建的革命哲学，把德国古典唯心主义哲学说成是德国贵族对法国大革命和 18 世纪法国唯物主义的反动，这是错误的。

还有的同志从《费尔巴哈与德国古典哲学的终结》一书的书名译法，

论及德国古典哲学，特别是黑格尔哲学的意义和地位。认为恩格斯这篇著作的题目中的"终结"一词，原文是"Ausgang"，不应译为"终结"，似应译为"出路"，更符合原意，因为恩格斯在文章中是研究德国古典哲学的出路，并不是说德国古典哲学终结了，完蛋了。《费尔巴哈与德国古典哲学的出路》指的是费尔巴哈在德国古典哲学的出路问题上起了什么作用。费尔巴哈针锋相对地否定了黑格尔，引起马克思、恩格斯很大的启发。但他的缺点被马克思恩格斯批判和扬弃了。使辩证唯物主义的创立成了一个否定之否定的过程。所以恩格斯在这书的结论中说："德国的工人运动是德国古典哲学的继承者。"这就是德国古典哲学的主要出路或前途。费尔巴哈起的是桥梁作用。

（二）关于德国古典哲学是否包括费尔巴哈哲学的问题

有同志认为，费尔巴哈哲学不属于德国古典哲学的范畴，而是属于"德国现代哲学"的范畴。因为，德国古典哲学基本特征是一种思辨唯心主义辩证法的哲学体系；而费尔巴哈哲学不仅是与从康德到黑格尔的哲学不同，而且是对这种哲学的直接否定，它以直观与思辨对立，以唯物主义同唯心主义相对立，以形而上学同辩证法相对立。所以费尔巴哈哲学不属于德国古典哲学，而是属于另一种形态的哲学。

有的同志则认为，费尔巴哈哲学是属于德国古典哲学的范畴。费尔巴哈的唯物主义哲学和从康德到黑格尔的德国唯心主义哲学，都是德国资产阶级哲学，都是为行将到来的德国资产阶级革命制造舆论的，从康德到黑格尔的唯心主义到费尔巴哈的唯物主义，是德国资产阶级发展的不同阶段的产物，但是都代表和反映了德国资产阶级的要求和愿望。所以不能把费尔巴哈从德国古典哲学的队伍中开除出去。

（三）关于黑格尔哲学体系和方法问题

有同志认为，黑格尔的哲学体系应包括三个部分：精神现象学、逻辑学和应用逻辑（《自然哲学》《精神哲学》），以及其他各个历史部门的科学和各种讲演录等。黑格尔自己就讲过《精神现象学》是他的体系的第一部分，本身也成一个体系。并认为哲学是要体系的，马克思主义哲学也有完整的科学体系，而且体系很大。可以说，历史上每一个哲学家都有现象学、逻辑学、应用逻辑这种体系，或者类似想法。

关于黑格尔哲学体系同方法的矛盾问题，他认为，从体系一般是有点僵化性，而方法则比较灵活这个意义上说，体系总是同方法有矛盾的。但是不能说黑格尔哲学已经终极了绝对真理，因为黑格尔并不认为他的哲学著作已尽善尽美，体现了终极真理了。他临终前还说过他愿将他的《大逻辑》修改 77 次。黑格尔的体系是个圆圈，圆圈就是表示全，全就是体系。过去翻译时，译为"封闭的圆圈"，引起了不少误会。其实应该是指首尾相应的圆圈，可以比作"常山之蛇"，击其首则尾应，击其尾则首应。黑格尔从可知论出发，只是认为绝对理念是一种可以认识的真理，是可以用辩证法加以系统表述的。正、反、合取得了统一，这种统一不是静止的、终极的，而是还会分裂为二，走向反面然后又到合，是一个永恒发展的过程，不能认为黑格尔自己封闭了真理，结束了真理。

许多同志不同意上述的说法。认为把黑格尔的体系和马克思主义的体系作简单类比，说辩证唯物主义相当于逻辑学，把历史唯物主义比作应用逻辑是不恰当的。许多同志认为，黑格尔的哲学体系是"封闭的圆圈"。黑格尔提出的绝对观念这个唯心主义概念本身，就预定了它的行程必然要有一个终点，它的发展不可能是无限的前进的过程，而只能是一个封闭的圆圈。至于绝对观念在逻辑阶段之后又自身分裂为二：自然和精神，而展开其对立统一的辩证过程，则是绝对观念从不认识自己到认识自己的过程，这个过程同样预定要有一个终点，因为它要认识的内容，就是逻辑学中所展示出来的那些规定，早已默默地包含在它自身之中，当它对这些内容获得了完满的自我意识时，思维和存在就达到了绝对的统一，这个过程也就终止了。在黑格尔看来，这个终点正是在他生活的时代和他的哲学中达到的。黑格尔宣称他的哲学是"最后的哲学"，虽然黑格尔没有说过他的哲学尽善尽美，而且还说过哲学在细节上还有"改进的可能性"，要进行修改，"使它不断细致化"。但是，他不承认这种改进和细致化会产生出一种比他的哲学更高的哲学。所以有同志指出，黑格尔说他愿意把他的《大逻辑》修改 77 次，这事实不足以说明黑格尔没有封闭真理，不能说明黑格尔的哲学体系不是封闭的圆圈。

在黑格尔哲学体系和方法问题上，同志们还提出了一些尚待探讨的问题。例如：什么是黑格尔哲学体系，我们现在所理解的体系是否符合黑格尔的原意？体系和结构是否一回事呢？黑格尔的哲学体系有没有"合理的因素"呢？等等。

这次大会广泛交流了学术研究成果，还就今后西方哲学的研究计划和协作、成立西方哲学研究会以及创办专门性的刊物等问题交换了意见。这次大会对今后西方哲学的教学和研究工作都将是一个很大的推动和促进。

原载《哲学研究》1978 年第 12 期

中国哲学史讨论会在太原举行

张智彦 *

中国哲学史讨论会，于 10 月 10 日—17 日在山西省太原市举行。出席这次讨论会的有来自全国 28 个省、自治区、直辖市 82 个单位的 171 名代表。这是解放 30 年来，中国哲学史界的空前盛会。山西省革委会副主任史纪言同志、省委宣传部副部长刘贯文同志、中国社会科学院副院长于光远同志出席了大会。于光远同志和史纪言同志并作了讲话。

在这次讨论会中，与会同志根据百家争鸣的方针，解放思想，畅所欲言，对哲学史方法论的问题，展开了热烈的讨论。其中，主要讨论的问题有：中国哲学史的对象、特点和范围问题，哲学遗产的批判继承问题，哲学史研究与政治的关系问题等。

一、中国哲学史的对象、特点和范围问题

一些同志认为：把哲学史概括为科学的唯物主义世界观及其规律的胚胎发生与发展的历史，是唯物主义与唯心主义斗争的历史，有片面性。它忽视了唯心主义与唯物主义之间具有同一性；忽视了辩证法与形而上学的矛盾发展史，否定了唯心主义在历史上的作用、地位等。如果把这种概括拿来套用，很容易产生简单化、绝对化的后果，把一部中国哲学史搞得没有中国的特点。这些同志认为，哲学史的定义应是：哲学史是人类对自然界、社会和人类思维的运动的一般规律的认识史，是关于这

---

* 张智彦，女，编审，《中国哲学史》编委会顾问。

种认识发展规律的科学。

另一些同志不同意上述观点。认为，把哲学史定义概括为"人类对自然界、社会和人类思维运动的一般规律的认识史"，就会：第一，反映不出哲学史研究对象的矛盾的特殊性；第二，模糊哲学的党性原则。不重点阐述哲学的这一认识主流——唯物主义及其与唯心主义的斗争，就会丧失马克思主义哲学史的战斗性，就会同资产阶级哲学史划不清界限。还有同志认为，把哲学史概括为：科学的唯物主义世界观及其规律的胚胎、发生与发展的历史，是唯物主义与唯心主义斗争的历史。基本上是正确的。它抓住了哲学史的本质，哲学史上唯物主义与唯心主义的斗争是永远不会陈腐的。

关于中国哲学史的特点问题，有同志认为，中国社会历史的特点，决定了中国哲学史的特点。中国封建社会持续了两千多年，中国哲学史的发展主要是在封建社会历史时期进行的。从战国、秦汉到隋唐，是封建社会的发展时期，宋元明清封建社会制度进一步巩固、停滞以至僵化。因而，代表统治阶级利益的思想体系也相应地发生着变化，这样就形成了儒教造神的过程。他还认为，从汉武帝独尊儒术起，儒家已具有宗教的雏形。后来，经历了隋唐佛教、道教的不断交融，互相影响，又加上封建帝王有意识地推动，于是以儒家的封建伦理为中心，吸取了佛教、道教一些宗教修行方法，而建立了宋明理学。宋明理学的建立，标志着中国儒教的完成。

还有些同志也对中国哲学史的特点作了分析。有同志认为，由于中国宗族奴隶制和宗法封建制的长期性、典型性，因而中国哲学史有其固有的特点。突出的是哲学思想与政治伦理思想的互相渗透、直接融合，并由此展开了对社会矛盾运动的分析，充满了历史辩证法的内容。还有同志认为，中国哲学史有如下的特点：中国古代唯物主义和唯心主义都通过注经的方式开展斗争；中国唯心主义者有辩证法，唯物主义者有形而上学，唯物论与辩证法没有必然联系。

二、哲学遗产的批判继承问题

关于哲学遗产的批判继承问题，有同志提出，对历史上哲学家的思想，光作阶级分析不够，还要进行理论分析。他认为，哲学概念包含有阶级意义与理论意义两个方面。同样，哲学命题也包含有两层意义，即一般（抽象）意义和特殊（具体）意义。一般意义，是指人们对客观世界的普遍规律的了解：特殊意义，是普遍规律、基本原理在某一时间、某一范围内的表现形式的反映。因而，一些哲学命题的抽象意义是可以继承的，具体意义有时也可以继承。有些同志同意这位同志提出的方法。

有一些同志则对这种方法提出了异议。有同志说，阶级分析、历史分析、逻辑分析，都是理论分析，把阶级分析与理论分析区别开来不一定妥当。也没有必要把理论分析与阶级分析并列起来。我们对哲学命题，应该按照具体意义和抽象意义统一的原则加以分析，区别精华和糟粕，吸收民主性的精华，剔除封建性的糟粕。这样做，就是进行了理论分析，同时也进行了阶级分析。还有同志说，对任何哲学命题，只有纳入它的哲学体系，纳入当时哲学斗争的全局，才能确定其真实含义。只是分析命题的抽象意义和具体意义，很难确定其真实含义。对古代哲学遗产的继承，是个复杂问题，不能用抽象意义和具体意义的公式来解决，而要具体分析。

在讨论运用什么方法对哲学遗产进行分析时，有同志说，过去有人把哲学命题分为抽象意义和具体意义，认为抽象意义可以继承，具体意义不能继承。这种方法有合理的因素。因为它肯定了哲学遗产中存在具有普遍意义的东西，这正是我们能够继承哲学遗产的根据。这种方法还看到了继承古代哲学遗产，不能简单拿来，要经过抽象思维。这种抽象思维的方法，是可取的。

有一些同志则认为，这种方法不能成立。从理论上看，哲学命题都是抽象的，把抽象的命题再区分为"抽象"和"具体"是不可以的。从实践上看，运用这种方法的结果也不是完全继承哲学命题的抽象意义，而是把哲学命题不分唯物与唯心，不分精华与糟粕通通接受下来了。还有同志说，有人提出哲学命题的抽象意义可以继承，具体意义不能继承，是把哲学思想的阶级性当成了继承哲学遗产的障碍，好像要继承哲学遗产，就只好到没有阶级性的抽象含义中去找。其实，哲学史上那些符合客观实际的、带有科学性的富有生命力的东西，我们就应该予以批判地继承。即使是剥削阶级思想家提出来的，也不妨碍我们通过批判地分析、清理，结合新的实践经验和科学成果加以吸收、发扬。我们没有必要硬要抽掉那些抽不掉的阶级属性，继承什么超阶级的抽象意义。

在讨论中，还有一些同志，对唯心主义的分析和评价有不同看法。

有同志认为，唯心主义在一定条件下的积极意义和进步作用是带规律性的现象。这种作用属于唯心主义本身，而不仅是其体系中的唯物主义与辩证法因素。

而另一些同志认为，唯心主义是体系性的错误，唯心主义哲学体系中起积极作用的是唯物论和辩证法的因素。比如，李贽的哲学从总体上说，属于主观唯心主义，但其中包含若干朴素唯物主义和自发辩证法的思想观点。李贽进步言论的理论基础，主要是朴素唯物主义和自发辩证法，如果硬说是主观唯心主义的"进步作用"的表现，恐怕很难说得过去。

三、哲学史研究与政治的关系问题

在讨论哲学史研究与政治的关系时，一些同志认为，哲学史研究为政治服务和"古为今用"的口号不一定正确，今后再用是不合适的。因为这两个口号，在"文化大革命"中被林彪、"四人帮"败坏了，如再使用，有害无益。当然研究哲学史要总结历史上哲学思维发展规律和经验教训，作为我们的借鉴。但我们贯彻这种精神可以改用别的提法，不必再用哲学史研究为政治服务和"古为今用"的提法。还有同志说，哲学、哲学史、政治等等都是上层建筑，它们都是为经济基础服务的，除此之外再提上层建筑的其他方面为政治服务是不科学的。

另一些同志认为，哲学史研究为政治服务和"古为今用"的口号并没有错，今后还应当坚持。问题是如何理解和贯彻。过去我们对"古为今用"的理解产生了片面，但我们不能丢弃这个口号。要不要"古为今用"，这涉及对待历史遗产要不要继承的问题。至于"四人帮"利用这个口号搞"古为帮用"，造成这种恶果的并不是"古为今用"口号本身的错误。哲学为政治服务是不可避免的，问题在于为哪家的政治服务和怎样服务。在上层建筑中，政治是核心，各种意识形态无不受影响于并反作用于政治，这是客观规律。哲学为政治服务的口号反映了这个规律。在中国哲学史上，有哪一位哲学家、哪一种思想体系不为一定的政治服务呢？历代哲学家都讲究"经世致用"，这是中国哲学史的一个优良传统。我们研究中国哲学史也不是为了欣赏古董，而是为了总结我们民族在历史上对人类哲学思想发展所做的贡献，为提高全民族的科学文化水平，为早日实现四个现代化服务。

在这次讨论会上，有些同志还从专题研究的角度阐述了哲学史研究的方法论问题。如有同志以孔丘的评价为例谈到了方法论问题。他说，历史上阶级斗争和民族斗争交织在一起，因此对历史上的哲学家和思想家的评价，除了阶级观点以外，还应有民族的观点。例如孔丘的思想，从阶级观点来看，他反对当时的变革，是一个保守顽固的思想家。但从民族观点看，孔丘后来又成为中国封建社会在思想文化方面的最高代表，"至圣先师"。他的形象和言论，在中华民族形成的过程中，起了很大的积极作用。孔丘在民族问题上，不主张用暴力压服异族，而主张用"文德"感化异族。他说："远人不服，则修文德以来之，既来之，则安之。"就是讲的这个意思。汉初出现的"公羊春秋"主张，中国与夷狄的区别，不是以种族为标准，而是以"先王之道"（文化）为标准。如果中国不行"先王之道"，那就是"新夷狄"。如果夷狄行"先王之道"，那就是"新中国"。《公羊传》讲的这个办法对于民族的融合是有很大的积极作用的，与孔丘所说的"修文德以来之"的思想也是完全一致的。中国所以能够成为一个统一的多民族的国家，显然是与我国正统的孔丘儒家思想有着密切的关系的。至于少数民族入主中原，他们用来维系国家统一的思想也是依靠的儒家思想。因此，孔丘和儒家在中国历史上所起的团结中华民族的作用，我们是不能否认，也是不应否定的。

为了促进中国哲学史这门学科的发展，为了搞好学术交流与协作，经过与会同志酝酿、协商，成立了中国哲学史学会。各大区分别成立了中国哲学史学会、研究会或学会筹备小组。有的地区还订出了初步的学术活动规划。

这次讨论会还收到了60多篇论文，广泛交流了学术研究成果。大家表示，要把这次讨论会中提出的问题带回去，以便将哲学史方法论问题的讨论继续引向深入，从而促使中国哲学史的教学和科研工作取得新的进展。

原载《哲学研究》1979 年第 11 期

全国现代外国哲学讨论会在太原举行

苏国勋 *

11 月 17 日至 24 日，由中国社会科学院哲学研究所、北京大学哲学系和北京大学外国哲学研究所、四川大学、山西大学、商务印书馆和人民出版社联合发起并组织的 "全国现代外国哲学讨论会" 在太原市举行。出席这次讨论会的代表，来自全国 28 个省、自治区、直辖市（台湾省代表暂缺）85 个单位，共 170 余名。

这是建国以来讨论现代外国哲学的第一次全国规模的学术会议。

这次会议的主要任务是：交流研究成果，介绍外国哲学情况，开展学术讨论，进一步落实现代外国哲学研究规划，成立 "全国现代外国哲学研究会"。

整个会议分两个阶段进行：

第一阶段大会发言的内容有：《南斯拉夫当代哲学》（贾译林）、《现代自然科学中的一些哲学问题》（查汝强）、《塞胡尔的现象学是对十九世纪末、二十世纪初自然科学发展的反动》（罗克汀）、《格林的哲学》（张世英）、《访问西德哲学界的情况介绍》（汝信）、《研究 "西方马克思主义" 的重要意义》（徐崇温）、《最近的美英哲学》（江天骥）、《对当前西方哲学新动向的一些浅见》（夏基松）、《美国存在主义批判》（刘放桐）。

大会根据与会同志的迫切要求，还按专题划分小组，进行专题讨论。专题讨论组划分如下：①逻辑实证主义、分析哲学、结构主义组；②存在主义、现象学组；③实用主义、新托马斯主义组；④西方马克思主义、

---

* 苏国勋，1942—2021，男，中国社会科学院社会学研究所研究员。

法兰克福学派组；⑤苏联、南斯拉夫哲学组。在第一专题小组中，介绍了从维也纳小组到美国逻辑经验主义的发展过程，讨论了唯物辩证法与自然科学的关系，认为在大量引进外国科学技术的同时，也应注意与这些科学技术有密切关系的外国在思想方法方面的成就。许多同志对结构主义十分关注，希望尽快多翻译一些结构主义的著作，供大家分析研究。在第二专题小组中，对存在主义展开了热烈讨论。一种意见认为，对存在主义不能笼统对待，一概说成是代表腐朽没落的世界观。对存在主义的代表人物及其思想要作具体分析，并应研究产生存在主义的社会基础，有的同志提出一种看法，即认为就某些具体问题来说，存在主义有可取之处。第三专题小组在讨论中指出：实用主义当前在资本主义国家中尽管已不是最时髦的流派，但其社会影响仍然不可低估。林彪、"四人帮"横行时，唯心主义盛行，形而上学猖獗，其中就有实用主义的余毒，对此也不应低估。有的同志提出实用主义讨求"效果"和"实效"的思想是否也有可取之处的问题，与会同志对此问题进行讨论。有的同志认为，过去我们对实用主义进行了批判，但往往偏重于从政治上，如何从理论上批判，还做得不够。第四专题小组在讨论中认为当前研究"西方马克思主义"有重要意义。大家就西方马克思主义的概念、命题、范畴是什么？应该给以什么评价，有无借鉴之处，应否全盘否定等问题交换了看法。第五专题小组对苏联哲学展开了热烈的讨论，回顾了建国以来我国对待苏联哲学在态度上的变化过程，一致认为对苏联这样一个在今天世界上有重大影响的国家的哲学，要大力加强研究，呼吁要解放思想，打消顾虑，总结过去的经验教训，积极开展研究工作。

会议第二阶段，就研究现代外国哲学方法论问题在会上发言的有：杜任之，《关于现代西方哲学研究和批判的方法论问题》；陈启伟，《关于现代西方哲学研究的几个问题》；王永江，《苏联研究和批判现代资产阶级哲学的一些情况》。分组会上，对方法论等有关问题，展开了热烈的讨论，提出了许多重大原则性问题。

对会议在两个阶段中曾经集中讨论和引起争论的一些重要问题，我们将作专题报道。

在会议期间，召开了"现代外国哲学研究规划"落实会议，决定在

1981 年出版一套有关西方各流派及其代表人物的专著。有关苏联哲学资料的选题和出版，也进行了协商和初步安排。

会议期间还就成立"现代外国哲学研究会"问题作了讨论，修改并通过了《现代外国哲学研究会》章程。最后正式成立了"现代外国哲学研究会"和各地区研究会，分别选出了理事会成员。全国现代外国哲学研究会共推选理事 24 人（为台湾保留理事一人），有关情况将另行报道。

这次会议共收到论文 44 篇，译文和资料 20 篇。在大、小会讨论中，许多同志又陆续提供了不少有用的资料。这些成果表明，打倒"四人帮"之后，在短短的时间内，经过努力，在现代外国哲学研究方面，已经取得一些初步然而可喜的成果。

为了配合这次会议的召开，满足大家了解外国哲学最新情况的迫切要求，北京图书馆的同志们从馆藏书刊中选出外国哲学图书 246 种，期刊 73 种（其中有英、法、德、日、俄、意、捷、罗等文种），在代表驻地举办展览，受到热烈欢迎。

原载《哲学动态》1979 年第 12 期

四、批判林彪、“四人帮”的哲学“理论”

　　1976 年 10 月粉碎“四人帮”，宣告十年“文革”的结束，揭批“四人帮”成为思想理论界的首要任务。“四人帮”和林彪炮制的“理论”，把 20 世纪 50 年代中期以后滋生的“左”倾观点发展到了极端，成为“文革”的思想遵循。这些“左”倾观点曾长期被奉为对马克思列宁主义的新发展和新贡献。从哲学上批判林彪、“四人帮”的反动思想，不仅是从思想上否定“文革”，更是激发人们从长期禁锢头脑的那些“左”倾观点中解放出来。这是展开真理标准大讨论的前导，因为当人们批判这些曾经被视为绝对真理的谬论时，必然需要进一步思考究竟什么是判断真理的标准。同时，这也为弃置以阶级斗争为纲，转向以经济建设为中心做了思想准备。这里选编的文献分为 2 辑：第 1 辑，从世界观上批判林彪、“四人帮”以及批判林彪、“四人帮”的拨乱反正的思想意义；第 2 辑，批判林彪、“四人帮”最主要、最有影响的歪曲马克思主义哲学的几个观点。

来一个思想解放运动（节选）

汪子嵩 *

当前正在展开的关于实践是检验真理的标准问题的讨论，对于我们肃清林彪和"四人帮"的流毒，冲破他们设置的禁区，解放思想，恢复马克思列宁主义、毛泽东思想的本来面目，是具有重大意义的。

一

关于理论和实践的关系问题，本来是马克思主义哲学早就解决了的问题。实践性是马克思主义的哲学辩证唯物论的两个最显著的特点之一。

可是，林彪和"四人帮"却公然违背马克思主义哲学的这个最根本的原理，从根本上颠倒了理论和实践的关系。林彪把理论夸大到可以决定一切创造一切的位置；张春桥公然说："思想上的正确与错误，决定于理论，理论主要是讲思想问题的。"他提出"理论—实践—理论"的公式，和"实践—认识—实践"的马克思主义的公式根本对立。这种对立，就是两条认识路线的根本对立，是唯心论的先验论、天才论和辩证唯物论的实践论的根本对立。

我们有些同志在口头上也承认马克思主义的这个根本道理，但是一接触到具体问题，他们就忘记了，甚至出来反对这个原理。这次讨论实践是检验真理的唯一标准时，有的同志就是这样的。他们强调马列主义

---

* 汪子嵩，1921—2018，男，北京大学哲学系教授。

一提出来就是真理，以此否认实践的检验。他们说：如果说马克思主义要经过长期实践证明以后才是真理，那么，列宁关于帝国主义时代个别国家可以取得革命胜利的学说，只有经过第一次世界大战和十月革命的实践以后，才能证明是真理，就是说列宁提出这个学说时不是真理。他们由此推论说：因为你们认为马克思主义提出来的时候不是真理，这就是怀疑一切，提倡真理不可信，不可知。

像这样提出问题，恰恰就是毛泽东同志所批评的那种否认实践重要性、使认识离开实践的错误理论。

难道说，认为马克思主义理论要经过实践检验才是真理，就等于说马克思主义理论在提出来的时候不是真理吗？如果这样理解，本身就是形而上学，不懂得认识论的辩证法。毛泽东同志在《实践论》中说的："马克思列宁主义之所以被称为真理，也不但在于马克思、恩格斯、列宁、斯大林等人科学地构成这些学说的时候，而且在于为尔后革命的阶级斗争和民族斗争的实践所证实的时候。"如果断章取义地从这整句话中抓住"构成这些学说的时候"，就自以为可以振振有词地大讲特讲"提出来的时候"就是真理，无须经过实践的检验，这是搞片言只语，是对马克思主义的歪曲。

马克思主义理论在提出来的时候是真理。但它们为什么能够是真理？是因为马克思、恩格斯、列宁、斯大林、毛泽东是天才，从他们脑子里想出来的就是百分之百的绝对真理吗？当然不是。毛泽东同志说的是"科学地构成这些学说的时候"，专门加了"科学地"这个副词，就是说这些学说提出来的时候，就是从实践中来，已经实践检验的，所以是科学的真理。列宁关于一国可以取得革命胜利的学说所以是真理，是列宁根据大量实际材料，分析了资本主义社会的发展情况，认识了从资本主义发展为帝国主义的客观规律，而后才得出来的科学结论。怎么能把这些理论的提出和它们经过实践的检验割裂开来、对立起来呢？

只有那些由所谓的天才人物头脑里想出来的、自命是百分之百的真理，才是不可信的，我们必然要怀疑它。恩格斯早就说过，只有实践才是对于不可知论以及其他一切哲学上的怪论的最令人信服的驳斥。怎么我们提倡实践是检验真理的唯一标准，反而犯了"怀疑一切，提倡真理不可信，不可知"的弥天大罪了呢？

从实践中总结出来的，也就是经过实践检验过的真理，还要不要再经受实践的检验？这也是有些同志提出来的问题。有的同志说：马克思主义理论已经是经过实践检验的真理，那么，它为什么不能作为检验真理的标准呢？

这种认为已经经过实践检验的真理，便无须再回到实践中去检验的看法，是只看到真理的绝对性，忘记了真理的相对性，属于机械唯物论的认识论。机械唯物论的认识论是反映论，但是他们把反映看得和镜子反映客观事物一样。客观事物是怎么样的，镜子里反映出来的形象也就是怎么样的，因此，人们认识客观事物，一下子就可以得到绝对的真理。这种认识论是形而上学的，不懂得辩证法。因为任何客观事物本身都不是那么简单，而是无限复杂的，它们又是在不断地变化发展的，人的认识能力也是不断变化发展的，因此，我们对客观事物的认识必须是一个过程，从现象的认识到深入其本质的认识，从不完全的认识到比较完全的认识。尽管是已经实践检验过的真理，它也具有相对性，随着客观过程不断向前推移，它还必须再回到实践中去检验，才能得到比较更完全的认识。辩证唯物论的认识论必须是"实践—认识—再实践—再认识"的不断反复的过程。列宁在《唯物主义和经验批判主义》中提出：实践标准既是这样的"不确定"，又是这样的确定，它既是相对的，又是绝对的，就是说的这个道理。

毛泽东同志在七千人大会的讲话中专门讲了一节关于认识客观世界的问题，开始就指出："人对客观世界的认识，由必然王国到自由王国的飞跃，要有一个过程。"然后具体阐述了在民主革命时期，我党怎样经过胜利和失败的反复实践，才认识中国革命的规律。毛泽东同志说，他讲这一段历史情况的目的，"是想引导同志们理解这样一件事：对于建设社会主义的规律的认识，必须有一个过程。必须从实践出发，从没有经验到有经验，从有较少的经验，到有较多的经验，从建设社会主义这个未被认识的必然王国，到逐步地克服盲目性、认识客观规律、从而获得自由，在认识上出现一个飞跃，到达自由王国"。

学习毛泽东同志的这个教导非常重要，可以使我们的头脑清醒一些，打破林彪和"四人帮"设置的精神枷锁。他们动不动讲什么"绝对真理"，仿佛社会主义革命的规律，他们已经完全掌握了，群众只能无条件地背诵这些真理，照他们所说的去做，哪里还需要再经实践的检验呢？

实践证明，要认识社会主义社会的客观规律，从必然王国到自由王国，是很不容易的。28 年来，我们有不少正反两方面的经验，付出了不少代价，但是直到现在，恐怕还只能说是认识得很不够，远远没有进入自由王国。要是以为我们已经提出了十一大路线，它已经是真理了，就万事大吉，不需要再经实践的检验，不必再调查研究解决许多具体问题，那是必然要失败的。

毛泽东同志在《关于正确处理人民内部矛盾的问题》等著作和论述中，为我们指出了许多重要的原理和原则。但这些原理如何正确理解和运用，我们决不能说是已经弄清楚了的。甚至一些最基本的问题，例如什么是资本主义，什么是社会主义？什么是修正主义，什么是马克思主义？由于林彪和"四人帮"的影响，到现在我们的认识并不是一致的。有些同志还认为搞按劳分配，农村有自留地、集市贸易，这些都是"资本主义"。甚至有人认为劳动人民收入稍微增加一些，生活提高一些，也是"资本主义"；认为知识多一点的人就是"资产阶级"。在他们看来，好像在物质上和精神上富一些就是"资本主义"，只有永远一穷二白才是社会主义。这些问题都是被林彪和"四人帮"搞糊涂的，他们把马克思主义当作修正主义去批，把社会主义当作资本主义去批，颠倒敌我关系，把社会主义社会的基本路线篡改为他们篡党夺权的反革命修正主义路线。

对于事物发展的客观规律，我们只有按照辩证唯物论的认识路线，从实际出发，经过"实践—认识—再实践—再认识"的反复过程，才能逐步认识和掌握它们。林彪和"四人帮"采取的是相反的认识路线，他们根本无视客观规律的存在，把主观能动性夸大到极端，宣扬主观唯心论。本来，辩证唯物论认为物质第一，精神第二，同时又承认精神的反作用，承认主观能动性。在我们中国这样贫穷落后的国家里，要进行革命，强调发挥主观能动性是完全必要的。但是，辩证唯物论所讲的主观能动性，首先指的是革命的实践活动。在实践的基础上，认识和掌握了事物发展的客观规律，正确运用这些规律，促进事物的转化，推动革命向前发展。所以，在客观规律性和主观能动性之间，客观规律是第一性的。客观事物的发展规律，不仅不以人们的意志为转移，反而是决定人们的意志和行为。林彪和"四人帮"却宣扬理论至上、精神决定一切、上层建筑决定论。在他们看来，客观规律是不存在的，即使存在，也是可以由理论、由他们的主观意志和愿望任意塑造和修改的。他们不正是根据他们的反革命修正主义谬论，捏造了不少"规律"吗？什么"民主派必然变为走资派""卫星上天，红旗落地"等等。

他们所讲的理论，既不是来源于实践，又无须经过实践的检验，反而是高于实践、决定实践的。这种高于、先于实践经验的理论，不能是别的，只能是唯心论的先验论。这种理论，从它开始提出的时候起，就是绝对的真理，是永恒的、没有发展的过程。这样的理论是从哪里来的？只能是在天才人物的头脑里面固有的。广大的人民群众是愚氓，对于这种天才理论只能顶礼膜拜，不理解也要执行。所以，唯心论的先验论总是和天才论紧密地结合在一起的。

二

前一段时间，有些同志分析和批判林彪、"四人帮"的世界观，发表了一些好文章。大家的看法基本上是一致的，认为林彪、"四人帮"搞的是主观唯心论、形而上学，采用的是实用主义的手法。但是，究竟林彪、"四人帮"的世界观的核心是什么？看法还没有一致。有的同志认为是唯心论的经验论。像列宁在《唯物主义和经验批判主义》中所批判的马赫主义一样，林彪、"四人帮"也认为他们的感觉经验就是一切，什么都从他们的"自我"出发，所以，他们的哲学也是唯我论。有的同志却比较强调林彪、"四人帮"的世界观是唯心论的先验论。本来，林彪、"四人帮"是实用主义者，对他们有用的就是真理，所以，他们可以今天这样讲，明天又那么说。在他们那套反革命谬论中，可以说是唯心论的经验论的实例确实也不少。但是，特别通过这一次关于实践是检验真理的标准问题的讨论，我越来越感觉到，林彪、"四人帮"的世界观中最本质的东西，也就是他们在群众中造成的影响最深，今天比较难于肃清的问题，还是毛泽东同志早在 1970 年就已经指出的，是他们搞的唯心论的先验论和天才论。

毛泽东同志在九届二中全会写的《我的一点意见》中明确指出："这个历史家和哲学史家争论不休的问题，即通常所说的，是英雄创造历史，还是奴隶们创造历史，人的知识（才能也属于知识范畴）是先天就有的，还是后天才有的，是唯心论的先验论，还是唯物论的反映论，我们只能站在马列主义的立场上，而决不能跟陈伯达的谣言和诡辩混在一起。"毛泽东同志在这里提出的这三个问题，正是要批判林彪、陈伯达宣扬的唯心论的先验论和天才论的。毛泽东同志这样明确地提出这个问题，但是这个批判在当时并没有发动起来，因为陈伯达和林彪虽然先后垮台了，而"四人帮"依旧窃取舆论宣传大权，他们自己就是和林彪、陈伯达一起搞先验论和天才论的。他们只在报刊上发表极少数几篇文章，敷衍了事，草草走了过场。先验论和天才论不但没有受到应有的批判，反而被"四人帮"乔装打扮，变本加厉地搞起来了。现在，"四人帮"被粉碎了，要在理论上肃清他们的流毒，必须正本清源，这就必须批判他们的世界观的核心——先验论和天才论。现在提出实践是检验真理的唯一标准的问题，正是捅到了林彪、"四人帮"理论的这个核心和要害上。

为了认识这个问题，可以简略回顾一下历史。

早在 1962 年七千人大会上，林彪就打着"高举"的旗号出来表演了。他把"高举"喊得那么响，是为了打击其他领导同志，说别人不高举。在批林批孔时抛出林彪的材料中，曾经揭发林彪为准备那几次报告，怎样弄虚作假，揣摩听话人的心理，搞两面派手法。但在那时候，"四人帮"当然不会把他的这套手法和他讲话的内容结合起来批的。林彪看到他在那一次讲话中得到了好处，以后，"高举"的调子就越唱越高。到"文化大革命"开始前后，大肆宣扬什么"最高最活"、四个"伟大"、三个副词，什么三"忠于"、四"无限"，什么"大树特树绝对权威""顶峰""句句是真理，一句顶一万句"，什么"全世界五百年、中国几千年才有一个"，等等。谁要是对他的说法有点不同意，立刻会被打成"反对毛主席""反对毛泽东思想""反对毛主席革命路线"的"三反分子"。他还搞什么"早请示，晚汇报""忠字舞"，什么"万寿无疆"，实际上是要祝他自己"永远健康"。这哪里是在搞马克思主义,完全是在搞宗教迷信!这难道不是把革命导师加以神化了吗?!

"四人帮"搞的一套是林彪的继续和发展。因为林彪挨了批,所以他们干得巧妙一些。在口头上,"天才"这样的字眼不再用了,但在实际上,他们主要是搞语录。他们把革命导师的一些话,上下文都砍掉,人们根本不知道是在什么场合下,针对什么问题讲的。只要对他们有用,他们就把这片言只语抽出来,当作绝对真理。还只能由他们来解释,他们要用来攻击谁,就可以随心所欲地作解释。"四人帮"既然控制了全部舆论工具,就可以肆意歪曲、篡改,甚至伪造。这样,实际上是利用了革命导师的某些个别语句,"四人帮"制造出许多反革命的谬论,什么"党内有个资产阶级",什么"民主派到走资派",什么"全面专政",什么"资产阶级法权是走资派的命根子",什么"按劳分配是产生资产阶级的经济基础",等等。这些谬论,和实际情况是不符合的,和马克思主义的基本原理也是相违背的。但是你不能反对,因为他们是以某一条语录为根据的,所以是绝对真理,任何人不许违背,连怀疑也不许。

就是这样,"四人帮"把林彪讲的"句句是真理,一句顶一万句"付诸实践了。当然,对他们不利的话,即使毛泽东同志讲过许多次的,例如要批判天才论和先验论,他们是从来不讲的。只是那些对他们有用的话,被他们歪曲篡改过的片言只语,才被奉为绝对神圣的东西。这样,"四人帮"在思想上理论上就设置了许多禁区。尽管许多同志心里已经认识到这些所谓"理论"是和马克思主义的根本原理相违背的,还只能照他们那么讲。本来,马克思主义最根本的一条是要实事求是,说老实话,照科学的态度办事。林彪和"四人帮"却把科学变成了迷信,要人们昧着良心说话。

在那时候,和林彪、"四人帮"这种假马克思主义骗子作坚决斗争的,正是毛泽东同志自己。

早在七千人大会上,毛泽东同志专门讲的是民主集中制,强调要让群众讲话,真正发挥群众的作用。毛泽东同志特别讲道:"如果有人说,有那一位同志,比如说中央的任何同志,比如说我自己,对于中国革命的规律,在一开始的时候就完全认识了,那是吹牛,你们切记不要信,没有那回事。"

"文化大革命"开始以后，毛泽东同志对于林彪提的"大树特树绝对权威"等口号非常反感，几次进行过批评，指出：从来没有单独的绝对权威，凡权威都是相对的，凡绝对的东西都只存在于相对的东西之中，权威或威信只能从斗争实践中自然地建立，不能由人工去建立，这样建立的威信必然会垮下来。

在九届二中全会上，围绕着"天才"问题爆发了一场大斗争。毛泽东同志的《我的一点意见》明确地批判了林彪和陈伯达宣扬的天才论和先验论。毛泽东同志特别提出警告："不要上号称懂得马克思，而实际上根本不懂马克思那样一些人的当。"因为那次会议上有不少人跟着起哄，上当受骗。

一年以后，林彪自我爆炸前夕，毛泽东同志又专门讲了这个问题："天才问题是个理论问题，他们搞唯心论的先验论。说反天才，就是反对我。我不是天才。"《我的一点意见》是找了一些人谈话，作了一点调查研究才写的，是专批天才论的。我并不是不要说天才，天才就是比较聪明一点，天才不是靠一个人靠几个人，天才是靠一个党，党是无产阶级先锋队。天才是靠群众路线，集体智慧。"这才是关于党、领袖和群众关系的真正马克思主义的学说。林彪一伙这样强调"天才"，为的是什么？毛泽东同志早已揭穿了："名曰树我，实则树己。"林彪吹嘘自己是"三大助手"中"最伟大的助手"，比恩格斯、斯大林更"伟大"，说他的儿子是"第四个里程碑"；后来张春桥又把他的"春桥思想"吹嘘为"第四个里程碑"。这就是他们宣扬天才论的真正目的。

就在这段时间，毛泽东同志还批判了四个"伟大"，说它们讨嫌；批判过所谓"全世界几百年、中国几千年才出一个"；批判过"句句是真理，一句顶一万句"等等谬论。

最后还有一次，那就是在1975年"四人帮"大反经验主义的时候，毛泽东同志对他们所作的那段批判，也是我们应该好好学习的。毛泽东同志指出："提法似应提反对修正主义，包括反对经验主义和教条主义，二者都是修正马列主义的，不要只提一项，放过另一项。"理论和实践相结合，这是马克思主义的一条根本原理，经验主义和教条主义都是违背这条根本原理的，所以都是修正马克思主义的。“四人帮”当然和一般的教条主义者不同，但是他们搞片言只语，把它们绝对化，这也是一种教条主义的表现。所以毛泽东同志指出，不要只提经验主义，放纵了教条主义，就是要批判“四人帮”的这种搞法。特别是在这里，毛泽东同志再一次提出警告：“我党真正懂得马列主义的不多。有些人自以为懂得，其实不太懂。自以为是，动不动训人，这是不懂得马列主义的一种表现。”这些话是针对“四人帮”动不动就打棍子、扣帽子而讲的。重要的是毛泽东同志在这里揭穿了“四人帮”是假马克思主义者，同时还一再提出三要三不要的问题，对全党发出了警告。

我们简略地回顾这段历史，可以看出这是两条认识路线的根本对立。

林彪和“四人帮”搞唯心论的先验论和天才论，根本颠倒了认识和实践的关系，利用经过他们歪曲篡改的片言只语，制造了一系列反革命谬论。他们把这种所谓理论说成是绝对真理，规律可以由他们任意制造，实践必须服从这种理论的安排。他们手上只有谬论，没有真理，只能以势压人。谁要是对他们有点不同意见，他们就抛出大帽子来整人。他们把马克思主义搞成宗教，把科学搞成迷信，在思想上理论上设置了层层禁区，严重地禁锢了人们的思想，使人们只能跟着他们，帮云亦云，根本破坏了毛泽东同志亲自培育起来的我党的优良的学风、党风和文风。粉碎“四人帮”虽然已经将近两年了，但是许多同志至今还心有余悸，还要左顾右盼，不敢说话。有些同志中林彪、“四人帮”的毒很深，不能自拔，还要把他们的谬论当作真理，谁要是坚持正确的认识路线，就被认为是犯了弥天大罪。

认真学习毛泽东同志的这一系列的教导，我们就能够识破林彪和“四人帮”的要害，批判他们的天才论和先验论，打破他们设置的重重禁区，从他们的思想束缚下面解放出来，来一个思想的大解放。

我们要解放思想，就是要从林彪、“四人帮”的思想束缚下解放出来，恢复马列主义、毛泽东思想的本来面目。我们要打破禁区，就是要打破林彪、“四人帮”设置的种种禁区。可是，反对实践是检验真理的唯一标准的同志却污蔑我们，说我们要冲破禁区，就是要冲破毛泽东思想的禁区。这就奇怪了，这种说法本身就是违反毛泽东思想的。毛泽东思想是科学，"马克思列宁主义并没有结束真理，而是在实践中不断地开辟认识真理的道路"。毛泽东思想怎么会成为禁区呢？实际上是他们自己想用毛泽东思想的名义，设置禁区。这种禁区，我们必须大胆地将它打破。

这种禁区一定要打破，这种思想解放运动一定要深入进行下去。毛泽东同志在 20 年前就提出来要造成一个生动活泼的政治局面。要造成这样一个局面，就必须解放思想。谁也不敢讲话，不敢实事求是地讲心里话，动不动就怕人家打棍子、扣帽子，还能造成生动活泼的政治局面吗？

造成这个生动活泼的政治局面很重要。现在要贯彻十一大的政治路线，要加速实现四个现代化，全国人民最关心的一件事，就是要赶快使我们这个社会主义国家兴旺发达起来。我们具有先进的社会主义制度，应该在政治上、经济上、文化上发展得很快，怎么反而落后了呢？现在大家都在考虑这个问题。建国 28 年来，不管是前面的 17 年，还是后面的 11 年，都是既有正面的经验，又有反面的教训。怎样区别正确和错误？只有实践才是检验真理的标准，广大人民群众是心里有数的。我们要前进，必然要遇到许多新问题，究竟是让群众解放思想，把心里想的话讲出来，讲真话呢，还是动不动就扣帽子，不让群众讲话？最近公开发表毛泽东同志在七千人大会上的讲话，是要贯彻民主集中制，让人民群众讲话的。但总有那么一种思潮要出来阻挡这个历史潮流的前进。他们把自己说成是"高举"的，说别人是"砍旗子"的。

当前这场关于理论和实践关系问题的争论，实际上就是关系到我们能不能冲破林彪、"四人帮"设置的种种禁区、解放思想的斗争。只有真正贯彻实事求是，从实际出发，理论联系实际的方针和作风，才能恢复马列主义、毛泽东思想的本来面目，才能解放思想，造成生动活泼的政治局面。只有这样，才能正确地运用马克思主义的立场、观点、方法，不断解决实践中产生的新问题，实现新时期的总任务。

原载《社会科学战线》1978 年第 3 期

评"四人帮"的反动世界观（节选）

宋振庭 *

"四人帮"是一伙钻进我们党内的新老反革命结成的黑帮。他们没有什么专门的哲学著作，却以其全部反革命言行，表达了他们的反动世界观。这个反动世界观，是他们炮制和推行反革命政治纲领，拼凑和组织资产阶级帮派体系的反动思想基础和精神武器。我们党的无产阶级革命路线同"四人帮"的反革命修正主义路线的斗争，就是辩证唯物主义世界观同"四人帮"唯心主义形而上学世界观的斗争在政治上的表现。多年来，"四人帮"的形而上学猖獗，唯心主义横行，确实把人们的思想搞乱了，它所造成的危害是极其严重的。

一

"四人帮"的唯心主义世界观，是以唯我主义为特征的。唯我主义认为，只有"自我"才是唯一的真实存在，外部世界及其规律都是"自我"创造的，无非是"自我"的表象或意志而已。一切主观唯心主义流派，无论是唯心论的经验论，或是唯心论的唯意志论，最后都归结为唯我主义。而"四人帮"的唯心主义则直接采取了唯我主义的形态。这是因为，在无产阶级革命时代，特别是在无产阶级专政下继续革命时期，资产阶级的各种唯心主义流派在理论上早已彻底破产，变不出什么新的花样；同时，在"文化大革命"中，复辟与反复辟、夺权与反夺权的斗争是如

* 宋振庭，1921—1985，男，中共吉林省委文教部、宣传部部长，中共中央党校教授。

此尖锐激烈、短兵相接，所以，"四人帮"这伙资产阶级野心家一般不作什么玄学的论证，而是直接以他们的唯我主义改造世界。

权力欲——攫取至高无上权力的欲望是"四人帮"唯我主义的第一个也是最基本的特点。"文化大革命"伊始，"四人帮"就狂叫"砸烂"无产阶级的专政机器，"改朝换代"，伙同林彪反党集团大搞"打倒一切"，"全面内战"；党的十大以来他们假借毛主席发动的每次政治运动，另搞一套，极力扭转运动的方向，煽动乱党乱军乱国；他们拒绝毛主席、党中央对他们反党活动的多次批判和警告，死不回头，愈演愈烈。所有这一切，都是为了实现他们篡夺最高权力的不可遏止的欲望。

权力欲，是"四人帮"炮制和推行反革命政治纲领的思想基础。由于我们党的老一辈无产阶级革命家和大批老干部，坚定地执行毛主席的革命路线，忠于党，忠于人民，使"四人帮"篡党夺权的欲望不能实现，"四人帮"就给他们扣上"党内大儒""经验主义""民主派""走资派""党内资产阶级"的大帽子，必欲置之死地而后已。权力欲，也是"四人帮"联络党羽，组织资产阶级帮派体系的精神纽带。他们打着造反派的旗号叫嚷："造反派入党做官是当今革命斗争的需要，是历史的必然"，"我们造反派要打天下，而且要坐天下"，坐天下是"要解决的最高问题"。只要能把权力夺到手，哪怕洪水泛滥，赤地千里！

摆出一副"唯我独革""唯我独左"的架势，狂妄自大，自吹自擂，好像要拔着自己的头发升到空中去，这是"四人帮"的唯我主义的第二个特点。

封建时代的皇帝，为了证明坐天下的"合理性"，自封为"天子"。20世纪70年代的江青，却妄想当"共产主义社会的女皇"。且看江青是怎样吹嘘自己的吧：

江青伪造历史，说什么在30年代，"他们要迫害鲁迅，我也是被迫害者之一"，甚至诬蔑鲁迅在很长时期"是个观潮派"，似乎只有她江青一直站到时代潮流的前头，是"30年代文化革命的主将"。

江青厚着脸皮吹嘘，在40年代的解放战争中，她是掌握全面情况的"第三个人"，似乎是她江青运筹帷幄，才取得了解放战争的胜利！

江青造谣说，在50年代，对《武训传》的批判，"是我一手搞起来的",似乎是她江青发动了建国后意识形态领域里无产阶级反击资产阶级的第一次大规模的斗争。

江青贪天之功为己功,胡说"文化大革命是我掌握方向、掌握政策的",江青又成了"文化大革命"的"旗手"。

江青颠倒黑白,自吹在70年代,"在捍卫毛主席革命路线上,我是一个过了河的卒子,我很光荣"。

这个伙同林彪反党集团干尽坏事,破坏无产阶级"文化大革命"的罪犯,就像《聊斋志异》中描写的那个面目狰狞的恶鬼,自己画了一张美丽的人皮披上,居然成了"正确路线的代表",军事的"天才","中国革命的化身"!欺世盗名,莫此为甚!

江青的同伙在这方面也各有特色。王洪文自封为"工人领袖"。姚文元自吹为"天才灵童"。张春桥自命为"马克思主义的理论家",据说他脑袋里的"张春桥思想","第一次明确地"纠正了列宁的"错误",解决了毛主席"不甚了了的问题",具有"划时代的意义",说得上"第四个里程碑",而共产党正是需要他这样懂理论的人来"领导"!

"四人帮"一伙一方面吹嘘自己,同时就要抹杀别人。目空一切,我外无物,这是"四人帮"的唯我主义的第三个特点。凡是没有他们份儿的事,凡是他们的感觉和意志不承认的事,好像根本就不存在。在"四人帮"直接指挥编写的"党史"里,许多建党时期的中国第一批共产主义战士的名字不见了,许多老一辈无产阶级革命家的英雄事迹不见了,创党、建军的许多历史事实消失了,成了一部"党史无史、军队无将"的怪书。他们还叫嚣:"马克思死了,没有留下什么","从国际歌到革命样板戏,这一百多年是个空白"。[①]列宁在批判马赫的唯我论时指出:"……在他那里就只剩下一个'赤裸裸的抽象的'自我,一个必须大写并加上着重号的自我,也就是'一架发了疯的,以为世界上只有自己才存在的钢琴'。"[②]"四人帮"就是这种发了疯的"钢琴"。

早在1974年年底、1975年年初,伟大领袖毛主席就一针见血地指

---

① 《列宁选集》第2卷,人民出版社,1972年,第37页。——编者注
② 同上书。

出："江青有野心。她是想叫王洪文作委员长，她自己作党的主席。""她看得起的人没有几个，只有一个，她自己。"这既是从政治上对江青及其同伙的深刻揭露，也概括地指出了"四人帮"以权力欲和自大狂为特征的唯我主义世界观。江青受到毛主席的批评，心怀怨恨，把她写的反动诗"江上有奇峰，锁在烟雾中。寻常看不见，偶尔露峥嵘"，配上她照的汉阳峰的照片，用"琅玡台"的笔名，拿到《中国摄影》上去发表（后来又心怀鬼胎地收了回来）。江青本来有不少笔名、化名，可是在这里却署了一个不伦不类的名字：琅玡台。为什么？原来大有奥妙，用意颇深。"琅玡台"一词，见于李白所作的古风十九首。其中第三首说："秦王扫六合，虎视何雄哉！挥剑决浮云，诸侯尽西来，明断自天启，大略驾群才。……铭功会稽岭，骋望琅玡台。"王琦注，引《太平御览》说："琅玡东南十里有琅玡山，即古琅玡台也。秦始皇二十八年至琅玡，大乐之。留三月，作琅玡台。台亦孤山也，然高显出于众山之上。高五里，下周二十五里。山上垒石为台，……刊石立碑，纪秦功德。"江青署名琅玡台，一是自命为"高显出于众山"之上的孤峰，二是自比为秦始皇，她也要明断天启，驾驭群才，包罗宇内，囊括神州。秦始皇作琅玡台以纪功德，江青署名琅玡台，铭记她疯狂对抗毛主席，顽固地用唯我主义世界观改造世界，篡党夺权至死不变的决心，幻想作为她异日功成的纪念。然而历史是无情的，这首诗连同她的署名，如今已成为江青一伙篡党夺权的自供状，唯我主义世界观的自白书。

二

"四人帮"的唯我主义，在认识论上表现为实用主义。

实用主义是垄断资产阶级的市侩哲学，是一种机会主义的无原则的哲学。它把真理看作是取得成功的权宜之计，它认识事物的唯一原则，就是："它是否于我有利？"有利就叫作"真的"，否则就是"假的"。共产主义运动中的修正主义者，"参加"革命是为了进行政治投机，"信仰"马克思主义是为了按照自己的需要篡改马克思主义，因而一般都带有浓厚的实用主义色彩。"四人帮"这伙资产阶级野心家、阴谋家尤其是这样。"四人帮"从其反动阶级的本性出发，把对他们篡党夺权是否有用，作为认识事物"真理性"的唯一标准。正因为如此，"四人帮"身上表现了更加鲜明的实用主义的特征。

实用主义的创始人詹姆斯说："一个新观念能最适当地发挥它的功用，满足我们双倍需要的，这便是最真的。"[1]胡适说："真理原来是人造的，是为了人造的，是人造出来供人用的，是因为他们大有用处，所以才给它们'真理'的美名的。"[2]很显然，这种观点是反马克思主义的。

"四人帮"把这种实用主义的真理论，概括为更加简单明了的一句话："一切都要根据需要"。只要是我篡党夺权需要的，有用的，就是真理。这些年来，"四人帮"从他们篡党夺权的需要出发，造了这样那样的"真理"和"规律"，形成了一个庞杂的反革命思想体系。在教育方面，他们炮制"两个估计"，鼓吹"读书无用论"，知识即罪恶；在历史方面，他们批"宰相"，批"大儒"，大搞"古为帮用"的影射史学；在文艺方面，他们炮制"文艺黑线专政论""根本任务论""三突出"等谬论，疯狂反对毛主席的革命文艺路线，制造阴谋文艺；在经济学方面，他们把社会主义生产关系和上层建筑都当作"资产阶级法权"来加以攻击；在政治学方面，他们炮制"民主派到走资派"的必然规律。

詹姆斯又说："我们有权利来冒险信仰任何活生生的足以引诱我们的意志的假设。"[3]认识世界就是信仰"意志的假设"。信仰不仅可以认识事实，而且可以创造事实。存在就是被信仰。胡适也说："实在是一个很服从的女孩子，她百依百顺的由我们替她涂抹起来，装扮起来。"[4]"四人帮"把这种实用主义观点概括为一句颇有欺骗性的话，叫作"事实要为政治服务"。"四人帮"所说的政治，就是他们篡党夺权的反革命政治，"事实要为政治服务"，就是为了篡党夺权的需要而伪造事实。邓小平同志在1975年军委扩大会议上的讲话中讲到打仗要有钢铁和有色金属，而工业上打钢仗，如同军队打硬仗一样，把钢铁搞上去不容易。"四人帮"

---

[1] 詹姆斯：《实用主义》，转引自陈元晖《现代资产阶级的实用主义哲学》，上海人民出版社，1963年，第24页。

[2] 《胡适文存》第二卷，黄山书社，1996年，第225页。

[3] 詹姆斯：《信仰意志》，转引自陈元晖《现代资产阶级的实用主义哲学》，第62页。

[4] 《胡适文存》第二卷，第228页。

为了诬陷邓小平同志，竟把这句话改为"打仗就是打钢仗"，再把它歪曲成为唯武器论肆意攻击。他们不仅伪造当今的事实，也伪造历史的事实。吕后被项羽俘虏多年，可是在"四人帮"的笔下，她却成了主持大后方工作，保证前方供应的英雄。

"四人帮"篡改马列主义、毛泽东思想，伙同卖国贼林彪提出了一个"活学活用"的"三十字方针"。这是地地道道的实用主义的方针。所谓"活学"，就是断章取义，取我所需；所谓"活用"，就是随心所欲，为我所用；所谓"急用先学，立竿见影"，就是从夺权的需要出发，从经典著作中割裂出片言只语，反对马列主义、毛泽东思想体系；所谓"在用字上狠下功夫"，就是在修正上狠下功夫。在林彪反党集团垮台以后，窃取宣传大权的"四人帮"，对这个"三十字经"不准批判，口头上虽然不提了，行动上仍然照此办理。他们把马列主义的这一原理同另一原理对立起来，把马列主义同毛泽东思想对立起来，把毛主席在一个场合讲的话同另一个场合对同一个问题讲的话对立起来，按照自己的需要任意曲解。曲解不够就篡改，篡改不够就伪造。所谓"按既定方针办"的"临终嘱咐"，就是这种伪造中最突出的一个。在实用主义者看来，根本不存在客观真理，存在的只是对我有用的工具。杜威曾经把实用主义称之为"工具主义"，"四人帮"深得实用主义的真髓，他们就是用这种观点对待马列主义的。

臭名昭著的法西斯头子墨索里尼在 1926 年说过："詹姆斯的实用主义在我的政治生涯中有很大的用处。……我从詹姆斯学得了对行动的信心。对生活和奋斗的强烈意志，法西斯主义的大部分的成功都靠这些。"[①]"四人帮"继承墨索里尼的衣钵，也把实用主义用之于自己的反革命政治生涯。然而，客观真理、客观规律并不因为实用主义者不承认就不发生作用。"四人帮"和当年的墨索里尼一样，都受到了历史规律的惩罚。

三

"四人帮"篡改唯物辩证法的根本规律——对立统一规律，表现为以

---

① 转引自陈元晖《现代资产阶级的实用主义哲学》，第7页。

绝对主义为特征的形而上学。

毛主席在阐述对立统一规律时指出:"在同一性中存在着斗争性,在特殊性中存在着普遍性,在个性中存在着共性。拿列宁的话来说,叫作'在相对的东西里面有着绝对的东西'。"①"这一共性个性、绝对相对的道理,是关于事物矛盾的问题的精髓,不懂得它,就等于抛弃了辩证法。"②"四人帮"正是在这个核心问题上抛弃辩证法,把绝对说成是脱离相对的绝对。

第一,"四人帮"用矛盾的普遍性否定矛盾的特殊性。

唯物辩证法认为:矛盾的普遍性是指矛盾存在于一切事物的发展过程中,并贯串于每一发展过程的始终。所以它是共性,是绝对性。矛盾的特殊性是指矛盾着的事物及其每一个侧面各有其特点,这是矛盾的个性。一切个性都是有条件地暂时存在的,所以是相对的。矛盾的特殊性和矛盾的普遍性是相互联结的。每一事物不但包含了矛盾的特殊性,而且包含了矛盾的普遍性,普遍性即存在于特殊性之中。毛主席运用这个辩证法的原理指导中国革命,提出了马克思列宁主义的普遍真理同中国革命的具体实践相结合的原则,保证了革命的胜利。

"四人帮"把矛盾的普遍性与矛盾的特殊性割裂开来,用前者否定后者。他们篡改毛主席关于抓纲的思想,打着"以阶级斗争为纲"的幌子,不准各条战线各个部门结合自己的具体情况解决阶级斗争的实际问题。本来,无产阶级和资产阶级的矛盾存在于社会生活的各个领域,贯串于社会主义历史阶段,这是矛盾的普遍性,但是在不同时期、不同领域,这一矛盾又有其具体表现和具体内容,这是矛盾的特殊性。因此,必须从各条战线的实际出发,具体情况具体分析,才能真正提起纲来。1975年军委扩大会议针对林彪、"四人帮"对军队工作的干扰和破坏,针对国际阶级斗争的形势,把毛主席关于"军队要整顿""要准备打仗"作为军队工作一个时期的纲,抓住了无产阶级和资产阶级的阶级斗争在军事战线上的具体表现,体现了矛盾普遍性和矛盾特殊性的辩证联结,是完全

---

① 《毛泽东选集》第 1 卷,人民出版社,1952 年,第 308 页。
② 同上书,第 295 页。

正确的。"四人帮"为了反党乱军，硬把军委扩大会议的上述提法，同"以阶级斗争为纲"对立起来，诬蔑以"军队要整顿""要准备打仗"为纲，就是"不抓阶级斗争"，就是"搞复辟"。

第二，用矛盾的斗争性否定矛盾的同一性。

毛主席在《矛盾论》中对斗争性和同一性的问题作了精辟的论述。毛主席指出：一切矛盾着的对立面不但在一定条件下互相依存，而且在一定条件下互相转化，这就是矛盾的同一性。同一性是有条件的，因而是相对的。而矛盾的斗争性则贯串于过程的始终，并使一过程向他过程转化，矛盾的斗争无所不在，是无条件的，绝对的。而斗争性即寓于同一性之中。"有条件的相对的同一性和无条件的绝对的斗争性相结合，构成了一切事物的矛盾运动。"①

"四人帮"篡改毛主席的论述，胡说"从根本上说，一切矛盾着的对立面，都是在'对着干'"。这就是说，矛盾着的双方只有斗争，没有同一，这就从根本上否定了对立统一规律。例如，在无产阶级专政条件下，革命与生产是对立的统一。革命是解决阶级矛盾，生产是解决人与自然的矛盾，革命不能代替生产，生产也不能代替革命，两者是对立的。然而革命和生产又是互相依存、互相转化的。生产力发展的要求决定着革命的变革，而不断调整和完善社会主义生产关系和上层建筑的革命，为生产的高速度发展开辟广阔的道路。革命归根结底是为了解放生产力，离开了这个目标，革命就失去了它的意义。革命促进生产，生产推动革命。但是，在"四人帮"横行的时候，谁要是讲了这个实际生活中经常发生的辩证过程，他们就给谁扣上"折中主义"的大帽子。在"四人帮"及其控制的舆论中，只讲对立面的斗争，否定对立面的同一。要革命就不能要生产，要生产就不能要革命。他们胡说：卫星上天，红旗就得落地；实现四个现代化，资本主义必然复辟。从这种否定同一性的形而上学出发，他们提出了一个"宁要，不要"的公式，引出了一整套混账逻辑："宁愿两年不搞生产，也不能一时不搞阶级斗争"，"宁要社会主义的草，不要资本主义的苗"，"宁要社会主义的低速度，不要资本主义的高

---

① 《毛泽东选集》第 1 卷，第 307 页。

速度",如此等等,似乎他们是革命透顶了,其实正好暴露了他们的反动本质。

列宁说:"辩证法是一种学说,它研究对立面怎样才能够同一,是怎样(怎样成为)同一的——在什么条件下它们是相互成化而同一的——为什么人的头脑不应该把这些对立面看作僵死的、凝固的东西,而应该看作活生生的、有条件的、活动的、互相转化的东西。"① "四人帮"把斗争的绝对性说成是唯一的,否认矛盾的同一性,否认对立面的相互转化,也就把事物看成僵死的、凝固的,否定了事物发展的任何可能。这是一种最反动的形而上学。

与此相联系的是,"四人帮"把对抗看作是斗争的唯一形式,不承认矛盾斗争有多种形式。照他们说来,不斗则已,一斗就是采取外部对抗的形式,越尖锐越好,越过火越好。他们把人民内部矛盾打成敌我矛盾,大搞残酷斗争,无情打击,根本否认从团结的愿望出发,否认用斗争的手段达到团结的目的。这样,他们就把毛主席关于对立统一规律的论述和两类矛盾学说抛到九霄云外去了。

第三,用矛盾发展的绝对性否定矛盾发展的阶段性。

唯物辩证法认为:由于客观事物的运动采取质变和量变两种形态,发展过程就显出阶段性。事物发展的每一个阶段都是有条件的、有始有终的,因而是相对的,而事物的发展则是无限的、绝对的。恩格斯说:"每一个阶段都是必然的,因此,对它所由发生的时代和条件说来,都有它存在的理由;但是对它自己内部逐渐发展起来的新的、更高的条件来说,它就变成过时的和没有存在的理由了;它不得不让位于更高的阶段,而这个更高的阶段也同样是要走向衰落和灭亡的。"在这一辩证哲学面前,"除了发生和消灭、无止境地由低级上升到高级的不断的过程,什么都不存在"。② 无数相对的由低到高的发展阶段组成了绝对的无限的发展运动。这一相对绝对的原理,是马克思主义的不断革命论和革命发展阶段论相统一的基础策略原则的理论基础。

---

① 列宁:《哲学笔记》,人民出版社,1974年,第111页。
② 《马克思恩格斯选集》第4卷,人民出版社,1972年,第213页。

毛主席关于无产阶级专政下继续革命的伟大理论，体现了不断革命论和革命发展阶段论的统一。"四人帮"打着拥护这一理论的幌子，篡改这一理论，把不断革命论和革命发展阶段论对立割裂起来，以前者来否定后者，就是他们惯用的一个手法。

1975 年年初，毛主席关于理论问题的指示发表后，张春桥在一篇黑文中，把按劳分配这个社会主义的新事物诬蔑为旧社会的东西，攻击经典作家关于按劳分配在社会主义历史阶段不可避免，因而必须保障体现在按劳分配中的资产阶级权利的科学论断，是什么"一群苍蝇围着旧社会的弊病嗡嗡叫"，真是反动透顶！

"四人帮"这种以绝对主义为特征的形而上学，是否只是一个思想方法问题呢？不是。这种绝对主义在政治上表现出来的错误是不是一种小资产阶级的"左"倾幼稚病、急性病呢？也不是。这种绝对主义的形而上学，是"四人帮"为了篡党夺权的需要而采取的一种反革命策略。前面说过，"四人帮"是实用主义者，实用主义是一种相对主义的认识论。"四人帮"在运用实用主义篡改唯物辩证法的时候，却表现了绝对主义的特征，这是由"四人帮"活动的特定历史环境所决定的。

四

"四人帮"的唯我主义实用主义，在社会观上表现为以英雄创造历史为特征的唯心史观。

毛主席教导我们："阶级斗争，一些阶级胜利了，一些阶级消灭了。这就是历史，这就是几千年的文明史。拿这个观点解释历史的就叫作历史的唯物主义，站在这个观点的反面的是历史的唯心主义。"[①]"四人帮"背叛历史唯物主义的基本原理，杜撰了一个儒法斗争的模式，什么儒家是压迫者，法家是受压者，儒家是卖国的，法家是爱国的，儒家是反动的，法家是进步的，作为解释中国社会历史的基本线索。他们胡说儒法斗争贯穿中国历史两千年"一直影响到现在，继续到现在，还会影响到

---

① 《毛泽东选集》第 4 卷，人民出版社，1960 年，第 1424 页。

今后"。他们把两千多年的封建社会，半殖民地半封建的旧中国，今天的社会主义社会，甚至将来的共产主义社会，统统装进这个超阶级超时代的儒法斗争的模型里。这是最露骨的历史唯心主义。

毛主席说："在中国封建社会里，只有这种农民的阶级斗争、农民的起义和农民的战争，才是历史发展的真正动力。"[①]"四人帮"大唱反调，胡说"儒法斗争是历史的动力"，农民战争只是"为法家路线的继续推行或法家思想的继续传播扫清了障碍，开辟了道路"。社会经济的发展，要靠法家人物执行法家路线，法家人物才是历史的创造者。

"四人帮"如此露骨地践踏唯物史观，宣扬英雄创造历史的唯心史观，包藏着极为阴险的祸心。江青说："有人说我是武则天，我也不胜荣幸之至"；"吕后要作单独一条宣传一下。汉高祖死后，天下大乱，吕后掌权，又重新统一了天下。吕后主要是执行法家路线"。这就说明了他们吹捧历史上的帝王，正是为了要当今天的帝王。

"四人帮"宣扬英雄创造历史，同他们鼓吹的上层建筑决定论是相辅相成的。1975 年，在学习毛主席关于理论问题的指示时，"四人帮"编了一个"语录"，这个"语录"在引用列宁《伟大的创举》中"为了完全消灭阶级……"一段指示时，故意删去了"必须大大发展生产力"这句十分重要的话。姚文元在一篇黑文中讲到如何造成使资产阶级既不能存在也不能再产生的条件时，一连讲了四个"必须"，全是讲的上层建筑和生产关系方面的问题，只字不提发展生产力。接着，张春桥在一篇黑文中又说："历史上任何一种所有制的大变更，不论是封建制代替奴隶制，还是资本主义代替封建主义，都是先夺取政权，再运用政权的力量大规模地改变所有制，巩固和发展新的所有制。"张春桥在解放军的一个座谈会上把他的意思说得更加露骨："封建社会里面不能产生资本主义的生产关系。"稍具马克思主义常识的人都知道："资本主义社会的经济结构是从封建社会的经济结构中产生的"[②]，资本主义的经济形式在资产阶级夺取政权以前就已经在封建社会内部生长成熟了。张春桥、姚文元违背常识，

① 《毛泽东选集》第 2 卷，人民出版社，1952 年，第 588 页。
② 《马克思恩格斯选集》第 2 卷，人民出版社，1972 年，第 221 页。

胡说八道，目的是要散布这样一种观点：社会发展的方向归根结底不是决定于生产力以及代表产力发展要求的人民群众，而是决定于谁掌握了政权。张春桥曾经多次声明：他的兴趣就在抓上层建筑。到了1976年10月，他在策划反革命政变时亲笔写了一个反动提纲，其中写道："革命与专政。怎样革，怎样巩固政权，杀人。"他们要靠杀人来夺权，要靠杀人来巩固他们的法西斯统治，他们以为靠这种法西斯统治就能倒转社会发展的车轮，在中国实现资本主义复辟。这并不是什么新东西，而是杜林的暴力论的翻版。

在上引那句话前面，张春桥还写了"历史与现实。为今。"这样几个字。这是什么意思呢？"四人帮"的喉舌梁效在奉命而作的《赵高篡权与秦朝的灭亡》一文已经为这句话作了注脚。这篇文章说："秦朝之所以灭亡，其中一个原因，就是革命暴力运用得还不够，对反革命的儒杀得太少。有一些漏网了，有一些养起来了，镇压反革命不够彻底。"这段话形式上是讲历史，实际是借古讽今，要把阻碍他们篡党夺权的老干部都当作"现在的儒"统统杀掉。张春桥曾经讽刺建设共产主义要有物质基础的正确主张为"物质迷"，而"四人帮"一伙则是暴力迷，反革命暴力迷。这是地地道道的法西斯思想。

毛主席说："人民，只有人民，才是创造世界历史的动力。"[1]这是历史唯物主义的基本观点。"四人帮"视自己为英雄，视人民如草芥。他们诬蔑："工人本色就是脏"，"屁也不懂，就只知道生产"；他们攻击贫下中农"政治上落后，只看到眼前利益"；他们大骂革命知识分子是"臭老九"。他们要把人民踩在脚下，由他们这伙英雄好汉做社会的主宰。在公开的场合，他们也讲几句恭维群众的话，内心里却不过把群众当作供他们役使的工具。然而人民群众是不可侮的，在无产阶级"文化大革命"中受到锻炼、极大地提高了觉悟的人民群众更是愚弄不得的。"四人帮"妄图把群众运动充作他们打人的石头，却搬起石头砸了自己的脚。在人民铁拳之下，他们建立法西斯王朝的美梦，连同他们英雄创造历史的唯心史观，已经无可挽回地彻底破灭了！

---

① 《毛泽东选集》第3卷，人民出版社，1953年，第980页。

以上从四个方面对“四人帮”的反动世界观进行了初步剖析。

“四人帮”的世界观从它集中了种种唯心主义和形而上学的观点来看，是一个反动思想的大杂烩，但是，这个大杂烩中却有一个起统帅作用的原则：凡是对“我”篡党夺权有用的统统拿来。篡党夺权，倒退复辟，这是贯彻始终、至死不变的目的。但是用什么手段，用什么思想武器，却看在什么形势下用什么最有效。从这个原则来看，“四人帮”的反动世界观是自成体系的。这是一个唯我主义的实用主义的体系。

“四人帮”虽然垮台了，但是清除他们的唯我主义、实用主义的流毒，还是长期的战斗任务。我们要高举辩证唯物主义历史唯物主义的旗帜，把批判“四人帮”的反动世界观的斗争进行到底！

原载《哲学研究》1978 年第 3 期

评"四人帮"的主观决定客观的唯意志论（节选）

夏甄陶 *

"四人帮"唯心主义横行，形而上学猖獗，说明他们确确实实有一个反动的哲学世界观体系。这个反动的哲学世界观体系是通过"四人帮"的全部反革命言行表达出来的。不过，在某些场合，他们也以理论的形态来表述他们的哲学世界观。下面是姚文元在《评陶铸的两本书》这篇文章中写的一段话："《理想》①一书把'辩证唯物主义'歪曲成'存在第一、思维第二，客观第一、主观第二'。完全抹杀人的主观能动作用，完全抹杀物质变精神，精神变物质的飞跃，完全抹杀实践—认识—再实践—再认识的人们认识发展的辩证过程。这决不是什么'辩证唯物论'，而是反动的形而上学。无产阶级认识客观世界的唯一目的，就在于按照事物本身的发展规律去改造客观世界。取消了改造客观世界，取消了革命，取消了推动历史前进的奋斗，'客观第一'岂不成了一纸空文！"

这段话尽管逻辑混乱，前后矛盾，但还是以一种颇带理论色彩的形态明确地说出了"四人帮"哲学体系的基础和前提。因此，我们也就可以把这一段话作为考察"四人帮"哲学体系的出发点。

同一切哲学体系都必须以对哲学基本问题的解决作为自己的基础和前提一样，"四人帮"的哲学体系也是如此。恩格斯指出："全部哲学的最高问题"，"全部哲学，特别是近代哲学的重大的基本问题"是"思维对存在、精神对自然界的关系问题"；"哲学家依照他们如何回答这个

---

* 夏甄陶，1931—2014，男，中国人民大学哲学系教授。

① 指陶铸的《理想·情操·精神生活》，中国青年出版社，1962年。——编者注

问题而分成了两大阵营。凡是断定精神对自然界说来是本原的，从而归根到底以某种方式承认创世说的人……组成唯心主义阵营。凡是认为自然界是本原的，则属于唯物主义的各种学派。"① 按照姚文元的说法，主张"存在第一、思维第二，客观第一、主观第二"，就是"反动的形而上学"，这岂不是在哲学基本问题上向唯物主义的最新挑战吗？

稍有哲学常识的人都知道，"存在第一、思维第二，客观第一、主观第二"，是唯物主义回答哲学基本问题的基本观点，与此相反的观点则是唯心主义。然而，姚文元却把这个观点说成是"反动的形而上学"，这就不仅是攻击一般唯物主义，而且特别是攻击马克思主义的唯物主义。因为很显然，正是而且只有马克思主义才在最自觉的程度上、贯彻始终地坚持了"存在第一，思维第二，客观第一、主观第二"的观点，并以最科学的形态对这一观点作了阐发。

所谓"存在第一、思维第二，客观第一、主观第二"，无非是说物质世界是客观存在的，是不以人的主观意识、主观思维为转移的，因而是第一性的；而人的意识、思维则是物质发展到高级阶段的特殊产物，是客观存在的物质世界在人脑中的反映，是由物质派生的，因而是第二性的。肯定这个观点，是一般唯物主义哲学之所以能建立的基本前提和基石。所以毫不奇怪，唯物主义的死敌贝克莱赌咒发誓要摧毁物质的客观存在这块唯物主义的基石，宣称"一旦把这块基石去掉，整个建筑物就不能不倒塌"。在近代和现代哲学史上，一些资产阶级唯心主义哲学家经常攻击唯物主义是"形而上学""独断论"，他们所针对的也是"存在第一、思维第二，客观第一、主观第二"这个唯物主义的基本前提。姚文元继承了贝克莱以来的唯心主义的反动衣钵，干的也是摧毁这块基石，否定这个基本前提的勾当。

姚文元攻击"存在第一、思维第二，客观第一、主观第二"的唯物主义原理是"反动的形而上学"，表明他反对对哲学基本问题的唯物主义的回答，表明他在哲学基本问题上反对唯物主义路线。那么姚文元以及他们的"四人帮"是怎样解决哲学基本问题呢？他们坚持的是一条什么

---

① 《马克思恩格斯选集》第 4 卷，人民出版社，1972 年，第 219、220 页。

哲学路线呢？

二者必居其一：反对"存在第一、思维第二，客观第一、主观第二"，就必然主张"思维第一、存在第二，主观第一、客观第二"；反对唯物主义路线，就必然主张唯心主义路线。这一点，姚文元自己作了回答。按照他的说法，"取消了推动历史前进的奋斗，'客观第一'岂不成了一纸空文！"这真是妙极了！没有人的"奋斗"，"客观第一"就不过是什么也没有的"一纸空文"！根据这个逻辑，那岂不是说，只有人的"奋斗"才赋予"客观第一"以实在的意义吗？客观世界只有依赖于人的"奋斗"的"推动"才能实际存在吗？读了姚文元这种高妙的哲学，立刻使我们想起了贝克莱的哲学行话。贝克莱说："心外的存在""只是一些无意义的文字"；离开知觉的"外界的物质"是"虚无"、是"空文"、是"莫须有"的东西。请看，姚文元的哲学高论同贝克莱的哲学行话何其相似乃尔！贝克莱说："存在就是被感知"；姚文元说：存在就是人的"奋斗"的"推动"。这两个哲学结论又是多么一致！也许有人说，姚文元说的"奋斗"，同贝克莱说的"知觉""感知"不同。但是，先于客观存在并决定客观存在的"奋斗"，只能是属于"主观战斗精神"之类的东西；说穿了，它不过是主观意志的膨胀与扩张。它同贝克莱所说的"知觉""感知"一样，都是纯主观的东西。在姚文元那里，既然客观存在决定于人的"奋斗"，那当然就没有什么客观第一、存在第一，而只有人的"奋斗"第一，主观思维或主观意志第一了。根据这样的前提，难道能够建立起任何唯物主义的哲学体系吗？不，这样的前提，正是陈腐破烂的主观唯心主义的出发点。

"四人帮"在哲学基本问题上坚持唯心主义立场，采取唯心主义路线，不仅由姚文元作了表达，而且还由江青作了表达。1972 年 8 月，江青在广州的一个剧场俨然像一个哲学行家一样进行哲学说教："物质决定思想意识，而人的思维决定物质。"用"四人帮"的行话说，江青这一句话的前后两部分是在惊人地"对着干"！"物质决定思想意识"！那就是说，物质是第一性的，思想意识是第二性的。但江青又立刻来了一个倒竖蜻蜓，把头尾倒过来："人的思维决定物质！"这就是说，人的思维是第一性的，物质是第二性的。不过，熟悉"四人帮"逻辑的人都清楚，江青的前半句话不过是虚晃一枪，是不作数的；后半句话才是真正的本质，才是"四人帮"的哲学的真正的基础和前提。

什么是意识和思维？它们是从哪里来的？恩格斯指出："它们都是人脑的产物"，而"人脑的产物，归根到底亦即自然界的产物"。[①]"我们自己所属的物质的、可以感知的世界，是唯一现实的；而我们的意识和思维，不论它看起来是多么超感觉的，总是物质的、肉体的器官即人脑的产物。物质不是精神的产物，而精神却只是物质的最高产物。"[②]这是在思维和存在、意识和物质的关系问题上的唯一的唯物主义观点。我们知道，人类在地球上的存在，大约有三百多万年的历史。在人类出现以前，既没有江青所说的"人的思维"，也没有姚文元所说的人的"奋斗"，而物质世界就已经存在着。只有当物质世界发展到一定阶段，出现了人类，形成了人的大脑这种高级的特殊物质，才有人的思维；思维的内容也是物质世界在人脑中的反映。同样，也只有出现了人类，才有人类改造物质世界的奋斗，这种奋斗总是以物质世界的客观存在为前提、为基础的，并且这种奋斗本身就是一种非常现实的物质活动，它决不是一种单纯的意志行为，不是人的主观意志向外膨胀与扩张，并从而赋予物质世界以客观存在的意义。因此，在总的物质世界发展过程中，总是存在第一、思维第二，客观第一、主观第二。

人们要问江青和姚文元：在人的思维产生以前，在没有人的奋斗以前，物质世界是否存在呢？用姚文元的话来回答，那只不过是"一纸空文"！因此很清楚，"四人帮"哲学体系的基础是："人的思维决定物质"，人的"奋斗"赋予物质世界以客观存在的意义；思维第一、存在第二，主观第一、客观第二。这是纯粹的主观唯心主义。

还应该指出，当江青、姚文元说人的"思维"、人的"奋斗"的时候，别人的思维和奋斗是不包括于其中的，而只限于"四人帮"的"思维"、"四人帮"的"奋斗"。只有他们那个帮的"思维"和"奋斗"才有"决定"一切的作用，才是"推动"一切的动力。在他们看来，凡是他们

---

① 《马克思恩格斯选集》第3卷，人民出版社，1972年，第74页。
② 《马克思恩格斯选集》第4卷，第223页。

那个帮的"思维"和"奋斗"没有起作用的空间和时间，就都是"一纸空文"、一片"空白"、一团"黑暗"；一旦有了他们那个帮的"思维"与"奋斗"的"决定"作用与"推动"作用，本来是"一纸空文"的客观世界才具有"实际"的、"真实"的存在意义，"空白"的历史才揭开了"新纪元"，"黑暗"的混沌才迸发出"光辉"。这个专属"四人帮"所有的"思维"和"奋斗"，不是别的，正是他们那个帮的主观意志和这种主观意志的自我膨胀与扩张。他们的帮意志就是一切，就是世界，就是历史，这就是"四人帮"的世界观。

当然，姚文元攻击"存在第一、思维第二，客观第一、主观第二"是"反动的形而上学"，也有他的"理由"，"理由"就是这个原理"完全抹杀人的主观能动作用，完全抹杀物质变精神，精神变物质的飞跃，完全抹杀实践—认识—再实践—再认识的人们认识发展的辩证过程"。请看，姚文元是在维护辩证法啊！

不错，马克思主义以前的旧唯物主义者是抹杀人的主观能动作用的，因而陷入了形而上学的泥坑，成了机械唯物主义者。但是，这并不是因为他们坚持了"存在第一、思维第二，客观第一、主观第二"这个唯物主义前提的过错；他们立足于这个前提是完全正确的（因为离开这个立足点的一切哲学说教，都只能是唯心主义的梦呓）。问题在于他们仅仅停留在这个前提上，把这个前提作了机械的了解，不懂得实践的意义，没有看到思维对存在，主观对客观的能动的反作用。

辩证唯物主义不同于其他一切唯物主义，它并没有消极地停止在这个前提上，它既承认存在决定思维，客观决定主观，又承认思维对存在、主观对客观的反作用，承认人的主观能动性。

那么，究竟什么是人的主观能动性呢？毛主席说："……一切事情是要人做的"；"做就必须先有人根据客观事实引出思想、道理、意见，提出计划、方针、政策、战略、战术，方能做得好。思想等等是主观的东西，做或行动是主观见之于客观的东西，都是人类特殊的能动性。这种能动性，我们名之曰'自觉的能动性'，是人之所以区别于物的特点。一切根据和符合于客观事实的思想是正确的思想，一切根据于正确思想的做或行动是正确的行动。我们必须发扬这样的思想和行动，必须发扬这种自觉的能动性。"① 根据毛主席的论述，我们可以知道，所谓主观能动性，是人们能动地反映客观世界，又能动地改造客观世界的活动和能力。能动地认识客观世界，是人的主观能动性的一个重要方面，能动地改造客观世界，是人的主观能动性更为重要的方面。这两方面是统一的。统一的基础是实践。通过实践认识世界，又通过实践改造世界；在实践的基础上，由感性认识能动地上升到理性认识，又由理性认识能动地回到实践；由物质到精神，又由精神到物质；这是认识世界和改造世界的统一的过程，也就是发挥人的主观能动性的过程。因此，辩证唯物主义在承认客观对主观的决定作用时，决不是把客观世界单纯地看作直观的对象，人们只能消极被动地面对这个对象；而是把客观世界看作人们能动地认识和能动地改造的对象，是实践的对象。这是辩证唯物主义之所以区别于以往一切唯物主义的一个重要特点。

根据毛主席的论述，我们还可以知道，辩证唯物主义所讲的主观能动性，是指根据和符合于客观事实的正确的思想，和根据于正确思想的正确的行动。因此，主观能动性决不是纯粹主观的东西，决不是主观意志的膨胀与扩张，而是以客观事实和客观规律性为前提、为根据的。只有根据于客观事实和客观规律性，才能正确发挥人的主观能动性。这就是毛主席说的自觉的能动性。很显然，当我们强调主观能动性的时候，必须同客观规律性联系起来。在辩证唯物主义看来，主观能动性与客观规律性是辩证地统一的。客观世界以其固有的规律存在着、运动着，它不会自动地满足人。所以，人必须发挥主观能动性，发现规律，认识规律，并根据这种规律来改造世界，使客观世界为人的目的服务。认识规律、利用规律，都是发挥人的主观能动性的过程，也是人们取得自由的过程。然而，主观能动性不管有多么巨大的作用，不管如何充分地发挥，它总不能脱离客观世界这个舞台，总不能摆脱客观规律性的制约，并且这种主观能动性只能在认识世界和改造世界的现实的、实践的活动中表现出来。所以，归根到底，客观世界及其固有的内在规律是第一性的，人的主观能动性是第二性的。谁要是否认这一点，离开这个前提来谈什

---

① 《毛泽东选集》第 2 卷，人民出版社，1952 年，第 445 页。

么主观能动作用，谈什么绝对自由，就必然导致唯心主义，甚至堕落为唯意志论。

　　姚文元把存在第一、思维第二，客观第一、主观第二这个原理同关于发挥主观能动性的原理绝对不相容地对立起来，似乎一承认存在第一、思维第二，客观第一、主观第二，就必然抹杀主观能动性；为要肯定主观能动性，就必须否定客观存在第一，主观思维第二。这才确实是地地道道的"反动的形而上学"。而"四人帮"正是由这种"反动的形而上学"，滚进了反动的唯意志论的泥坑。

　　可笑的是，姚文元一方面疯狂攻击"存在第一、思维第二，客观第一、主观第二"这个唯物主义原理，另一方面却又侈谈什么"物质变精神，精神变物质的飞跃"，侈谈什么"实践—认识—再实践—再认识的人们认识发展的辩证过程"。试问，既然否定了"存在第一、思维第二，客观第一、主观第二"这个基本前提，哪里还有什么"物质变精神"的飞跃，哪里还有什么由实践到认识的发展呢？实际上，"四人帮"是根本反对"物质变精神，精神变物质""实践—认识—再实践—再认识"的辩证唯物主义认识路线的。姚文元还煞有介事地大讲什么"按照事物本身的发展规律去改造客观世界"，人们不禁要问，在你们的哲学世界观里，既然是思维第一、存在第二，主观第一、客观第二，又哪里有什么"事物本身的发展规律"呢？实际上，"四人帮"是根本否认事物本身固有的客观规律的。凡是科学发现的客观规律，他们都要"打破"，而他们自己所推崇的种种"规律"，则是他们主观意志随心所欲的捏造。因此，姚文元所谓"按照事物本身的发展规律去改造客观世界"云云，就是按照"四人帮"主观臆造的"规律"，即按照他们的主观意志去改造世界。

　　姚文元既然否定了客观存在的第一性和事物规律的客观性，那么很显然，他所讲的"主观能动作用"，是不以客观存在为前提，不以客观规律为根据的。当姚文元把这种"主观能动作用"以所谓"推动历史前进的奋斗"这种狂妄的形式表述出来的时候，活生生地表现出"四人帮"主观意志向外膨胀、扩张的野心勃勃的疯狂劲头。这哪里是什么辩证唯物主义？分明是最恶劣、最反动的唯意志论，即"四人帮"的帮意志决定论。

特别不能令人容忍的是，"四人帮"的所谓"理论权威"张春桥，卑劣地歪曲毛主席关于"思想上政治上的路线正确与否是决定一切的"这个正确论断，把它篡改为"精神决定一切"，鼓吹"精神万能论"。1972年，他在上海某工厂的一次讲话中狂叫："精神与思想是一个意思，如果说'精神决定一切'是错误的，那么物质决定一切就对了吗？""主席讲'思想上政治上的路线正确与否是决定一切的'，没有讲其他决定一切"。他又以命令的口吻喊道："精神万能论不能批判！在一定场合、一定时间，精神万能论是对的！"大家知道，毛主席关于"思想上政治上的路线正确与否是决定一切的"这个光辉论断是告诉我们，在革命和建设工作中，在改造客观世界的实践过程中，必须有一条正确的路线作指导；而路线的正确与否，则决定于它是否符合于客观实际，是否反映了客观规律。这就肯定了客观实际、客观规律的第一性，肯定了客观决定主观，主观必须符合客观这个基本前提。这正是坚持了唯物主义。有了符合客观实际，反映客观规律的正确路线，就能引导我们在实践中达到改造世界的目的，取得革命事业和建设事业的胜利，而不符合客观实际、没有反映客观规律的错误路线，则只能导致失败。这就肯定了主观对客观的反作用，正是坚持了辩证法。因此，毛主席的论断是一个完整的辩证唯物主义的科学论断。

但是，张春桥在装模作样地引述毛主席的论断以后，立即拦腰砍掉"正确与否"这几个关键的字，把毛主席的完整的科学论断篡改为"精神决定一切"。这就完全否定了客观对主观、物质对精神的决定作用，否定了客观实际和客观规律的第一性这个基本前提，因而也就从根本上否定了这个论断的唯物主义内容。同时，他又把主观对客观、精神对物质的能动的反作用这个辩证的方面，作了极端唯心主义的吹胀，公开贩卖"精神万能论"，从而既否定了唯物主义，又歪曲了辩证法。

什么"精神决定一切"！什么"精神万能"！其实就是"四人帮"的"意志决定一切"，就是"四人帮"的"意志万能"！在"四人帮"的世界观中，除了他们的主观意志以外，客观实际、客观规律都是没有存在的余地的。世界就是他们的帮意志，他们的帮意志就是世界。这就是"四人帮"的世界观。有了这样的世界观，他们就可以随心所欲地以无为有，以有为无，以非为是，以是为非，歪曲事实，臆造规律，一切以他们的帮意志为转移。他们的主观精神就是这样起着"决定一切"的"万能"作用。

原载《哲学研究》1978 年第 12 期

评林彪、"四人帮"的"斗争哲学"(节选)

赵长峰 *

共产党的哲学,叫作辩证唯物主义和历史唯物主义,自从马克思主义诞生以来这已成为举世公认的常识。可是林彪、"四人帮"横行时期却出现了一种新奇的提法,叫作"共产党的哲学就是斗争哲学"。最早鼓吹这一怪论的是林彪。他在 1959 年 9 月一次全军高级干部会议上就公开宣称,"我们的哲学是斗争的哲学"。在他的把持下,这一怪论于 1967 年 9 月 22 日《解放军报》的一篇文章中公开发表,并且用了黑体字。自此以后,人们就一直把它作为"毛主席语录"到处引用。后来,不仅"四人帮"及其帮凶每当斗人的时候就祭起它来,而且有的人还把它编进了哲学通俗读物、哲学辅导材料、高等学校哲学讲义、哲学小辞典以及中小学教科书。尤其值得注意的是,直到"四人帮"倒台以后,这个提法还不时被当作马克思主义的哲学命题出现在报刊上,甚至在批判文章中也说"四人帮""歪曲了'马克思主义的斗争哲学'",或者说他们"打着'马克思主义斗争哲学'的旗帜"如何如何。可见这个问题影响之深、危害之大。为了完整地准确地理解毛主席的哲学思想,我们必须根据马克思主义的基本原理和无产阶级革命斗争的实践经验,切实搞清楚:把共产党的哲学叫作"斗争哲学",这一提法是不是毛主席或其他马克思主义经典作家的思想?"四人帮"横行时期,"斗争哲学"实际上起了些什么作用?

---

* 赵长峰,1934— ,男,中共山东省委讲师团团长、教授。

一

"斗争哲学"出笼后所以能够招摇过市十余年，就是因为林彪、"四人帮"给它披上了"毛主席语录"的外衣。毛主席在1959年庐山会议上指出，资产阶级的政治家说：共产党的哲学就是斗争的哲学。一点也不错。在这里，资产阶级政治家把这句话奉送给共产党，这决不是什么夸奖，而是污蔑说世界上本无斗争，只是共产党用它的哲学制造了阶级斗争。毛主席仅仅从我们必须坚持斗争原则这个意义上引述了他们的话，并没有从科学意义上肯定这个定义式的判断，这个意思是很清楚的。在革命导师的经典著作中，特别是论战性和批判性著作中，引述论敌的话是常有的。他们有时是把它作为靶子，引述过后接着进行批判；有时是反其意而用之，以其人之道还治其人之身；有时引述之后，说声"好！"不过是讥讽之意；有时引述之后，说他们"说对了""一点不错"，也仅仅是从某一角度上利用它意思的一个侧面。这就告诉我们不能搞片言只语，必须完整准确地理解马克思列宁主义和毛泽东思想的哲学思想。十多年来，林彪、"四人帮"一直不敢公开指出这句话的出处，可见他们何等心虚。

二

世界上有没有不斗争的哲学？如果说只有共产党的哲学是"斗争哲学"，那么，奴隶主、地主、资产阶级的哲学斗不斗呢？机会主义、修正主义的哲学斗不斗呢？

人类进入阶级社会，有了阶级斗争才有哲学。由于各个阶级的社会地位和阶级利益不同，人们总是从不同的甚至相反的角度来确定自己认识和改造世界的路线和方法，形成不同的世界观。无产阶级要按照自己的世界观改造世界，资产阶级也要按照自己的世界观改造世界，其他一切阶级也无不如此。因此，伴随着不调和的阶级斗争就必然形成"哲学上的党派斗争，这种斗争归根到底表现着现代社会中敌对阶级的倾向和思想体系"①，这就叫作哲学的党性。任何阶级的哲学概莫能外。无党性的哲学在世界上是不存在的。

哲学是阶级斗争的工具，它突出地表现在，一定的哲学思想是一定阶级、政党的政治路线的理论基础。哲学上的论战，常常是政治斗争的先导，并且贯穿在整个政治斗争之中。在斗争中，各个哲学派别不管是否公开承认自己的阶级性和斗争性，事实上没有一家是不斗争的。否则，它根本就不会产生，或者马上就失去其存在的理由。看去，"折中主义"并不折中，"和平主义"并不和平。它们的名称本身就是一种斗争手段，它或者企图用来抹杀哲学的党性，麻痹人们的思想；或者在调和的幌子下偷运自己的私货。

一部哲学史，就是唯物主义同唯心主义、辩证法同形而上学斗争的历史。在各个时期的斗争中，唯物主义各派的代表人物当然都为一定阶级、集团的利益大喊大闹、赴汤蹈火，有的献出了生命；就是唯心主义各派也没有放松斗争。否则，反动的经院哲学及其宗教裁判所为什么要剥夺唯物主义者培根、西格尔、奥卡姆、哥白尼等人的自由，查禁、焚烧他们的著作，将其监禁或驱逐呢？又为什么将布鲁诺、塞尔维特、瓦尼尼等人活活烧死呢？可见，他们的哲学都是"斗争哲学"，而且这还是在共产党的哲学几百年以至上千年之前的事呢！

共产党的哲学是在斗争中产生和发展的。那么，共产党的哲学同谁斗呢？当然是同地主、资产阶级的哲学斗，同机会主义、修正主义的哲学斗。从这一意义说来，斗争的双方都是"斗争哲学"，这一点甚至连反动阶级的代表人物也不想回避。例如托洛茨基就公然把他们攻击马克思主义的杂志命名为《斗争》。如果我们仅仅把共产党的哲学叫作"斗争哲学"，那岂不是默认其他哲学都是"和平哲学"吗？当然，共产党的哲学是公开承认并强调斗争的。但是，无论怎样强调斗争，"斗争"性也不是共产党哲学的独具特点。因此，"共产党的哲学就是斗争哲学"这个定义式的判断，如同"共产党的枪是斗争的武器"一样，是毫无意义的。形式逻辑的常识告诉人们：要给一个概念下定义，就得抓住这一概念区别

---

① 《列宁选集》第 2 卷，人民出版社，1972 年，第 365 页。

于同属的其他概念的本质属性。既然"斗争"并不是共产党的哲学区别于其他哲学的本质属性，那么"共产党的哲学就是斗争哲学"这一定义式的判断还有什么实际内容呢？"四人帮"动不动就攻击别人"连形式逻辑都不讲"，其实，正说明他们自己才是连形式逻辑都不讲呢！

三

既然不能把共产党的哲学体系叫作"斗争哲学"，那么，是否可以把辩证法，叫作"斗争哲学"呢？也不可以。

什么叫辩证法，马克思主义早有科学定论。列宁指出："可以把辩证法简要地确定为关于对立面的统一的学说。"①这就清楚地告诉我们，讲辩证法，既要讲斗争，又要讲统一。只讲斗争不讲统一，如同只讲统一不讲斗争一样，也是形而上学。尽管对立面的斗争是绝对的，统一是相对的，但无论怎样绝对，也不能只用"斗争"来概括辩证法的全部内容。"四人帮"的"斗争哲学"完全割裂了斗争与统一的辩证关系，胡说"从根本上说，一切矛盾着的对立面都是'对着干'"。这就把统一从辩证法中一笔勾销，把"斗争"变成了杜林式的"在绝对不相容的对立中思维"。这种把斗争绝对化以及由此导出的矛盾对抗形式的普遍化，推演到政治上，就变成了"打倒一切""一批二斗三枪毙""把对立面一个一个地收拾掉"等反革命策略。所以，这种样式的形而上学更为猖獗。

"四人帮"及其死党为了给"斗争哲学"披上"革命"的外衣，别有用心地大肆宣扬"斗则进""不斗则退""不斗则修""不斗则垮"，把"进"与"退"完全归因于一个"斗"字。这又是对辩证法的歪曲。毛主席指出："有条件的相对的同一性和无条件的绝对的斗争性相结合，构成了一切事物的矛盾运动。"②事物的前进运动，没有事物内部矛盾的对立面的斗争固然不可，同时，没有对立面的统一也不成。所谓前进运动，就是该事物内部矛盾的对立面旧的统一的破坏，新的统一的诞生，这只有在统一中矛盾双方经过斗争，彼此转化，才能完成。同时还应指出，不

---

① 列宁：《哲学笔记》，人民出版社，1974年，第240页。
② 《毛泽东选集》第1卷，人民出版社，1952年，第307页。

能笼统地讲任何"斗争"都能推动事物前进，而必须揭示斗争的性质和内容。只有原来较弱而代表新事物的一方，战胜了原来较强而代表旧事物的一方，从矛盾的次要方面转化为矛盾的主要方面时，才使事物发生前进运动。相反，代表旧事物的一方对新事物一方的斗争，不仅不能推动事物前进，有时还会发生倒退现象。林彪、"四人帮"，穷凶极恶的"斗"，不也是这样吗？

四

一切阶级的哲学，都是他们的路线、政策和实践活动的指导思想；而后者又是他们的哲学思想实质的最好注脚。为了弄清所谓"斗争哲学"的实质，我们最好还是看一看这几年"四人帮"用它干了些什么吧！

对"四人帮"来说，所谓"斗争哲学"在理论上能否站得住脚，并不重要；重要的是对他们的目的是否有用。为了便于"应用"，他们把这个"哲学"浓缩成一个字——"斗"，然后又用这个字铸成一根棍子，叫作"斗争就是政策"。

这是哪家的政策呢？它决不是无产阶级的政策。无产阶级的一系列政策，无论对敌、对友、对我，都不能用"斗争"两个字概括无遗。对待敌人，从战略原则上说，是要通过不调和的阶级斗争，最终把它消灭。但在策略原则上，根据敌人营垒中的不同情况，我们采取"利用矛盾，争取多数，反对少数，各个击破"[①]的策略。而对于中间阶级，我们党一贯采取的则是又联合又斗争的策略。毛主席总结了我们党反对"左"、右倾机会主义路线的经验时指出：不是"一切斗争，否认联合"，也不是"一切联合，否认斗争"[②]。对待自己同志和人民群众内部的是非问题，只能通过民主的、讨论的方法，即批评与自我批评的方法来解决。即使对犯了错误的同志，我们是"从团结的愿望出发，经过批评或者斗争，分清是非，在新的基础上达到新的团结"。在这里，首先需要有团结的愿望，否则，"一斗势必把事情斗乱，不可收拾，那还不是'残酷斗争，无

---

① 《毛泽东选集》第 2 卷，人民出版社，1952 年，第 760 页。
② 《毛泽东选集》第 3 卷，人民出版社，1953 年，第 792 页。

情打击'？"①

在我党历史上早就有人提出过"四人帮"式的"斗争"政策了，那就是叛徒王明之流。他们提出了"残酷斗争，无情打击"的政策，给我国革命造成了严重挫折，使许多优秀的同志受到打击和诬害，造成了党内极为痛心的损失。

林彪、"四人帮"全然不顾我党在历史上王明之流所谓"斗争"政策已被彻底清算的事实，非要把"斗争就是政策"这根棍子强加到党和人民头上不可，并且比王明更凶。这些年，人们确实从亲身经验中领略了"斗争哲学"和"斗争政策"的真谛，这比看他们的帮文可以领会得更深刻、更具体。

五

纵览国际共产主义运动史，还有没有别的什么人也讲过"斗争哲学"呢？有的，但不是马克思主义者，而是无产阶级的叛徒。

1905 年以后，在俄国革命的低潮中，布尔什维克和工人运动内部出现了一批叛徒，那就是臭名昭著的马赫主义者波格丹诺夫、阿列克辛斯基和卢那察尔斯基为代表的"造神派"。他们企图把马克思主义哲学变成一种宗教，从理论上解除无产阶级的武装，为反动的斯托雷平服务。这一伙叛徒在意大利的喀普里岛上办了一所反党学校，以此为据点反对布尔什维克中央的领导，并毒化马克思主义的哲学理论。在他们的教学大纲里（第三部分）的一个标题，就叫作"无产阶级斗争的哲学"。列宁在一封信里严厉地批判了这种"哲学"怪论。列宁写道："在国际社会民主党里，这一类宣传课程的教学大纲有几十个、几百个（如果不是几千个的话）。但是你们在任何地方都找不到'无产阶级斗争的哲学'。有马克思和恩格斯的哲学唯物主义，但是在任何地方都没有'无产阶级斗争的哲学'。而且在欧洲社会民主党人中谁也不会懂得这指的是什么。只有那些熟悉斯塔尼斯拉夫（阿·沃尔斯基）、波格丹诺夫、卢那察尔斯基、巴

---

① 《关于正确处理人民内部矛盾的问题》，《人民日报》1957 年 6 月 19 日。

札罗夫这几位哲学家的著作的人才懂得这是什么意思。"波格丹诺夫之流，在哲学上是反动的主观唯心主义者，在政治上是召回派（变相的取消派）。他们喊着最"左"最"革命"的口号，否认当时革命形势处于低潮，否认积蓄革命力量的必要，反对党在合法组织中从事工作，主张把工人代表从国家杜马中召回来。他们编造所谓"斗争哲学"就是为这一修正主义路线服务的。列宁一针见血地揭露了这一哲学的欺骗性，指出："在讲授'无产阶级斗争的哲学'以前，必须先把这种哲学编造出来"，"这种哲学距离共产阶级的世界观愈远，它就愈加频繁地用'无产阶级的'字样来对天发誓"。① 在这里，我们大段引证列宁的话，是为了说明林彪、"四人帮"的"斗争哲学"并不是"无本之木""无源之水"，不过它的祖先早已被列宁批判了。

十余年的历史已充分表明，所谓"斗争哲学"，就是林彪和"四人帮"共同炮制、相传使用、冒充毛主席语录的一个帮派哲学。现在确实已经到了进行历史的批判，弄清"斗争哲学"同共产党的哲学之间的真正关系，并彻底加以肃清的时候了。

原载《哲学研究》1978 年第 11 期

---

① 以上引文见《列宁全集》第 15 卷，人民出版社，1959 年，第 444 页。

历史唯物论还是历史唯心论？

——对"四人帮"批判"唯生产力论"的反批判（节选）

林子力　有　林 *

王、张、江、姚"四人帮"对"唯生产力论"的"批判"以及在这个"批判"中散布的一套谬论，突出地反映着他们反马克思主义的世界观和反革命的政治目的。

在他们"批判唯生产力论"的大量文章、书籍、广播和讲话中，说法有所不同，伪装也不一样，然而理论实际上只有一个，就是：上层建筑决定经济基础、决定生产力、决定社会历史的发展。他们用这种历史唯心论来反对生产力决定生产关系、经济基础决定上层建筑的历史唯物论的基本原理，反对生产力归根到底在生产中、在历史发展中起决定作用的历史唯物论的观点。他们"批判唯生产力论"就是攻击马克思主义的历史唯物论。

一、是"生产关系及其上层建筑"决定生产力，
还是生产力决定生产关系、最终决定一切社会关系？

"四人帮"及其御用工具搬出一个据说是"同修正主义唯生产力论"相对立的"马克思主义"的观点，他们说：

"马克思主义从来重视生产力的发展，但是，马克思主义也从来认

---

* 林子力，1925—2005，男，国务院发展研究中心高级研究员；有林，1929—2020，男，《求是》杂志社总编辑、研究员。

为，生产力的发展离不开生产关系及其上层建筑的改革。"①"无产阶级从来重视生产力的发展，但是，也从来认为……社会生产力的发展，是在不断改革生产关系和上层建筑的过程中实现的。"②

他们的这些话，不是论述某个具体问题，或者某个问题的某个侧面，而是专门论述生产力和生产关系、经济基础和上层建筑之间的关系这个"马克思主义的基础理论问题"时说的。并且据他们声称，他们在论述这个问题的时候，是采取了"严肃的战斗的态度"的。

这是一种什么样的"严肃的战斗的态度"呢？他们先用"从来重视生产力的发展"这样含混不清的句子掩盖和一笔抹杀了马克思主义关于生产力决定生产关系，并且最终决定整个社会关系的原理；接着就把生产力和生产关系、经济基础和上层建筑之间的关系，换成"生产力的发展"和"生产关系及其上层建筑的改革"之间的关系，作出了"生产力的发展离不开生产关系及其上层建筑的改革"的论断。

说"生产力的发展离不开生产关系及其上层建筑的改革"，或者说"生产力的发展是在不断改革生产关系和上层建筑中实现的"，这是什么意思呢？这就是说，先有"生产关系及其上层建筑的改革"，然后才有"离不开"这种"改革"即依赖于这种"改革"的生产力的发展。按照这种说法，生产力的发展在任何时候、任何情况下都离不开生产关系及其上层建筑的"改革"，一不"改革"，生产力就不发展了。你想发展生产力吗？那你就一刻不停地去"改革"生产关系和上层建筑吧！

说生产力的发展"离不开生产关系及其上层建筑的改革"，却不说"生产关系及其上层建筑的改革"离不开生产力的发展，这又是什么意思呢？这就是说，"生产关系及其上层建筑的改革"，是可以离开生产力的发展的，是不依赖于生产力的性质和状况，可以任凭人们去随意"改革"的，你想什么时候改革就什么时候改革，你想改革成什么样子就改革成什么样子。

这样，他们就再明白不过地把生产力这个本来是生产中最活动、最

---

① 程越：《一个复辟资本主义的总纲》，《红旗》杂志 1976 年第 4 期。着重点是作者加的，下同。——编者注

② 吕达：《一个加快复辟资本主义的〈条例〉》，《人民日报》1976 年 5 月 31 日。

革命的因素，说成是被动、保守的东西；把生产力这个本原的、第一性的东西，说成是派生的、第二性的，是被生产关系及其上层建筑决定的，或者说是被"生产关系及其上层建筑的改革"决定的。

马克思主义者所作的是恰恰相反的论断：生产力决定生产关系，并且最终决定整个社会关系。这本来已经成为马克思主义的常识，但是，由于"四人帮"的长期歪曲和篡改，使得这个基本原理在相当多的人中成了陌生的东西，甚至成了可怕的东西。以致我们不得不从马克思主义的常识讲起。

第一，是生产关系决定生产力吗？

谁都知道，人类为了自身的生存和发展，就要进行物质生产，并结成一定的生产关系。在反复进行的生产中，人们不断总结生产经验，提高劳动技能，改进生产工具和创造新的工具；而生产工具的发展和变更，又促进了人们的生产经验和劳动技能的丰富和提高。这就是说，生产力总是要发展的。在生产关系适应生产力的时候，生产力能够较快地发展。在生产关系不适应生产力的时候，生产力迟早要冲破生产关系的束缚，它还是要发展的。生产关系不能长久地落后于生产力，当旧的生产关系成为新发展起来的生产力的严重障碍的时候，即生产关系和生产力之间的矛盾尖锐化的时候，就必然要引起生产关系的变革。在有阶级的社会里，这种变革是经过代表生产力发展要求的革命的阶级、革命的社会集团起来进行斗争，进行革命而实现的。当适合于生产力的新的生产关系代替了旧的生产关系之后，摆脱了旧的生产关系束缚的生产力又获得迅速发展的广阔余地。

"四人帮"在把生产力描绘成被动保守的东西的同时，又把生产关系描绘为时刻都要改革的东西，否认了它的相对稳定性。这样，历史上就不能存在任何一种占有相当历史时期的相对稳定的生产关系，即一定的社会经济制度。这是对于社会历史的多么荒谬的任意的捏造！

历史事实向我们表明，每一种特定的社会经济结构即生产关系建立起来之后，都是在相当长的一段时间内发挥促进生产力发展的作用；当一种生产关系处在自身发展的上升阶段的时候，甚至在这种生产关系所决定的分配关系中吃了亏的那些人，也会欢迎这种生产关系。只有当这种生产关系已经走完自身的没落阶段的颇大一段行程，它的存在条件大部分已经消失，而它的后继者已经在敲门的时候，也就是说，当它由新变旧，成为生产力发展的桎梏的时候，才会提出变革它的要求，并且经过革命实现这种变革。生产关系的变革一经实现，新的生产关系一经确立起来，又处于相对稳定的状况，并不能立即就要进行任何有重要历史意义的改革。

固然，在新的生产关系建立起来以后，旧的生产关系并不是一下子就完全消灭，还需要经历一个新的生产关系战胜旧的生产关系的过程，经历一个代表新旧生产关系的阶级力量之间的斗争过程，但是，这种过程不是"改革"适应生产力发展的新的生产关系，而是继续消灭阻碍生产力发展的旧的生产关系。

不能否认，任何新制度都是逐步完善起来的。使新制度从不完善到完善，并不是把它"改革"掉，也就是说，不是改变新制度的性质。

至于一种经济制度从较低的发展阶段到较高的阶段，虽然不同于一种制度代替另一种制度，但是由于发生了量变中的部分质变，在一定的意义上可以说是一种变革。即使是这样的变革，也是在生产力的发展提出要求的时候才能实现，而不是人们可以随意进行的。

"四人帮"所鼓吹的生产力的发展经常地、永远地离不开生产关系的改革这个论点是个什么货色，已经很清楚了；但是，这个论点还有它的背面，即生产关系的改革，可以离开生产力的发展，可以不顾生产力的性质和状况随意改革。对此，我们还需要再说几句。

生产关系这个生产力的社会形式，是适应于它的物质内容即生产力的性质和状况建立起来的。有什么样的生产力，才有什么样的生产关系，任何生产关系都不是离开生产力的性质和状况凭空出现，而是和生产力发展的一定阶段相适应的。马克思和恩格斯用生产工具或技术装备代表生产力，并不是否定具有一定的生产经验和劳动技能，使用生产工具实现物质生产的人是生产力的最重要的因素，而是说，人们能够制造出什么样的生产工具，用什么样的工具进行生产，是生产力的性质和状况的标志，因而也是生产关系性质的标志。当人们使用石刀石斧和弓箭的时候，决不会建立资本主义的生产关系，因为资本主义的生产关系和那种极其低下的生产力是不相适应的。同样地，大机器生产也不能置于个体所有制的生产关系之中，因为那种生产关系是容纳不了大机器生产的生产力的；这种生产力标志着资本主义或者资本主义向社会主义的过渡。社会主义就是以大机器为技术基础的社会化生产和资本主义占有之间的矛盾极端尖锐化的必然结果。

那么，在社会生产力比较落后的俄国取得了十月革命的胜利，是不是说明上述原理不起作用了呢？不是的。当时俄国的生产力发展水平固然比西欧一些国家落后，但是工业在国民经济总产值中的比重，已达到42.1%。[1] 资本主义工业不仅发展起来，而且进入了垄断阶段。工业无产阶级的队伍也在壮大。如果没有一定程度的工业的发展和无产阶级的壮大，就不可能有十月社会主义革命。1920年布哈林写了一本书，题为《过渡时期的经济》。在这本书中，布哈林说，"世界资本主义制度的崩溃，是从最弱的、国家资本主义组织最不发达的国民经济制度开始的"。列宁批判说，"不对：是从'比较弱的'开始的。没有一定程度的资本主义，我们是不会成功的。"[2]

中国也是在生产力比较低的情况下进行社会主义革命的。在旧中国，工业和工业无产阶级已经有了一定的发展。现代工业在国民经济中的比重，约占10%左右。[3] 中国的新民主主义革命就是由无产阶级领导的。民主革命胜利后，社会主义性质的国营经济，就是没收了约占现代工业80%的官僚资本建立起来的。如果没有一定的工业基础和工业无产阶级，不用说社会主义革命，就是新民主主义革命也是不可能的。拿我国农业合作化来说，在进行这个社会主义革命的时候，虽然还没有实现工业化，但它是在社会主义的现代工业有了一定程度的发展的条件下进行的。如果没有一定发展程度的现代工业，就不会提出变小农经济为社会化大农业生产的要求。

从上面的叙述中，我们可以清楚地看到，不是什么生产关系决定生产力，而是生产力决定生产关系。生产力对生产关系的决定作用，概括

---

[1] 根据第一次世界大战前的统计。见《斯大林全集》第12卷，人民出版社，1956年，第231页。
[2] 列宁：《对布哈林〈过渡时期的经济〉一书的评论》，人民出版社，1976年，第60页。
[3] 指抗日战争以前的情况。见《毛泽东选集》第4卷，人民出版社，1960年，第1431页。

地说就是：

首先，它决定生产关系的性质。生产总是要在一定的生产关系中进行，在生产中既发生人和自然的关系，又发生人和人的关系。但是每一种特定的生产关系，总是在生产力发展到要求建立这种生产关系之后才出现的。鼓吹什么人们可以任意选择生产关系，那纯粹是历史唯心主义的说教。

其次，它还决定生产关系的变革。变革生产关系的社会革命之所以发生，并不是出于人们的意愿，而是生产力发展引起的生产关系和生产力矛盾尖锐化的必然结果。生产力的发展不仅造成了变革生产关系的物质条件，而且造就了完成这种变革的社会力量。鼓吹什么可以离开生产力的发展，对生产关系愿意什么时候改革就什么时候改革，愿意改革成什么样就改革成什么样，那同样是历史唯心主义的说教。

第二，是上层建筑决定经济基础吗？

程越认为生产关系是决定生产力的，而不是被生产力决定的。那么，生产关系即经济基础又是什么决定的呢？程越没有说。"四人帮"在上海的写作班子方海却有明确的回答。方海说："人们在生产和交换中的相互关系"，是与上层建筑"分不开的"，"是在一定意识形态指导下形成和发展的"。①程越只讲生产力的发展"离不开生产关系及其上层建筑的改革"，闭口不谈这种改革离不开生产力发展的要求；而方海则只讲生产关系与上层建筑"分不开"，只字不提上层建筑更是和生产关系即经济基础分不开，并且说生产关系是在意识形态的指导下形成和发展，这就直言不讳地说出了经济基础是由上层建筑所决定的。把程越的话和方海的话联系起来，就可以清楚地看到，他们不仅是鼓吹生产关系决定生产力，而且鼓吹上层建筑决定经济基础。这样，他们就把历史唯心主义的观点，又推进了一步。

列宁在说明"马克思关于社会经济形态发展的自然历史过程的基本思想"时指出，马克思得出这个基本思想"所用的方法就是从社会生活的各种领域中划分出经济领域来，从一切社会关系中划分出生产关系来，

---

① 方海：《学一点政治经济学》，《红旗》1972 年第 7 期。

并把它当做决定其余一切关系的基本的原始的关系"①。对于马克思的生产关系决定其余一切社会关系的科学论断，恩格斯在《反杜林论》中曾经作过这样的概括："每一时代的社会经济结构形成现实基础，每一个历史时期由法律设施和政治设施以及宗教的、哲学的和其他的观点所构成的全部上层建筑，归根到底都是应由这个基础来说明的。"②

这些论述都清楚地告诉我们，一定的上层建筑，不论是政治的或思想的，都是适应着一定经济基础的需要并且竖立在这种经济基础之上的。有什么样的经济基础，就要求有什么样的上层建筑；随着经济基础的变更，上层建筑也迟早要改变。农奴制的生产关系产生封建的等级观念和特权思想并要求建立封建专制的政治制度。资本主义的生产关系则产生自由、平等、博爱的思想，并要求建立资产阶级的民主共和国。

由于封建的或者资本主义的生产关系都是在它以前的社会中产生的，因此封建主义和资本主义的意识形态也在奴隶制和封建制的社会中出现了。在资本主义社会中不可能产生社会主义的生产关系，但是却产生了科学的社会主义。这是不是否定了经济基础决定上层建筑的原理呢？不是。科学社会主义产生的时候，固然还不存在现实的社会主义生产关系，但是资本主义生产关系同社会化大生产的生产力之间的矛盾已经充分暴露出来，无产阶级和资产阶级的对立已经尖锐化，新的社会主义的生产关系已经在敲开始没落下去的资本主义生产关系的门。没有这样的经济条件，科学社会主义是不会产生的。

既然每一种特定的上层建筑都是适应经济基础的需要建立起来的，都是特定的经济基础的上层建筑，因此一种经济基础发生变化和被消灭，它的上层建筑也就必然发生变化和被消灭。当然，在新的经济基础已经代替了旧的经济基础之后，作为旧的上层建筑的旧思想还会在相当长的时间内存在着，对新的经济基础起着消极的作用。但是，这时旧思想已经是残余，而不再是占统治地位的东西了，并且它终究是要消失的。

上述事实说明了什么呢？它当然不是说明"四人帮"所宣扬的上层

---

① 《列宁选集》第 1 卷，人民出版社，1972 年，第 6 页。
② 《马克思恩格斯选集》第 3 卷，人民出版社，1972 年，第 66 页。

建筑决定经济基础，恰好相反，它正是说明了经济基础决定上层建筑。[①]

第三，是上层建筑决定一切吗？

程越、方海们认为上层建筑决定经济基础，而经济基础即生产关系又决定生产力，这样，他们就把上层建筑说成是决定一切的东西。这是和马克思主义的历史唯物论背道而驰的。

历史唯物主义确认生产力决定生产关系，而生产关系即经济基础又决定上层建筑，这就意味着确认生产力不仅决定生产关系，而且最终决定上层建筑，也就是说生产力决定包括生产关系和上层建筑在内的全部社会关系。

在"四人帮"的上层建筑决定一切的谬论中，特别突出的是政治的上层建筑决定一切。张春桥就大肆鼓吹什么政治权力决定所有制[②]，即决定生产关系，按着他们的逻辑，当然也决定生产力。这正是马克思和恩格斯早已批判过的杜林的观点。杜林曾经鼓吹：

"政治关系的形式是历史上基础性的东西，而经济的依存不过是一种作用或特殊情形，因而总是第二等的事实。……本原的东西必须从直接的政治暴力中去寻找，而不应先从间接的经济力量中去寻找"，"政治状态是经济情况的决定性的原因，相反的关系只是第二等的反作用"。[③]

恩格斯曾以资产阶级的兴起和没落为例，驳斥杜林说："革命不是按照杜林先生的原则，使经济情况适应政治状态（贵族和王权在长时期内正是妄图这样作的），而是相反地把陈腐的政治废物抛开，并造成新的'经济情况'能够赖以存在和发展的政治状态。……资产者现在求助于暴力，以挽救日趋瓦解的'经济情况'免于崩溃，可是他们这样做只是证明：他们陷入了杜林先生陷入的那条迷途，以为'政治状态是经济情况的决定性的原因'，他们完全和杜林先生一样想入非非，以为用'本原的东西''直接的政治暴力'就能改造那些'第二等的事实'，即改造经济情况及其不可避免的发展，而用克虏伯炮和毛瑟枪就能把蒸汽机和由它

---

① 至于无产阶级先夺取政权，然后运用政权的力量去建立社会主义经济，这个事实能不能说明是上层建筑决定经济基础呢？同样不能。关于这一点详见《论政治和经济的关系》，《经济研究》1978 年第 1 期。

② 《论对资产阶级的全面专政》，《红旗》1975 年第 4 期。

③ 转引自恩格斯《反杜林论》，见《马克思恩格斯选集》第 3 卷，第 198 页。

发动的现代机器的经济效果，把世界贸易以及现代银行和信用的发展的经济效果从世界上消除掉。"① 我们把恩格斯这些话用来批判以杜林为师的"四人帮"这些"权力迷"们，是再恰当不过了。

把上述三点总结起来，在生产力和生产关系、经济基础和上层建筑的关系问题上，两种根本对立的观点是非常清楚的：马克思主义认为，生产力决定生产关系、经济基础决定上层建筑，因此归根到底生产力决定整个社会关系，决定社会的性质和社会的发展。而"四人帮"则认为上层建筑决定经济基础、决定生产力，一句话，上层建筑决定一切。这样，他们就完全颠倒了生产力和生产关系、经济基础和上层建筑之间的关系。

二、在生产关系和上层建筑的反作用问题上我们同"四人帮"的分歧

"四人帮"及其"理论家"们知道，公开地、直截了当地反对生产力是社会发展的最终决定力量的历史唯物主义基本原理，会一下子暴露自己反马克思主义的面目，于是他们便抓来一个可以起一些欺骗作用的说法，即"批判"他们所谓的"唯生产力论"。据他们说，他们称之为"唯生产力论"的理论，"把发展生产作为唯一的决定性的东西"，或者用他们更带理论色彩的说法，就是认为生产力是唯一决定的东西，并且说，这就否认了生产关系及其上层建筑的反作用②。

在这里，"四人帮"及其程越们向我们尖锐地提出了两个问题：第一，在社会历史的发展中，生产力究竟是不是唯一最终起决定作用的东西；第二，确认生产力是唯一最终起决定作用的东西，是不是就等于否认了生产关系及其上层建筑的反作用。

正如前面所说，社会的发展归根到底是由生产力的发展所决定的。承认不承认这一点，是历史唯物主义和历史唯心主义的根本的分界线。在马克思以前，先进的资产阶级思想家，至多是考察了人们历史活动的思想动机，而没有考究产生这些动机的原因，没有摸到社会关系发展的

---

① 《马克思恩格斯选集》第 3 卷，第 204—205 页。
② 程越：《一个复辟资本主义的总纲》，《红旗》1976 年第 4 期。程越这里所说的"发展生产"，联系前后文看，指的就是发展生产力。

规律，没有看出生产力的发展程度是这种关系的根源。

马克思第一次把生产力引入历史观来考察，发现和论证了生产力是社会历史发展的最后源泉和最终决定力量，创立了唯物主义历史观。恩格斯在评价马克思的这个发现时说，正像达尔文发现有机界的发展规律一样，马克思发现了人类历史的发展规律，第一次对人类社会的历史作出了科学的解释。

马克思主义认为，在物质和精神的关系上，物质是唯一的本原；在生产力和生产关系的关系上，生产力是唯一决定的东西；而上层建筑又是由生产关系即经济基础所决定的。尽管生产关系是物质关系，但是它对生产力来说，也是派生的，被决定的；如果认为生产关系和生产力一样，都是决定的，起同等的决定作用，那就不是一元论的唯物主义历史观，而是二元论了。

"四人帮"为了反对生产力的最终决定作用，在"唯一的"三个字上大做文章，他们断章取义地引用恩格斯《致约·布洛赫》信中的一段话。这段话的全文本来是：

"根据唯物史观，历史过程中的决定性因素归根到底是现实生活的生产和再生产。无论马克思或我都从来没有肯定过比这更多的东西。如果有人在这里加以歪曲，说经济因素是唯一决定性的因素，那末他就是把这个命题变成毫无内容的、抽象的、荒诞无稽的空话。经济状况是基础，但是对历史斗争的进程发生影响并且在许多情况下主要是决定着这一斗争的形式的，还有上层建筑的各种因素：阶级斗争的各种政治形式和这个斗争的成果——由胜利了的阶级在获胜以后建立的宪法等等，各种法权形式以及所有这些实际斗争在参加者头脑中的反映，政治的、法律的和哲学的理论，宗教的观点以及它们向教义体系的进一步发展。这里表现出这一切因素间的交互作用，而在这种交互作用中归根到底是经济运动作为必然的东西通过无穷无尽的偶然事件……向前发展。"①

恩格斯这一整段话，把历史唯物论和历史唯心论，把历史唯物论和对历史唯物论的庸俗化区别得十分清楚。他一方面尖锐地批评了对历史

---

① 《马克思恩格斯选集》第 4 卷，人民出版社，1972 年，第 477 页。

唯物论的庸俗化，指出上层建筑的各种因素对历史斗争的进程发生影响，并且在许多情况下主要是决定着这一斗争的形式，只是在这个意义上，说经济因素是唯一决定性的因素才是错误的；另一方面又重申了马克思和他本人一贯坚持的历史唯物论一元论的观点，指出历史过程中的决定性因素归根到底是经济因素。也就是说，在归根到底这个意义上，经济因素就是唯一决定性的因素。

不难看出，恩格斯在这里所批评的把经济因素看作是唯一的决定性因素的观点，是指那种根本否认上层建筑在历史过程中的作用的观点，这种观点和确认现实生活的生产和再生产归根到底在历史过程中起决定作用的观点，是完全不同的两回事。

"四人帮"的舆论工具，例如程越是怎样引用恩格斯这段话的呢？他们只引这段话的前三个句子，即引到"荒诞无稽的空话"为止。于是他们就可以振振有词地说：看，马克思主义的创始人之一恩格斯不也是反对把经济因素看作是唯一决定性的东西吗？那么你们说归根到底是生产力起决定作用不也是错误的吗？可是，且慢！就在这三句话之后，恩格斯就明明白白地写着："经济状况是基础。"上层建筑的各种因素对"历史斗争的进程发生影响"，它们"主要是决定着这一斗争的形式"。这些重要论点，全部被程越阉割掉了。他们不这样做就不便于把恩格斯歪曲成主张上层建筑的各种因素和经济因素在历史过程中起同等的决定作用，也就不便于把上层建筑和经济基础、生产关系和生产力说成在历史过程中起同等的决定作用，从而把一元论的唯物史观，歪曲成二元论。其实，二元论也不是他们的真正主张，他们真正的主张是上层建筑决定一切。

确认生产力是唯一的最终起决定作用的东西，决不意味着否认生产关系和上层建筑的反作用。本来唯物论不过是确认物质是本原的、决定的，它并不含有否认精神的反作用的意思。同样，历史唯物论也不过是确认生产力是本原的、决定的，即确认有什么样的生产力，才会有什么样的生产关系以及和这种生产关系相适应的上层建筑，先有生产力的发展，然后和它相适应的生产关系才能确立，它同样不含有否认生产关系及上层建筑的反作用的意思。

确认生产力的最终决定作用不但不否认生产关系和上层建筑的反作

用，而且恰恰相反，只有坚持生产力的最终决定作用这个历史唯物主义的基本原理，才能充分肯定生产关系对生产力、上层建筑对经济基础的反作用。不论是旧唯物主义还是唯心主义，都否认生产力的最终决定作用，也都不能解决生产关系对生产力、上层建筑对经济基础的反作用的问题。

本来一物对他物的反作用，是以他物的决定作用为前提的，是在他物的决定作用的基础上产生的，没有决定作用，就无所谓反作用。否定了决定作用，也就从根本上否定了反作用。"四人帮"颠倒生产力和生产关系、经济基础和上层建筑的关系，宣扬意志决定一切，权力决定一切，正是从根本上反对发挥社会主义生产关系促进生产力发展的能动的反作用，发挥社会主义上层建筑维护社会主义经济基础的能动的反作用。

"四人帮"在反作用的问题上大做文章，狂喊乱叫，好像被他们攻击的人有谁否认了反作用似的。其实，他们用的是"反作用"的词，说的是"决定作用"的话。他们根本不是什么把反作用夸大了，说过头了，而是把决定作用和反作用完全颠倒过来。这真是"四人帮"御用工具关于决定作用与反作用的哲学理论的"伟大创造"。他们还要你在这种"创造"的面前顶礼膜拜哩！你不同意他们的这种头脚倒立的"哲学"吗？那你就是什么"地地道道的庸俗进化论"，什么"形而上学的机械唯物论"。在这里他们玩弄的是和林彪一样的手法。林彪曾经鼓吹"思想的力量代替物质的力量，以至于超过物质的力量"，这就是他的所谓"重视思想的作用"。否则是所谓"庸俗的唯物论、机械的唯物论"。

马克思主义者认为，生产关系作为生产力的社会形式，对生产力发生着能动的反作用。这种反作用具体些说就是：当着生产关系适应生产力的性质和状况的时候，它就推动生产力的发展；而当它不适应生产力的性质和状况的时候，它就阻碍生产力的发展。因此，生产关系对生产力究竟起什么样的反作用，就看它是否适应生产力发展的要求。离开了生产关系是否适应生产力的发展，来谈论什么生产关系的积极作用或消极作用，那只能造成混乱。

生产关系对生产力的反作用，是始终存在的。但是，在新旧生产关系交替的时期，它的反作用表现得特别突出。历史的事实是，任何一种新的生产关系都是在生产力超出了旧的生产关系所能容纳的限度的情况下出现的。但是，由于新发展起来的生产力受到旧的生产关系的严重束缚，生产力的更大的发展，总是在实现了变革生产关系的社会革命以后。在新旧生产关系交替的时期，生产关系的反作用得到了充分的显示，并且表现得十分巨大。

在上层建筑的反作用的问题上，历史唯物论和庸俗历史唯物论不同，它在肯定经济基础对上层建筑的决定作用的同时，又肯定上层建筑的能动的反作用。正如毛主席所说："我们承认总的历史发展中是物质的东西决定精神的东西，是社会的存在决定社会的意识；但是同时又承认而且必须承认精神的东西的反作用，社会意识对于社会存在的反作用，上层建筑对于经济基础的反作用。"① 国家和法律是统治阶级强有力的工具，并且由于"在社会历史领域内进行活动的，全是具有意识的、经过思虑或凭激情行动的、追求某种目的的人；任何事情的发生都不是没有自觉的意图，没有预期的目的的"②，因此，社会意识也不能不起重要的作用。恩格斯说过："政治、法律、哲学、宗教、文学、艺术等的发展是以经济发展为基础的。但是，它们又都互相影响并对经济基础发生影响。并不是只有经济状况才是原因，才是积极的，而其余一切都不过是消极的结果。"他还说，这种积极作用是"在归根到底不断为自己开辟道路的经济必然性的基础上的互相作用"。为了使人们不要因为看到的反作用而忘记经济基础的决定作用，他特别指出："尽管其他的条件——政治的和思想的——对于经济条件有很大的影响，但经济条件归根到底还是具有决定意义的，它构成一条贯穿于全部发展进程并唯一能使我们理解这个发展进程的红线。"③

在谈到国家政权的反作用时，恩格斯说："国家权力对于经济发展的反作用可能有三种：它可以沿着同一方向起作用，在这种情况下就会发展得比较快；它可以沿着相反方向起作用，在这种情况下它现在在每个大民族中经过一定的时期就都要遭到崩溃；或者是它可以阻碍经济发展

---

①《毛泽东选集》第 1 卷，人民出版社，1952 年，第 314 页。
②《马克思恩格斯选集》第 4 卷，第 243 页。
③ 同上书，第 506 页。

沿着某些方向走，而推动它沿着另一种方向走，这第三种情况归根到底还是归结为前两种情况中的一种。但是很明显，在第二和第三种情况下，政治权力能给经济发展造成巨大的损害，并能引起大量的人力和物力的浪费。"①这段话对国家权力的反作用作了充分的估计，但同时指出像国家权力这样的上层建筑，只有在它顺应着经济发展的要求起作用时，它所起的才会是促进经济发展的积极的作用；相反地，如果它逆着经济发展的要求起作用，那就会破坏经济的发展，它所起的就是消极的作用，到头来它自身也必然要崩溃。这就是说，国家权力的反作用，也还是在经济基础之上发生的。决不能把国家权力的反作用看作是等同于甚至超过于经济基础的决定作用，如果那样看，就只能把历史唯物主义归于乌有。

"四人帮"的御用工具为了从根本上颠倒决定作用和反作用，肆意歪曲引用毛主席的《矛盾论》。毛主席在《矛盾论》中说过：生产关系、上层建筑"在一定条件之下，又转过来表现其为主要的决定的作用"②。"四人帮"企图用毛主席的这句话来证明生产关系和生产力、上层建筑和经济基础可以起同等的决定作用，可以互相决定，这完全是徒劳的。毛主席在这段话中紧接着就清清楚楚地指明，这种在一定条件之下"转过来"的"决定的作用"，也就是"反作用"。反作用是严格区别于本原的决定作用的，反作用再大也不能等同于本原的决定作用。拿生产关系和生产力之间的关系来说，第一，生产关系所以能在一定条件之下起决定的作用，是由于生产力的发展造成了这个"一定条件"，也就是说由于生产力这个最革命、最活动的力量使原来和它相适应的生产关系远远落后于它的发展，变成和它极不适应这样的条件；如果没有生产力的发展，是不会出现这样的条件的。第二，当生产力的发展造成这个"一定条件"时，生产关系转过来的决定作用，指的是旧的生产关系严重束缚生产力的发展，甚至使生产力停滞倒退这样一种巨大的反作用。生产关系越是落后于生产力，它阻碍生产力发展的反作用也就越大。但是，这种反作用不论有多大，也不能和生产力的决定作用相提并论，它毕竟不能使生产

---

① 《马克思恩格斯选集》第4卷，第483页。
② 《毛泽东选集》第1卷，第14页。

力长久地停滞不前，生产力终究要冲破旧的生产关系的束缚，决定生产关系非改变不可。生产关系归根到底一定要和生产力相适应，而生产力的决定作用，正是表现在这一点上。第三，当生产力的发展造成了这个"一定条件"时，生产关系转过来的决定作用，还指的是刚建立起来的新的生产关系推动生产力发展这样一种巨大的反作用。这种反作用，正是对严重阻碍生产力发展的那种反作用的排除。但它同样不能和生产力的决定作用相提并论，因为新的生产关系所以能够成为生产力发展的强大的推动力量，只是由于这种生产关系适应生产力的性质和状况。再拿上层建筑和经济基础之间的关系来说，例如政治的上层建筑之所以能够发生在一定条件之下转过来的决定的作用，或者是由于在旧社会中已经产生了新的经济基础，这种经济基础的发展受到旧的上层建筑的严重障碍，不改变旧的上层建筑，新的生产关系就不能发展，或者是由于生产力的发展要求建立新的生产关系，而这种新的生产关系的建立又受到旧的上层建筑的阻碍，不打碎旧的上层建筑，建立新的上层建筑，新的生产关系就不能出现。至于新的上层建筑建立起来以后，能够强有力地保护和帮助新的经济基础的形成和发展，那也正是因为它适应新的经济基础的需要。总之，上层建筑在一定条件之下转过来的决定作用，都是由新的经济基础的发展或建立的需要所决定的。

生产关系的"变更"和上层建筑的"革新"即社会革命和政治革命，在历史发展的转折关头对历史的发展的决定作用，和马克思所说的革命是历史的火车头是一个意思，都是指：当着旧的上层建筑阻碍着新的经济基础的形成，旧的生产关系阻碍着生产力的发展的时候，不进行变革上层建筑的政治革命和变革生产关系的社会革命，生产力就会停滞，社会就不能前进。但是，不论是马克思还是毛主席，说到革命的这种巨大的作用时，都从来没有把它看作是历史发展的最终源泉和最后决定力量，而是把它看作是在历史发展的转折关头的直接的动力。因为革命之所以发生，或者说革命的根源，是由于生产力和生产关系的矛盾的尖锐化，而这种矛盾的尖锐化，又是由生产力的发展所引起的。因此，归根到底不是生产关系和上层建筑的变革决定了生产力的发展，而是生产力的发展要求实行生产关系和上层建筑的变革。革命根源于生产力的发展，而革命的作用也就在于解放生产力，为生产力的发展扫清道路。因此，生产关系从而上层建筑变更的方向，必须而且只能是适合于、服从于生产力发展的要求，而决不能是相反；假如相反，这种变更就只能造成历史的倒退而不是进步，这种变更的本身也只能是失败而不是成功。

三、马克思主义同庸俗生产力论的斗争和"四人帮"的歪曲

"四人帮"为了用他们那个上层建筑决定一切的历史唯心论，反对马克思主义关于生产力决定生产关系、最终决定一切社会关系的历史唯物主义的基本原理，采取了浑水摸鱼的手法：把马克思主义的这个原理和对这个原理的庸俗化即庸俗生产力论混同起来。这就使我们不得不来简略地考察一下马克思主义同庸俗生产力论斗争的历史。

庸俗生产力论这种反动观点，是在 19 世纪末 20 世纪初，资本主义发展到它的最高和最后阶段，也就是帝国主义阶段之后出现的。

这时候，不但像英国、德国那样生产力发展水平比较高的国家存在无产阶级革命的物质前提，就是像俄国那样生产力发展水平还不够高的国家，由于它所处的国内外条件，也可以发生无产阶级革命。资本主义生产一定程度的发展和工人阶级的存在，是无产阶级革命的前提。但是革命首先在哪一个国家发生呢？并不一定是资本主义生产发展水平最高的国家，而可能是在虽然资本主义生产只具有中等的发展水平，但却是帝国主义各种矛盾的集中点，是国内社会矛盾极其尖锐，阶级力量对比有利于无产阶级进行革命并取得胜利的国家。十月革命前的俄国就是这样的国家。列宁正是根据他的上述理论领导了俄国的无产阶级革命，取得了胜利。

可是第二国际的修正主义者们，却无视帝国主义时代条件的变化，猖狂地反对列宁的无产阶级革命理论。如果对历史进行具体的研究，本来应该得出结论，在俄国革命的条件（其中包括生产力水平这个条件）已经成熟。但是这些机会主义首领们却说："只有在无产者构成居民多数的情况下，无产者才能夺得国家政权"，"只有靠资本主义所带来的生产力的大规模发展，只有靠资本主义所创造的并且集中在资本家阶级手里

的巨额财富，社会主义——也即在现代文化之下的普遍福利——才会成为可能"。[1] 他们，其中也包括俄国的苏汉诺夫之流，却以"俄国生产力还没有发展到足以实现社会主义的水平"，"还没有实现社会主义的客观的经济前提"[2] 为口实，来反对十月革命。

这种理论，后来斯大林把它称为"被第二国际的首领们腐俗化了的所谓'生产力'论"，"考茨基先生的'生产力论'"[3]，也就是庸俗生产力论。按照这种理论，一个资本主义有了一定的发展但是还不够发达的国家，即使革命的客观和主观条件已经成熟，也不应该去进行革命，而应该等待生产力的高度发展。

列宁在一些著作中，特别是在《论我国革命》一文中，对于这种理论作了有力的批判。

但是列宁这个理论并不像"四人帮"的舆论工具所歪曲的那样，否认生产力的作用，否认一定的生产力的发展是建设社会主义的前提。列宁和庸俗生产力论者的分歧，不在于承认不承认建立社会主义制度需要生产力一定程度的发展，不在于承认不承认当时俄国生产力发展水平对于建设社会主义来说还不够高；而在于虽然生产力发展水平还不够高，但是综合包括生产力在内的各种因素，夺取政权的条件已经具备时，要不要夺取政权。列宁认为可以而且应当先夺取政权，然后运用政权的力量迅速发展生产力，赶上经济发达的国家。而庸俗生产力论者则把生产力发展水平不够高说成是不可克服的障碍，反对夺取政权。

惯于歪曲马克思主义的"四人帮"及其御用工具，把列宁同庸俗生产力论者的分歧，转弯抹角地描绘为列宁不承认当时俄国的生产力发展水平还不够高；当然也就不承认在夺取政权后要尽快地发展生产力，迅速赶上发达的国家。他们在引用列宁那篇重要文章《论我国革命》时，遇到他们所不喜欢但为列宁所肯定的观点，都战战兢兢地躲开了。[4]

---

[1]　卡尔·考茨基：《无产阶级专政》第八节，生活·读书·新知三联书店，1973 年。

[2]　转引自《列宁选集》第 4 卷，人民出版社，1972 年，第 690—691 页。

[3]　《斯大林全集》第 6 卷，人民出版社，1956 年，第 82 页。

[4]　程越：《坚持党的基本路线》，《红旗》1976 年第 1 期。

其实，列宁关于肯定当时俄国生产力发展水平还不够高，在夺取政权以后要迅速发展生产力，尽快地赶上发达国家的论点，他们是躲不开的。列宁说得很清楚：在俄国无产阶级夺取政权以后，政治力量是比任何资本主义国家都要先进的了，但是生产力的发展水平比西欧最落后的国家还要落后。列宁所批判的是什么呢？当然不是承认这种落后，而是那种认为既然俄国的经济力量和政治力量不相适应，就不应当夺取政权的观点。

这就是列宁同庸俗生产力论者的斗争。这个斗争在列宁逝世后还没有完结。例如，在苏联国民经济恢复时期即将结束的时候，苏联共产党内有一些人提出："我们这个落后的国家哪里能建成完全的社会主义社会，我国生产力的状况不允许我们提出这种空想的目的，只要能马马虎虎支持下去就行，我们哪能建成社会主义呢？"斯大林批评了这种观点，并把这种表现为取消社会主义建设的庸俗生产力论的观点讽刺地称为所谓"'科学的''生产力论'"①。

坚持生产力最终起决定作用的历史唯物主义原理和对这个原理的庸俗化即庸俗生产力论，是完全不同的两回事。庸俗生产力论认为一个国家不论在任何条件下，只要生产力发展水平还不够高，就不可能取得无产阶级革命的胜利；这样国家的无产阶级只能消极等待生产力的发展，而不能去夺取政权；夺取政权以后，也不可能运用政权的力量去建设社会主义。这种"理论"完全否定了生产关系特别是上层建筑的反作用。历史事实早已宣告了这种"理论"的破产。

"四人帮"在向历史唯物主义猖狂进攻时所采取的手法，正是把生产力最终起决定作用的历史唯物主义基本原理，和对这个原理的庸俗化即庸俗生产力论混淆起来。还是那个程越给所谓"唯生产力论"下了一个"定义"："唯生产力论则是不要阶级斗争，不搞上层建筑和生产关系的社会主义革命，把发展生产作为唯一的决定性的东西。"他们把一个正确的观点和一个同这种正确观点根本不相容的错误观点硬凑在一起，虚构出一个类似"方的圆"那样悖理的东西。

---

① 《斯大林全集》第7卷，人民出版社，1958年，第138页。

　　程越把两种根本不相干并且不相容的观点硬凑在一起，称之为"唯生产力论"，目的是玩弄这样的诡辩术：你要坚持生产力最终起决定作用的原理吗？那你就是不要阶级斗争，不搞革命！你要阶级斗争，要搞革命吗？你就得放弃生产力最终起决定作用这个历史唯物主义的基本原理。被他们称之为"搞唯生产力论"的人，既然坚持生产力最终起决定作用的原理，那么按照他们的说法，这些人也就是站在不要阶级斗争、不搞革命的修正主义立场。……这样他们就可以打着批"不要阶级斗争，不搞革命"的招牌去批发展生产力，批坚持发展社会生产力的各级领导干部，便于他们达到篡夺党和国家的最高领导权的目的。而他们这样做的结果，使得人们不敢去发展生产，造成社会生产力的破坏。"四人帮""批判唯生产力论"所造成的后果不正是这样吗？

　　"四人帮"在给所谓"唯生产力论"下"定义"时还换了一个说法："唯生产力论"就是"埋头搞生产，搞建设，不讲阶级斗争，不讲革命"。他们换用这个说法时所玩弄的伎俩，同炮制上面说过的那个"定义"时是一样的。

　　"埋头搞生产，搞建设"，究竟是正确的还是错误的行动？如果"埋头"指的是聚精会神、专心致志，那是完全正确的。难道在生产斗争和科学实验中，在工作中，可以不埋头苦干，可以心不在焉、"一心以为有鸿鹄将至，思援弓缴而射之"吗？如果"埋头"是指"不讲阶级斗争，不讲革命"，即通常所说的不问政治，那当然是错误的。

　　在这里，他们又是把正确的东西和错误的东西硬凑在一起，即把"搞生产，搞建设"这样一种完全正确的实践活动，和一种跟它根本没有必然联系的忽视政治的错误倾向硬凑在一起，其目的也无非是借批"不讲阶级斗争，不讲革命"来批"搞生产，搞建设"。

　　历史唯物主义告诉我们，发展生产力只能使社会前进，而决不可能使社会倒退。相反地，生产力不发展，才会成为社会倒退和旧制度复辟的原因。因此，发展生产力总是正确的，阻止和破坏生产力的发展，才是反动的。"四人帮"批判发展生产，反对发展生产力，不正是扮演着拉历史倒车的反动角色吗？马克思曾经说过：生产力的发展"之所以是绝对必需的实际前提，还因为如果没有这种发展，那就只会有贫穷的普遍化；而在极端贫困的情况下，就必须重新开始争取必需品的斗争，也就是说，全部陈腐的东西又要死灰复燃"①。当然，这并不是说，发展生产力就等于消灭旧制度复辟的危险，要消灭这种危险，还必须在生产关系和上层建筑方面进行坚持不懈的斗争。但是，生产力的不发展，毕竟是旧制度复辟的最终的根源，生产力愈不发展，旧制度的复辟就愈容易。历史证明，当资产阶级刚刚取得政权，大机器工业还没有发展起来的时候，曾经反反复复地进行了封建地主阶级的复辟和资产阶级反复辟的斗争；而到了现代化的大机器生产大大发展了的今天，在一些发达的资本主义国家，封建制度的复辟就成为不可想象的事情了。同样，当我们创造出比资本主义制度所能达到的还高得多的劳动生产率的时候，资本主义的复辟也会成为不可能。到那时，高度发展的生产力，远远超过了资本主义生产关系所能容纳的限度，这种高度发展的生产力再不能重新置于资本主义的生产关系之中，如同大机器工业不能置于个体的生产关系之中一样。到那时，资本主义将不能给任何人带来什么经济利益，它将失去任何存在的理由。人们都知道，所谓复辟，是恢复旧的经济制度和政治制度，而生产力是人和自然界之间的关系，根本不存在复辟不复辟的问题。把复辟归罪于生产力的发展，掩盖复辟的实质，这正是"四人帮"为他们打着反复辟的旗号搞复辟所制造的一种理论根据。

四、问题的实质是"四人帮"用历史唯心论反对历史唯物论

我们多次提到的那个程越在他那篇《一个复辟资本主义的总纲》的文章中说，他们同我们的分歧，是什么"马克思主义同修正主义唯生产力论的分歧"，并且说，"这才是问题的实质"。这句话只有"分歧"两个字是对的，因为我们同"四人帮"之间确实是存在着原则的分歧。但是，这种分歧的内容却和他们所说的完全相反，不是什么"马克思主义"同所谓"修正主义唯生产力论"的分歧，而是他们顽固坚持的历史唯心论同马克思主义历史唯物论的分歧。他们在"批判唯生产力论"的名称

---

① 《马克思恩格斯选集》第 1 卷，人民出版社，1972 年，第 39 页。

下，用历史唯心论来反对历史唯物论，这才是问题的实质。

马克思在《〈政治经济学批判〉序言》中，对历史唯物论的基本原理作了周密的说明。他指出："人们在自己生活的社会生产中发生一定的、必然的、不以他们的意志为转移的关系，即同他们的物质生产力的一定发展阶段相适合的生产关系。这些生产关系的总和构成社会的经济结构，即有法律的和政治的上层建筑竖立其上并有一定的社会意识形式与之相适应的现实基础。物质生活的生产方式制约着整个社会生活、政治生活和精神生活的过程。不是人们的意识决定人们的存在，相反，是人们的社会存在决定人们的意识。社会的物质生产力发展到一定阶段，便同它们一直在其中活动的现存生产关系或财产关系（这只是生产关系的法律用语）发生矛盾。于是这些关系便由生产力的发展形式变成生产力的桎梏，那时社会革命的时代就到来了。随着经济基础的变更，全部庞大的上层建筑也或慢或快地发生变革。"①

马克思的历史唯物论是他的辩证唯物论在人类社会中的运用。既然唯物论确认存在决定意识，那么历史唯物论就必然确认社会存在决定社会意识。这个社会存在，就是作为生产力和生产关系相统一的物质生活的生产方式。所谓社会存在决定社会意识，指的就是生产方式决定政治生活和精神生活，亦即决定全部上层建筑。

在"四人帮"的"生产关系及其上层建筑"决定生产力那个公式中，被说成是起决定作用的两个东西，其中上层建筑属于社会意识；生产关系属于社会存在，但它本身是被生产力决定的。很明显，说由这样两个东西决定本来是最本原的生产力，这是和社会存在决定社会意识这个历史唯物论的公式根本相反的。

历史唯物论确认，在属于社会存在的生产方式这个统一体的两个方面中，生产力是决定生产关系的。因此，生产力最终决定着整个社会关系，决定着社会的性质和社会的发展。这固然不是历史唯物论的全部，但它是历史唯物论的最基本的原理。只有承认生产力的这个最终决定作用，才算把历史唯物论贯彻到了底。

---

① 《马克思恩格斯选集》第2卷，人民出版社，1972年，第82—83页。

我们在这里想再补充引证一下列宁的《什么是"人民之友"以及他们如何攻击社会民主主义者?》。列宁说:在马克思创立历史唯物主义以前,"社会学家不善于往下探究像生产关系这样简单和这样原始的关系,而直接着手探讨和研究政治法律形式,一碰到这些形式是由当时人类某种思想产生的事实,就停了下来;这样一来,似乎社会关系是由人们自觉地建立起来的。""唯物主义继续深入分析,发现了人的这些社会思想本身的起源。"列宁认为,马克思和恩格斯的基本思想,"是把社会关系分成物质关系和思想关系"。列宁指出:"思想的社会关系",就是"通过人们的意识而形成的关系"(列宁在注中特别说明这里所说的"意识","始终说的是社会关系的意识,而不是其他什么关系的意识");"物质的社会关系",就是"不通过人们意识而形成的社会关系:人们在交换产品时彼此发生生产关系,他们甚至没有意识到这里存在着社会生产关系"。"思想关系只是不以人们的意志和意识为转移而形成的物质关系的上层建筑,而物质关系是人们维持生存的活动的形式(结果)。"在这个思想关系——上层建筑中,包括被称为"社会意识形态"这种思想关系,也包括和它相适应的政治、法律等设施,即国家、军队、法庭等等。以上这些话,概括起来就是生产关系决定上层建筑。接着列宁又说,马克思之所以能够把历史唯物主义建立起来,"还由于只有把社会关系归结于生产关系,把生产关系归结于生产力的高度(着重点是我们加的),才能有可靠的根据把社会形态的发展看作自然历史过程。不言而喻,没有这种观点,也就不会有社会科学"[1]。把社会关系归结于生产关系,就是生产关系决定整个社会关系,而把生产关系归结于生产力的高度,按通常的说法,不就是生产力决定生产关系吗?因此,只有在承认生产关系决定上层建筑的同时又承认生产力决定生产关系,承认归根到底生产力决定整个社会关系,才算把历史唯物论贯彻到了底。

历史唯物论的首要任务,是研究和揭示生产发展的规律,即生产力和生产关系发展的规律。因此,马克思主义对于生产力的发展,历来是

---

[1]　以上引文引自《列宁选集》第1卷,第7—8、18页。

从社会发展规律的角度来看待的，认为它是社会发展的最后源泉和最终决定力量。

可是，"四人帮"从历史唯心主义出发，抛开社会发展的规律，抛开生产力在社会发展中的作用，用"从来重视生产力的发展"这样一个说法来取而代之。

"重视生产力的发展"，并不是马克思主义的特点，资产阶级及其思想家也并不是忽视生产力的发展的，特别在资产阶级上升时期，可以说是在狂热地发展生产力。马克思在评价资产阶级古典经济学者李嘉图时这样说过："有人责难他，说他在考察资本主义生产时不注意'人'，只看到生产力的发展，而不管这种发展牺牲了多少人和资本价值。这正好是他的学说中出色的地方。发展社会劳动生产力，是资本的历史任务和存在理由。资本正是以此不自觉地为一个更高级的生产形式创造物质条件。"① 资本家为了保存和增殖资本，不仅"重视"，而且是热衷于发展社会生产力的。但是，即使是他们的最先进的思想家，也没有把生产力引入历史观，没有把它看作社会发展的最后源泉和最终决定力量。

"重视生产力的发展"其实也不过是"四人帮"的一个遁词。他们的真正观点，是完全否认生产力在社会发展中的作用。他们不仅在理论上是这样，在实践上也是这样。在理论上，他们否认社会发展的规律首先是生产发展的规律，即生产力和生产关系发展的规律；而主张社会发展的规律就是上层建筑"改革"的"规律"，"夺权"和"改朝换代"的"规律"。

"四人帮"为了搞乱他们还没有能完全控制的地区和单位，以便乱中夺权，引诱工人不上班，不爱护机器，不遵守社会主义生产所必须遵守的规章制度和劳动纪律，破坏工人阶级的团结，破坏物质生产。同时"四人帮"还按照自己的反动世界观和政治目的，鼓励和诱惑人们不从事物质生产，放下生产去搞赛诗、跳舞，舞文弄墨，钻故纸堆；耍手腕、玩权术，投机钻营、争权夺利，制造着一种"食之者众，生之者寡"的状况。他们的倒行逆施，严重地阻碍了我国社会的前进。

这就是他们的所谓"重视生产力的发展"！

---

① 《马克思恩格斯全集》第25卷，人民出版社，1974年，第288—289页。

"人民，只有人民，才是创造世界历史的动力。"①劳动群众是社会生产中的基本力量，是生产力中最重要的因素。确认社会发展的历史首先是生产发展的历史，是生产力和生产关系发展的历史，就要确认劳动人民是历史的主人。反之，把社会发展的历史归结为上层建筑不断改革的历史，也就必然要把社会发展的历史归结为统治者、征服者的历史。

"四人帮"大肆吹捧和美化封建统治者，胡说法家是"农民的代言人"，农民战争的作用不过是"为法家路线的继续推行开辟了道路"。他们把从春秋战国一直到1976年他们倒台前的中国历史，描绘成儒家和法家斗争的历史，帝王将相的历史，宣扬"儒法斗争史"是历史发展的"基本线索"，它"继续到现在"，"影响到今后"。他们的这种观点，同叛徒、卖国贼林彪把一部中国历史描绘为"政变"的历史，是一脉相承的。

尼采把人民群众看成是"一大堆多余的废品，一片瓦砾场"。"四人帮"和他们的祖师爷一样，把自己奉为天生的当然的统治者，而人民群众则被他们视为草芥，视为可以随意摆布的奴隶，命定地应该受他们的宰割和奴役。他们使用中外历代反动统治阶级同样的语言，咒骂劳动人民"屁也不懂"，"就知道多产化肥"，"多出了几把黑煤面"，甚至说"工人本色就是脏"。

这些假马克思主义的政治骗子，卖力地攻击别人"眼睛里根本没有广大人民群众"，"极力抹杀工农兵的作用"。其实竭力鼓吹和顽固坚持这种唯心主义历史观的不是别人，正是他们自己。

自从社会分裂为阶级以后，社会的历史就是阶级斗争的历史，生产力和生产关系的矛盾，表现为阶级和阶级之间的斗争。在这种条件下，改变阻碍生产力发展的旧的生产关系，就意味着对维护这种生产关系的反动阶级的利益的触犯，他们就必然要进行拼命的反抗，必然要利用自己所掌握的国家政权进行镇压。因此，只有经过阶级斗争，经过暴力革命，才能实现新旧经济制度的更替，使生产力获得解放。

那么，阶级是怎么产生的呢？马克思主义认为，阶级是生产关系的产物，而生产关系又是由生产力所决定的。可是，对于阶级的产生，"四

---

① 《毛泽东选集》第3卷，人民出版社，1953年，第1031页。

人帮"却有另外一种解释。被他们奉为"杰作"的方海那篇题为《学一点政治经济学》的曾经风行一时的文章说：

"人们在生产和交换中的相互关系，是阶级与阶级的关系的反映，是与上层建筑，特别是与人们的思想的影响分不开的。人们之间的关系总是在一定意识形态指导下形成和发展的。"①

这段话，值得予以特别的重视，它明白无误地表达了这样一种观点：阶级产生生产关系，而上层建筑特别是思想又产生阶级；或者说，生产关系是阶级的产物，而阶级又是上层建筑特别是思想的产物。这是"四人帮"的唯心主义历史观的集中概括。

恩格斯说：原始公社以后的"全部历史，都是阶级斗争的历史；这些互相斗争的社会阶级在任何时候都是生产关系和交换关系的产物，一句话，都是自己时代的经济关系的产物"②。恩格斯在谈到无产阶级的产生时还说过："无产阶级的存在是由资产阶级生产关系所造成的而同时又是这些生产关系继续存在的条件。"③

方海们，如果有胆量，就把恩格斯的这些话和你们的"杰作"比较一下吧！试问：当着还没有土地所有者和依附于土地的劳动者，没有徭役劳动和地租的时候，哪里来的地主阶级和农民阶级呢？当着还没有货币所有者和劳动力所有者的对立，没有雇佣劳动和剩余价值的时候，哪里来的资产阶级和无产阶级呢？说阶级关系不是产生于生产关系，而是生产关系产生于阶级关系，这不又是事实的颠倒吗？至于说上层建筑特别是思想产生阶级，那不过是资产阶级唱滥了的老调。"四人帮"如此颠倒是非，当然不是无病呻吟，他们之所以要这样做，就是企图抹杀划分阶级的客观标准，以便他们随意给各级领导干部扣上什么资产阶级的帽子，统统打倒。

革命是阶级斗争的最高行动。革命就是变革旧的上层建筑以适应新的经济基础的要求；变革旧的生产关系以适应新的生产力的要求。没有生产关系和生产力的矛盾尖锐化这样的客观条件，就不会发生革命。可

① 《学一点政治经济学》，《红旗》1972 年第 7 期。
② 《马克思恩格斯选集》第 3 卷，第 66 页。
③ 《马克思恩格斯选集》第 2 卷，第 494 页。

是"四人帮"却把革命说成是主观随意的东西。马克思在批判巴枯宁时指出：巴枯宁"根本不懂得什么是社会革命，只知道关于社会革命的政治词句。在他看来，社会革命的经济条件是不存在的。……他的社会革命的基础是意志，而不是经济条件"①。"四人帮"的谬论和巴枯宁是多么相像！

生产力的发展引起了生产关系从而上层建筑的变革，而生产关系和上层建筑的变革则为生产力的迅速发展扫清道路。归根到底，革命就是解放生产力。"四人帮"从历史唯心主义出发，竭力反对这个马克思主义的观点。在他们看来，革命既不是由生产力的发展要求所引起，又不是为了解放生产力。"四人帮"自己的实践和这种实践所造成的结果表明，他们所说的"革命"实际上就是破坏生产力。这种所谓"革命"在人类历史上是从来没有的，只能如实地把它叫作反革命。

原载《哲学研究》1978 年第 1—2 期

---

① 《马克思恩格斯选集》第 2 卷，第 635—636 页。

"继续革命"问题的探讨（节选）

吴 江[*]

7月12日，我校（指中共中央党校——编者注）邀集教研室部分同志座谈。哲学教研室主任吴江同志提出了如何完整地、准确地领会毛主席关于无产阶级专政下继续革命的问题。我们觉得这个问题非常重要，值得很好弄清楚，特将他的发言刊登如下：

这里我主要谈两点：（一）马列主义关于不断革命的思想是否仅限于由民主革命不间断地转变为社会主义革命的思想，而没有包括社会主义条件下的不断革命思想？（二）无产阶级专政下继续革命的对象、任务是什么。对这两个问题，看法不大一致。我谈点不成熟的意见，请大家批评。

无产阶级专政下继续革命的思想，主要是在《关于正确处理人民内部矛盾的问题》和《一九五七年的夏季形势》两文中提出，毛主席自己曾说过，后一篇是前一篇的必要补充。后一篇明确提出，城乡"仍然有或者是社会主义或者是资本主义，这样两条道路的斗争。这个斗争，需要很长时间，才能取得彻底胜利。这是整个过渡时期的任务"[①]。1958年1月毛主席亲自主持搞《工作方法六十条》，其中专有一条讲"不断革命"[②]。同年5月"八大"二次会议上也谈这个问题。后来，八届六中全会提出不断革命和革命发展阶段论相结合。"无产阶级专政下继续革命"这样一个提法，首见于1967年两报一刊编辑部为纪念十月革命50周年所

---

* 吴江，1918—2012，男，中共中央党校副教育长、中央社会主义学院副院长。

① 毛泽东：《一九五七年夏季的形势》，载中共中央文献研究室编《建国以来重要文献选编》第10册，中央文献出版社，1994年，第431页。

② 《毛泽东文集》第7卷，人民出版社，1999年，第349页。

写的文章《沿着十月社会主义革命开辟的道路前进》，这篇文章并明确提出了这一理论的"要点"（共六条）。同年，在这篇文章之前，有一篇纪念"五一六通知"一周年的文章《伟大的历史文件》已提出这个问题，但提法是"无产阶级专政下的革命"，没有"继续"一词。后来，"九大"政治报告论述了这个问题。"十大"党章写进了这个问题。

1967年两报一刊编辑部文章的作者，一般都把马列主义的不断革命思想，限于由民主革命转变为社会主义革命的思想。这一点需要重新考虑。照我看，马克思和列宁既然都明确说从资本主义到共产主义这整个过渡时期都需要有无产阶级专政，而无产阶级专政就是夺得政权的无产阶级对资产阶级进行阶级斗争，就是通过阶级斗争来消灭阶级，这就不可能没有社会主义条件下或无产阶级专政下不断革命的思想。特别是马克思在《1848年至1850年的法兰西阶级斗争》中所说的那段话，比较明显地表述了这种思想。这段话就是："这种社会主义就是宣布不断革命，就是无产阶级的阶级专政，这种专政是达到消灭一切阶级差别，达到消灭这些差别所由产生的一切生产关系，达到消灭和这些生产关系相适应的一切社会关系，达到改变由这些社会关系产生出来的一切观念的必然的过渡阶段。"①列宁也不止一次地强调指出在建成共产主义之前的整个历史时期都需要无产阶级专政，指出在这整个历史时期里，剥削者的复辟活动不会停止，阶级斗争不会停止；并且提出，一个国家或少数国家的社会主义革命，在世界革命获得成功以前，不可能取得最终的胜利。这些，都是不断革命思想的内容。当然，马克思时代还没有社会主义革命取得胜利的实践，列宁有了这种实践，但实践经验积累还不多，这个思想不可能有很大的展开。斯大林在这个问题上犯了一些错误，他虽然也说无产阶级夺得政权仅仅是革命的开始，但他不认识社会主义社会的基本矛盾，不承认两条道路斗争的长期性和资本主义复辟的危险性，过早地宣布资产阶级消灭，把所有制方面的社会主义改造的完成看成是社会主义的完全胜利。斯大林陶醉于革命的"完全胜利"，认为国内主要只剩下了资本主义思想残余，所有制的社会主义改造基本完成以后，所要

---

① 《马克思恩格斯选集》第1卷，人民出版社，1972年，第479—480页。

对付的主要是国外敌人和间谍一类东西了。这确实是马克思主义不断革命思想的中断。毛主席的最伟大功绩之一，就在于根据中国社会主义革命和社会主义建设的实践，根据国际无产阶级专政的历史经验，根据苏联变修的教训，恢复了并且大大发展了马克思主义关于社会主义条件下或无产阶级专政下不断革命的思想。毛泽东同志关于社会主义社会的基本矛盾、矛盾依然是社会主义发展的动力的学说，关于在所有制的社会主义改造基本完成直到共产主义建成这整个历史时期内都存在着无产阶级和资产阶级、社会主义道路和资本主义道路的斗争、存在着资本主义复辟的危险性的科学论断，关于正确区分和处理社会主义社会中两类矛盾的学说，关于不仅要有经济战线上的社会主义革命，而且要有政治战线上和思想战线上的社会主义革命的理论，关于多快好省地建设社会主义、社会制度革命和技术革命相结合、高速度地发展社会生产力、不断充实社会主义物质基础的方针，关于不断革命论和革命发展阶段论相结合的原理，特别关于无产阶级"文化大革命"的理论和实践（指明资本主义复辟的危险主要来自党内走资派等），等等，这一切综合起来看，可以说是完整地创立了关于无产阶级专政下继续革命的理论体系，这是加到马克思主义不断革命思想宝库中去的崭新的东西。

其次，关于无产阶级专政下继续革命的对象和任务。

这是要由无产阶级专政的目的和任务来规定的。无产阶级专政干什么？它是用来消灭阶级的。怎样消灭阶级？列宁对此说过不少的话，其中包括：必须消灭地主资本家，必须消灭工人和农民之间的阶级差别，必须消灭三大差别，等等。而要做到这些，列宁强调提出两条：第一，必须坚持无产阶级专政，坚持无产阶级的阶级斗争；第二，必须大大发展生产力。无产阶级专政下的继续革命，就其任务内容来说，既包括上层建筑方面的革命，也包括经济基础方面的革命和技术革命，即生产力方面的革命。不同时期会突出某一方面，我们需要把注意力放在这一方面。过了这个时期，又会突出另一方面。

上层建筑方面的革命是极其重要的，社会主义时期尤其是如此。但是，有人把无产阶级专政下的继续革命，仅限于上层建筑方面的革命，这是不对的。"四人帮"在这方面更是走极端。"四人帮"这些"上层建筑革命"专家，是专门破坏社会主义上层建筑的。第一，他把上层建筑的反作用夸大成为在整个社会发展中起决定作用的东西，即总的说来，不是生产力和经济基础决定上层建筑，而是上层建筑决定生产力和经济基础。这是"四人帮"的唯心论的总表现。第二，他们把我们的社会主义上层建筑说得一塌糊涂，好像完全不适应于基础了。马克思讲，经济基础改变后，旧的上层建筑或迟或早也要发生变化。这是一条普遍原理。不能设想，社会主义的上层建筑刚把自己的基础创立起来，就立即变成不适应于这个基础了。事实并不是这样。因此，他们提出什么"彻底改善无产阶级专政"。"砸烂公检法"，完全是反革命的口号。实际情况是：基本适应，部分不适应，或个别环节不适应。"四人帮"的"上层建筑革命论"，其真实内容就是变无产阶级专政为封建资产阶级法西斯专政。为了这个目的，必须搞垮共产党，创造一种"没有共产党领导（或以'造反派'代替共产党）的无产阶级专政"。搞垮共产党，他们采用两种手段，一是搞乱和摧毁党的理论基础，二是打倒一大批党的干部（为此提出一个所谓"老干部＝民主派＝走资派"的荒谬公式）。以上，就是"四人帮"的"上层建筑革命"的主要内容，这种"上层建筑革命"毫无疑义必然导致摧毁社会生产力和社会主义经济基础。

过去有的文章说"无产阶级专政下继续革命的主要对象是走资派"。对不对？无产阶级专政下继续革命的任务，总的说，是要消灭社会划分为阶级的现象（包括工农阶级差别），消灭资产阶级势力和资本主义，消灭社会三大差别、落后的社会生产力，等等。继续革命的对象，我看总的应提为资产阶级，其中包括走资派。各个时期各次运动的重点对象总是有变化的。因此，不能把"无产阶级'文化大革命'的重点是整走资派"这个命题换为"无产阶级专政下继续革命的主要对象是走资派"，后一命题完全有可能被某些野心家利用来不停顿地"打倒一切"。

不同的革命有不同的对象。无产阶级专政下继续革命的内容包括不包括技术革命呢？可以包括，应该包括。技术革命的对象主要是生产工具（如果撇开科学不谈的话）。但技术革命搞好了，劳动生产率提高了，社会主义的物质基础充分了，最终有利于战胜资本主义和资产阶级。这种技术革命不能不带有阶级斗争的性质。这就是为什么为了消灭阶级列宁除了念念不忘无产阶级专政以外，还念念不忘发展社会生产力的缘故。

毛主席是同意列宁的观点的，主张科学技术革命是不断革命的重要内容之一。请读一读毛主席 1958 年 1 月主持写的《工作方法六十条（草案）》。毛主席说，这六十条，"是中央和地方同志一九五八年一月先后在杭州会议和南宁会议上共同商量的结果"，"大部分是会议上同志们的发言启发了我，由我想了一想写成的"。其中第二十一条就专讲"不断革命"，说："我们的革命是一个接一个的。从一九四九年在全国范围内夺取政权开始，接着就是反封建的土地改革，土地改革一完成就开始农业合作化，接着又是私营工商业和手工业的社会主义改造。社会主义三大改造，即生产资料所有制方面的社会主义革命，在一九五六年基本完成，接着又在去年进行政治战线上和思想战线上的社会主义革命。……现在要来一个技术革命"，"从今年起，要在继续完成政治战线上和思想战线上的社会主义革命的同时，把党的工作的着重点放到技术革命上去。这个问题必须引起全党注意"，"注意力移到技术方面，又可能忽略政治，因此必须注意把技术和政治结合起来"。①

我们应该大力宣传毛主席的这一不断革命思想。科学技术革命在"大跃进"中一度很有成绩，例如，人工合成胰岛素等，后来中断了。林彪、"四人帮"破坏生产，反对技术革命，反对农业机械化，后果十分严重。我们要实现"四个现代化"，不首先抓好科学技术是不行的。

还要说一个问题。有人说，"无产阶级专政下的不断革命就是不断反右"。说这种话的人好像是在总结一项重要经验。必须说，这不是毛泽东思想。毛主席说过："我们要进行两条战线的斗争，既反对'左'，也反对右。"②历来如此。这条毛泽东思想现在也并没有过时。有"左"，也有右，或形"左"实右，有什么反什么，无产阶级专政下的不断革命也是如此。"两条战线的斗争"这个重要概念现在许多青年人不熟悉，有的甚至没有听说过。

原载中央党校《理论动态》1977 年第 1 期

---

① 《毛泽东文集》第 7 卷，第 344、345、349—350 页。
② 《毛泽东文集》第 6 卷，人民出版社，1999 年，第 152 页。

关于"继续革命"的几个问题（节选）

龚育之 *

这篇文章，准备谈谈《关于建国以来党的若干历史问题的决议》对"无产阶级专政下继续革命"理论的批评和革命一词的两种含义。

一

《决议》指出，要"把经过长期历史考验形成为科学理论的毛泽东思想，同毛泽东同志晚年所犯的错误区别开来"。这个区别，有极其重要的政治意义和理论意义，是我们坚持毛泽东思想必须解决的前提问题。

毛泽东同志晚年发动和坚持"文化大革命"的思想和理论，他自己始终没有写出一篇著作来系统地加以论证，只是这里一段或一句文字批注，那里一段或一句口头谈话。所以，有同志认为，所有这些都只能叫作片言只字。不过在实际生活中我们大家都知道，毛泽东同志晚年提出的这些错误观点已经不仅仅是对个别问题的个别观点，确实形成为对一些根本问题的一套观点，而且越来越成型，越来越固定化。毛泽东同志自己没有系统地加以论证，也不可能科学地加以论证，但在毛泽东同志了解和支持的宣传中确曾把它们编纂起来，组织成为有某种系统性的东西。这样就需要提出一个足以表达这种情况的概念。

曾经有一种建议：提出"毛泽东晚期思想"这个概念，用它概括毛泽东同志关于"文化大革命"的思想，目的是把它同毛泽东思想相区别。

* 龚育之，1929—2007，男，中共中央文献研究室副主任。

赞成提出这个概念的同志认为，这样一来，毛泽东思想和毛泽东晚期思想都各有了明确的界说，并且互相脱钩，便于我们理直气壮地坚持毛泽东思想。

　　也有不少同志对提出这样一个概念是否很恰当表示有疑问，认为虽然有上述好处，但也有不清楚的地方，容易引起很多别的问题。因为：（一）"晚期"只是一个时间的概念。如果提出"毛泽东晚期思想"（或"毛泽东同志的晚期思想"）的概念，就立刻会产生一个问题：是否有"毛泽东中期思想"和"毛泽东早期思想"？从逻辑上讲，"毛泽东晚期思想"同"毛泽东早期思想""毛泽东中期思想"这些概念在外延上可以分开，而"毛泽东晚期思想"同"毛泽东思想"这个概念在外延上分不开。（二）"晚期思想"从字义上讲应该是指晚期所有的思想，或晚期提出的重要思想的总和。不能只是指晚期思想中错误的部分。毛泽东同志关于"文化大革命"的思想，在他晚年的思想上占极重要的地位，但毕竟不是他晚年思想的全部。他晚年在一定范围还坚持着过去一些正确的东西。他晚年新提出的思想中，像三个世界的划分，关于我国外交政策的决策，是重要的、正确的东西。这些正确的东西，属于还是不属于"毛泽东晚期思想"呢？从逻辑和语法上看，从人们常识的理解上看，应该说这些也属于晚期思想。这样，晚期思想这个概念就不能很好地表达我们想要表达的意思，因为我们的意思是想要用这个概念专门来概括毛泽东同志关于"文化大革命"的错误思想。（三）当然，我们也可以另外交待明白，用"毛泽东晚期思想"来概括那些错误的东西，不是说毛泽东晚期就没有正确的思想。但是，这种另外的交待，不能自然地包含在"晚期思想"这个语词中，带有人为规定的性质，不容易让广大群众听明白。

　　那么，究竟用一个什么样的概念来概括毛泽东同志晚年关于"文化大革命"的错误思想，来表达它同毛泽东思想的区别呢？《决议》采用了一个现成的、早已提出的概念，这就是"无产阶级专政下继续革命的理论"。

　　有过一个说法，说"无产阶级专政下继续革命的理论"是康生、陈伯达、"四人帮"的伪造。《决议》沿用这个概念来概括毛泽东同志晚年关于"文化大革命"的思想，合适不合适呢？会不会把不属于毛泽东同志的错误加到毛泽东同志头上呢？

　　大家知道，康生、陈伯达、"四人帮"利用毛泽东同志关于"文化大革命"的错误思想，把它鼓吹为"无产阶级专政下继续革命的伟大理论"，扩大它的错误，把它推向极端，并且在它的名义下进行他们的反革命阴谋活动，确实是罪大恶极。但是，如果因此就说"无产阶级专政下继续革命的理论"与毛泽东同志无关，不表达毛泽东同志的观点，那是不合乎实际的。的确，"无产阶级专政下继续革命"这个提法，在我们看到的所有的毛泽东同志讲话和著作中都没有出现过。1967 年纪念十月革命 50 周年的两报一刊社论《沿着十月社会主义革命开辟的道路前进》最先正式地提出了"无产阶级专政下继续革命的理论"这个提法，并把它的内容归纳为六条，认为它是毛泽东思想最重要的贡献。这篇社论是陈伯达和姚文元主持起草的。他们归纳的六条，是把毛泽东同志的一些话串到一起，编起来加以解说。其中有一句话，就是"无产阶级必须在上层建筑其中包括各个文化领域中对资产阶级实行全面的专政"这句话，社论中用黑体字当作毛泽东语录发表，但这个"全面的专政"不是毛泽东同志的原话。这在批"四人帮"的过程中早已揭发出来了。毛泽东同志在"五一六通知"中所写的原文是"无产阶级在上层建筑其中包括在各个文化领域中的专政"。陈伯达、姚文元把社论稿写成后，送给毛泽东同志看，并且说明社论中关于主席思想六条，作了新的整理。毛泽东同志看了社论稿，认为可用。这之后，社论就发表了。提出"无产阶级专政下继续革命的理论"这个概念，把它的内容概括为六条，并且称之为"主席思想六条"，既然是毛泽东同志看过、同意过的，用毛泽东同志自己同意过的这个概括，来表达毛泽东同志晚年关于"文化大革命"的错误思想，应该说是合适的。

二

　　否定"无产阶级专政下继续革命"的口号，同坚持向我们党内和国内的阴暗面作斗争，是怎样的关系呢？会不会使我们放松这种斗争呢？

　　《决议》明确地回答了这个问题。对于我们党和国家肌体中确实存在的某些阴暗面，当然需要不断地同它们作斗争。我们必须以极大的决心和毅力，同脱离群众的官僚主义现象作斗争，同我们队伍中滋生的压迫群众的蜕化变质分子、贪污盗窃分子等等作斗争。这是社会主义国家执政的无产阶级政党面临的一个极其重要的问题，需要认真地对待，从实践中不断地创造经验，切实有效地加以解决。决不可以放松这种斗争。但是，必须正确地来进行这种斗争。"文化大革命"的教训告诉我们，在进行这种斗争的时候，必须对实际情况作出恰当的估计，决不可以远离实际，任意夸大，作出危言耸听的主观主义的估计（当然也不可以任意缩小，作出粉饰太平的估计）；必须严格划分两类不同性质的社会矛盾，决不可以混淆是非和敌我；必须依靠人民群众，依靠党和人民的团结，依靠党的正确领导，决不可以借口直接依靠群众而撇开或者反对党的领导；必须凭借社会主义民主和法制的手段，决不可以借口大民主而破坏社会主义国家的宪法、法律和无产阶级政党的章程、原则；一句话：必须采取正确的理论和方法，决不可以再采取"无产阶级专政下继续革命的理论"和"文化大革命"的方法。"文化大革命"的理论和方法不仅没有克服我们党和国家肌体中确实存在的阴暗面，反而由于对党和国家根本秩序、根本原则的破坏而造成条件，使这种阴暗面大大增长。这难道不是明显的事实吗？

三

"无产阶级专政""继续革命"这几个词本身并不错，批判"文化大革命"的错误理论，是不是一定要把"无产阶级专政下继续革命"这一口号否定呢？能不能保留它，赋予它以另一种正确的解释呢？

这个问题在三中全会过后不久召开的理论务虚会上讨论过。理论务虚会的总结中说："无产阶级专政下继续革命这一提法，如果按照提出的当时的解释，即所谓'向走资派夺权'，也就是撇开党委闹革命，打倒一切，那么实践已经证明是错误的。至于作出新的解释，可以在党内继续研究。"经过反复考虑，现在大家认为，沿用这个口号，给它以新的解释，看来不是一个好办法。因为事情不能只看字面。"无产阶级专政下继续革命"这个提法是在一定的历史条件下产生的，是作为"文化大革命"的指导思想而出现的，是同"文化大革命"的实践（"文化大革命"被称为这个"伟大理论"的"伟大实践"）不可分解地联系在一起的。不是人们今天在批评它们的时候，把它们联系起来，而是历史本身把它们联系在一起的。这种历史本身所形成的联系，使"无产阶级专政下继续革命"这一概念具有特定的含义，并由于过去的广泛宣传而"家喻户晓"。现在如果把这个概念同"文化大革命"分开，不顾它们之间历史形成的联系，另外给这个概念以一种新的解释，反而是勉强的、人为的，而且容易造成思想上的混淆。新解释和旧含义搅和在一起，不易划清界限。过去几年中出现过试图着重从技术革命和经济建设的角度来重新解释"无产阶级专政下继续革命"的努力，我自己就曾经这样做过，由于没有同它的旧含义划清界限，这种努力并不能解决问题。这次《决议》没有采取对"无产阶级专政下继续革命"给予新解释的办法，而是按照它历史上的本来面目来看待它。实践证明具有特定含义的这个理论是错误的，就直截了当地否定它。

四

否定了"无产阶级专政下继续革命"的口号，我们共产党人和革命者还要不要继续举起革命的旗帜，进行革命斗争呢？是不是要把"革命"这个词儿留给历史教科书去专用呢？

这里的问题，是究竟应该怎样来理解不同社会历史条件下的革命。怎样来理解社会主义改造基本完成之后的革命。

在关于这个问题的研究中提出了这样的见解：革命有两种不同的含义，它的原义和它的转义。必须把这两种含义明确地区别开来，才能澄清围绕"革命"而发生的思想认识的混乱。

什么是革命的原义呢？就是政治革命。我觉得，毛泽东同志有个很好的概括："革命是暴动，是一个阶级推翻一个阶级的暴烈的行动。"[1] 这

---

① 《毛泽东选集》第1卷，人民出版社，1952年，第18页。

句话最清楚不过地说明了革命的原义。马克思在《哲学的贫困》一书最后说："只有在没有阶级和阶级对抗的情况下，社会进化将不再是政治革命。而在这以前，在每一次社会全盘改造的前夜，社会科学的结论总是：'不是战斗，就是死亡；不是血战，就是毁灭。问题的提法必然如此。'（乔治·桑）"[1] 这里区别了两种不同的社会历史情况：一种是阶级和阶级对抗的情况，社会进化归根到底必然要通过政治革命，即"一个阶级推翻一个阶级的暴烈的行动"；另一种是没有阶级和阶级对抗的情况，社会进化不再通过政治革命，不需要也不应该继续采取"一个阶级推翻一个阶级的暴烈的行动"。我们现在的社会主义社会，当然不能说完全没有阶级和阶级对抗的情况，因为在一定范围内还存在着阶级斗争，这一定范围内的阶级斗争在某种条件下还有可能激化，就是说，还有反对反革命分子和其他进行破坏社会主义活动的分子的斗争。但是，就社会的基本情况说，在无产阶级和劳动人民取得了政权，改造了生产资料私有制以后，已经不存在整个社会的阶级对抗，阶级斗争已经不再是社会的主要矛盾。在这种情况下，即在无产阶级专政下，已经不需要也不应该继续发动"一个阶级推翻一个阶级"的政治革命。而"文化大革命"所号召的却正是这样的"政治大革命"。这是把社会主义和资本主义混为一谈，把无产阶级专政的社会历史条件和剥削阶级专政的社会历史条件混为一谈。所以，提出"无产阶级专政下继续革命"的口号，而"革命"又是在它的原义，即推翻现存的统治阶级的意义下来使用，这本身在理论上、在逻辑上就是荒谬的，在实践上造成了自己乱了自己的内乱。

但是，革命还有它的转义，引申的含义。比如说，我们要继续发扬革命精神为社会主义和共产主义的目的而进行革命斗争，我们整个社会还要进行长过程的深刻的改造，落后的状况要改变成现代化的状况，在落后的状况下存在的社会不平等，要在生产的发展中和其他各方面的努力中逐步加以消灭，社会主义还要向共产主义前进，就这些根本的社会改造来讲，我们所要完成的还是革命的任务，要用革命的态度、革命的精神从事这种革命工作，要为这种革命理想来斗争。这当然是必须坚持

---

[1] 《马克思恩格斯选集》第 1 卷，人民出版社，1972 年，第 161 页。

的，绝对不能动摇的。这是革命的广义，转义或引申的含义。

这样，革命就有了不同层次、不同范围的含义。如果不加区别，混淆使用，就违背了形式逻辑的同一律。用的还是革命这个词，一个时候用的是它的原义，一个时候用的是它的转义，从转义上加以论证的一个命题，然后一下又跳回原义上去运用，就会在思想理论上和实际行动上引起混乱。

"无产阶级专政下继续革命的理论"这个提法中的革命一词，不是就其转义、引申的意义来使用的，它明确地申明过，其含义是"一个阶级推翻一个阶级"的"政治大革命"。在这样的含义上来使用的"无产阶级专政下继续革命"的概念，当然必须否定。我们今天还要继续举起革命的旗帜，进行革命斗争，是就革命的转义、它的引申的含义、它的广泛的含义，而不是就它的原义来使用的。《决议》在两处地方说明了这种区别。一处是第（20）条的第四点，在批评"文化大革命"的理论时指出，在我国，"虽然社会主义革命的任务还没有最后完成，但是革命的内容和方法已经同过去根本不同"。第二处是（36）条，专用一条来说明"我们坚决纠正'文化大革命'中所谓一个阶级推翻一个阶级的'无产阶级专政下继续革命'口号的错误，这绝对不是说革命的任务已经完成，不需要坚决继续进行各方面的革命斗争"，并且说明了这"各方面革命斗争"的内容和含义。

五

毛泽东同志晚年理论上的错误，与对革命这一概念在不同含义上的交替、混杂使用，有密切的关系。这里可以稍微回顾一下这方面的历史情况。

毛泽东同志的被概括为"无产阶级专政下继续革命"理论的许多观点，不都是在发动"文化大革命"的时候才提出来的。在"文化大革命"前就开始了酝酿、准备的过程。不过形成一整套论点，并把它付诸实践，以致在我们的国家、在党的政治生活中造成极大的混乱，给人民带来灾难，这是在"文化大革命"中间的事情。"文化大革命"前在革命问题上的错误，总的说来，同"文化大革命"相比，还是处于萌芽、酝酿、准备的阶段，在那个时候，从毛泽东同志思想和活动的整体讲来，错误还是局部的东西。而在"文化大革命"中，错误的理论就形成了，它在毛泽东同志这个时期的思想和活动中就占了主导地位。

我们说，在以前错误理论还在酝酿过程中，还没有形成，还没有定型，也包含这样一层意思，即某种错误观点产生后，并不是一径向着错误越来越严重的方向发展。它是经历了多次反复进退的变化的。

我国革命在1956年生产资料私有制的社会主义改造基本完成以后，面临着形势的根本变化。以前我们革命是夺取政权。取得政权后还有一个把生产资料私有制变成公有制的革命改造任务。这个革命已不需要推翻掌握政权的统治阶级（因为这个阶级已经是无产阶级自己），因而，它已经不是最严格意义的政治革命了。在这以后，继续进行的革命的含义就发生了变化，变到革命的转义。对新形势下革命的内容、性质和方法要有全新的了解。这是我们党领导革命以来面临的最深刻的变化。过去都是领导搞阶级斗争，搞原义的革命，这以后搞革命就基本上不是过去意义的革命，而是转义的，广义的，不同性质、内容和方法的革命了。如果对这个深刻的变化没有思想准备，沿用过去革命的方法来处理新的问题，我们就会犯很多错误。

1956年秋召开的党的"八大"，对于我国形势和我国社会主要矛盾的变化作出了正确判断。毛泽东同志1957年2月《关于正确处理人民内部矛盾的问题》的讲话，讲到"革命时期的大规模的急风暴雨式的群众阶级斗争基本结束，但是，阶级斗争还没有完全结束"，"我们的根本任务已经由解放生产力变为在新的生产关系下面保护和发展生产力"。[1]一方面强调社会主义社会还存在矛盾，另一方面强调社会主义社会的矛盾同旧社会的矛盾根本不同，旧社会的矛盾表现为剧烈的阶级斗争，只能通过革命来解决，社会主义社会的矛盾可以经过社会主义制度本身不断地得到解决。这是很正确、很重要的思想，同"八大"的思想完全一致，并且把它从理论上进一步发挥了。这个讲话以后，毛泽

---

[1] 《毛泽东文集》第7卷，人民出版社，1999年，第216、218页。

东同志南下作宣传，反复向干部讲解正确处理人民内部矛盾的思想，明确指出我国现在处在转变时期，并且把这个转变概括为：由阶级斗争到向自然界斗争；由革命到建设；由过去的革命到技术革命和文化革命。他认为，许多人还不认识这个转变，还企图用过去的方法对待新问题。毛泽东同志这些讲话，实际上已经提出了革命形势、任务的根本变化，革命一词的两种不同含义，我们应该由原义的革命转向转义的革命的问题。当他说"由革命到建设"的时候，革命是指的它的原义；当他说"由过去的革命到技术革命和文化革命"的时候，实际上就是说，原义的革命在我们这里已经基本上成为过去，今后的革命是新的、转义的革命，这种革命就是建设，经济和文化建设，即技术革命和文化革命。

极少数右派分子的进攻和反右派斗争严重扩大化的错误，引起了思想的反复。1957年10月，在八届三中全会上，毛泽东同志批评了"八大"关于我国社会主要矛盾的提法，回到生产资料私有制改造基本完成以前的提法，仍然把无产阶级和资产阶级的矛盾当成主要矛盾。另外，又提出一个"政治战线和思想战线的社会主义革命"的概念，接近于回到革命的原义，或者说密切地联系到革命的原义。对主要矛盾判断的反复，引起对革命的两种含义的交互使用的情况。

不过，毛泽东同志并没有就此抛弃革命必须向新的任务转变的思想。1958年年初，他写了《工作方法六十条（草案）》，宣布继1956年获得了经济战线上的社会主义革命的基本胜利之后，1957年又获得了政治战线和思想战线上社会主义革命的基本胜利，从而我们的"不断革命"要转到技术革命上去，党的主要注意力和工作着重点要转到技术革命上去。毛泽东同志讲的技术革命，就是经济建设，就是在经济上技术上赶上先进国家的任务。在毛泽东同志这里所提"不断革命"的口号中，革命一词包含了两种含义，而现在很明白是过渡到它的转义来使用了。

在《工作方法六十条》中，毛泽东同志围绕革命含义的引伸、扩大和转化，还提出了一些重要的理论问题，如：政治这个概念在社会主义条件下的含义问题，对立统一、量变质变、肯定否定规律在社会主义和共产主义社会条件下是否适用的问题，等等。他第一次明确地把政治的概念加以扩大，说："将来政治这个名词还是会有的。但是内容变了。"①
过去政治的基本内容是同阶级敌人作斗争；人民取得政权以后，政治基
本上是人民内部的关系；到社会主义社会、彻底消灭了阶级以后，政治
就完全是人民内部的关系。那时候，还会有政治和革命，但是，政治和
革命的性质和过去不同了。毛泽东同志在这里，一方面把革命的含义加
以引伸，把它们用于没有阶级和阶级对抗的社会历史情况下，另一方面
又指出，经过引伸的革命，含义不同，内容和性质都变了；一方面指出
对立统一、量变质变、肯定否定这些规律永远地普遍地存在，并且用这
些规律来说明新的社会历史情况下的革命，另一方面又随着革命含义的
变化，提出了研究这些规律、范畴在新的社会历史情况下的新特点的问
题。毛泽东同志从哲学上对革命这个概念及其发展和转化的探讨，是具
有深刻的思想内容，很富于启发性的。

可惜的是，毛泽东同志后来没有能够继续朝着这个正确的方向去进
一步发挥他的这个观点。由于阶级斗争扩大化、绝对化错误的发展，他
对革命一词逐渐不再像他最初提出"不断革命"口号时那样，着重过渡
到它的转义上来使用，而是逐渐重新在它的原义上来使用。社会主义的
经济革命、政治革命、思想革命、文化革命、技术革命"五大革命"的
提法，阶级斗争、生产斗争、科学实验"三大革命"的提法，就是把革
命的不同含义混在一起。到"文化大革命"，则完全回到革命的原义，发
动了一场在新的社会历史情况下只能成为荒谬行为的"一个阶级推翻一
个阶级"的"政治大革命"。

六

现在人们在探讨革命的两种含义和社会主义社会条件下革命的性质、
内容的变化，提出了一些值得研究的理论问题。

比如，有同志提出了革命由质变阶段转入量变阶段的问题。推翻旧
的剥削阶级的政治统治和剥夺他们借以进行剥削的生产资料，这是一个

---

① 《毛泽东文集》第 7 卷，第 351 页。

剧烈的质变。经过这样的质变阶段的革命之后,在新质的基础上应该开始一个新的量变的积累过程。由量变到质变,是革命;由质变到量变,可不可以说也是革命,即量变阶段的革命?这是对转义的革命的一种新的哲学解释。的确,我们不应该在任何时候都强调质变,只承认质变是革命,而不给质变前的量变的准备和质变完成后继续发展的量变的意义以足够的估计,轻视量变在革命发展中的作用。

与此相联系,还有一个质变形式的多样性的问题。我们不能认为社会主义社会中革命只是量变。但是,社会主义社会条件下,新的质变究竟以什么形式来实现,确实是要研究的问题。这个问题斯大林同志曾经提出过。他认为:不能醉心于革命的爆发形式。在无产阶级已经掌握政权的条件下,革命可以通过新质要素的逐渐积累和旧质要素的逐渐死亡的形式来实现。毛泽东同志也强调过量变过程中的部分质变的问题。这两个论点都没有充分论述,但它们确实给人们打开了一条思路:应该探讨质变形式的多样性问题。既要充分看到量变在革命发展中的作用,也要看到革命的质变的形式也有多种多样,不能局限在一个固定的框框里。同样,否定的形式也有一个多样性的问题。这些都是与哲学概念有关的问题。

从政治学上讲,革命和改良的关系也需要研究。改良不是改良主义,革命和改良不是绝对排斥的。在无产阶级掌握政权以前,改良是革命的副产品。在无产阶级掌握政权以后,改良是革命发展的一种形式。这个问题和新条件下革命的转义有关。此外,《决议》还提出了"转入和平发展时期的革命"这样一个概念。一个阶级推翻一个阶级的暴烈行动,当然不是和平发展。而这个任务完成以后的革命就转入和平发展。

对于新的社会历史情况下革命的转义,究竟如何展开它的内容,论证它的理论基础,从政治学、哲学上都提出了许多问题。

我国的和世界的社会主义的历史和现实,在这方面提出的问题远比已经解决的问题要多得多。研究和重新研究这些问题,是当代马克思主义理论和实践的重大课题。

原载《教学与研究》1981 年第 6 期

评张春桥《论对资产阶级的全面专政》（节选）

胡福明 *

去年，"四人帮"的狗头军师张春桥，继同伙姚文元抛出反党文章《论林彪反党集团的社会基础》之后，又炮制了反党文章《论对资产阶级的全面专政》。在这篇反党文章中，张春桥肆意篡改马克思主义、列宁主义、毛泽东思想，以反动的唯心论的暴力论反对马克思主义的历史唯物论，把无产阶级专政篡改为对无产阶级的法西斯专政，并气势汹汹地提出"打土围子"的反动口号，妄图篡夺党和国家的最高领导权，复辟资本主义。这篇反党文章，是"四人帮"的反党政治宣言，是他们篡党夺权的反革命修正主义纲领。

历史唯物论是马克思的伟大发现之一，是马克思主义的基石之一。张春桥在反党文章《论对资产阶级的全面专政》中全面篡改历史唯物论，鼓吹历史唯心论的暴力论。张春桥宣扬："历史上任何一种所有制的大变更，不论是封建制代替奴隶制，还是资本主义代替封建主义，都是先夺取政权，再运用政权的力量大规模地改变所有制，巩固和发展新的所有制。社会主义公有制不可能在资产阶级专政下产生，更是只能如此。"照张春桥的说法，历史上一切所有制的大变更，都是先有政权变更，后有所有制变更，不是经济基础决定上层建筑，而是上层建筑决定经济基础。他举例说，先有地主阶级专政后有封建主义所有制，先有资产阶级专政后有资本主义所有制；他认为，社会主义公有制由无产阶级专政建立这一点，与历史上所有制的变革没有多大区别，只是程度不同罢了。这是

---

* 胡福明，1935—2023，男，中共江苏省委党校校长、教授，江苏省社会科学院院长。

道地的唯心主义的政权决定论，即唯心主义的暴力论。历史唯心论是张春桥反党文章的理论基础。

马克思的观点是鲜明的：生产力决定生产关系，经济基础决定上层建筑，社会存在决定社会意识；在这个前提下，马克思当然十分重视生产关系对生产力、上层建筑对经济基础、社会意识对社会存在的巨大的反作用。毛主席作了一个概括："诚然，生产力、实践、经济基础，一般地表现为主要的决定的作用，谁不承认这一点，谁就不是唯物论者。然而，生产关系、理论、上层建筑这些方面，在一定条件之下，又转过来表现其为主要的决定的作用，这也是必须承认的。"①

社会存在和社会意识谁是第一性的？经济基础和上层建筑谁决定谁？这是区分历史唯物论与历史唯心论的根本问题。用马列主义、毛泽东思想分析一下张春桥的谬论，就可看清他是个假马克思主义骗子，完全背叛了历史唯物论。张春桥完全抹杀生产力决定生产关系、经济基础决定上层建筑、社会存在决定社会意识的唯物主义，炮制了一个政权变革决定一切所有制变更的唯心主义谬论，他用砍头去尾的方法，把"一定条件之下"上层建筑对经济基础的决定作用，篡改为无条件的、绝对的上层建筑决定经济基础的唯心主义谬论。

张春桥的历史唯心主义还表现在把阶级和产生阶级的生产关系割裂，把阶级的经济地位和观念形态割裂，从而篡改了马克思主义的阶级学说。他所伪造的"四个一切"是个典型。马克思指出："这种社会主义就是宣布不断革命，就是无产阶级的阶级专政，这种专政是达到消灭一切阶级差别，达到消灭这些差别所由产生的一切生产关系，达到消灭和这些生产关系相适应的一切社会关系，达到改变由这些社会关系产生出来的一切观念的必然的过渡阶段。"②这里，马克思说无产阶级专政的目标是"消灭一切阶级差别"。这是加了着重点的。至于达到消灭这些差别（指阶级差别）所由产生的一切生产关系、达到消灭和这些生产关系相适应的一切社会关系、达到改变由这些社会关系产生出来的一切观念，则是"消

---

① 《毛泽东选集》第 1 卷，人民出版社，1952 年，第 313—314 页。本文脚注为编者所加。——编者注

② 《马克思恩格斯选集》第 1 卷，人民出版社，1972 年，第 479—480 页。

灭一切阶级差别"的内容的发挥，是包括在"消灭一切阶级差别"之内的。马克思在这里，也清楚地说明阶级是产生于一定的生产关系的，一定的生产关系决定一定的社会关系以及观念。这是历史唯物论。但是张春桥在抄了马克思的话以后，却伪造了所谓"四个一切"，大加鼓吹；他把阶级差别、产生阶级差别的生产关系、由这些生产关系决定的社会关系、由这些社会关系决定的观念，统统罗列起来，并列起来，抹杀它们之间的内在的决定与被决定的关系，把阶级与产生阶级的生产关系割裂，把阶级的经济地位与观念平列，把阶级搞成一个纯粹抽象的概念，一个幽灵。

历史证明：社会主义革命以前的历史上一切所有制的大变革，都是在政权变革以前实现的，先有所有制的大变更，后有政权的变更；新的所有制都是在旧社会内确立了、成熟了，产生了新的阶级，然后才发生革命，变革政权；历史上都是先有产生阶级的生产关系，再有阶级的。无产阶级专政以前的一切国家，都是先有经济基础，后建立国家政权的。

只有社会主义公有制是在无产阶级专政建立后产生的，这是一个特点，不同于历史上政权变革和所有制变革的特点。而且即使这样，社会主义革命以及建立社会主义经济的要求，也只有在资本主义社会内部生产力和生产关系以及资产阶级和无产阶级两个阶级矛盾斗争的基础上才有可能被提出来。张春桥把社会主义革命先夺取政权后改革所有制的特点，夸大为历史上的普遍规律，抹杀社会主义革命与历史上一切革命的区别，这是对马列主义的极端无知。

张春桥的唯心论的政权决定论与叛徒林彪的"有了政权就有一切"的谬论如出一辙，与林彪的唯心论的政变经是一路货，"四人帮"与林彪集团一样，念念不忘篡党夺权。这种反动的唯心史观，是"四人帮"的反革命修正主义路线的理论基础，是他们背叛无产阶级专政、搞法西斯专政、阴谋篡党夺权的武器。

二

反革命修正主义分子张春桥，从唯心主义的暴力论出发，篡改无产阶级专政理论,搞法西斯专政。

无产阶级专政的任务是什么呢?张春桥的回答是:在"一切领域专政",在"一切阶段专政"。但是,张春桥避而不谈要正确理解和处理社会主义时期的阶级矛盾和阶级斗争问题,正确区别和处理敌我矛盾和人民内部矛盾,不谈发展社会主义生产力,巩固无产阶级专政的问题。这是对马克思主义关于无产阶级专政理论的全面篡改。

第一,我们的国家是工人阶级领导的以工农联盟为基础的人民民主专政的国家。专政是解决对内对外的敌我矛盾的,是指向敌人的。但是,张春桥别有用心地混淆两类不同性质的矛盾,把专政的矛头指向广大人民。

无产阶级专政,要根据不同领域的不同特点采取不同的斗争方法;要区别敌我矛盾和人民内部矛盾,采取不同的斗争方法。但是,张春桥鼓吹的"全面专政"就是"全部地打掉一切资产阶级的土围子",即用暴力的方法解决各个领域的矛盾。他抹杀了各个领域的不同斗争方法,特别是从根本上混淆了两类不同性质的矛盾,把专政的矛头指向广大人民。

第二,无产阶级专政,在人民内部是实行民主集中制。但是,张春桥在专门研究无产阶级专政问题的反党文章中,根本没有提到社会主义的民主,根本没有提到人民内部的民主集中制。这也难怪,他们是要专无产阶级和革命人民的政,那能给人民半点民主权利呢!他们凌驾于党中央、毛主席之上,称王称霸,为所欲为,乱扣帽子,乱打棍子,动不动就整人。他们把自己打扮成"天才",视人民如刍狗。"四人帮"一贯挑动群众斗群众,抛出"文攻武卫"的反革命口号,煽动群众自相残杀,以从中渔利。他们罪恶累累,叛党卖国,当人民起来揭发他们的时候,"四人帮"就实行法西斯镇压!"四人帮"是一伙大恶霸。

第三,无产阶级专政担负着建设社会主义强国的宏伟任务。毛主席指出:无产阶级"专政的目的是为了保卫全体人民进行和平劳动,将我国建设成为一个具有现代工业、现代农业和现代科学文化的社会主义国家。"① 周总理在四届人大的报告中,根据毛主席的指示提出了本世纪内建

---

① 《关于正确处理人民内部矛盾的问题》,《人民日报》1957年6月19日。

设四个现代化的社会主义强国的宏伟目标，反映了全国人民的共同愿望。但是，张春桥在其反党文章中，抹杀无产阶级专政领导社会主义建设的伟大任务，恶毒攻击实现四个现代化是"卫星上天，红旗落地"。"四人帮"攻击四个现代化是"唯生产力论"。

第四，张春桥还歪曲毛主席关于限制资产阶级法权的理论。毛主席一分为二地分析了资产阶级法权，一方面，现阶段是必要的，不能立即消灭；另一方面，资产阶级法权所反映的经济关系，是林彪一类搞资本主义复辟的条件，必须加以限制。张春桥放肆地篡改毛主席的指示，抹杀资产阶级法权必要性的一面，片面强调限制的一面。

三

"四人帮"背叛马列主义、毛泽东思想，搞反革命修正主义，歪曲和篡改无产阶级专政的理论，目的是阴谋篡党夺权。张春桥在其反党文章中鼓吹"打土围子"的反动口号，是阴谋篡党夺权的行动纲领，其罪恶矛头是指向我们敬爱的周总理，指向其他党政军的负责同志。只要分析他们鼓吹的"打土围子"的特点，分析当时阶级斗争路线斗争的背景，分析"四人帮"一贯的所作所为，就可以一目了然。

张春桥的"土围子"有什么特点呢？他鼓吹："毛主席在《抗日战争胜利后的时局和我们的方针》这篇讲话中说过，1936年，党中央所在地保安附近，有一个土围子，里面住着一小股反革命武装，就是死不投降，直到红军打进去才解决了问题。……现在，资产阶级的土围子还很多，打掉一个还会长出一个。"拉大旗作虎皮，打着红旗反红旗，借古讽今，含沙射影，是"四人帮"一贯的卑劣手法。这里张春桥又故伎重演。从这段黑话中可以看出，"四人帮"要打的"土围子"具有以下特点：（1）这个"土围子"与1936年保安附近的土围子是一样的，是反革命匪帮。（2）这个"土围子"是在毛主席、党中央附近的，直接威胁着毛主席、党中央，就像保安附近的土围子威胁党中央一样。（3）这个"土围子"不是个别的反革命，而是"一小股"反革命，有政权、有武装、有组织、有帅有将有兵。（4）这个"土围子"是刚长出来的"土围子"。"四人帮"

精心炮制的"打土围子"的反革命口号，疯狂攻击的正是全党全军全国人民敬爱的周总理及其他领导同志。司马昭之心，路人皆知，"四人帮"的罪恶目的，昭然若揭。

从张春桥反党文章的历史背景看，也清楚看出"打土围子"的罪恶矛头是指向敬爱的周总理的。张春桥的反党文章发表在四届人大刚刚开完不久。大家知道，"四人帮"是一伙资产阶级野心家、阴谋家，他们与林彪反党集团一样，是把四届人大看作权力再分配的机会，他们有计划有目的地阴谋篡夺国务院的权力。四届人大召开前夕，"四人帮"背着中央政治局，到毛主席那里去污蔑周总理，妄图陷害周总理，由他们"组阁"，伟大领袖毛主席洞察一切，粉碎了"四人帮"的阴谋，胜利召开了四届人大，仍然由我们敬爱的周总理领导国务院。"四人帮"的反革命阴谋破产了，但是他们贼心不死，于是借着学习无产阶级专政理论的机会，抛出了"打土围子"的反革命口号，继续阴谋反对敬爱的周总理和其他领导同志。

原载《南京大学学报》1976 年第 4 期

必须批判"四人帮"的"资产阶级法权论"（节选）

李洪林 *

【一点说明 "资产阶级法权论"在"四人帮"的理论武库里，至少和"唯生产力论"一样，是他们到处打人的一根大号棍子。如果说"唯生产力论"的破坏作用主要是生产领域，那么，"资产阶级法权论"的破坏作用就遍及经济基础和上层建筑各个方面了。

不过有一个问题颇费斟酌，就是我们的同志，包括我自己，有时也使用过"资产阶级法权"这个概念来表示"不平等"或"特殊化"，对它要加以"限制"或"破除"，等等。这样，在批判"四人帮"的时候，会不会无意间伤害了自己的同志呢？会不会被有的人钻了空子，节外生枝呢？

这篇文章是去年 8 月间写的，就是由于上述斟酌，一直放在那里。

现在之所以把它拿出来，是因为批判"四人帮"的运动已经深入到这个程度，要回避也回避不开了。事实已经证明，越是我们队伍内部对这个问题的认识有分歧，就越不能回避"四人帮"的"资产阶级法权论"。因为回避了它，它就越发增加人们思想上的混乱。所以彻底批判这个反动理论，已经成为迫切的需要。

至于我们内部，对"资产阶级权利"的理解和使用，这同"四人帮"的"资产阶级法权论"完全是两回事。我们自己，不论过去、现在或将来，对马克思主义经典作家所用"资产阶级权利"的原意，作这样的理解或那样的理解；或者在马克思的原意之外，赋予个概念以这样或那样

---

* 李洪林，1925—2016，男，中共中央宣传部理论局副局长。

的含义；以及因此而对它持有这样或那样的态度，这都是人民内部的事情，完全可以在完整和准确地理解马列主义、毛泽东思想的基础上，按照"百家争鸣"的方针，通过实事求是的研究和讨论，得到解决。

"资产阶级法权"这个词，原出于《哥达纲领批判》的中文译本。现经翻译者正式改译为"资产阶级权利"。这就好了，不但更符合马克思原意，而且可以免去因"法权"而产生的很多望文生义的歧解，尤其有利于同"四人帮"的"资产阶级法权论"划清界限。至于"四人帮"那个"资产阶级法权"，早已和马克思的原话没有关系，而是成为他们的专用名词，并且已经成为历史上的客观事实。因此，在批判"四人帮"的时候，这个名词还是不改为好。而且，为了行文统一，在谈到马克思主义原著时，也一律暂用旧译，都叫作"资产阶级法权"。——1978 年 6 月】

"资产阶级法权"本来是马克思和列宁著作中使用过的一个概念。"四人帮"从书里摘出这几个字来，任意解释，到处乱套，在思想上造成非常大的混乱，对实际工作造成严重破坏。

马克思是怎么说的

"四人帮"在"资产阶级法权"问题上大做文章，是从断章取义地摘引马克思的著作开始的。

马克思在《哥达纲领批判》中第一次提出共产主义社会有两个阶段：在第一阶段，消费品还不能满足每一个人的需要，而只能按照他付给社会的劳动量进行分配。"每一个生产者，在作了各项扣除之后，从社会方面正好领回他所给予社会的一切。""他以一种形式给予社会的劳动量，又以另一种形式全部领回来。"[1] 这就是后来被称作按劳分配的社会主义原则。因为付出多少劳动，就有领回多少消费品的权利，所以这是一种平等的权利。

马克思说："显然，这里通行的就是调节商品交换（就它是等价的

---

[1] 《马克思恩格斯选集》第 3 卷，人民出版社，1972 年，第 10—11 页。本文脚注为编者所加。——编者注

交换而言）的同一原则"，"所以，在这里平等的权力按照原则仍然是资产阶级的法权"。①接下去，马克思又分析了这种平等的权利实际上是不平等的权利，因为它是以不平等为前提的，各个人的体力和智力不一样，所以能提供的劳动量就不一样，因此收入就不一样。即使收入一样，家庭负担也未必一样，所以实际生活水平仍然是不平等的。

不平等当然是一种弊病。不过马克思也说了，一切权利，都是不平等的，因为它都是用同一的尺度（在这一点上是平等的）去衡量不同等的个人（在这一点上又是不平等的）。"要避免所有这些弊病，权力就不应当是平等的，而应当是不平等的。"②所谓"权利应当是不平等的"，是说不应当用同一标准（劳动）去衡量各个人应得的消费品数量，而应当用"需要"作标准去分配消费品。各个人的需要是不一样的，领取的消费品当然也不一样，于是权力也就成了"不平等"的。这种分配原则，也就是共产主义的"按需分配"。

可是，在社会主义阶段，"资产阶级法权"却是不可避免的，因为"权利永远不能超出社会的经济结构以及由经济结构所制约的社会的文化发展"③。

什么时候这种"资产阶级法权"才能消失呢？马克思写道："在共产主义社会高级阶段上，在迫使人们奴隶般地服从分工的情形已经消失。从而脑力劳动和体力劳动的对立也随之消失之后；在劳动已经不仅仅是谋生的手段，而且本身成了生活的第一需要之后；在随着个人的全面发展生产力也增长起来，而集体财富的一切源泉都充分涌流之后——只有在那个时候，才能完全超出资产阶级法权的狭隘眼界，社会才能在自己的旗帜上写上：各尽所能，按需分配！"④

以上就是马克思在《哥达纲领批判》中谈到"资产阶级法权"的大致情况。很明显，马克思使用这个概念，仅仅是指"等量劳动相交换"的原则而言。在商品交换当中，通行的是这种原则，在按劳分配当中，

---

① 《马克思恩格斯选集》第 3 卷，第 11 页。
② 同上书，第 12 页。
③ 同上。
④ 同上。

通行的是同样的原则，不过"内容和形式都改变了"，它们的共同点仅仅剩下一个等量劳动相交换的原则。只是在这个意义上，马克思才说，按劳分配这种平等的权利，在原则上仍然是"资产阶级的法权"。除此以外，马克思没有在《哥达纲领批判》中给这个概念以别的含义。

列宁是怎么说的

在《国家与革命》中，列宁和马克思一样，在消费品的分配上，使用了"资产阶级法权"的概念，并深刻阐述了马克思的思想。

另外，列宁还在生产资料所有制上使用了这个概念。他说："'资产阶级法权'承认生产资料是个人的私有财产。"[1]应当怎样理解这句话，有待我们继续学习和研究。不过列宁接着说，在社会主义社会，生产资料已经公有化，因此在这方面，"资产阶级法权"已不存在。所以列宁在《国家与革命》中所说的"资产阶级法权"，还是消费品分配上"等量劳动相交换"的原则。

列宁对这个问题有一个重大发展，就是论证了社会主义国家必须"保卫"这种"资产阶级法权"。

列宁说，在社会主义阶段，"还需要有国家来保卫生产资料公有制，来保卫劳动的平等和产品分配的平等"[2]。所谓"保卫劳动的平等和产品分配的平等"，就是人人都必须劳动，谁也不能剥削别人；在分配消费品时，只有一个标准，即劳动，对每个人都一样。这也就是实行"不劳动者不得食"和"按劳分配"的原则。但是这种平等的权利对于事实上不平等的个人来说，又是不平等的权利，所以列宁说，国家对按劳分配原则的保卫，也就是"保卫容许在事实上存在不平等的'资产阶级法权'"[3]。也正是在这个意义上，列宁把社会主义国家叫作"没有资产阶级的资产阶级国家"[4]。

---

[1] 《列宁选集》第 3 卷，人民出版社，1972 年，第 252 页。
[2] 同上。
[3] 同上。
[4] 同上书，第 256 页。

当"四人帮"放肆地咒骂按劳分配是个可恶的"资产阶级法权"时，他们从来也不敢引用列宁的这些话。因为列宁的话非常明白，社会主义国家就是要用强力来保卫"资产阶级法权"，对每一个公民做了多少工作，应该领取多少报酬，都要精确地计算，"极严格地监督"。这种监督，对于广大劳动人民的社会主义劳动积极性，是极好的保护，而对于一切剥削者以及各式各样的寄生虫和懒汉，则是极有效的制裁。

毛主席是怎么说的

1975 年，毛主席关于理论问题的指示发表了。专门投机的"四人帮"立即以"只此一笔，别无分号"的垄断姿态，把毛主席的指示归结为"限制资产阶级法权"。他们宣布："毛主席关于理论问题指示的主要内容，即限制资产阶级法权。"

其实，毛主席的这个指示恰恰没有"限制资产阶级法权"的字样。毛主席说："我国现在实行的是商品制度，工资制度也不平等，有八级工资制，等等。这只能在无产阶级专政下加以限制。"[①] 很明显，除了商品制度之外，毛主席在这里说到要限制的，是不平等的工资制度，并没有提到"资产阶级法权"。

怎样正确地理解毛主席关于理论问题的指示，有待我们认真学习马列著作和毛主席著作，完整地、准确地掌握毛泽东思想的体系，不是抓住几个字就能解决的。但是，有一点可以肯定，毛主席在上述理论指示中不是要限制按劳分配中的"资产阶级法权"。

早在 1929 年，毛主席在批判平均主义时就指出，社会主义时期的物质分配，要按照"各尽所能，按劳取酬"的原则和工作的需要。抗日战争时期，毛主席又批判了根据地一些企业的平均主义，指出：平均主义的薪给制抹杀熟练劳动和非熟练劳动的差别，抹杀了勤惰之间的差别，因此降低了劳动的积极性。建国以后，毛主席总是强调按劳分配，承认差别。在毛主席主持制定的关于农业合作社和人民公社的政策中，都贯

---

① 中共中央文献研究室编：《毛泽东年谱（1949—1976）》第 6 卷，中央文献出版社，2013年，第 572 页。

彻了这个原则。在我国的社会主义宪法中，也规定了"各尽所能，按劳分配"和"不劳动者不得食"的原则。

那么，什么是毛主席在关于理论问题的指示中要加以限制的不平等的工资制度呢？这是有待我们研究的一个问题。

我个人认为，不平等的工资制度，就是不符合按劳分配原则的工资制度。按劳分配是社会主义的客观经济规律，它有客观标准，正像商品的价值有客观标准一样，不以人的意志为转移。不过具体的工资制度是人定的，它可能符合按劳分配的客观标准，也可能不符合这个标准。符合这个标准的，就是平等的工资制度（也就是列宁所说的"产品分配的平等"，或"报酬平等""工资平等"）。

当然，平等和不平等，都是具体的，都离不开一定的历史条件。没有什么抽象的平等或不平等。马克思主义说按劳分配这种权利是一种不平等的权利，这是同按需分配相比而言的。如果同资本主义的分配制度相比，那就是平等的，是合理的。

毛主席在指示中提到"有八级工资制，等等"，是不是说八级工资制就是不平等呢？据我理解，不是这个意思。要实行按劳分配，就要承认差别，工资制度分等级是承认差别的一种形式。不管是八级工资制，还是七级或九级工资制，或者是另外多少级工资制，都是人们制定的，因此它都有个符不符合按劳分配客观标准的问题。毛主席要加以限制的，是不符合按劳分配的工资制度。"有八级工资制，等等"，无非是泛指我国现行的各种具体工资制度。"限制"，就是使它不要偏离按劳分配这个客观规律的轨道。

另外，在社会主义社会中的消费品分配，还有一种形式，就是集体福利。它包括马克思在《哥达纲领批判》中所说"用来满足共同需要的部分"（如学校、保健设施等）和"为丧失劳动能力的人等等设立的基金"（即社会救济）。马克思在"满足共同需要的部分"下面写道："和现代社会比起来，这一部分将会立即显著增加，并将随着新社会的发展而日益增加。"① 这两部分，都属于马克思所说在按劳分配以前的"扣除"。如果说，

---

① 《马克思恩格斯选集》第 3 卷，第 10 页。

227

按劳分配还不能消除人们实际生活富裕程度的差别，那么，集体福利就是这种分配制度的必要的补充。当然，集体福利不是社会主义的主要分配形式，不过它在全社会消费品的分配中所占比重将会日益增大。这样，随着社会主义生产的不断增长，个人按劳动量所领的消费品，虽然在绝对数量上必然增加，但在全社会消费品总量中所占比重，将会缩小。这是我们在领会毛主席关于理论问题的指示时，必须认真研究的一个问题。

最后还要谈一下高薪制的问题。"四人帮"硬把高薪制和按劳分配扯到一起，好像高薪制是由于"彻底实行"按劳分配才出现的，于是要避免高薪制，就要"限制"按劳分配。这完全是信口雌黄。高薪制恰恰是破坏按劳分配原则的工资制度，而决不是从按劳分配中产生的。所谓高薪制，指的是对国家工作人员和不属于生产过程的管理人员当中一小部分人实行高薪。整个这些人的薪金，并不属于马克思所说"按等量劳动领取等量产品"那个范围，而是属于按劳动量进行分配以前"扣除"的管理费用。国家工作人员和与生产无直接关系的企业管理人员等，就是从这项扣除中领取薪金的。显然，这项扣除越多，剩下按劳动量分配的部分就越少。马克思和列宁所说的薪金方面的"巴黎公社原则"，就是指对国家工作人员给以相当于工人工资的薪金。这是因为，国家工作人员和一部分管理人员的工作，虽然为社会所必需，但是并不直接创造物质财富，同时他们的工作也很难有一个准确的"量"，况且是人民的勤务员，便不应当在工作需要之外享有特权。因此，大体比照工人工资水平付给他们薪金，是应该的（这并不是平均主义，因为工人工资也有差别）。在脑力劳动和体力劳动的分工存在的历史条件下，适当有些差别也是合理的，但是不能过高。如果对这部分人中的少数人员实行高薪，那就违背或破坏了按劳分配，使国家工作人员和企业管理人员中的一小部分人，实际上成为无偿占有他人劳动的特权阶层。难道能把这种现象叫作"资产阶级法权"吗？恰恰不是，这种"高薪制"正是对"资产阶级法权"的破坏，因为它完全违反了等量劳动而交换的原则。所谓"资产阶级法权"，指的是按等量劳动领取等量产品的平等权利。而"高薪制"恰恰相反，它不实行等量劳动相交换的原则，而是对一小部分人实行"少劳多得"的原则。它既然使一小部分人"少劳多得"，于是也就使大多数人"多劳少得"了。可见,"高薪制"并非由于"把按劳分配绝对化",而是违反了按劳分配的结果,并非由于"放任资产阶级法权",而是破坏了"资产阶级法权"的结果。

我们取得全国政权以后,毛主席就非常注意防止资产阶级思想对革命队伍的侵蚀,号召发扬艰苦奋斗的作风,后来鉴于苏联变修的教训,坚决主张不对少数人实行高薪制。不过,具体的工资制度是人定的,"高薪制"也未必一下子就形成,而是有个"量变为质"的过程。如果我们在制定工资政策的过程中,不是自觉地严格按照按劳分配的客观规律办事,而是有意无意对一小部分人付给超过客观标准的工资,那就有可能出现高薪制。毛主席要对不平等的工资制度加以限制,尤其是针对这种可能性而言的。

然而"四人帮"却接过"限制"的口号,把它歪曲之后,作为向劳动人民进攻的武器。他们说"限制"就是限制按劳分配,就是压缩劳动收入。在这种超等"革命"的理论下,工人不能增加工资,"调整工资是阴谋";农民"不记工分也可以";群众生活不要改善,"八亿人民生活苦点不要紧"。这就是"四人帮"所鼓吹的"限制"的真相。这是对毛主席指示的肆意歪曲,是对社会主义原则的疯狂践踏。

什么是"四人帮"所说的"资产阶级法权"

知道了马克思、列宁、毛主席是怎么说的,也就可以知道"四人帮"所贩卖的那一套关于"资产阶级法权"的超等理论究竟是什么东西了。这套"理论",完全是他们独出心裁"创造"出来的"新鲜事物",它的"新鲜"之处,主要是两点:

第一,"四人帮"所说的"资产阶级法权",简直无所不包,是一锅真正的大杂烩。

第二,他们用杜撰的"限制资产阶级法权"和"扩大资产阶级法权"的斗争,来代替社会主义和资本主义、无产阶级和资产阶级的斗争,代替马克思主义和修正主义的斗争。

先说第一点。在"四人帮"的嘴里,什么都是"资产阶级法权",从经济基础到上层建筑，从三大差别到思想作风，几乎通通包括在内。不但资本主义所有制是"资产阶级法权"，连几千年前就出现了的个体所有制也是"资产阶级法权"（那时候资产阶级尚未出世）。不但私有制是"资产阶级法权"，连社会主义的集体所有制也是"资产阶级法权"。不但资本主义社会的不平等是"资产阶级法权"，而且封建社会和奴隶社会的等级制度，也都成了"资产阶级法权"。不但合理合法的差别是"资产阶级法权"，而且利用职权搞特殊化和不正之风也是"资产阶级法权"，甚至化公为私、投机倒把、贪污腐化、盗窃行贿这些非法行为，也通通成了"资产阶级法权"……

这样一锅大杂烩，在社会主义社会中是干什么的呢？

它是"产生资产阶级和修正主义"的"经济基础"或"温床"，是"推行'物质刺激''利润挂帅'的土壤"，是"新老资产阶级和党内走资派赖以生存的命根子"。它"既保护着老资产阶级，又孕育着新资产阶级"，"引起两极分化"，"瓦解社会主义的经济基础"，是被推翻的地主资产阶级和走资派"向无产阶级进攻"和"复辟资本主义的工具"。——简单一点说，"资产阶级法权"既是产生资产阶级的土壤，又是复辟资本主义的工具。

以上就是"四人帮"所说的社会主义社会的"资产阶级法权"。显然，在社会主义社会，没有比这个"资产阶级法权"更可怕的怪物了。

于是，我们就接触到"四人帮"的"资产阶级法权论"的第二个特点：

既然"资产阶级法权"是这样可怕，所以无产阶级就必须集中全力来向这个天字第一号大敌作斗争。这样，他们臆造的"限制资产阶级法权"和"扩大资产阶级法权"的斗争，取代了无产阶级和资产阶级的斗争，成为无产阶级专政下阶级斗争和路线斗争的"焦点"。在当时被"四人帮"控制的《红旗》上，是这么写的："在社会主义时期；我们的社会主义革命和社会主义建设，我们的各条战线和各项工作，是前进还是后退，是胜利还是失败，都同资产阶级法权问题上限制和反限制的斗争密切地联系着。"[①] 他们在这样宣传的时候，玩了一个偷梁换柱的花招，就是从毛主席

---

① 《红旗》1976 年第 7 期。

著作中摘出"限制和反限制"几个字，和"资产阶级法权"加在一起。其实毛主席是在党的七届二中全会上谈到我们在利用和限制私人资本主义的时候，指出"限制和反限制，将是新民主主义国家内部阶级斗争的主要形式"①。这是说的社会主义改造以前的情况，而且说的是同资产阶级的斗争。"四人帮"把它拿过来，用在整个社会主义历史时期，并且把"资产阶级"换成"资产阶级法权"，这就完全不是毛主席的本意了。

"四人帮"在用他们这种新鲜"理论"吓人的时候，一张口就是马克思，一张口就是列宁，一张口就是毛主席。好像唯有他们独得马克思主义的真传。其实这完全是骗人的。

前面讲了，马克思和列宁都说过"资产阶级法权"，但从来没有说要"限制"。不但没有说过"限制"，而且列宁还要用无产阶级专政来"保卫"它，要"极严格"地贯彻它。

毛主席说过"限制"，但不是被"四人帮"歪曲和滥用的那种"限制"。对于体现在按劳分配当中的等量劳动相交换的"资产阶级法权"，毛主席捍卫了列宁的思想，也要用"没有资本家的资产阶级国家"来保护它。

要问"四人帮"为什么对"资产阶级法权"的问题有这么大的兴趣，他们有一篇《走资派就是党内资产阶级》的文章说得明白。这篇文章在"证明"了我党的革命老干部等于"党内资产阶级"之后说道："限制资产阶级法权，就是革党内资产阶级的命。"话不在多，这一句话就说到要害了。他们连篇累牍写了那么多"限制资产阶级法权"的文章，大多是狗屁不通或者废话连篇。唯独这篇文章中的这一句话，一反"四人帮"的文风，言简意赅，开门见山。他们就是要把从中央到地方的党政军革命领导干部，当作"革命"对象，一下子整个推翻，以便把无产阶级专政变为"四人帮"的法西斯专政！

重要的问题是分清路线是非

"四人帮"被粉碎了。但是肃清他们的流毒，还要经过深入持久的战

---

① 《毛泽东选集》第4卷，人民出版社，1960年，第1433页。

斗。对这一点，我们决不可低估。否则，"四人帮"虽然垮台，他们那条反革命修正主义的路线，仍然可能被误认为正确的东西而接受。

比如，现在就有这么一种说法："四人帮""只是口头上限制资产阶级法权，而在实际上是扩大资产阶级法权"。这就是说，"四人帮"的"资产阶级法权论"是正确的。他们的问题只不过是言行不一致。如果这种说法能够成立，那么，我们同"四人帮"之间，至少在"资产阶级法权"这个问题上，就没有矛盾了。他们在理论上和路线上是正确的，我们只要接过他们的口号，言行一致，认真贯彻就是了。难道能这样吗？当然不能！

由于他们这个理论是个大杂烩。本文不能跟着它到处跑。这里只举两例来说明一下。

其一，在马克思原意的范围内："资产阶级法权"指"等量劳动相交换"的原则。对于这个原则，只有符合还是不符合的问题，根本不存在什么"限制"或"扩大"的问题。多劳多得，少劳少得，不劳不得，——这样做，就符合等量劳动相交换的原则。反之，多劳少得，少劳多得，不劳而获，——这样做，就违反了等量劳动相交换的原则。在社会主义时期"按劳分配"当中的这个原则，是不以人们意志为转移的客观规律。客观规律是无情的，违反它，是要碰钉子的。在"四人帮"严重干扰和破坏的地区和单位，"资产阶级法权"是被"限制"了：干多干少都一样，干和不干也一样，结果广大群众的社会主义积极性受到严重挫伤，生产受到严重破坏。这就是实践对"四人帮"理论的检验。

其二，在马克思的原意以外，让我们举一个"四人帮"常用的例子：知识青年上山下乡。他们说，这是"限制资产阶级法权"。

其实知识青年上山下乡，就是上山下乡。而"四人帮"硬要把这件事塞到他们那个"限制资产阶级法权"的口袋里去，结果倒弄得破绽百出。按照他们的理论，知识青年下乡当农民，是"限制资产阶级法权"。那么，下乡的知识青年到城市去当了工人，那就是"扩大资产阶级法权"了。或者，他考上大学，那就进一步"扩大资产阶级法权"了。当他大学毕业以后，如果国家把他分配到城市，并且分配到研究机关，那就越发坏了；他不但更加"扩大"了"资产阶级法权"，而且变成"精神贵族",应当受到"全面专政"的待遇了。可见,"四人帮"那个新鲜"理论"在理论上是何等不通,在实践上造成多么严重的混乱!

"资产阶级法权"虽然只是一个概念,但是围绕这个概念展开的,却是关系到马克思主义哲学、政治经济学和科学社会主义的原则斗争。实践是检验一切理论和政策的标准。"四人帮"这个反革命理论对我们社会主义经济、政治、文化、教育、科学、艺术的破坏,事实俱在,很多同志都有非常深刻的体会。绝不能让"四人帮"这一套表面上很"左"实质上极右的东西再来捣乱了!

原载《哲学研究》1978 年第 7 期

阶级斗争的理论和实践

——澄清"四人帮"在阶级斗争问题上制造的混乱(节选)

吴大英　刘　瀚*

十多年来,林彪、"四人帮"喊得最响的口号之一是"阶级斗争"。只要是搞"阶级斗争",工厂可以停工,学校可以停课,粮食"颗粒无收也不要紧","几十万人武斗也可以",死几个人也"无啥关系"。他们责骂一切搞生产建设和科技文教等业务的同志是搞"阶级斗争熄灭论""唯生产力论",是走"白专道路"。他们给整个社会生活领域的几乎所有问题都贴上"阶级斗争"的标签,"左"得出奇,"革命"得要死。

他们(指林彪、"四人帮"。——编者注)从上层建筑到经济基础,都采取了最"革命"的极左做法,完全把矛头指向无产阶级,给祖国造成了一次空前的浩劫,而这一切,都是在抓阶级斗争的名义下进行的。这是对马克思主义关于社会主义历史阶段阶级和阶级斗争学说的无耻歪曲和篡改。

马列主义、毛泽东思想认为,在社会主义社会的一定阶段,还存在着阶级和阶级斗争。这表现在:

1. 被推翻的地主、资产阶级在一段时期内还存在。他们在政治、经济、思想、文化等方面,还有相当的力量。但在生产资料所有制的社会主义改造基本完成,在经过多年的政治思想教育之后,我们经常所说的地富反坏右五类分子,发生了很大的变化。右派是一个历史现象,已经不存在了。地富的绝大多数已经成为自食其力的劳动者,个别的还有坏

---

* 吴大英,1932—2003,男,中国社会科学院法学研究所研究员;刘瀚,1935—2004,男,中国社会科学院法学研究所研究员。

的，但作为一个阶级不存在了。现在还有极少数敌视和破坏社会主义现代化建设的反革命分子和刑事犯罪分子，我们决不能放松同他们的阶级斗争，决不能削弱无产阶级专政。

2. 资本主义的残余，特别是它的思想影响还存在，小生产，特别是它的习惯势力还存在，私有制的残余，不可能在短时间内完全消失，这是产生新资产阶级分子的温床。

3. 社会帝国主义和帝国主义总是千方百计地寻找各种机会，企图对社会主义国家发动武装干涉和进行和平瓦解。国际间的阶级斗争，不可避免地会反映到社会主义国家内部来，这是社会主义社会阶级斗争存在的外部条件。

所有这些都说明，无产阶级必须坚持阶级斗争，以防止社会主义国家蜕化变质。因此，问题不在于要不要搞阶级斗争，而在于怎样看待阶级斗争和如何搞阶级斗争。

拿我国的情况来看，解放战争，彻底消灭了拿枪的敌人，没收了官僚资本；建国以后，经过剿匪、反霸、镇反，消灭了大量的国民党残余势力、土匪和其他反革命分子；土改运动，消灭了封建剥削，镇压了那些恶霸地主、反动地主和反动富农；"三反""五反"运动，坚决打击了"五毒"俱全的反动资本家；1956年又对农业、手工业和资本主义工商业进行了社会主义改造。经过五大运动、三大改造，整个阶级斗争的形势是："革命时期的大规模的急风暴雨式的群众阶级斗争已经基本结束，但是，被推翻的地主买办阶级的残余还是存在，资产阶级还是存在，小资产阶级刚刚在改造。阶级斗争并没有结束。"①在这种情况下，如果认为阶级已经完全消灭了，从此再没有阶级斗争了，那是错误的，但是，如果认为反革命还很多，反动阶级在政治上、经济上、思想上还很强大，阶级斗争越来越尖锐，因而，人为地把阶级斗争的规模搞得越来越大，急风暴雨更凶、更猛烈，这也是极端错误的。

阶级斗争本身无所谓好坏，主要看是什么阶级发动的？它的基础是什么？它的目的是什么？没有基础，不是为了排除生产力发展的障碍进

---

① 《毛泽东文集》第7卷，人民出版社，1999年，第230页。

行的阶级斗争，必然要失败。1949 年至 1956 年，我们进行了一系列全国性的大规模的阶级斗争，这些斗争是完全适合社会发展的需要的，它的目的很明确，是为了进一步解放生产力，因此，生产不但没有下降，而且发展很快。1966 年至 1976 年，情况完全不同。林彪、“四人帮”倒行逆施，违背社会发展的客观规律，他们所搞的阶级斗争，成了生产发展的障碍，成了一种破坏力。这就说明，阶级斗争并不总是进步的、革命的。它的进步性、革命性，在无产阶级夺取政权的过程中，主要表现在推翻剥削阶级的反动统治，使无产阶级成为统治阶级，争得民主，解放生产力；在无产阶级专政建立之后，主要表现在以此为手段，逐步消灭一切剥削阶级，进一步解放生产力，发展生产力，建设社会主义，提高人民群众的物质和文化生活水平，实现“各尽所能，按需分配”的理想，这是我们的根本目的，这是马克思主义的一贯主张。离开了这些，为革命而革命，为斗争而斗争，无穷无尽地斗下去，就是把阶级斗争推向反动的、只起破坏作用的方向，这是马克思主义者所坚决鄙弃的。

历史事实一再证明：当我们正确地处理了阶级斗争、生产斗争和科学实验三大革命运动的关系，而以生产斗争为中心时，国民经济就上升、就发展，反之，就下降、就倒退。因此，我们不能把阶级斗争看成高于生产斗争的东西，不能认为阶级斗争是更根本的东西。阶级斗争，只是人类历史一定发展阶段上的特定现象。只要有人类，就有生产，生产决定历史的发展，是历史发展的最终的动力。阶级的存在，对整个人类历史来说，只是比较短的一个阶段。如果认为阶级斗争是历史发展的最终动力，是高于生产的东西，那么，在阶级产生以前的漫长的人类历史和阶级消灭之后更长的人类历史，它的发展动力是什么？能够说，那时没有动力吗？

林彪、“四人帮”在“存在阶级和阶级斗争”前面，加上“始终”二字，把正确的命题篡改成荒谬的命题。列宁说：“社会主义就是消灭阶级。”[1] 把这二者放在一起，就自相矛盾，得出的结论只能是：社会主义始终不是社会主义。

---

[1] 《列宁选集》第 4 卷，人民出版社，1972 年，第 89 页。

无产阶级用社会主义代替资本主义，是为了使生产力比资本主义得到更快地发展，这样，才能加速阶级的消灭，为实现共产主义创造必要的前提。林彪、"四人帮"认为阶级斗争越来越尖锐，阶级敌人越消灭越多，要人们把阶级斗争的弦绷得紧紧的，"念念不忘阶级斗争"，但是，实际上，他们并不是真要斗极少数没有改造好的地主、资产阶级，斗极少数反革命分子和刑事犯罪分子，而是要斗工人、斗农民、斗知识分子，特别是要斗我们党的老干部。

林彪、"四人帮"在阶级斗争问题上的这番表演给我们一些什么有益的启示呢？

首先，一定要清醒地认准社会主义一定阶段上阶级斗争的性质。它是无产阶级反对资产阶级和一切剥削阶级的斗争。如果有人在此以外假设什么阶级斗争的对象，我们就要加以分析，如果是属于理论上的错误，导致行动上的偏差，那就要批评、教育、纠正过来。如果是别有用心，颠倒敌我，撇开阶级斗争的真正对象来斗无产阶级和党的老干部，那就是林彪、"四人帮"一类的反革命野心家、阴谋家。

其次，一定要清醒地认准阶级斗争的内容。它包括"经济的斗争、政治的斗争、理论的斗争"①。在无产阶级专政条件下，打击贪污盗窃、投机倒把、雇工剥削等这是属于经济的斗争；镇压一切叛国的和反革命的活动，惩办一切卖国贼和反革命分子，惩办新生的资产阶级分子和其他坏分子，这是政治的斗争；揭露和批判现代修正主义，揭露和批判林彪、"四人帮"反革命集团，既是政治斗争，也是理论斗争。如果像林彪、"四人帮"那样，把阶级斗争庸俗化，到处贴上"阶级斗争"的标签，势必乱斗一通，使无产阶级和革命人民互相火拼，大吃其苦，而真正的阶级敌人丝毫不感到阶级斗争的威力，却在一旁拍手称快。

最后，是关于阶级斗争的形式问题。在无产阶级夺取政权的过程中，在大规模的急风暴雨式的群众阶级斗争中，采取的是阶级斗争的最高形式：武装斗争和依靠群众的直接行动。在这种斗争结束之后，对还存在着的极少数敌视和破坏我国社会主义现代化建设的反革命分子和刑事犯

---

① 《列宁全集》第34卷，人民出版社，1959年，第361页。

罪分子，"应该按照严格区别和正确处理两类不同性质的矛盾的方针去解决，按照宪法和法律规定的程序去解决，决不允许混淆两类不同性质矛盾的界限，决不允许损害社会主义现代化建设所需要的安定团结的政治局面"①。就是说，要发挥无产阶级专政机关的作用，把专门机关的工作同群众路线结合起来，依法办事，而不能再采取群众的直接行动；按照列宁的说法，就是要使它具有法律的根据，而不能有法不依；要重证据，重调查研究，而不能轻信口供；要依靠政策和法律的威力进行说理斗争，真正从政治上、思想上制服敌人，而不能采取触及皮肉的武斗，大搞逼供信。至于大量的人民内部矛盾和党内矛盾，一定要采取"团结—批评—团结"的方法，摆事实，讲道理，以理服人，而不能随意上纲上线，非法地采取对待敌人的办法，甚至连对待敌人也不允许的办法来乱打一通。在党内、在人民内部，有什么样的问题，就原原本本、按照事情的本来面貌解决什么问题；不要形式地、机械地把党内的和人民内部的矛盾冠以"阶级斗争""路线斗争"的术语。在一定时期，针对一定的问题，用阶级斗争、路线斗争能够准确地反映一个事物的本来面貌；但是如果滥用，反而模糊了事物的本来面貌，离开了事物的本来面貌，给党造成很大的损失。要实事求是，不能危言耸听。是多大范围的问题，就在多大范围内解决，是一个人或少数人的问题，就处理这一个人或少数人，而决不能把一定范围的问题看成带全国性的问题；把一个人或少数人的问题，看成是带普遍性的问题，决不能人为地扩大阶级斗争的范围，也不能在未作缜密的调查研究、经过法定程序的情况下，主观武断地给一个或一批同志戴上阶级敌人的帽子。这样做，表面上似乎很革命，其实是破坏革命，应该坚决杜绝。

原载《学术月刊》1979 年第 3 期

---

① 《中国共产党第十一届中央委员会第三次全体会议公报》，《人民日报》1978 年 12 月 24 日。

五、关于实践是检验真理的唯一标准的大讨论

　　1978 年 5 月 11 日《光明日报》以特约评论员的名义发表的《实践是检验真理的唯一标准》，矛头直指当时所谓"高举旗帜"的十分神圣的"两个凡是"错误思想。它震动了中国政坛和思想理论界，受到坚持"两个凡是"的某些人的非难和压制，但在思想理论界得到广泛的响应，一场大讨论由此展开，在当年年底召开的党的十一届三中全会前后达到高潮。这场讨论使党和国家摆脱了"左"倾教条理论的精神枷锁，为党的十一届三中全会重新恢复实事求是的思想路线作了理论上和舆论上的准备，成为开创改革开放新时期的理论号角。这里选编的文献分为 3 辑：第 1 辑，《光明日报》和《解放军报》两篇引发这场大讨论的特约评论员文章；第 2 辑，这场大讨论开始的情形、涉及的主要理论问题；第 3 辑，1979 年理论工作务虚会的情形和 20 世纪 60 年代关于真理标准问题的讨论，从前者可见这场大讨论对于理论界的思想大解放的引导作用，而后者表明这场大讨论与"文革"前哲学界的思想是有联系的。

实践是检验真理的唯一标准（节选）

《光明日报》特约评论员

检验真理的标准是什么？这是早被无产阶级的革命导师解决了的问题。但是这些年来，由于"四人帮"的破坏和他们控制下的舆论工具大量的歪曲宣传，把这个问题搞得混乱不堪。为了深入批判"四人帮"，肃清其流毒和影响，在这个问题上拨乱反正，十分必要。

检验真理的标准只能是社会实践

怎样区别真理与谬误呢？1845 年，马克思就提出了检验真理的标准问题："人的思维是否具有客观的真理性，这并不是一个理论的问题，而是一个实践的问题。人应该在实践中证明自己思维的真理性，即自己思维的现实性和力量，亦即自己思维的此岸性。关于离开实践的思维是否具有现实性的争论，是一个纯粹经院哲学的问题。"[①] 这就非常清楚地告诉我们，一个理论，是否正确反映了客观实际，是不是真理，只能靠社会实践来检验。这是马克思主义认识论的一个基本原理。

实践不仅是检验真理的标准，而且是唯一的标准。毛主席说："真理只有一个，而究竟谁发现了真理，不依靠主观的夸张，而依靠客观的实践。只有千百万人民的革命实践，才是检验真理的尺度。"[②] "真理的标准

---

① 《马克思恩格斯选集》第 1 卷，人民出版社，1972 年，第 16 页。
② 《毛泽东选集》第 2 卷，人民出版社，1952 年，第 655—656 页。

只能是社会的实践。"①这里说："只能""才是"，就是说，标准只有一个，没有第二个。这是因为，辩证唯物主义所说的真理是客观真理，是人的思想对于客观世界及其规律的正确反映。因此，作为检验真理的标准，就不能到主观领域内去寻找，不能到理论领域内去寻找，思想、理论自身不能成为检验自身是否符合客观实际的标准，正如在法律上原告是否属实，不能依他自己的起诉为标准一样。作为检验真理的标准，必须具有把人的思想和客观世界联系起来的特性，否则就无法检验。人的社会实践是改造客观世界的活动，是主观见之于客观的东西。实践具有把思想和客观实际联系起来的特性。因此，正是实践，也只有实践，才能够完成检验真理的任务。科学史上的无数事实，充分地说明了这个问题。

门捷列夫根据原子量的变化，制定了元素周期表，有人赞同，有人怀疑，争论不休。尔后，根据元素周期表发现了几种元素，它们的化学特性刚好符合元素周期表的预测。这样，元素周期表就被证实了是真理。哥白尼的太阳系学说在三百年里一直是一种假说，而当勒维烈从这个太阳系学说所提供的数据，不仅推算出一定还存在一个尚未知道的行星，而且还推算出这个行星在太空中的位置的时候，当加勒于1846年确实发现了海王星这颗行星的时候，哥白尼的太阳系学说才被证实了，成了公认的真理。

马克思主义之所以被承认为真理，正是千百万群众长期实践证实的结果。毛主席说："马克思列宁主义之所以被称为真理，也不但在于马克思、恩格斯、列宁、斯大林等人科学地构成这些学说的时候，而且在于为尔后革命的阶级斗争和民族斗争的实践所证实的时候。"②马克思主义原是工人运动中的一个派别，开始并不出名，反动派围攻它，资产阶级学者反对它，其他的社会主义流派攻击它，但是，长期的革命实践证明了马克思主义是真理，终于成为国际共产主义运动的指导思想。

检验路线之正确与否，情形也是这样。马克思主义政党在制订自己的路线时，当然要从现实的阶级关系和阶级斗争的情况出发，依据革命理论的指导并且加以论证。但是，国际共产主义运动和各个革命政党的

---

① 《毛泽东选集》第1卷，人民出版社，1952年，第273页。
② 同上书，第281页。

路线是否正确，同样必须由社会实践来检验。20世纪初，国际共产主义运动和俄国工人运动中，都发生了列宁的马克思主义路线与第二国际修正主义路线的激烈斗争，那时第二国际的头面人物是考茨基，列宁主义者是少数，斗争持续了很长一个时间。俄国十月革命和各国无产阶级革命的实践证明列宁主义是真理，宣告了第二国际修正主义路线的破产。

毛泽东思想是马克思列宁主义普遍真理与革命具体实践相结合的产物。毛主席的革命路线与"左"、右倾机会主义路线进行了长期的斗争。在一个时期内，毛主席的革命路线没有占主导地位。长期的革命斗争，成功的经验和失败的教训，从正反两个方面证明毛主席的革命路线是正确的，而"左"、右倾机会主义路线是错误的。标准是什么呢？只有一个：就是千百万人民的社会实践。

理论与实践的统一，是马克思主义的一个最基本的原则

有的同志担心，坚持实践是检验真理的标准，会削弱理论的意义。这种担心是多余的。凡是科学的理论，都不会害怕实践的检验。相反，只有坚持实践是检验真理的唯一标准，才能够使伪科学、伪理论现出原形，从而捍卫真正的科学与理论。这一点，对于澄清被"四人帮"搞得非常混乱的理论问题，具有特别重要的意义。

"四人帮"出于篡党夺权的反革命需要，鼓吹种种唯心论的先验论，反对实践是检验真理的标准。例如，他们炮制"天才论"，捏造文艺、教育等各条战线的"黑线专政"论，伪造老干部是民主派、民主派必然变成走资派的"规律"，胡诌社会主义生产关系"是新产生的资产阶级分子的经济基础"的谬论，虚构儒法斗争继续到现在的无稽之谈，等等。所有这些，都曾经被奉为神圣不可侵犯的所谓"理论"，谁反对，就会被扣上反对马列主义、反对毛泽东思想的大帽子。但是，这些五花八门的谬论，根本经不起革命实践的检验，它们连同"四人帮"另立的"真理标准"，一个个都像肥皂泡那样很快破灭了。这个事实雄辩地说明，他们自吹自擂证明不了真理，大规模的宣传证明不了真理，强权证明不了真理。他们以马列主义、毛泽东思想的"权威"自居，实践证明他们是反马列

主义，反毛泽东思想的政治骗子。

马列主义、毛泽东思想之所以有力量，正是由于它是经过实践检验了的客观真理，正是由于它高度概括了实践经验，使之上升为理论，并用来指导实践。正因为这样，我们要非常重视革命理论。列宁指出："没有革命的理论，就不会有革命的运动。"[①] 理论所以重要，就是在于它来源于实践，又能正确指导实践，而理论到底是不是正确地指导了实践以及怎样才能正确地指导实践，一点也离不开实践的检验。不掌握这个精神实质，那是不可能真正发挥理论的作用的。

有的同志说，我们批判修正主义，难道不是用马列主义、毛泽东思想去衡量，从而证明修正主义是错误的吗？我们说，是的，马列主义、毛泽东思想是我们批判修正主义的锐利武器，也是我们论证的根据。我们用马列主义、毛泽东思想的基本原理去批判修正主义，这些基本原理是马、恩、列、斯和毛主席从革命斗争的实践经验概括起来的，它们被长期的实践证明为不易之真理；但同时我们用这些原理去批判修正主义，仍然一点也不能离开当前的（和过去的）实践，只有从实践经验出发，才能使这些原理显示出巨大的生命力；我们的批判只有结合大量的事实分析，才有说服力。不研究实践经验，不从实践经验出发，是不能最终驳倒修正主义的。

客观世界是不断发展的，实践是不断发展的。新事物新问题层出不穷，这就需要在马克思主义一般原理指导下研究新事物、新问题，不断作出新的概括，把理论推向前进。这些新的理论概括是否正确由什么来检验呢？只能用实践来检验。例如，列宁关于帝国主义时代个别国家或少数国家可以取得社会主义革命胜利的学说，是一个新的结论，这个结论正确不正确，不能用马克思主义关于资本主义的一般理论去检验，只有帝国主义时代的实践，第一次世界大战和十月革命的实践，才能证明列宁这个学说是真理。

毛主席说："理论与实践的统一，是马克思主义的一个最基本的原则。"[②] 坚持实践是检验真理的唯一标准，就是坚持马克思主义，坚持辩证唯物主义。

[①]《列宁选集》第 1 卷，人民出版社，1972 年，第 241 页。
[②]《毛泽东文集》第 7 卷，人民出版社，1999 年，第 90 页。

革命导师是坚持用实践检验真理的榜样

革命导师们不仅提出了实践是检验真理的标准，而且亲自作出了用实践去检验一切理论包括自己所提出的理论的光辉榜样。马克思和恩格斯对待他们所共同创造的著名的马克思主义科学文献《共产党宣言》的态度，就是许多事例当中的一个生动的例子。1848 年《宣言》发表后，在四十五年中马克思和恩格斯一直在用实践来检验它。《宣言》的七篇序言，详细地记载了这个事实。首先，马克思恩格斯指出："不管最近二十五年来的情况发生了多大的变化，这个《宣言》中所发挥的一般基本原理整个说来到现在还是完全正确的。"同时，他们又指出："这些基本原理的实际运用，正如《宣言》中所说的，随时随地都要以当时的历史条件为转移。"[①] 马克思和恩格斯根据新实践的不断检验，包括新的历史事实的发现，曾对《宣言》的个别论点作了修改。例如，《宣言》第一章的第一句是："到目前为止的一切社会的历史都是阶级斗争的历史。"恩格斯在 1888 年的《宣言》英文版上加了一条注释："确切地说，这是指有文字记载的历史。"[②] 这是因为《宣言》发表以后人们对于社会的史前史有了进一步的认识，特别是摩尔根的调查研究证明，在阶级社会以前，有一个很长的无阶级社会；阶级是社会发展到一定历史阶段的产物，并非从来就有的。可见，说"一切社会的历史都是阶级斗争的历史"并不确切。恩格斯根据新发现的历史事实，作了这个说明，修改了《宣言》的旧提法。《宣言》还有一个说法，说到无产阶级要用暴力革命夺取政权，以推翻资产阶级。1872 年，两位革命导师在他们共同签名的最后一篇序言中，明确指出："由于最近二十五年来大工业已有很大发展而工人阶级的政党组织也跟着发展起来，由于首先有了二月革命的实际经验而后来尤其是有了无产阶级第一次掌握政权达两月之久的巴黎公社的实际经验，所以这个纲领有些地方已经过时了。特别是公社已经证明：'工人

---

① 《马克思恩格斯选集》第 1 卷，第 228 页。
② 同上书，第 251 页。

阶级不能简单地掌握现成的国家机器，并运用它来达到自己的目的。'"①
列宁对马克思和恩格斯的这个说明十分重视，他认为这是对《共产党宣言》的一个"重要的修改"。②

毛主席一贯严格要求不断用革命实践来检验自己提出的理论和路线。1955 年毛主席在编辑《中国农村的社会主义高潮》一书的时候，写了 104 篇按语。当时没有预料到 1956 年以后国际国内所发生的阶级斗争的新情况。因此，1958 年在重印一部分按语的时候，毛主席特别写了一个说明，指出这些按语"其中有一些现在还没有丧失它们的意义。其中说：一九五五年是社会主义与资本主义决战取得基本胜利的一年，这样说不妥当。应当说：一九五五年是在生产关系的所有制方面取得基本胜利的一年，在生产关系的其他方面以及上层建筑的某些方面即思想战线方面和政治战线方面，则或者还没有基本胜利，或者还没有完全胜利，还有待于尔后的努力"③。

革命导师这种尊重实践的严肃的科学态度，给我们极大的教育。他们并不认为自己提出的理论是已经完成了的绝对真理或"顶峰"，可以不受实践检验的；并不认为只要是他们作出的结论不管实际情况如何都不能改变；更不要说那些根据个别情况作出的个别论断了。他们处处时时用实践来检验自己的理论、论断、指示，坚持真理，修正错误，尊重实践，尊重群众，毫无偏见。他们从不容许别人把他们的言论当作"圣经"来崇拜。毫无疑义，马克思主义的基本原理，马克思主义的立场、观点和方法，必须坚持，决不能动摇；但是，马克思主义的理论宝库并不是一堆僵死不变的教条，它要在实践中不断增加新的观点、新的结论，抛弃那些不再适合新情况的个别旧观点、旧结论。关于哲学，毛主席曾经说过：我们已经进入社会主义时代，出现了一系列新的问题，如果只有几篇原有的哲学著作，不适应新的需要，写出新的著作，形成新的理论，那是不行的。实践、生活的观点是认识论的首要的和基本的观点。实践、生活之树是长青

①　《马克思恩格斯选集》第 1 卷，第 229 页。
②　《列宁选集》第 3 卷，人民出版社，1972 年，第 201 页。
③　中央文献研究室编：《毛泽东年谱（1949—1976）》第 3 卷，中央文献出版社，2013 年，第 318 页。

的。正是革命导师的这种坚持实践是检验真理的唯一标准的辩证唯物主义立场，才保证了马克思主义的不断发展，而永葆其青春。

任何理论都要不断接受实践的检验

我们不仅承认实践是真理的标准，而且要从发展的观点看待实践的标准。实践是不断发展的，因此作为检验真理的标准，它既具有绝对的意义，又具有相对的意义。就一切思想和理论都必须由实践来检验这一点讲，它是绝对的、无条件的；就实践在它发展的一定阶段上都有其局限性，不能无条件地完全证实或完全驳倒一切思想和理论这一点来讲，它是相对的、有条件的；但是，今天的实践回答不了的问题，以后的实践终究会回答它，就这点来讲，它又是绝对的。列宁说："当然，在这里不要忘记：实践标准实质上决不能完全地证实或驳倒人类的任何表象。这个标准也是这样的'不确定'，以便不至于使人的知识变成'绝对'，同时它又是这样的确定，以便同唯心主义和不可知论的一切变种进行无情的斗争。"①

辩证唯物主义认识论关于实践标准的绝对性和相对性辩证统一的观点，就是任何思想、任何理论必须无例外地、永远地、不断地接受实践的检验的观点，也就是真理发展的观点。任何思想、理论，即使是已经在一定的实践阶段上证明为真理，在其发展过程中仍然要接受新的实践的检验而得到补充、丰富或者纠正。毛主席指出："人类认识的历史告诉我们，许多理论的真理性是不完全的，经过实践的检验而纠正了它们的不完全性。许多理论是错误的，经过实践的检验而纠正其错误。"又指出："客观现实世界的变化运动永远没有完结，人们在实践中对于真理的认识也就永远没有完结。马克思列宁主义并没有结束真理，而是在实践中不断地开辟认识真理的道路。"②马克思主义强调实践是检验真理的标准，强调在实践中对于真理的认识永远没有完结，就是承认我们的认识不可能一次完成或最终完成，就是承认由于历史的和阶级的局限性，我

---

① 《列宁选集》第2卷，人民出版社，1972年，第142页。
② 《毛泽东选集》第1卷，第281—282、284页。

们的认识可能犯错误，需要由实践来检验，凡经实践证明是错误的或者不符合实际的东西，就应当改变，不应再坚持。事实上这种改变是常有的。毛主席说："真正的革命的指导者，不但在于当自己的思想、理论、计划、方案有错误时须得善于改正"，"而且在于当某一客观过程已经从某一发展阶段向另一发展阶段推移转变的时候，须得善于使自己和参加革命的一切人员在主观认识上也跟着推移转变，即是要使新的革命任务和新的工作方案的提出，适合于新的情况的变化"。[①]林彪、"四人帮"为了篡党夺权，胡诌什么"一句顶一万句""句句是真理"。实践证明，他们所说的绝不是毛泽东思想的真理，而是他们冒充毛泽东思想的谬论。

现在，"四人帮"及其资产阶级帮派体系已被摧毁，但是，"四人帮"加在人们身上的精神枷锁，还远没有完全粉碎。毛主席在第二次国内革命战争时期曾经批评过的"圣经上载了的才是对的"[②]这种倾向依然存在。无论在理论上或实际工作中，"四人帮"都设置了不少禁锢人们思想的"禁区"，对于这些"禁区"，我们要敢于去触及，敢于去弄清是非。科学无禁区。凡在超越于实践并自奉为绝对的"禁区"的地方，就没有科学，就没有真正的马列主义、毛泽东思想，而只有蒙昧主义、唯心主义、文化专制主义。

党的十一大和五届人大，确定了全党和全国人民在社会主义革命和社会主义建设新的发展时期的总任务。社会主义对于我们来说，有许多地方还是未被认识的必然王国。我们要完成这个伟大的任务，面临着许多新的问题，需要我们去认识，去研究，躺在马列主义、毛泽东思想的现成条文上，甚至拿现成的公式去限制、宰割、裁剪无限丰富的飞速发展的革命实践，这种态度是错误的。我们要有共产党人的责任心和胆略，勇于研究生动的实际生活，研究现实的确切事实，研究新的实践中提出的新问题。只有这样，才是对待马克思主义的正确态度，才能够逐步地由必然王国向自由王国前进，顺利地进行新的伟大的长征。

原载《光明日报》1978 年 5 月 11 日

①《毛泽东选集》第 1 卷，第 283 页。
② 同上书，第 149 页。

马克思主义的一个最基本的原则（节选）

《解放军报》特约评论员

林彪、"四人帮"对理论与实践关系的根本颠倒

林彪、陈伯达、"四人帮"这伙反马克思主义的政治骗子，搞乱了许多基本问题，其中，最值得注意的是两个颠倒：一个，是在政治上根本颠倒敌我关系；另一个，是在思想上根本颠倒理论与实践的关系。前一个颠倒所带来的严重后果，已经十分清楚。后一个颠倒也决不是一件小事情，这种颠倒是从根本上干扰毛主席的思想路线和政治路线，从根本上毁坏毛泽东思想，由此产生出一系列的混乱。

大家知道，毛主席指出马克思主义哲学有两个最显著的特点，除了它的阶级性之外，就是它的实践性。所谓实践性，就是强调理论对于实践的依赖关系，理论的基础是实践，又转过来为实践服务。愈是强调理论对于实践的依赖关系，并使理论不断地接受实践的检验，理论就会愈正确、愈彻底，就愈能掌握群众，愈易变成物质力量，也就愈能对实践起伟大的指导作用。什么是毛泽东思想？毛泽东思想就是马列主义普遍真理同中国革命和当代世界革命具体实践相结合。毛主席把实践摆在第一位，从实际出发，实事求是，使马列主义理论在指导中国革命实践中得到伟大的发展。毛主席在谈到别的国家的革命的时候，也总是着重指出这一点，例如，他曾劝告日本朋友，要把马列主义的普遍真理同日本的具体革命实践结合起来，不能照抄照搬别国的经验，各国革命都有自己的条件。毛主席不断告诫我们，马克思主义的"本本"是要学习的，但是必须同我国的实际情况相结合，用来分析、研究、解决我们的实际

问题，反对脱离实际的本本主义，必须在斗争实践中创造新局面，造出新理论，等等。很显然，谈论毛泽东思想而无视这一点，就是丢掉了毛泽东思想的根本。

林彪、陈伯达、"四人帮"是一伙政治骗子，也是一伙理论骗子。他们天天喊"高举"，实际上是天天在糟蹋，天天在破坏理论与实践的统一、理论从实际出发、实事求是的原则。林彪的"倒过来"哲学，就是颠倒物质和精神的关系，在认识的过程中悄悄地把精神抬到第一位，当作出发点。张春桥则提出"理论—实践—理论"的公式，公然说："思想上的正确与错误，决定于理论，理论主要是讲思想问题的。"这就是说，思想真理性的标准不是实践，而是理论，不是理论要由实践来检验，而是实践要由理论来裁剪。谁说林彪、"四人帮"没有"理论"呢？这就是他们的"颠倒"理论。在林彪、"四人帮"那里，强调实践就是经验主义，提实事求是就触到他们的痛处。他们不把马列主义、毛泽东思想看作是科学，是来自生动活泼的实际生活的真理，而是把它绝对化、宗教化，宣传什么"句句是真理""一句顶一万句""顶峰""最高真理""绝对权威"等等。在这种基础上，他们就有"理由"根据自己的实用主义需要来任意处置、肢解、割裂马列主义、毛泽东思想，以便他们"拉大旗作虎皮"；在这种基础上，林彪也才敢于公然说，"学习马（克思主）义，就是要断章取义"。

林彪、"四人帮"糟蹋马列主义、毛泽东思想的最卑劣最恶毒的办法，就是搞片言只语。在毛主席批判了他们的所谓"一句顶一万句"的荒谬说法以后，他们又企图固守住那个所谓"句句照办"的阵地。可不可以引用马列著作和毛主席著作中的话句呢？当然可以，我们并不反对引用。但必须反对断章取义，片言立论，歪曲实质，也不能"句句照办"。毛主席就说过："如果每句话，包括马克思的话，都要照搬，那就不得了。"[①] 林彪、"四人帮"在这方面是搞实用主义，宣传一种特殊的宗教迷信。经他们摘引的片言只语都是超时空超历史的"绝对律令"，实践对它们是完全无能为力的，丝毫没有发言权的。

---

① 《毛泽东文集》第 7 卷，人民出版社，1999 年，第 42 页。

林彪、"四人帮"确实有一条同马列主义、毛泽东思想相对抗的认识路线，这条认识路线的核心就是颠倒理论与实践的关系，使理论变成空洞的抽象，这种"抽象"便于他们塞进各种私货，混淆本质完全不同的东西。这可以说是他们的反革命修正主义路线的思想基础。我们的批判要把被他们颠倒了的东西重新颠倒过来，特别要恢复《实践论》的权威，实事求是的权威，实践标准的权威，以使毛泽东思想的根本观点，重新发扬光大。

我们如此强调实践，强调理论对于实践的依赖关系，理论要由实践来检验等等，是否就算贬低了理论的意义，是对马克思主义理论的真理性抱怀疑态度呢？我们对于这个问题的答复，当然只能是否定的。

理论指导实践的过程，同时也就是实践检验理论，而使理论得到补充、纠正、丰富和发展的过程。

实践要以革命理论为指南，没有理论指导的实践是盲目的实践。马列主义、毛泽东思想是我们工作的不可缺少的指针，我们要以马列主义、毛泽东思想的原理、原则作为分析、评论、判断问题的依据，这些都是毫无问题的，必须如此的。但是，马列主义、毛泽东思想本身要由实践来检验，其正确性要由实践来证明。思想自身不能证明自身。理论是实践的指南和实践是检验理论（真理）的标准，这是两个不同的问题（虽然它们有联系），不能互相混淆。理论之所以能够指导实践，正因为、也仅仅因为理论来自实践，并且经实践的检验证明是正确的。理论指导实践的过程，就是实践检验理论的过程。许多理论是正确的或基本正确的，经过实践的检验而得到补充和发展；有些理论的真理性是不完全的，经过实践的检验而纠正了它们的不完全性；有些理论是错误的，经过实践的检验而纠正其错误。指导实践的理论，就是这样来自实践又经过实践检验而得到补充、纠正、丰富和发展。理论如果不是这样一种状况，或者脱离实际，不与实际相结合，或者不在实践中得到发展，老停留在一个地方，它就不可能指导实践。

这里，我们遇到这样一个问题：当人们的社会实践证明了马克思主义是客观真理以后，这个被证实了的真理还要不要继续接受社会实践的检验呢？如果对这个问题的回答是肯定的，那么，是否就是认为真理不可信，怀疑相对真理的存在呢？我们认为，其所以会产生这样的问题，是由于把人的认识过程当成了许多单个的互不连贯的思想"产品"，而把接受实践的检验看作是工厂里头的检验员对于产品的检验，因此，才会发出这样的疑问：一个经过检验的产品还要继续接受检验，岂不是等于否认了这个产品是合格品吗？这样看问题，显然是完全忘记了我们这里讨论的是认识论问题，是实践标准问题，而实践作为检验真理的标准，既是绝对的，又是相对的，忘记了客观世界的变化运动永远没有完结、人们在实践中对于真理的认识也就永远没有完结这样一个十分浅显的道理。这样提问题，实际上是认为，一个科学原理在未被实践证实之前是相对真理，而当它一旦被实践证明，就一劳永逸地成为"绝对真理"了，就不必再受实践检验了，认识已经到达"顶峰"，科学只好惊愕地望着这个"顶峰"，再也无所作为了。这完全是一种认识论上的形而上学。

从马克思主义的认识论说来，根据一定的原理和实践经验（或新获得的历史知识）发现新的真理或创立新的学说，这是一回事，这些真理或学说是否被当前或今后的实践证实，这又是一回事；即使被证实或部分证实了，它们仍然要在往后新的实践中继续被检验而获得新的内容、新的面貌。举一个例子：马克思 1859 年《〈政治经济学批判〉序言》所阐述的关于历史唯物主义的著名的经典公式，这是马克思从研究、总结人类社会发展的历史过程并获得规律性的认识之后所做出的总结论，它毫无疑义是真理。特别经过马克思写出《资本论》，弄清楚资本主义的矛盾运动及其发展规律之后，唯物主义历史观进一步得到了科学的论证。那么，这个已经被科学地论证了的原理，是否还要到实践中去接受实践的检验呢？答复是肯定的。《资本论》发表以来的长时期中，历史唯物主义的科学原理在运用中、在实践中不断地被检验被证实，并且得到了丰富和发展。从马克思的《资本论》到列宁的帝国主义论，是一个划时代的发展。从十月革命到现在，资本主义在实践中又发生许多变化，又有不少新问题要我们去研究。到了社会主义时代，关于社会的基本矛盾即生产力与生产关系的矛盾、经济基础与上层建筑的矛盾的科学原理，在毛主席手里，又大大向前推进了一步……这是因为毛主席创造性地将历史唯物主义原理运用于社会主义实践，而社会主义实践比之资本主义实践又大大不同了的缘故。

列宁认为帝国主义时代社会主义革命有在一个国家或少数国家胜利的可能。这在马克思主义学说中是一个新的结论、一个新的科学真理。说它是科学真理，因为它是列宁在科学地分析了资本主义在帝国主义阶段的实践活动并发现了帝国主义的发展不平衡规律，经过对帝国主义时代阶级关系的确切考察，从规律性上论证了的。但是，这个新结论的客观真理性究竟怎样，它是否同客观实际相一致，能否达到预期的目的？还必须经由实践的检验而得到证明。这个科学真理，在十月革命胜利以前，尽管从规律性上看，可以说有百分之九十九、百分之九十九点九或百分之九十九点九九的可靠性，但它仍然是未被实践证明的东西。十月革命取得胜利，以及后来列宁、斯大林时代苏联社会主义建设获得一定的成功，这个真理才被实践检验而得到了证实，而成为一个伟大的实例，成为一种伟大的物质性的革命鼓舞力量。其后，这个真理继续接受世界革命实践特别是第二次世界大战后革命实践的检验，而不断丰富了自己的内容。

这就是《实践论》中所说的："马克思列宁主义之所以被称为真理，也不但在于马克思、恩格斯、列宁、斯大林等人科学地构成这些学说的时候，而且在于为尔后革命的阶级斗争和民族斗争的实践所证实的时候。"[①] 毛主席这里所说的是认识的两个飞跃，即认识上达到理性认识的飞跃和从理性认识到革命实践的飞跃，而照毛主席历来所强调的，更重要的是在于后一个飞跃，这个飞跃就是检验真理和发展真理的过程。算不算真理，最后还是要看实践的结果。如果只停留在前一个飞跃而沾沾自喜，想当然地以为一切真理都在这里，自己已经深入"绝对真理"的堂奥，因此办事就可以不从实际出发，真理可以对实践采取傲慢态度而不必接受实践的检验，那是一点也不懂得《实践论》的想法和做法。

有人可能会问：科学研究中有"逻辑证明"一说，那和实践标准又是什么关系呢？所谓逻辑证明，就是在科学研究中，从一系列公理、定义、定理出发，运用抽象的数学推导和逻辑推论，作为证明的工具，引出新的

---

① 《毛泽东选集》第 1 卷，人民出版社，1952 年，第 281 页。

结论。但是，这里仍然一点也不能离开实践：第一，这里以逻辑推理的形式出现的东西，是经过千百万次的实践在人的意识中固定下来的，它们本身就是社会实践的产物。第二，由推理得出的结论，即使经过十分严密的逻辑证明，也不能代替实践标准，相反，推理的结论还必须拿到实践中去，经过实践的检验，才能证明它是否正确，是否符合实际。离开实践标准的逻辑证明，难免要和实证主义的纯粹逻辑分析方法滚到一起去。

科学理论的创立和发展过程是这样，一条正确路线的形成和贯彻执行，情形也相类似。

路线、政策、方针等，是理论见之于实践的决定性的环节。无产阶级政党的革命路线，是从阶级斗争实际出发，运用马克思主义理论，总结革命实践经验，分析现实阶级关系和阶级斗争形势所得出来的革命行动方针和目标。我们的路线如果是根据马列主义、毛泽东思想的原理，认真总结已有的正反两方面的实践经验，并且确实运用民主集中制的方法集中了全党的经验和智慧，那么，我们能够有把握地说，我们的路线是正确的。但是，正确路线制定之后，要不要接受实践的检验呢？路线的正确性要不要依靠实践来证明呢？路线本身还要不要在实践中得到某些修正、补充和发展呢？回答同样是肯定的。正如理论指导实践的过程就是实践检验理论的过程一样，贯彻执行路线的过程也就是路线接受实践检验的过程。这个过程往往是多次反复的过程。例如，一条政治路线制定之后，到群众中去宣传、去贯彻，为群众所掌握，变为群众的行动，这个指导过程本身也就是接受群众检验的过程。一般说来，路线为群众所接受并转变为物质力量所达到的程度，可以证明这条路线的正确程度。其次，党的总路线提出的是总纲领，是一般任务，当这个一般任务回到个别中去，回到实践中去，贯彻到各个具体工作领域中去的时候，它就要和各个别领域的实践相结合，接受各个别领域实践的检验。各个具体工作领域根据总路线并且按照自己的情况制订出具体的工作路线、方针、政策并且在实行中获得成功，那也是对总路线的正确性提供证明，而且这种具体化也必然要丰富总路线的内容。

还有，在执行路线的长过程中，由于实践是发展的，阶级关系也在发生变化，路线本身必然要随着实践的发展和阶级关系的变化，而发展，而变化自身的某些内容。例如，我党在民主革命时期，经过长时间的斗争，到抗日战争时期，制订出了合乎情况的党的总路线和一整套具体政策，这时候，中国民主革命的必然王国才为我们所认识。但事情并未到此停止。因为实践在发展，我们的认识在加深，路线也还要接受实践的检验而得到某种发展。毛主席早已把中国的资产阶级划分为民族资产阶级和买办官僚资产阶级，并采取不同的对待方针，在抗日战争时期，又将依附日本的大资产阶级和在不同程度上参加抗日的大资产阶级加以区别。但是，只有到了解放战争时期，毛主席才明确宣布我们的革命不仅是反帝反封建的革命，而且是反对官僚垄断资本的革命，并且宣布没收四大家族为首的垄断资本（占中国资本主义的百分之八十以上）为新民主主义国家所有。毫无疑问，这是我党民主革命总路线内容的一个重要发展。所以这样，是因为四大家族为首的垄断资本，在抗日战争时期和日本投降以后发展到了高峰，这个垄断资本和人民大众的矛盾达到了非常尖锐的程度。反对官僚垄断资本具有两重性，它既是民主革命性质，又具有社会主义革命性质。把反对垄断资本作为民主革命总路线的内容，是使民主革命取得彻底胜利并使民主革命不停顿地转变为社会主义革命的重要前提之一。这不仅是路线的发展，同时也是对马克思主义革命科学的一个很重要的贡献。

我们目前正在贯彻执行党的十一大路线。自从十一大路线和新时期总任务公布以来，人民群众欢欣鼓舞，各条战线的形势很好，这就表明这条路线是正确的。既然如此，那么它还要不要接受实践的检验呢？还要不要由上面所说的多方面的实践来证明其正确，并在实践中得到补充、修正、丰富和发展呢？凡是认真读过《实践论》并且采取严肃态度的人，凡是有相当革命实际经验的人，一定能够毫不犹豫地对这个问题作出肯定的回答。这就是说，虽然我们有根据认识并坚信这条路线的正确，但认识并不等于证明，认识尚有待于证明。能够对于这条路线的客观真理性提供证明的只有实践，只有人民群众的革命实践。实践的结果，是否对发展社会生产力有利，是否为社会主义、为人民群众带来了实际利益，这是路线正确与否的唯一裁决者。

这是路线问题上的真正的唯物论观点，而不是什么路线问题上的"怀疑一切"。

对不可知论、怀疑论及其他哲学怪论的最有力的驳斥是实践

对不可知论、怀疑论及其他哲学怪论的最有力的驳斥是实践。这是恩格斯在批判休谟、康德的不可知论和怀疑论时所说的一句名言，我们今天把它引证出来还很有意义。

恩格斯这句话告诉我们这样一个历史事实：人们的认识能不能正确反映现实，人们的认识是不是具有客观真理性，这个问题在马克思主义把实践引进认识论、确立真理的客观标准之前，是没有解决，也是不可能解决的。那时候，人们从头脑中构造各种思想体系，都以为自己获得了最终真理或绝对真理，公说公有理，婆说婆有理，在主观思维范围内争吵不休，莫衷一是。在那种情况下，不可知论、怀疑论自然最有市场，也不能真正解决这个问题。自从辩证唯物主义问世，把实践引进认识论，确立了判别真理的客观标准之后，这才宣告怀疑论、不可知论的破产。

林彪、"四人帮"的唯心论和形而上学，非常突出地表现在他们的真理观上。长期以来，他们把真理说成是依人的主观思想为转移的东西；把理论本身、或权威人士的言论和看法，或文件上写了的，作为判别真理的标准，而独独讳言客观的实践。他们所以这样做，是为了对任何事物、任何人，可以不顾事实，由他们任意解释、任意褒贬，白的说成黑的、黑的说成白的，好人说成坏人，坏蛋说成好人，完全视他们的"阶级斗争需要"而定，他们也把这叫作"事实为需要服务"。路线的正确与否，本来，只要尊重事实，不掩盖事实，让实践和事实说话，那是不难辨别清楚的。可是林彪、"四人帮"一伙用一切漂亮的"革命"言辞事情搞混、搞乱，借以掩饰自己，把自己的反革命修正主义路线装扮成唯一的革命路线。这就是群众中长期流行着所谓"路线斗争不可知"的原因。

值得注意的是，林彪、"四人帮"这种做法对于理论、对于马克思主义的极大破坏性，看来直到现在还没有被人们充分认识。他们造成的那种破坏实事求是、颠倒理论与实践的关系、以理论自身作为证明理论是否具有真理性的尺度的荒诞思潮，不仅俘虏了相当多的缺乏实际经验和理论造诣的人（其中有的至今仍坚持认为思想是第一性的东西），也影响

了一部分有经验的做领导工作的人，这种思潮对他们也发生了作用。林彪、"四人帮"的"拉大旗作虎皮，借'高举'以营私"的两面派战术，确实吓唬了一些人，同时，他们毫不手软地把反对或怀疑他们这种做法的人打成"修正主义者"，也使一些人至今心有余悸。

承认实践是真理的唯一标准，马克思主义理论是科学不是迷信；理论首先要受命于实践才能够指导实践；理论不是亘古不变的，它是在实践中不断地获得补充、修正、丰富和发展的，如此等等——这样看，是修正主义呢？还是真正的马列主义、毛泽东思想呢？

大家知道，恩格斯曾再三郑重声明："马克思的整个世界观不是教义，而是方法。它提供的不是现成的教条，而是进一步研究的出发点和供这种研究使用的方法。"[①] 列宁也再三指出："现在必须弄清一个不容置辩的真理，就是马克思主义者必须考虑生动的实际生活，必须考虑现实的确切事实，而不应当抱住昨天的理论不放，因为这种理论和任何理论一样，至多只能指出基本的和一般的东西，只能大体上概括实际生活中的复杂情况。"[②]

毛主席关于这方面的教导就更多了，只须读一读《反对本本主义》《实践论》《改造我们的学习》《整顿党的作风》等篇，就可以懂得毛主席是怎样对待马列主义理论的。毛主席毫不容情地嘲笑那些"以为上了书的就是对的""开口闭口'拿本本来'""将马克思列宁主义当宗教教条看待"的人，是蒙昧无知的人。

马列主义、毛泽东思想的整个理论，马列主义、毛泽东思想的基本原理，是颠扑不破的，我们在任何时候都必须坚持，不能违反；但基本原理也一定要和实际相结合，也是要向前发展的。马列主义、毛泽东思想的个别原理、个别结论、个别口号，则随着历史条件的改变而改变。人们认识世界的程度，始终受着历史条件和实践水平的限制。历史条件改变了，实践发展了，认识也要向前发展。新的历史条件必然要促进理论的变化。马克思、恩格斯、列宁、毛主席，从来不讳言要把个别过时了的东西（包括

① 《马克思恩格斯全集》第39卷上，人民出版社，1974年，第406页。
② 《列宁选集》第3卷，人民出版社，1972年，第26页。

自己的）加以修正或修改，用新的结论来代替。他们从来不认为，这样做就等于否定自己的理论或"怀疑"自己理论的正确性。他们从事的是科学工作，是对真理负责，对事实负责，而不自奉为神明，也不愿意别人把他们崇奉为神明，马克思主义经典作家从来对于这种往往出于不正当动机的幼稚荒唐的行为加以鄙视，有时严加斥责。我们都知道，马克思恩格斯是怎样修正《共产党宣言》的个别原理的。在马克思主义发展史上，这种例子举不胜举，包括斯大林的在内。读一读斯大林《苏联社会主义经济问题》一书吧，那里就有几处说到他自己过去对某些问题的说法不确切，或者说已经失效，必须把它们抛弃。毛主席在谈到十大军事原则的时候，也曾经指出："运用十大原则，取得了解放战争、抗美援朝战争的胜利（当然还有其他原因）。十大原则目前还可以用，今后有许多地方还可以用。但马克思列宁主义不是停止的，是向前发展的，十大原则也要根据今后战争的实际情况，加以补充和发展，有的可能要修正。"①

修正、补充、纠正真理的不完全性，说的都是一个意思，它是认识、理论发展的一个环节。在马列主义、毛泽东思想的基础上，按照实际情况，对那些已经过时了的个别原理加以修正，是必要的，正常的，也是不可避免的。马列主义、毛泽东思想的发展毫无疑义包括着对已经过时了的个别原理的修正，这并不归结为修正主义，正好像我们说相对真理并不归结为相对主义，重视实践经验并不归结为经验主义一样。

特别在历史转折关头，实际情况变化迅速，原来提出用以指导运动的口号会迅速失效。列宁说："在历史急剧转变的关头，往往连先进的政党也会在相当一段时间内不能理解新的局势而重复旧的口号，这些口号在昨天是正确的，但在今天已经失去任何意义。"②又说："党向群众提出的任何口号都有凝固化、僵硬化的特性，甚至在提出这个口号的条件已经变化时还会对许多人发生作用。这种弊病是不可避免的，然而不学会与它作斗争和战胜它，就不能保证党的政策的正确。"③

---

① 中共中央文献研究室编：《毛泽东年谱（1949—1976）》第 3 卷，中央文献出版社，2013 年，第 376 页。
② 《列宁选集》第 3 卷，第 107 页。
③ 同上书，第 611—612 页。

列宁这里说的是要对这种拘守旧口号的"弊病""作斗争和战胜它"。为什么这样说呢？因为要改变这些口号往往很不容易，其原因，除了人们的思想往往落后于实际这一点以外，还因为有一部分人的利益或多或少地同这些旧口号联系在一起的缘故。这些人，他们口头上说的是担心某些旧口号、旧提法的修改会导致整个革命和整个理论的否定（显而易见，这不过是一种天方夜谭式的饰辞），实际上是害怕自己某种个人的东西会因此受到损害。

目前最值得注意的是：由于林彪、"四人帮"破坏理论联系实际、从实际出发、实事求是的原则，并且长时期对坚持这些原则的人加以迫害和打击，其影响所及，直至今天，还使一部分人（尤其是各级领导干部）简直是习惯性地不敢去触及新问题、研究新问题，不敢去答复群众中提出的问题，总是绕开问题走，对上级的指示、文件只是逐字逐句地照抄照搬，不结合本地区本单位的实际情况，不"按照具体的环境、具体地表现出来的群众情绪"[1]去做好革命工作，相反地，常常逆着群众的情绪行事。他们不看实践效果。事情办得正确不正确，是否真正解决了问题，不看事实，不拿实践作标准，而是上级或自己需要什么，就依此做判断、下结论。这种做法完全违背了毛主席的教导。

有些同志甚至发出了这样的责难：把实践摆在第一位，以实践为检验真理的唯一标准，那么，把毛泽东思想、毛主席的话摆在什么位置呢？对于说这种糊涂话的人，除了上面所说的可供他们思考以外，这里，只须再反问他们一句：毛主席说过，"只有千百万人民的革命实践，才是检验真理的尺度"[2]。你们把毛主席这个教导摆在什么位置？怎样才算是按照毛主席的教导办事？林彪、"四人帮"肆意篡改毛泽东思想，打着毛主席的旗帜，贩卖他们的黑货，我们不少人受过骗上过当，这个教训太深刻了。现在应当着重于开动脑筋去真正弄清楚毛泽东思想的根本观点是什么。只有在这个最重大的问题上擦亮眼睛，明辨是非，大家按照毛泽东思想的本来面目完整地准确地掌握毛泽东思想，只有这方面的真正

---

[1] 《毛泽东选集》第 1 卷，第 119 页。
[2] 《毛泽东选集》第 2 卷，人民出版社，1952 年，第 656 页。

的一致，才有利于我们的团结事业。关于毛泽东思想的根本观点，邓小平同志最近在中央军委召开的全军政治工作会议上作了极其精辟的阐述，其中指出：

"毛主席从参加共产主义运动，缔造我们党的最初年代开始，就一直提倡和实行对于社会客观情况的调查研究，就一直同理论脱离实际、一切只从主观愿望出发、一切只从本本和上级指示出发而不联系具体实际的错误倾向作坚决的斗争。""毛主席历来坚持要用马列主义的立场、观点、方法来提出问题，分析问题，解决问题。毛主席历来是按照不同的时间、地点、条件讲问题的。……主要的是要用马克思主义的立场、观点、方法来分析问题，解决问题。马克思主义的活的灵魂，就是具体地分析具体情况。马列主义、毛泽东思想如果不同实际情况相结合，就没有生命力了。我们领导干部的责任，就是要把中央的指示，上级的指示和本单位的实际情况结合起来，解决问题，不能当'收发室'，简单地照抄照转。"又说："全军的政治工作会议多年没有开了，现在开这样一次会议，应该采取什么方法呢？很明显，我们应该也只能采取实事求是、从实际出发、理论和实践相结合的方法，总结过去的经验，分析新的历史条件，提出新的问题、新的任务、新的方针。这样，我们的会议才能够解决问题，才能够解决得正确。韦国清同志的报告好，好就好在研究了新的历史条件下的问题，有针对性地提出了解决的办法。这就是我们在实际行动中坚决拥护毛泽东思想的表现。反之，如果我们只把过去的一些文件逐字逐句照抄一通，那就不能解决任何问题，更谈不到正确地解决什么问题。那样，即使我们口头上大讲拥护毛泽东思想，实际上也只能是违反毛泽东思想。我们一定要肃清林彪、'四人帮'的流毒，拨乱反正，打破精神枷锁，使我们的思想来个大解放，这确实是一个十分严重的任务。"还说："我们党有很多同志坚持学习马列主义、毛泽东思想，坚持把马列主义的普遍真理同革命实践相结合的原则，这是很好的，我们一定要继续发扬。但是，我们也有一些同志天天讲毛泽东思想，却往往忘记、抛弃甚至反对毛主席的实事求是、一切从实际出发、理论与实践相结合的这样一个马克思主义的根本观点，根本方法。不但如此，有的人还认为谁要是坚持实事求是，从实际出发，理论和实践相结合，谁就是犯了弥天大罪。他们的观点，实质上是主张只要照抄马克思、列宁、毛主席的原话，照抄照转照搬就行了。要不然，就说这是违反了马列主义、毛泽东思想，违反了中央精神。他们提出的这个问题不是小问题，而是涉及到怎么看待马列主义、毛泽东思想的问题。"①

说得多么中肯、多么深刻、多么好啊！

究竟应该怎样对待马列主义、毛泽东思想，这确实不是一个小问题。这里涉及一个是真捍卫毛泽东思想还是假捍卫毛泽东思想的问题。不允许讲实践是检验真理的标准，不允许讲冲破林彪、"四人帮"设置的"思想禁区"，仿佛一讲实践标准，一旦冲垮那些"禁区"，马列主义、毛泽东思想就会站不住，就会大祸临头似的。真是怪事！世界上哪里有这样的马列主义、毛泽东思想？我们有些同志为什么那样没有信心呢？如果马列主义、毛泽东思想真像这些同志所设想的那样虚弱，那样害怕与新的历史条件相结合，害怕实践，害怕砍倒，那个马列主义、毛泽东思想就决不是真马列主义、真毛泽东思想。我们有些同志自称信奉唯物主义，熟读《实践论》，但一听到实践标准，就如临大敌，究竟为了什么呢？应当认为，这是目前一种很值得注意的思潮。这种思潮，同群众中、工作中、在揭批"四人帮"斗争中刚刚恢复和发扬起来的实事求是、凭事实讲话、敢于提出和研究新问题的优良作风，站在对立面，这两者之间的斗争，毫无疑义反映了肃清林彪、"四人帮"流毒这场斗争的深刻性和复杂性。

在毛主席看来，马克思主义之所以是科学，所以能够为认识真理开辟道路，就因为它注重实践，把实践放在第一位。毛泽东思想是一切迷信、一切教条、一切僵硬东西的最大的敌人。尊重实践，尊重科学，破除迷信，解放思想，我们就能够推动理论，获得新的真理。在伟大的历史转折关头，正如列宁所说的："现在一切都在于实践，现在已经到了这样一个历史关头：理论在变为实践，理论由实践赋予活力，由实践来修正，由实践来检验。"②

原载《解放军报》1978 年 6 月 24 日

---

① 《人民日报》1978 年 6 月 3 日。
② 《列宁选集》第 3 卷，第 398 页。

真理标准大讨论的序曲

——谈实践标准一文的写作、修改和发表过程（节选）

胡福明 *

1978 年 5 月 11 日，《光明日报》发表特约评论员文章《实践是检验真理的唯一标准》以来，已经有不少同志写文章，谈论这篇文章的写作、修改和发表过程。由于各人知情程度不同、所处地位不同，也由于出发点不同，所以议论也不尽相同，许多情节各谈各的，也有一些道听途说、想当然的言论。于是有同志劝我，也出来讲讲这篇文章写作、修改和发表过程的真实情况。我想讲讲情况也好，让读者了解得更多些。不过，（1）我只讲自己亲身经历的事，讲我想的，讲我做的，讲我亲耳听到的，不是我亲自参与的我不讲；（2）我想着重讲讲文章主题、观点、内容的形成过程。这一方面，似乎还无人讲过。虽说今天看来，文章的主题、观点、内容，是很浅显的、容易理解的。但在我当年构思该文时，却是经过了相当长时间研究的。报纸上一篇文章引起那么大的轰动，是罕见的；事隔多年，人们对这篇文章的写作、修改与发表过程，有那么大兴趣，也是很少有的。1978 年秋天，我就说过：写了这篇文章后，此生不得安宁了。果然如此。我希望，文章中谈到的同志，出来纠正我的不实之词。

一

（一）我怎么会写《实践是检验真理的唯一标准》这篇文章的。粉碎

---

* 胡福明，1935—2023，男，中共江苏省委党校校长、江苏省社会科学院院长、教授。

"四人帮",举国欢腾,中国人民感到又一次解放了。此景此情,只有亲身经历的人才能体会。"文化大革命"这场浩劫,给党、国家、人民造成了巨大灾难,"四人帮"恶贯满盈。人民异常痛恨"四人帮",自觉奋起揭发、批判"四人帮"的罪行。

我也积极参加了揭批"四人帮"的斗争。我当时是南京大学哲学系的助教,吃尽了"文章"的苦头。1966 年 6 月,我就被打成"匡亚明黑帮"的一分子,此后的遭遇,大家清楚,批斗、游街、扫厕所,祸及全家。

所以,从"文革"开始,我就是"文革的对象",而不是"文革的动力",当然没有资格参加"造反派",也没有参与造反活动。我当时 31 岁,历史清白,家庭出身下中农,只有穷亲戚。由此,我算作"犯有严重错误的干部"。高校恢复招生后,我继续教书,负责全系的教学工作,在"批林批孔"中,又成为"复辟回潮"的典型挨批判。当然,那时我还幼稚,也受"左"的影响,讲过违心话,做过违心事。但我始终不理解为什么要搞"文革",始终怀疑"文革"的合理性,认为林彪、江青一伙才是野心家。以上南大哲学系的一些老师是清楚的。

由于上述原因,我积极参加了批判"四人帮"的斗争。我在南京大学揭批"四人帮"的第一次大会上发言(《人民日报》有报道),我在江苏省揭批"四人帮"的第一次万人大会上,第一个发言,揭批"四人帮"及其在江苏的代理人(《新华日报》有报道)。从 1977 年 12 月起,我在《南京大学学报》连续发表多篇文章,批判"四人帮",有《评张春桥的"全面专政"》《为建设社会主义现代化强国而奋斗》《马克思主义是科学》《批判唯生产力论就是反对历史唯物论》,后一篇文章曾在《人民日报》1978 年 3 月摘要发表(约 2500 字)。我着重于从政治上理论上揭批"四人帮"。

(二)1976 年年底,我思考这个问题:如何从根本上批判"四人帮",以推动拨乱反正。林彪、"四人帮"的罪行罄竹难书,他们篡改、歪曲、伪造马列主义的谬论数不胜数,他们的罪行与谬论不可分割,他们是适应"文革"的需要窜上政治舞台前沿的,他们是推行"文革"的理论、路线、政策的急先锋。大家心里明白,批判林彪、"四人帮"必然要牵涉到"文革"，批判"四人帮"是平反冤假错案、拨乱反正的需要。因而要动员广大群众干部一起批判林彪、"四人帮"。同志们从各个方面批判林彪、"四人帮"，推进拨乱反正，是必要的，但要抓住一个根本问题批判林彪、"四人帮"。抓住了这个根本问题，就能发动群众以破竹之势揭批"四人帮"、彻底进行拨乱反正。这个根本问题是什么呢？我苦苦思索。

1977年2月7日，两报一刊发表的《学好文件抓住纲》的社论，提出"凡是毛主席作出的决策，我们都是坚决维护，凡是毛主席的指示我们都始终不渝地遵循"。揭批"四人帮"、拨乱反正、平反冤假错案，突然降温、刹车，根子就在当时中央推行"两个凡是"的方针。

粉碎"四人帮"后，我以为，"文革"要结束了，社会主义现代化建设的新时期要开始了，中国历史发展要出现重大转变。"两个凡是"出来后，问题复杂了。"两个凡是"的本质是维护"文革"的理论、路线、方针、政策。当时，我认为，中国已处于重大历史关头：要么坚持"文革"的理论、路线、政策，中国人民将陷入苦难深渊；要么改弦更辙，否定"文革"的理论、路线、政策，重新开辟社会主义现代化建设的新道路，使中华民族自立于世界民族之林。党、国家、民族处于十字路口。我作为一个党员、一个理论工作者，理所当然地反对第一种前途，争取第二种前途。至此，我认识到必须批判"两个凡是"。中国的出路就在否定"两个凡是"。否定"两个凡是"，才能彻底拨乱反正。经过了近半年的摸索，到1977年6月初，我才找到了拨乱反正的根本关键：批判"两个凡是"。

（三）我找到了阻挠拨乱反正的根子："两个凡是"。如何批判、否定"两个凡是"呢？当时，此事还真不好办。今天，"两个凡是"已是"老鼠过街，人人喊打"了。可在当年，它是1977年2月两报一刊社论的主题，是当时的中央的方针。没有一个报刊能发表公开批判"两个凡是"的文章。怎么办呢？我认为，要"绕弯子"，找个"替身"。这个"替身"就是林彪的"天才论""顶峰论""句句是真理""一句顶一万句"的唯心主义形而上学谬论。我认为，"两个凡是"与"天才论""句句是真理""一句顶一万句"的谬论，是一脉相承的，是一个东西，只是说法不同而已。所以，拿"天才论""句句是真理""一句顶一万句"来作"两个凡是"的"替身"，予以批判，是可以的。虽然比较含蓄，但人们也会看明白。而批判林彪的谬论是无人可以反对的。

（四）批判对象确定了，究竟怎么批判呢？写篇批判"句句是真理"的文章，这种文章太多了，难以使人们获得新意，不会起多大作用，达不到否定"两个凡是"的目的。怎样才能有力地批判"两个凡是"呢？怎样才能使人抛弃"两个凡是"呢？必须提出科学的论点，与之对立。虽说，"破字当头，立在其中"，但"破"并不等于"立"，"破"了也未必就能"立"，而没有"立"，"破"也"破"不成。必须要提出一个与"句句是真理""一句顶万句""两个凡是"针锋相对的科学论断，这样有破有立，才能给人们以启发，才能否定"两个凡是"。提出什么观点，与"两个凡是"针锋相对呢？当然是提出一个马克思主义的基本观点。哪一个基本观点呢？这又是个难题。

我认为只有剖析"天才论""句句是真理""一句顶一万句""两个凡是"的内容、本质，才能确定与之对立的观点。"两个凡是"，无非是说，毛主席的指示、决策，都是先验地正确的，不需要经过社会实践的检验，因而必须始终遵循，必须永远维护，毛主席是超越人类认识规律的。这是违反马克思主义认识论的，是唯心论形而上学的变种。

弄清了"两个凡是"的本质，再探索与之对立的正面观点就容易了。这时，我有两个选择，一是宣传"实践论"，一是宣传"实践是检验真理的标准"。经反复研究，我选择了"实践是检验真理的标准"这个论点，批判"两个凡是"。因为，实践论题目太大，内容太广泛。一篇文章容纳不了，同时，广泛的内容会淹没实践标准，冲淡主题，磨掉文章锋芒。提出真理的实践标准，与"两个凡是"对立，针对性强，切中"两个凡是"的要害，对读者说实践标准比较新鲜，有吸引力。我认为以"实践是检验真理的标准"，作为基本观点，是无懈可击的，是保险的，因为这是马克思主义的基本观点。同时。我认为，提出"实践是检验真理的标准"这个科学观点，又可以帮助干部群众运用这个科学观点去分析研究"文化大革命"，推动平反冤假错案、拨乱反正。以正面立论为基础，批判"两个凡是"可以脱出大批判文章的窠臼，也更有力量。今天看来，以"实践是检验真理的标准"批判"两个凡是"是很自然的，是简单的，但在当年，我是经过了个把月的分析研究、反复比较后，到 1977 年 7 月初，才确定以"实践是检验真理的标准"作基本论点，批判"两个凡是"。

（五）把"实践是检验真理的标准"作为题目，文章怎么写呢？我再次阅读了马克思主义关于实践标准的论述，重读了《实践论》。真理的实践标准有两方面内容，一是"只有实践才是检验真理的标准"，任何理论是否正确，必须经过实践的检验，才能作结论；二是实践标准的辩证法，即实践标准的相对性与绝对性、确定性与不确定性。这篇文章的任务是否定"两个凡是"，因而重点论述前一方面，对后一方面点到即止，以防止片面性；理论联系实际是一个重要原则，也要提到，但不展开。

（六）实践是检验真理的标准，鲜明地针对"两个凡是"。然而，论述实践标准的一般理论，我总觉得针对性还不够强，还不够尖锐。因为，人们并不一般地否认真理的实践标准。有些人口头上承认真理的实践标准。但是认为伟大领袖毛主席的指示、决策，天然就是正确的，无须经过实践的检验，实践标准对毛主席不适用。我相信，写两报一刊社论《学好文件抓住纲》的同志，就是这种人。因此，要突出强调伟大导师的认识也受人类认识规律的制约，不能超越人类认识规律，他们的理论、观点是否正确也必须经过社会实践的反复检验。但是当时明确地这么说不行，一些人恐怕接受不了。我终于想出了一个论点：马克思恩格斯是自觉运用实践标准检验自己的理论，以证实、修正、发展自己理论的典范。马克思恩格斯是马克思主义的导师，他们的个别观点有失误，也要修正，而且是自觉地根据实践检验进行修正。马克思恩格斯是这样，所有马克思主义者当然绝不应有例外。

（七）至此，我以为还不够劲。于是强调一切理论，都要经过实践的检验，经证实后才成为真理，没有例外。所以，"只有实践才是检验真理的标准"，没有其他标准；另一方面，实践是检验一切真理的标准，没有一种真理可以不受实践的检验证实而成了真理，自然科学的假说，是经过实践的校验，证明其正确后，才成为真理的。马克思主义之所以成为真理，也是经过无产阶级革命实践的检验，证明其正确后才成为真理的。

马克思主义是科学，就在于经过实践的检验证明是正确的。

（八）从各方面论述了实践标准后，进而批判"句句是真理""一句顶一万句"。这方面，主要是剖析"句句是真理"等谬论的唯心主义形而上学本质，及其荒谬、危害。对于理论联系实际，我有个看法：理论联系实际，首先在文章基本论点的针对性，要直接针对所要否定的对象，抓住对象的要害。在论述基本观点后，分析批判对象的本质进而强调肃清"句句是真理""一句顶一万句"的流毒。所以，理论联系实际是体现在整篇文章中的、体现在文章的基本观点和每一个论点中的，不仅仅在于剖析错误观点本身。

（九）这篇文章的主题是树立真理的实践标准，否定"两个凡是"。表面看这是哲学理论的文章，实际上是重大的政治问题，极为敏感。如何选择组织材料，实在是个复杂问题。我确定了一个原则：打语录战。这是当时通行的方法。主要论点，都引用马列著作的原文，完整准确。我引用了《关于费尔巴哈的提纲》第二条，引用《实践论》的一段话，来阐明"只有实践才是检验真理的标准"这个观点；我用了《共产党宣言》德文版序言，用马克思恩格斯自己的话，来说明他们自觉运用实践标准来检验自己的理论，修正自己两个不正确的观点；我引用《路德维希·费尔巴哈与德国古典哲学的终结》第二章中，恩格斯关于哥白尼太阳系演说由科学假说通过天文观察证实为科学理论的论述，等等。论点出自马列著作，论据也出自马列著作。这是当时写文章的通行方法，也是容易说服人的方法。大家知道，当时教条主义盛行，不得不用这种方法。这叫"以其人之道还治其人之身"。

（十）到1977年7月上旬，文章的主题、观点、布局已基本形成。正要动手收集研究材料、拟定提纲时，妻子检查出肿瘤，要住院开刀。经多方奔走，妻子住进省人民医院。全家都忙起来了。岳母操持家务。女儿14岁，儿子10岁，下午到医院陪妈妈。我白天去采购西瓜、鱼虾，当年买西瓜也是费力的事，采购鲜活鱼虾更难。晚上我去医院值班。高温酷暑，无法睡觉，也没地方睡觉，脑子里又记挂着写文章。于是，把《马克思恩格斯选集》《列宁选集》和《毛泽东选集》，拿到医院，就着走廊上的灯光阅读，挑选语录、资料，蹲着身子在椅子上草拟文章提纲。

写出每一部分的论点、语录、论证材料，记下引文的出处。写得很细，改了又改。瞌睡了，就把三张椅子拼起来睡一会。经过了五六天，提纲写成了，妻子也出院了。这时已是暑假，我坐下来整理提纲，大约用了一周时间，写成初稿，已是 7 月底了。我的习惯是，稿子写好后，放几天，然后再修改。经三次修改后，于 9 月初寄给《光明日报》哲学组王强华同志。这期间，开了第十一次全国党代会，我发现，党代会的报告，坚持"两个凡是"的方针，肯定"文革"，维护"文革"的理论、路线和政策，而且说"文革"要七八年再来一次。因而我觉得写《实践是检验真理的唯一标准》更迫切了。

教员搞理论研究，是很辛苦的。教员的主要任务是教书、上课、辅导。当时我是副系主任，主管全系教学科研工作，很忙，搞科研只能见缝插针。而且，当年教员少，也不提倡科研，搞科研更难。写这篇文章正好遇上暑假，是个好机会。

（十一）我认识王强华同志，是在 5 月份。那时，南京召开理论讨论会。大会讨论在一个问题上发生了争论：有同志认为"唯生产力论"是第二国际的机会主义观点，应当批判；我则认为，"唯生产力论"是历史唯物论的根本观点。"唯物论"仅说物质是世界的本源，并不否认精神的存在和巨大反作用，"唯生产力论"仅说生产力发展是社会发展的最根本动力，并不否认生产关系与上层建筑、意识形态在社会发展中的巨大作用。指出生产力发展是社会发展的根本动力，生产力决定生产关系、生产关系决定上层建筑，正是马克思创立历史唯物论的出发点。所以反对"唯生产力论"，就是反对历史唯物论。"文革"中批判"唯生产力论"是为了搞阶级斗争为纲，是反对把社会主义现代化建设作为全国人民的头等任务。在这次讨论会上，争论得很热闹，我曾两次上台发言。王强华同志参加了这次讨论会，但当时我们并不认识。散会后，有同志为我们作了介绍，在会场上谈了一会。强华同志对这场讨论很有兴趣，似乎赞成我的观点。他约我为《光明日报》写稿，我答应了。他没有向我提出任何题目，仅仅是约我写稿。在我写成《实践是检验真理的标准》的文章后，想起了王强华同志的约稿，于是在 1977 年 9 月初，就把稿子寄给《光明日报》哲学组。

（十二）这篇文章，是我在揭批"四人帮"的斗争中，自己选定的题目，自己形成的主题，自己提出的观点，自己寻找的材料，自己拟定的提纲，自己撰写的文章。这期间，没有人知道我在写这篇文章，我也没有找人讨论过。南京大学的政治气氛是很好的。在1976年清明节前悼念周总理、反对"四人帮"的南京革命运动中，南大的师生是带头的，而哲学系的许多师生又是骨干分子，曾受到过"四人帮"的迫害。粉碎"四人帮"后，批判"四人帮"的热情很高，要求拨乱反正的情绪十分强烈。这种情绪当然鼓舞我积极参加批判"四人帮"的斗争。然而，我撰写真理标准文章的过程中，没有与其他同志讨论过。

实践是检验真理的唯一标准的文章，确实如许多同志指出的，没有理论上的创造，完全是马克思主义的基本观点，高校的每个哲学教员，都通晓这个基本观点，更不用说理论家了。那么。我于1977年夏天写作实践标准的文章，有什么特点呢？第一，我于1977年6月间抓住了阻挠拨乱反正的主要障碍——"两个凡是"，这"两个凡是"是当时党中央的方针，而这"两个凡是"又是盛行多年的"句句是真理""一句顶一万句"的翻版，流毒很广很深，是束缚人民的精神枷锁，也是政治枷锁；第二，我找到了实践是检验真理的标准这个马克思主义基本观点与"两个凡是"针锋相对，批判"两个凡是"；第三，我以马克思恩格斯自觉运用实践标准检验自己的理论，证实、修改自己的某些观点作典范，来证明马克思主义的导师也不是"句句是真理"，他们的理论也必须经过实践的检验，证明是正确的，才是真理的，以此与"两个凡是"针锋相对，批判、否定"两个凡是"；第四，我阐明一切理论，都必须经过实践检验证明是正确的，才成为真理，马克思主义也是如此；第五，我认真对待这个问题，抓住这个问题，于1977年6月至8月，写成了七八千字的文章，并于同年9月及时寄给了《光明日报》；第六，我力图通过这篇文章，把实践标准作为人民群众参加拨乱反正的理论武器。推动我这样做的，是"文革"给人民、国家和党造成的巨大灾难，启迪我的是人民、广大党员和干部要求拨乱反正的强烈愿望。这篇文章确实没有创造。按照传统的看法，理论上的创造、发明权属于伟大领袖或权威部门，一般干部、理论工作者只有积极宣传的资格，似乎现在还有这种看法。不管怎样说，人民群众有许多杰出创造，如家庭联产承包责任制（当然是经过了加工的，但发明权仍属农民），发展乡镇工业；在建立社会主义市场经济问题上，理论界贡献颇多。群众的这些创造，今天看来都已不新鲜。问题恰恰在"时间问题"上，一切社会活动都在时间中进行，从而构成历史。凤阳农民是在 1978 年搞包产到户的，万里同志在当时就支持农民的创造。苏南农民是在"文革"期间创办乡镇企业的，那里的各级干部是在当时情况下支持乡镇企业的。时间，是个严肃的问题，写新闻首先写明时间，事件是何时发生的。国际上评诺贝尔奖，也要审查某项发现或发明的时间，何时何人首先取得某项发现或发明。把时间搞错了，把时间抹掉了，历史就弄不清了，不应模糊"时间"。

二

（十三）文章寄出后四个月没有消息。1978 年 1 月 19 日，王强华同志给我一信。随信寄来两份《实践是检验真理的标准》的小样。他告诉我："我去年 9 月离京，到上海、南京出差，12 月刚回来。"他说，曾到南京大学找过我一次，刚好我不在学校。他信中说，《实践是检验真理的标准》一文，"已粗粗编一下，主要是把原稿第一部分压缩了，突出后两部分，但似觉得长了一些。是否请您看看再删一些，有些地方，文字的意思有些重复，可否精练一些。另外，这篇文章提的问题比较尖锐，分寸上请仔细掌握一下，不要使人有马列主义'过时'论之感的副作用。文章请尽快处理寄来，争取早日刊用"。从信中看出，王强华等同志是支持这篇文章的。值得注意的是，他们已经意识到"这篇文章提的问题比较尖锐"，因此要我在"分寸上请仔细掌握一下，不要使人有马列主义'过时'论之感的副作用"。他们的可贵精神也在于，看到"这篇文章提的问题比较尖锐"，而敢于始终如一地坚持发表这篇文章。

如果文章宣扬马列主义"过时"论，那是必须坚决反对的。如果文章"使人有马列主义'过时'论之感的副作用"也是原则性的重大错误。我认真地、反复地研究了文章。自认坚持马列主义，没有错误，没有片面性，不会产生副作用。但我明白，文章本身很尖锐。一是提出真理的实践标准，反对两报一刊社论提出的"两个凡是"；二是坚持真理的实践标准，揭露"文革"的错误，推动拨乱反正，重新研究毛主席亲自领导和发动的"文化大革命"。但这是文章本身的主题，是文章的基调和目的。所以，我对文章修改得很少，只是尽可能把话说得周到些，文章的主题、基本观点不能修改。编者要求我再删掉一些，我也没有进一步论述。

在2月、3月、4月，强华同志都给我寄文章的小样，让我修改，然后寄去，我都照办了。这几次修改，改动不大。《光明日报》哲学组的同志对修改文章没有提出进一步明确要求，修改的目的，似乎在使文章全面正确，无懈可击，不给人以把柄。我也感到奇怪，为什么一篇理论文章反复修改，而迟迟不予发表？

（十四）3月13日，王强华同志又给我一信，他说："您说要来北京开会，不知何时可到京？""您的文章，基本上已定稿，但现在看来，联系实际方面的内容较少，原想等您来京时面商，可老等也不见您来，只好再把小样寄给您，请抓紧补充，以便早日刊出！"

"您的文章立意是很清楚的。但为了使文章更加（具有）战斗性，请适当增加些联系实际部分。由于'四人帮'多年来抓住片言只语吓唬人，束缚人们的思想，致使一些同志至今仍不注意实践经验，不从实际出发，而是从定义出发，从概念出发，离开具体条件硬套某个指示，结果'心有余悸'，许多工作搞不好。请考虑能否把这样意见的话加上。"

这封信表明，《光明日报》理论部的同志，认识发展了，要求加强理论联系实际。于是，我在文章最后，加了一大段话，这里摘录一部分："十年间，'四人帮'主观唯心主义横行，……他们抓住片言只语吓人打人，到处设置禁区，给人套上枷锁。所以，至今仍有一些同志，做工作，解决问题，既不总结实践经验，又不倾听群众意见，从概念出发，从原则出发，不问具体历史条件，把个别词句奉为教条，生搬硬套，明知不符合实际，也不敢从实际中引出新结论；遇到新情况下的新问题，不去运用马克思主义的观点方法进行调查研究，具体问题具体分析，而是翻书本、找语录，把个别词句作为包医百病的灵丹妙药，不管是否符合当前实际，不问能否做好工作；判断是非，不以实践为标准，不拿事实作根据，而用片言只语作准则，总之，心有余悸。……因此，我们必须继续深入揭批'四人帮'，肃清其流毒，解放思想，完整地、准确地掌握马列主义、毛泽东思想体系，理论与实践结合，实事求是，冲破'四人帮'设置的禁区，把我们的革命工作做好。"从1977年夏天作真理标准的文章，到1978年3月，批判"四人帮"的斗争毕竟在继续深入，我们的认识，也在不断深化，所以会加上这么一段话。但是，在《光明日报》4月2日的大样上，还是删掉了最尖锐的几句话："判断是非，不以实践为标准，不拿事实作根据，而用片言只语作准则，总之，心有余悸。"大家可以看到，这几句话，正是批评"两个凡是"的。我们应从当时的政治环境出发看问题，理解编辑的苦衷：既坚决支持实践标准，批判"两个凡是"，又不便于把话说得太明白。

（十五）4月，《光明日报》对《实践是检验真理的标准》一文，态度有了重大变化，主导者是新任总编辑杨西光同志。

4月中下旬，我与南大哲学系两位同志一起，到北京左家庄朝阳区委党校，参加哲学研究所召开的全国哲学讨论会。当晚，《光明日报》就把我接去，参加一个会议。

王强华同志向我介绍了背景。他说：您写的《实践是检验一切真理的标准》的文章，本已定稿了，并已排出清样，在4月2日刊出（后来他把4月2日的清样给了我）。因为有不同意见，有争议，所以送给新任总编辑杨西光同志审阅。杨西光同志看了文章后很高兴，很赞赏这篇文章。他认为，这篇文章放在哲学版发表，可惜了，要放到第一版去，作为重要文章发表，发挥更大的作用，但是，文章还要修改，要加强联系实际，更有战斗性。原来想约你来北京修改，现在你来北京开会，正好来修改文章。

在《光明日报》总编辑办公室，我见到了杨西光同志、马沛文同志、孙长江同志，在座的还有王强华等同志。杨西光同志说明了意图：《实践是检验一切真理的标准》这篇文章，我把它从哲学版上拿下来，要作为重要文章放到第一版发表，因此，要进行修改，请大家提修改意见。他说，已同中央党校理论研究室联系，理论研究室也在研究这个题目，因此请孙长江同志来参加讨论，帮助修改。当时，大家提了一些修改意见。

归纳起来说，有几点：第一，要加强理论联系实际，批判"句句是真理，一句顶一万句"，冲破"四人帮"设置的禁区，打碎"精神枷锁"，宣传解放思想、实事求是，要加强针对性、战斗力，对准"两个凡是"。第二，文章的论述要更充分一些，再深一些，同时理论上更严谨、更完整一些，不能授人以柄。讨论结束时，杨西光同志要我按照大家提的意见，继续修改。这次会上，给我印象最深的是理论部主任马沛文同志的发言。马沛文同志主张公开点名批判"两个凡是"。

当时，我正参加全国哲学讨论会。讨论会中的一个重点题目是：社会主义社会的基本矛盾集中表现为阶级斗争。一种观点是：社会主义社会的基本矛盾集中表现为阶级斗争，也就是说社会主义社会的基本矛盾是阶级斗争的根源。我的观点与此相反，认为社会主义社会的基本矛盾不是阶级斗争的根源，不表现为阶级斗争，因为社会主义生产关系与生产力的矛盾、人民民主专政与社会主义经济基础的矛盾，是非对抗性的，体现为人民内部矛盾。社会主义社会还存在的阶级斗争是剥削阶级残余、剥削阶级的意识形态和国外敌对势力，与社会主义社会的矛盾。我的这种观点，被称为"脱钩论"，实际上否认社会主义社会的主要矛盾是阶级斗争。我认为现代化建设才是社会主义社会的头等任务。当时，我积极参加讨论，讨论会结束时还作了大会发言。我的发言写成文章，发表在1978年《哲学研究》第6期第一篇。

白天参加哲学讨论会，晚上则修改《实践是检验一切真理的标准》这篇文章，哲学研究所的邢贲思、陈筠泉、李今山等同志，都知道我在修改文章。同宿舍的周抗（上海社科院）、黎克明（华南师范学院）、张明（曲阜师范学院）同志，也知道我在修改文章。南大哲学系的李华钰、马淑鸾同志，更知道我在修改文章，还读过我的修改稿。那时，我晚上修改好文章，第二天早上《光明日报》通讯员就把稿子拿走，傍晚又把修改后的小样送来。这样往返了三四次。关于修改的内容，在后面一并叙述。

哲学讨论会结束后，杨西光同志又接我到《光明日报》招待所（在《光明日报》西边）。当时他和夫人也住在这个招待所，西光同志曾多次来看我，同我谈了多次，谈话内容下面再说。

　　在修改过程中，我曾去了《人民日报》理论部，见到了何匡、汪子嵩同志。他们看了文章的小样，认为文章很好，有说服力。何匡同志说："文章有战斗力，《光明日报》如果不用，我们《人民日报》发表。"

　　按照杨西光同志的嘱咐，我去中央党校看望吴江同志，听取吴江同志的意见。吴江同志充分肯定了文章，向我谈了修改意见，他的基本观点是：加强理论联系实际，论证充分一些，文章写得周密一些，以增强战斗力。他的意见很好。在他桌子上，放着杨西光同志给他送去的《实践是检验一切真理的标准》的一份小样，吴江同志在上面写了几句话，我随即在《光明日报》的稿纸上记了下来：

　　"杨西光同志：

　　写得不错，是一篇有力的说理文章。

　　吴江　四月二十二日"

　　这张稿纸，我还保留着，用科学方法当可鉴定《光明日报》当年的稿纸与我当年的字迹。

三

　　（十六）"五一"节快到了。我到北京已十多天了，学校工作很多，想节前回校。我向西光同志谈了想法。杨西光同志与我作了一次长谈。他说："文章已改得差不多了，你要回去也可以，下面就交给中央党校的同志帮助作点修改了。"

　　杨西光同志很真诚，与我谈了很多。他说："不久前，我在中央党校学习（杨西光同志'文革'前是中共上海市委副书记、复旦大学党委书记），学习结束时，胡耀邦同志找我谈话，要我到《光明日报》工作。耀邦同志说，北京四大报刊，二比二，《人民日报》《解放军报》是积极揭批'四人帮'，推动拨乱反正的，《红旗》杂志、《光明日报》是执行'两个凡是'的，现在要你去《光明日报》工作，就是要去改变《光明日报》的面貌，把二比二变成三比一。"他又说："《光明日报》改变面貌，要抓文章。他们给我送来了你的文章。我看了文章，内容很好，很重要，放在哲学版可惜了，要放到第一版去。《光明日报》改变面貌就从这篇文章开始。"

杨西光同志接着说："这篇文章，要请胡耀邦同志审定。他站得高。他在中央党校成立了理论研究室，办了个内部刊物，叫《理论动态》。发表在《理论动态》的文章，都要经过胡耀邦同志审阅批准。所以，我们这篇文章要交给中央党校理论研究室修改，请胡耀邦同志审阅，先在《理论动态》发表，《光明日报》第二天就公开发表。《理论动态》是逢五逢十出版，他们五日刊出，我们六日见报。他们十日刊出，我们十一日发表。"至此，我才懂得，杨西光同志为什么要找中央党校理论研究室帮助修改文章，文章为什么先要在中央党校内部刊物《理论动态》刊出，然后《光明日报》公开发表，为了请胡耀邦同志审定《实践是检验真理的唯一标准》这篇文章。杨西光同志不能审定这篇文章？以他的政治理论水平，完全有能力审定这篇文章。那为什么要请胡耀邦同志审定？因为这篇文章很重要，是批判"两个凡是"的，所以杨西光同志要请耀邦同志审定。

杨西光同志还同我商量了一个问题。他说："福明同志，我要跟你商量一个问题。这篇文章发表在第一版，不以你的名义发表，而以'本报特约评论员'的名义发表，这样可以加重文章的分量。我们没有约你写这篇文章，但是现在我们聘请你作《光明日报》的特约评论员，你就是《光明日报》的特约评论员。你看行不行？"我爽快地表示："行。"我说："我写这篇文章，是为了批判'两个凡是'，为了拨乱反正。文章发表后，能起更大作用就好。"当时，我只考虑如何批判"两个凡是"，推进拨乱反正。到4月底，在文章的小样上，都署我的名字，文章发表时署名"本报特约评论员"。让人觉得这篇文章来头很大，特别引人注目。这正是运用"本报特约评论员"名义所希望达到的效果。以上情况，《光明日报》的同志，大概是知道的。我想，聘请《光明日报》的特约评论员应该是总编辑杨西光同志职权范围内的事。

杨西光同志还跟我谈了文章发表的计划。他说："发表这篇文章，已作了安排。先由《理论动态》内部发表，第二天《光明日报》公开发表。然后《人民日报》《解放军报》第二天转载，新华社向全国发稿。我们已经商量好了。要批判'两个凡是'，推动解放思想，拨乱反正。"这时我才知道，围绕真理标准这篇文章，已经有了一个完整的计划。这已经超出了《光明日报》发表一篇文章的范围。

（十七）我是 1978 年 4 月 29 日离开北京的。在这以前，同志们只是对文章提意见，由我修改文章，《光明日报》编辑作过修改，主要是文字修改，其他同志还未动手修改。我离开北京后，才由孙长江老师动手修改（到孙长江老师手里后，理论研究室究竟有几位同志参与讨论、修改，我不清楚）。为了使读者了解修改情况，我先把文章第一个小样的主要内容介绍一下，然后把几次修改的内容介绍一下。当然，最好把原稿小样印出来，但是太多了，难办。

《光明日报》1978 年 1 月 14 日的小样是：《哲 27—哲（四五一）七八、一、十四 实践是检验真理的标准（送审稿）胡福明》，稿子是由王强华同志 1978 年 1 月 19 日寄来的，他信上说：只是对第一部分作了压缩，突出后两部分。编者并未增加内容。可说完全是我的观点。那么，我文章的内容是什么呢？

第一，文章主题："实践是检验真理的标准"，批判"句句是真理""一句顶一万句"的唯心论形而上学。

第二，文章论述了"只有实践才是检验真理的标准"的观点，说明没有其他标准。

1. 文章说，马克思于 1845 年创立新世界观时，就提出了检验真理的实践标准。文章引用了《关于费尔巴哈的提纲》第二条。文章分析说："一个理论，是否正确反映了客观对象，不能靠理论争论解决，只能靠社会实践的检验来解决。这是马克思主义哲学的一个基本原则，也是它的一个特征。"实践标准区别真理与谬误，证实真理，否定谬误。

2. 文章说，"实践标准也是辩证的"。文章引用了列宁在《唯物主义与经验批判主义》中的一段话。文章对此作了介绍。然后强调"任何理论，是真理还是谬论，归根到底要由实践来检验。社会实践是真理与谬论的试金石。只有社会实践才能彻底粉碎唯心论、不可知论和一切谬论。只有社会实践才能树立真理的权威。因为，只有社会实践才能使理论与客观事物相比较，判别理论是否符合事物的本质"。

3. 文章说："只有千百万人民的革命实践，才是检验真理的尺度。"

文章说:"自吹自擂证明不了真理,大规模的宣传证明不了真理,许多人的赞成证明不了真理,强大的权力证明不了真理,而且已被过去的实践证明了的真理,也不是今天检验真理的标准。因为,任何事物都是共性与个性的统一。"文章对于已有的真理不是检验真理的标准,用认识史上的材料作了大量分析。因为教条主义的手法之一、"两个凡是"的手法之一就是从马列主义著作、毛主席著作中摘取片言只语,作为论证的工具。文章说:"一切以时间、地点、条件为转移。科学原理不是检验真理的标准,因为它还是在理论的范围内,不能回答理论是否符合客观存在的客观对象的问题。"

4. 文章以科学史说明只有社会实践才是检验真理的标准。"不管是自然科学理论,还是社会科学理论,都必须经过实践证明,才算真理,才算科学,否则是不算的。"这里引了《毛泽东选集》第五卷第 297 页的一段话。文章说,哥白尼学说在 300 年里一直是科学假说,只是当加勒于 1846 年发现了海王星时,才被证实为科学真理。文章强调:马克思主义"同样必须经过社会实践检验,而且确实经过了千百万群众的长期实践的检验,才成为真理"。文章分别论述了马克思主义、列宁主义、毛泽东思想,在指导广大群众的长期革命实践中被证明是正确的,才成为真理,才战胜反动派的围攻,才战胜机会主义。

第三,文章说,马克思主义导师是自觉以革命实践检验自己的理论的模范。文章说:"马克思主义的导师提出了检验真理的实践标准,并自觉运用实践标准检验自己的理论,发展理论,以至修改个别结论。"文章以马克思恩格斯对待《共产党宣言》的态度作说明。文章说:"1848年《宣言》发表后,他们在 45 年中一直根据实践来检验《宣言》。《宣言》的七篇序言是生动的说明。"文章引用《宣言》1872 年德文版序言的一段话,说明经过 25 年阶级斗争的实践证明,《宣言》的一般基本原理整个说来还是完全正确的。随后,文章说马克思恩格斯自己提出了一个重要的修改。文章引用了恩格斯在《宣言》1888 年英文版上加的一条注释,修改《宣言》第一章第一句话:"到目前为止的一切社会的历史都是阶级斗争史。"文章说:"这个为恩格斯后来多次谈到的重要修改,把上百万年的无阶级社会与几千年的阶级社会区别开来,说明了阶级是一定历史阶段的产物。马克思、恩格斯对《宣言》的科学态度，表明了他们是怎样严肃地对待自己的学说的。他们并不认为自己的学说一开头就是完美的，决没有把它看作'绝对真理'，而始终用辩证法观点看待自己的学说，用实践来检验自己的理论。他们虚心吸取别人的科学成果，包括资产阶级学者所提供的材料。他们提出了检验真理的实践标准，并身体力行，始终用实践来检验自己的理论，证实、丰富、修改自己的观点。他们毫无偏见。尊重实践，尊重事实，尊重科学，是他们唯一的态度。马克思主义首先是科学，所以才能成为改造世界的强大思想武器。科学的态度是实事求是的态度。马克思主义与任何盲从、迷信，是水火不相容的。哪里有盲从，哪里有迷信，哪里就没有科学，哪里就没有马克思主义。马克思主义强调实践是检验真理的标准，就是承认我们的认识可能犯错误，需要由实践来纠正。如果认为认识是不犯错误的，也就取消了实践标准。"文章还引用了《毛泽东选集》第一卷第269页的一段话，说明经过实践的检验而纠正理论的错误。

　　第四，批判"句句是真理""一句顶一万句"。文章说："神学家是公开宣传宗教教条，王明、林彪、'四人帮'是披着马克思主义外衣宣传宗教教条。他们都否认马克思主义来源于实践，否认马克思主义要在实践中受检验，在实践中丰富、发展。"文章批判了王明的教条主义，引用了《毛泽东选集》第三卷第78页的一段话。文章继而批判林彪的"天才论"。文章说："叛徒林彪鼓吹天才论，否认马列主义、毛泽东思想来源于三大革命实践，宣扬'句句是真理''一句顶一万句'，否认毛主席的指示需要到实践中检验、丰富发展，反对实践标准。"文章最后批判"四人帮"的唯心论、教条主义。"一句话，他们鼓吹主观唯心论，反对以实践为基础的马克思主义认识论，否认真理的实践标准。"文章说："认为马列主义、毛泽东思想是革命的科学，还是把它当作宗教教条，这是一个根本的分歧。"文章认为："'四人帮'把马列主义、毛泽东思想当作宗教教条，跟王明把马列主义当作宗教教条完全一样、'四人帮'背叛实践标准，迷信'强权即真理'，'造谣一千遍就是真理'的法西斯哲学，使用他们控制的宣传机器，大造反革命舆论，把实践中证明了的真理攻击为修正主义，把在实践中破产了的东西吹捧为真理；全盘否定解放后17

年的社会主义革命和建设的伟大实践，篡改历史、颠倒是非、捏造罪名、制造谣言，陷害周总理等老一辈无产阶级革命家和广大革命同志。"最后说："但是，实践标准是客观的，千百万人民群众的实践，不仅是证实真理的最有力的手段，也是宣判修正主义和一切谬论死刑的权威。"文章第三部分集中力量批判了教条主义。

文章的上述三方面的观点，都是第一稿的内容，至此，还没有人提过修改意见。大家知道，这是《光明日报》发表的《实践是检验真理的唯一标准》一文的基本观点，读过这篇文章的同志，当然回忆起当时所抓住的、所运用的观点，也是这几个基本观点，至今还有印象的也只是这几个观点。其他的论述不过是为这几个观点论证、服务的，想来已经淡忘了。

（十八）1978 年 1 月至 3 月间，又改过几次小样，但我手头只有一份小样：《哲 27 ，哲（四五一）七八、一、十四，一、二十六改，一、三十，二、二三改 实践是检验真理的标准（送审稿）胡福明》，这份小样是 3 月份寄给我的。

在这份小样上，我加了联系实际的话："十年间，'四人帮'主观唯心主义横行，搞乱了理论，毒化了思想，严重破坏了党的优良作风；他们抓住片言只语吓人打人，帽子乱扣，棍子横飞，到处设置禁区，给人套上枷锁。所以至今仍有一些同志判断是非，不以实践为标准，不拿事实作根据，而用片言只语作准则。总之，心有余悸。必须继续深入揭批'四人帮'。肃清其流毒，解放思想，完整地、准确地掌握马列主义、毛泽东思想体系，理论与实践结合，实事求是，冲破'四人帮'设置的禁区，把我们的革命工作做好。"

在以后一稿"哲 4"的清样上，加了一个前言："检验真理的标准是什么？这个问题早被无产阶级的革命导师解决了的。但是这些年来，由于'四人帮'的破坏，特别是他们控制下的舆论工具进行了大量的歪曲宣传。把这个问题又搞得混乱不堪。为了拨乱反正，正本清源，有必要重温革命导师的有关论述，学习革命导师的伟大实践，批判'四人帮'的反动理论，进一步提高我们对这个问题的认识。"这里概括地点出了文章的基本内容。

在"哲4"的另一份清样上，把文章由三部分改为四部分。这次修改，本着这样的要求：增加材料，进一步论证基本观点；深化观点，突出对马克思主义的认识和态度问题；进一步联系实际，加强针对性，批判"两个凡是"。这次修改较大，增加了约1500字。修改中，除了解释什么是真理、实践如何检验理论以外，补充了内容。第一，进一步揭露"四人帮"炮制"天才论"，捏造文艺、教育等各条战线的"黑线专政"论，伪造老干部是民主派、民主派必然变成走资派的"规律"，胡诌社会主义制度是"产生新的资产阶级分子的经济基础"，捏造儒法斗争贯穿到现在的无稽之谈，等等。第二，突出了"理论与实践的统一是马克思主义的一个最基本的原则"。把这作为文章的第二部分。在这部分中，强调马克思主义之所以是真理，就在于经过社会实践反复检验证明是正确的：共产主义运动的路线是否正确，各国革命的路线是否正确，也必须由社会实践来检验。"凡是经过实践证实，推动革命发展的路线，就是正确路线；凡是在实践中破坏革命的路线，就是错误路线。"文章分别叙述了马克思主义在斗争中经实践证明正确而取得胜利的历史，突出强调了毛泽东思想在斗争中经实践证明正确而取得胜利的历史。这一部分集中谈了对马克思主义、列宁主义、毛泽东思想的认识问题。第三，为了进一步论证实践是检验真理的标准，增加了门捷列夫化学元素周期表被科学实验证明的例子。特别是增加了马克思恩格斯根据巴黎公社的经验对《共产党宣言》作的一处重要修改，并引用列宁的话评价这个"重要的修改"。第四，文章补充了已有的真理不是检验新的理论的标准。马克思主义是科学的指南，不是论证的工具。马克思主义在实践中发展，新的理论观点是否正确，不能用书本上已有的结论作为检验标准，而必须由实践来检验。文章以列宁关于社会主义革命可以首先在一国取得胜利的理论和毛泽东关于农村包围城市的理论，由实践证明其正确来说明，并以牛顿力学不能检验量子力学是否正确来说明。第五，文章最后加了一段话："无论在理论上或实际工作中，至今仍有一些'禁区'，所谓'禁区'，就是不能在马克思主义指导下实事求是研究的问题，不能用科学方法去分辨是非的问题，而只能靠'信仰'去解决。这是完全错误的，在马列主义、毛泽东思想面前，没有不可以研究的问题，没有任何'禁区'。凡是'禁区'，就没有实践标准，就没有科学，就没有马列主义、毛泽东思想，就是盲从。"这次修改，肯定是在周扬同志在全国哲学讨论会讲话之前，因为，还没有加周扬同志提出的"科学无禁区"的论断。当时讲的"禁区"，就是指的"两个凡是"。

这次修改后，肯定还修改过几次。例如，"哲学 15 之三末"这份清样上，我补上了"科学无禁区"这个论断。这个论断与我讲的"凡是有'禁区'的地方，就没有科学"是一致的。在这次修改中，我又加入了两句话："是否完整地准确地掌握了马列主义、毛泽东思想体系，要由实践来检验。是否正确贯彻了马克思主义路线，也要由实践来检验。实践标准是客观的，你否认它，它仍然存在着。"

这几次修改，强调几点：一是注重为实践标准增加有力的论证，同时说明什么是实践标准；二是增强理论联系实际，进一步论述马克思主义、列宁主义、毛泽东思想和党的路线，都是经过实践检验而证明的；突出对马克思主义的科学态度，批判"两个凡是"。我以为，讲真理的实践标准，就是要树立对马列主义、毛泽东思想的科学态度，反对迷信盲从。

（十九）我于 1959 年 9 月至 1962 年 11 月，在中国人民大学哲学研究班读书。孙长江是我老师，给我们讲先秦哲学的一部分——《周易》。当我在杨西光同志办公室见到他时，很高兴。我仍称他孙老师。此后，我们见了几次。他曾同我一起去中央党校看望吴江同志，还曾邀我到他家坐了一会。孙老师告诉我，他在中央党校理论研究室，与吴江同志在一起。孙老师告诉我胡耀邦同志交给他们一个任务，要写一篇关于真理标准的文章，他们正在研究。他说，现在有了你的这篇文章，就不用再写了。可以肯定，当时中央党校还没有写成关于真理标准的文章，如果已写出真理标准的文章，就会立即送胡耀邦同志审阅，既然是胡耀邦同志出的题目，耀邦同志当然会立即定稿，并在《理论动态》发表。但是没有发生这回事。理论研究室写好了文章既不送耀邦同志审阅，又不发表，而要等一篇事先并不知道的、外来的真理标准的文章，再把两篇文章合起来，然后发表，这种事是没有的。但是，由于中央党校理论研究室在研究耀邦同志交给的任务，所以修改我的文章就较顺手。

孙长江老师下了很大力气，修改《实践是检验真理的唯一标准》一文。这里谈谈他作的修改。

第一，把文章梳理了一下。我修改后的文章是四部分。孙长江老师对四部分作了调整。第一部分"检验真理的标准只能是社会实践"，集中阐述只有实践才是检验真理的标准的观点；第二部分，"理论与实践的统一，是马克思主义的一个最基本的原则"，批判"四人帮"的谬论，指出马克思列宁主义、毛泽东思想是经过实践检验证明了的客观真理，对实践有巨大的指导作用，而是否正确指导实践，仍需经过实践检验；马列主义、毛泽东思想是批判修正主义的强大思想武器，就因为它们是经过长期的实践证明了的真理，而且用马列主义原理去批判修正主义也不能离开实践；实践是不断发展的，从实践概括出的新理论是否正确，也只能用实践来检验。第三部分，"革命导师是坚持用实践检验真理的榜样"。这里用马克思恩格斯对《共产党宣言》的两处修改作说明，引用了列宁的评价。孙长江老师增加了一个毛主席修改自己文章的例子。这点下面再说。第四，"任何理论都要不断接受实践的检验"，讲了真理标准的绝对性与相对性的统一。讲了认识的不断发展问题。最后强调冲破"四人帮"设置的种种"禁区"，"科学无禁区"。

第二，对文章的观点作了分析发挥。如孙长江老师对"只有实践才是检验真理的标准"这个观点作了发挥，指出"只有""才是"就表明检验真理的标准只有一个，以说明实践是检验真理的唯一标准。孙老师还具体说明了为什么只有实践才是检验真理标准的理由，即分析了实践的特性："人的社会实践是改造客观世界的活动，是主观见之于客观的东西。"对实践标准的相对性与绝对性的统一，孙老师也作了发挥，指出任何思想、任何理论必须无例外地、永远地、不断地接受实践的检验的观点，也就是真理发展的观点；任何思想、理论，即使是已经在一定的实践阶段上证明为真理，在其发展过程中仍然要接受新的实践的检验而得到补充、丰富或纠正。孙老师并引用了毛主席的话："而且在于当某一客观过程已经从某一发展阶段向另一发展阶段推移转变的时候，须得善于使自己和参加革命的一切人员在主观认识上也跟着推移转变，即是要使新的革命任务和新的工作方案的提出，适合于新的情况的改变。"

孙老师的分析，发挥了文章的观点，加深了对真理标准的认识，是很好的。

第三，孙老师的修改，使文章精练了，去掉了一些重复的词句。

老实说，这篇文章，从写初稿到成稿寄往《光明日报》，送到《光明日报》后，到公开发表，究竟修改了多少次，究竟有几位同志提了意见，究竟有几位同志作了内容到文字、标点的修改，修改中有多少反复，现在已说不清了。修改中，仁者见仁，智者见智，是否每处修改都得当，也说不清了。这不是自然科学的论文，不是技术科学的论文，而是社会科学的论文，并且是政治性、现实性、针对性极强的文章，可说怎么样修改都会有不同的看法。这样的文章，除非是邓小平同志自己的讲话、自己写的文章，别人可能（我是说"可能"）不会提修改意见，其他人写作，特别是名不见经传的小人物写的文章，任何人都会提出这样那样的修改意见。而且都可讲出修改的理由。《实践是检验真理的唯一标准》这篇文章经过许多同志提意见、反复修改，是完全正常的、十分自然的。一方面文章本身确实不完善，不是尽善尽美，可以而且需要修改，另一方面也在于这篇文章是不出名的人物写的，而且又是在当时国内政治形势十分复杂的情况下，事关全国大局的，在我国历史发展重要关头出现有政治性、现实性、针对性极强的文章，对这篇文章不仅会有各种态度，在支持者中也会有各种修改意见。可以说，没有胡耀邦同志审阅定稿，还会不断继续修改，直至有个权威审阅定稿。

《实践是检验真理的唯一标准》一文的理论观点是正确的，社会效果也是好的，经受了时间的考验。但文章也不是十全十美的，修改也不是无可批评的，不但今天看来，有可修改之处，在当时，我对几点修改，也有自己的看法。原稿中，有这么一段话："马克思、恩格斯对《宣言》的态度，给我们以很大启发，他们并不认为自己的学说，一开头就是完善的，决没有把它看作一次完成的'绝对真理'，而始终用辩证法观点严肃地看待自己的学说，用实践来检验自己的理论。他们并不认为凡是自己讲过的话都是真理，也不认为凡是自己的结论都要维护。他们处处以实践来检验自己的学说。坚持真理，修正错误，尊重实践，尊重事实，尊重科学，毫无偏见，是他们唯一的态度。他们虚心吸取别人的科学成果，包括资产阶级学者提供的事实材料。马克思恩格斯对待《宣言》的态度告诉我们：坚持马克思主义，指的是坚持马克思主义的体系、基本理论和立场观点方法，并非维护每个词句和每个结论。事实上，要维护马克思恩格斯的每一句话、每一个结论，必然弄到荒谬绝伦的地步。……马克思主义强调实践是检验真理的标准，强调在实践中对于真理的认识永远没有完结，就是承认我们的认识不可能一次完成，就是承认由于历史的、认识的和阶级的局限性。我们的认识可能犯错误，需要由实践来检验或纠正。如果认为认识是不会犯错误的，也就取消了实践标准，结果必然要犯更大的错误。不论是国际共产主义运动的历史，还是我们党领导革命和建设的历史都无可辩驳地证明了这一点。"这段话，孙老师在修改时，保留了基本观点，但勾掉了"他们（指马克思恩格斯）并不认为凡是自己讲的话都是真理。也不认为凡是自己的结论都要维护"。这两句话是鲜明地针对"两个凡是"的，孙老师换了一句话，保留了一点原意，但大大淡化了。我理解他的用意。措辞缓和点，但原文这两句话是无可挑剔的。后来我在读《"两个凡是"不符合马克思主义》一文时，发现邓小平同志正是这样讲的，只是语句有差别。同时，孙老师还勾掉了"他们（指马克思恩格斯）虚心吸取别人的科学成果，包括资产阶级学者所提供的事实材料"。当时，迷信盛行，把革命导师神化，把马克思主义教条化，讳言马克思主义继续了前人的文化遗产，讳言导师们向别人学习，特别是向资产阶级学者学习，因而我写了上面几句话，被勾掉可惜了。当时，我认为对马克思主义的态度问题是个根本问题，提倡实践是检验真理的标准，就是要强调对马克思主义的科学态度，反对个人迷信与教条主义。因而我大段讲了对马克思主义的体系、基本原理与立场观点方法，而不是指坚持每句话、每个结论。我还强调了人的认识受历史的、认识的和阶级的局限，人的认识可能犯错误，因而要坚持实践标准。可是这些观点，都给勾掉或淡化了。

另一处修改，我觉得也可以讨论。孙老师加了这么一段话：1955年毛主席在编辑《中国农村的社会主义高潮》一书的时候，写了104篇按语。当时没有预料到1956年以后国际国内所发生的阶级斗争的新情况，因此，1958年在重印一部分按语的时候，毛主席特别写了一个说明，指出这些按语"其中一些现在没有丧失它们的意义。其中说，一九五五年是社会主义与资本主义决战取得基本胜利的一年。这样说不妥当，应当说：一九五五年是生产关系的所有制方面取得基本胜利的一年。在生产关系的其他方面以及上层建筑的某些方面即思想战线和政治战线方面，则或者还没有基本胜利，或者还没有完全胜利，还有待于尔后的努力"[1]。这是孙老师修改时增加的唯一的重要材料，以说明毛主席与马克思恩格斯一样，自觉依据实践检验来修改自己的观点。毛主席确实一贯严格要求不断用革命实践来检验自己提出的理论和论点，这在毛主席的伟大革命实践与理论创造的历程中，有许多生动的事例。孙老师强调这点我是赞成的。但是对孙老师选取的这个例子，我有保留：我以为毛主席1955年在编辑《中国农村的社会主义高潮》一书时，写的按语是符合历史实际的，而1958年重印部分按语时写的上述"说明"，却是在1956年波兰、匈牙利事件影响下，在整风反右斗争后，认识上夸大社会主义阶级斗争，特别是突出思想政治战线阶级斗争的产物，是离开了实际，而不是更符合实际。大家知道，毛主席以后的思想发展，正是沿着这个"说明"走下去的。1977年我写《实践是检验真理的标准》一文，批判"两个凡是"，目的是推动拨乱反正。1978年4月，我在全国哲学讨论会上，否认社会主义社会的基本矛盾集中体现为阶级斗争，实际是进一步表示否认阶级矛盾是社会主义社会的主要矛盾。所以，我于1977年写文章时，看到了毛主席1958年写的这个"说明"，而没有采用。

　　整个说来，孙长江老师在修改文章上，花了很大功夫，提高了文章的质量，做出了贡献。这是不容抹杀的。但是，文章的主题、基本观点、主要内容和主要材料，没有变化，没有增加重要论点，没有改正错误观点，因为原文没有错误观点。这个修改，是在原文的基础上的修改，是在原文基础上的提高，所以，1978年5月10日，中央党校理论研究室的《理论动态》发表《实践是检验真理的唯一标准》时，后面注明："《光明日报》社供稿。本刊作了些修改。"1978年年底，中央召开全国

---

[1]　中共中央文献研究室编：《毛泽东年谱（1949—1976）》第3卷，人民出版社，2013年，第318页。

理论务虚会，于光远、杨西光、胡绩伟、穆青、吴江等10位同志有个联合发言，谈到《实践是检验真理的唯一标准》这篇文章时说，这篇文章是以南京大学哲学系胡福明的稿子为基础修改的。1982年，中央党校理论研究室编辑了《真理标准问题讨论文集》（中央党校出版社出版），在《实践是检验真理的唯一标准》一文之后，也有一个说明："《理论动态》1978年5月10日。《光明日报》社供稿。作者：南京大学胡福明。本刊发表时作了较大修改。"这是实事求是的介绍。

　　讲个插曲。《剑桥中华人民共和国史》有段话："1978年5月11日，《光明日报》刊登了一篇用笔名发表的文章，题目是'实践是检验真理的唯一标准'，这篇文章成了拥邓力量的第二次呐喊。文章的作者胡福明当时是南京大学哲学系老师、中共党员。后来他自称，1977年秋他把这篇文章送去发表，反对'两个凡是'，完全是自己主动做的，因为他意识到，如果不驳斥'两个凡是'那样的教条，邓就没有重新掌权的希望。"[①]这段话，讲了我写真理标准一文的目的、意图，是符合实际的，因为S.施拉姆先生采访过我（他的文章发表于《中国季刊》第99期）。该书又说："这篇文章也许是胡福明自己想写的，但刊登出来的文章却以胡耀邦领导下的中央党校的两位理论家的意见为基础进行了大量的修改和深化。"这是不真实的，理由上面已说明了。《剑桥中华人民共和国史》的注释说："胡福明的原标题是'实践是真理的一个标准'。"[②]首先，迈克尔·舍恩哈尔斯先生向哪些人作调查的，至少没有向我调查过。调查一篇文章的产生的过程，能真实到什么程度，可想而知。可惜还有一些人写这篇文章产生过程时，也从未向本人调查过。其次，我从没有用过"实践是真理的一个标准"这样的题目，我最初的题目是"实践是检验真理的标准"。再次，我曾把题目改成"实践是检验一切真理的标准"，并非其他同志改的，也从没有人用过"实践是所有真理的标准"这个题目。迈克·舍恩哈尔斯先生向哈佛大学费正清研究中心提交的研究报告就是如此。

---

① R.麦克法夸尔、费正清编：《剑桥中华人民共和国史——中国革命内部的革命（1966—1982）》，中国社会科学出版社，1992年，第395页。

② 同上书，第395—396页。

286

在文章修改的问题上，我还要作三点说明：

第一，"唯一"二字，据我所知，是杨西光同志加的。文章题目，经过了几次变动。我最初定的题目是《实践是检验真理的标准》，后来，我改为《实践是检验一切真理的标准》，以后我又把"一切"二字圈去，仍恢复原先的题目。最后，杨西光同志加上"唯一"二字，成为《实践是检验真理的唯一标准》。可以看到，文章题目的基本精神没有变化；而从文章的内容看，自始至终坚持检验真理只有一个实践标准。杨西光同志在题目上点明了这点。

第二，"科学无禁区"这个论断，来自周扬同志。周扬同志在全国哲学讨论会结束时作了讲话，提出了"科学无禁区"这个论断。我很受启发，认为与我的文章精神一致，当即把"科学无禁区"的论断补充到文章中去，加以发挥，批判蒙昧主义、教条主义。

第三，在我修改文章的过程中还吸收了杨西光、马沛文、王强华、孙长江、吴江等同志提的意见。

（二十）《实践是检验真理的唯一标准》一文，能够发表，能起重大反响，《光明日报》哲学组、理论部的重要作用不可抹杀。今天看，发表这篇文章，批判"两个凡是"，理所当然，天经地义，但是1977年，多年的教条主义与个人崇拜盛行，"两个凡是"统治，许多同志心有余悸，不少人还模模糊糊，这个问题还未考虑。而《光明日报》哲学组的同志已经意识到这篇文章的针对性、尖锐性，敢于支持，抓住不放，力求发表，做了大量工作。这种胆识，这种精神，是难能可贵的。

杨西光同志在发表这篇文章上面，起了巨大作用。理论部把文章的清样送给他审阅，他没有否定，没有简单地同意发表，而是大做文章，决定把它放到第一版作为重要文章发表。为此，他组织了修改，与中央党校联系，向胡耀邦同志请示，与新华社、《人民日报》、《解放军报》合作，研究发表文章的计划，亲自推敲修改文章。这一切都是为了批判"两个凡是"，推动拨乱反正。杨西光同志的政治眼光是很敏锐的，思想理论水平是很高的，以很大的勇气、对党对人民高度负责的精神担当这项任务。

胡耀邦同志在这篇文章的发表上，起了关键作用。他十分重视思想战线上拨乱反正的任务。他主持中央党校工作后，成立了理论研究室，创办了《理论动态》，并亲自审阅在该刊发表的文章。他于1978年年初首先提出，要使高级干部根据实践研究"文革"，并要中央党校理论研究室撰写真理标准的文章。他挑选杨西光同志去《光明日报》工作，端正《光明日报》的方向。他亲自审定《实践是检验真理的唯一标准》，批准先由内部刊物《理论动态》发表，然后由《光明日报》公开发表，继而由《人民日报》《解放军报》转载，新华社向全国发稿。没有胡耀邦同志的审阅批准，这篇文章可能胎死腹中。

（二十一）《实践是检验真理的唯一标准》这篇文章，与真理标准大讨论有联系，又不是一件事。这篇文章引发了真理标准大讨论，但是从文章发表到真理标准大讨论是一个飞跃。

邓小平同志领导了全国范围的真理标准大讨论。邓小平同志是伟大的马克思主义者，在他的革命实践中贯穿着实事求是的红线。早在1977年4月，邓小平同志就针对"两个凡是"，提出"我们必须世世代代地用准确的、完整的毛泽东思想来指导我们全党、全军和全国人民。把党和社会主义的事业，把国际共产主义运动的事业，胜利地推向前进"[1]。1977年5月24日，小平同志进一步提出，"'两个凡是'不行"，"一个人讲的每句话都对，一个人绝对正确，没有这回事"。"马克思、恩格斯没有说过'凡是'，列宁、斯大林没有说过'凡是'，毛泽东同志自己也没有说过'凡是'"，"这是个重要的理论问题，是个是否坚持历史唯物主义的问题"。[2]

《实践是检验真理的唯一标准》发表后，立即得到广大党员和群众的共鸣和支持。一场如火如荼的思想解放运动迅速兴起，但也遭到一些同志的激烈反对，他们罗织了几大罪状，指责这篇文章是"砍旗子""丢刀子"。这可是弥天大罪。这确实是一场大是大非的争论，是坚持实事求是，拨乱反正，走马克思主义与中国实际相结合的道路，开拓前进，还是搞"两个凡是"，维护"文革"的理论，是一个重要的历史关头。正

---

[1] 《邓小平文选》第2卷，人民出版社，1994年，第39页。

[2] 同上书，第38、39页。

是在这个重要历史关头，邓小平同志于 6 月 2 日在全军政治工作会议上发表了重要讲话。邓小平同志指出："我们党有很多同志坚持学习马列主义、毛泽东思想，坚持把马列主义的普遍真理同革命实践相结合的原则，这是很好的，我们一定要继续发扬。但是，我们也有一些同志天天讲毛泽东思想，却往往忘记、抛弃甚至反对毛泽东同志的实事求是、一切从实际出发、理论和实践相结合的这样一个马克思主义的根本观点、根本方法。不但如此，有的人还认为谁要坚持实事求是、从实际出发、理论和实践相结合，谁就是犯了弥天大罪。他们的观点，实质上是主张只要照抄马克思、列宁、毛泽东同志的原话，照抄照转照搬就行了。要不然，就说这是违反了马列主义、毛泽东思想，违反了中央精神。他们提出的这个问题不是小问题。"① 小平同志从历史上回顾了毛泽东同志坚持实事求是，反对教条主义、本本主义的斗争历程，指出："实事求是，是毛泽东思想的出发点、根本点。这是唯物主义。"特别是，邓小平同志多次引用毛泽东同志的文章、讲话以阐明"只有人们的社会实践。才是人们对外界认识的真理性的标准"。最后，邓小平同志尖锐指出："同志们请想一想，实事求是、一切从实际出发、理论和实践相结合，这是不是毛泽东思想的根本观点呢？这种根本观点有没有过时，会不会过时呢？如果反对实事求是，反对从实际出发，反对理论和实践相结合，那还谈得上什么马克思列宁主义、毛泽东思想呢？那会把我们引导到什么地方去呢？很明显，那只能引导到唯心主义和形而上学，只能引导到工作的损失和生命的失败。"② 邓小平同志高举毛泽东思想的旗帜，坚决支持"实践是检验真理的唯一标准"，尖锐批评了"两个凡是"，担负起领导真理标准大讨论的历史重任！

在 1978 年年底召开的中央工作会议上，邓小平同志作了《解放思想，实事求是，团结一致向前看》的重要讲话，高度评价了真理标准讨论："目前进行的关于实践是检验真理的唯一标准问题的讨论，实际上也是要不要解放思想的争论。大家认为进行这个争论很有必要，意义很大。

---

① 《邓小平文选》第 2 卷，第 114 页。
② 同上书，第 114、118 页。

从争论的情况来看，越看越重要。一个党，一个国家，一个民族，如果一切从本本出发，思想僵化，迷信盛行，那它就不能前进，它的生机就停止了，就要亡党亡国。这是毛泽东同志在整风运动中反复讲过的。只有解放思想，坚持实事求是，一切从实际出发，理论联系实际，我们的社会主义现代化建设才能顺利进行，我们党的马列主义、毛泽东思想的理论也才能顺利发展。从这个意义上说，关于真理标准问题的争论，的确是个思想路线问题，是个政治问题，是个关系到党和国家的前途和命运的问题。"① 这个重要讲话，为党的十一届三中全会作了准备，实际上是三中全会的主题报告。三中全会高度评价了真理标准讨论，确立了解放思想、实事求是的思想路线，否定以阶级斗争为纲，决定把全党工作重点转移到社会主义现代化建设上来，并提出了改革的任务。

后来，邓小平同志在谈到海军进行真理标准讨论的补课时说："关于真理标准问题，《光明日报》登了一篇文章，一下子引起那么大的反应，说是'砍旗'，这倒进一步引起我的兴趣和注意。"小平同志指出，海军考虑真理标准讨论的补课，很重要。"真理标准问题的讨论是基本建设，不解决思想路线问题，不解放思想，正确的政治路线就制定不出来，制定了也贯彻不下去。""思想路线不是小问题，这是确定政治路线的基础。正确的政治路线能不能贯彻执行，关键是思想路线对不对头。所以，不要小看实践是检验真理的唯一标准的讨论，这场争论的意义太大了。它的实质就在于是不是坚持马列主义、毛泽东思想。"② 邓小平同志亲自领导了真理标准讨论，重新确立了解放思想、实事求是的思想路线。

（二十二）真理标准大讨论这场思想解放运动，是以邓小平同志为核心的党的第二代领导的，是全党全国人民进行的，具有重大的现实意义和深远的历史意义。这场思想解放运动，恢复了马克思主义实践论的权威，确立了解放思想、实事求是的思想路线，树立了对马克思列宁主义、毛泽东思想的科学态度，在中国共产党的历史上，在国际社会主义运动中都占有重要的地位。在近代中国历史上，曾发生过三次深刻的思想解

① 《邓小平文选》第2卷，第143页。
② 同上书，第190—191页。

放运动：五四运动、延安整风运动和真理标准讨论。这三次思想解放运动是互相衔接的，一次比一次深刻。

五四运动是第一次思想解放运动，以科学、民主、爱国为旗帜，反迷信、反封建、反帝国主义，既是思想解放运动，又是民族民主革命运动。五四运动开始时是在学生、知识分子中开展的，而后发展到工人、工商界人士中去。五四运动为马克思列宁主义在中国的传播创造了社会条件，具有伟大的现实意义和深远的历史意义。五四运动为新民主主义革命揭开了序幕。

1942 年开始的延安整风运动，以反对主观主义、宗派主义和党八股为内容，主要是反对教条主义，确立实事求是、理论联系实际的学风。而从政治上、组织上否定王明"左"倾教条主义的任务早已完成，1935年遵义会议已经确立了毛泽东同志在全党全军的领袖地位，马克思主义的政治路线、组织路线和军事路线也早已确立。这次整风运动是在党内进行的一场马克思主义的思想运动，通过共产党端正学风以影响全民族。这次整风运动达到全党思想上、政治上的统一，为党的"七大"准备了思想基础。为抗日战争的胜利和中国新民主主义革命的胜利准备了思想条件。整风运动把五四运动深化了。

以真理标准讨论为内容的思想解放运动，与五四运动、整风运动是一脉相承的，都以科学精神、民主精神为精髓。真理标准讨论与整风运动相似，都是马克思主义的思想运动，树立实事求是的思想路线，树立对马克思主义的科学态度，反对蒙昧主义和教条主义。但是真理标准讨论有其特点：第一，真理标准讨论既是思想解放运动，又是现实的政治斗争，它否定"两个凡是"，批判个人崇拜和教条主义，为党的十一届三中全会准备了思想条件，以确立解放思想、实事求是的思想路线，同时以实践标准直接批判"文革"左的指导思想，否定"文革"的理论、路线与政策，推动拨乱反正，直接推动了全党工作重点转移到经济建设上面，推动了确立正确的政治路线、组织路线；延安整风运动是为已经确立多年的马克思主义政治路线、组织路线奠定牢固的思想理论基础，或者说确定实事求是的学风以保证贯彻正确的政治路线、组织路线。第二，真理标准讨论为改革开放准备了思想基础和思想武器，恢复马克思主义原理与中国实际结合的基本经验，推动了对社会主义的再认识。致力于搞清什么是社会主义、怎样建设社会主义这个基本问题，推动了改革开放，成为建设有中国特色社会主义理论的历史的和逻辑的起点。如果说，"五四"运动是新民主主义革命的序幕，延安整风运动为抗日战争和解放战争胜利准备了思想条件，那么，真理标准讨论就是建设有中国特色社会主义的序幕，为社会主义现代化建设新时期准备了思想条件。第三，真理标准讨论是建设社会主义民主的强大动力。全党全国范围的真理标准大讨论，就是发扬党内民主、发展人民民主的运动。广大党员、广大人民从来没有如此自觉地、意气风发地参与党和国家重大问题的讨论。真理标准讨论推动全国人民从个人崇拜和教条主义的桎梏中解放出来，推动人民群众和广大干部树立科学的世界观和方法论，推动中国人民研究如何建设社会主义的大事，推动人民群众独立思考和当家作主，从而推动了社会主义精神的发扬。科学与民主，从来是密切联系的，互相促进的，破除迷信，树立科学态度，能够推动人们独立思考，发挥积极性、创造性，推动民主建设；发扬民主，有利于人们独立思考，破除迷信、盲从。迷信有利于专制，专制需要愚昧盲从。真理标准大讨论是在党领导下进行的，又是党员、干部、群众自觉参加的，允许人们保留自己的观点，允许认识有先后，不搞人人过关。第四，真理标准的讨论，坚持和发展了毛泽东思想。斯大林领导苏联时期，有巨大功绩，也犯了肃反扩大化等"左"的错误，那时个人崇拜和教条主义盛行。斯大林逝世后，纠正这些错误，克服教条主义和个人崇拜，都是必要的。但是，赫鲁晓夫以秘密报告形式，对斯大林进行攻击、咒骂、诽谤，全盘否定斯大林，丑化苏共和社会主义制度，在社会主义运动中造成了极大的混乱，为西方反动势力提供了反共反社会主义的炮弹，也未能真正克服斯大林时期的错误，未能消除制度上的弊端。这是惨痛的教训。我们党在纠正"左"的指导思想、拨乱反正中采取了科学的态度和方法，领导全党全国范围的真理标准讨论。推动全党全国人民掌握马克思主义的基本原理，坚持实事求是的思想路线，以实践标准否定"两个凡是"，否定"无产阶级专政下继续革命的理论"和"文革"。坚持经过中国人民的实践反复证明了的毛泽东思想科学体系，高度评价毛泽东同志的历史地位，开辟了建设有中国特色社会主义的道路，发展了毛泽东思想，加强了党的领导，巩固了社会主义制度和人民民主专政。以真理标准讨论为内容的思想解放运动是完成伟大历史转折、实现马克思主义在中国第二次飞跃的契机。

由于真理标准的讨论，是一场破除迷信、树立实事求是的科学精神的思想解放运动，是全党全国人民参与国家和人民前途与命运大讨论的民主运动，是全党全国人民在邓小平同志为核心的党的第二代领导集体领导下端正历史发展方向的革命运动，因而成为历史上辉煌的一页，成为中华民族的优秀文化传统和宝贵精神财富，铸入了中华民族之魂，融入了中华民族的精神。现在，重要的是继续努力，使全党全国人民进一步深入地、牢固地掌握解放思想、实事求是的思想路线，树立科学精神，增强民主意识，自觉遵循邓小平建设有中国特色社会主义的理论，坚持党的基本路线一百年不动摇，在江泽民同志为核心的党中央领导下，为振兴中华，建设现代化的、民主、文明的社会主义国家而奋斗。

原载《开放时代》1996 年 1、2 月号

近20年来四场文化讨论之回顾（节选）

汪澍白 *

真理标准的讨论

建国以后，马列主义毛泽东思想定于一尊。哲学教科书虽然照常讲实践是检验真理的标准，但在实际生活中，由于毛泽东的威望崇高，权力集中，人们遂逐渐形成了一种思想定势："毛主席的话没有错。"特别是进入"文革"时期，通过大树特树绝对权威和所谓"三忠于""四无限"的造神运动，实践标准失去了作用，群众的认识能力失去了作用，宪法和法律也失去了作用。"最高指示"成了真理的唯一标准，个人迷信窒息了亿万人民的思想。

1976年9月9日毛泽东与世长辞，这就为遏制个人迷信提供了客观的可能性。但是，新的领导人在粉碎"四人帮"以后，又抛出"两个凡是"的紧箍咒："凡是毛主席作出的决策，我们都坚决维护；凡是毛主席的指示，我们都始终不渝地遵循。"这就等于宣布：毛泽东的话，依然是真理的唯一标准。

马克思曾经说过，对宗教迷信的批判是其他一切批判的前提。此时此刻摆在中国人民面前的严峻形势是，不破除"两个凡是"的迷信，其他一切问题都无从解决。

1978年3月，《人民日报》发表了一篇题为《标准只有一个》的文章，提出马列主义、毛泽东思想是真理，但不是检验真理的标准，只有实践才是检验真理的标准。这篇文章很简短，登在不显著的位置，没有

---

* 汪澍白，1922—2013，男，湘潭大学、厦门大学教授。

引起重大的反响。

真正引起广泛重视和热烈讨论的，是 1978 年 5 月 11 日《光明日报》以特约评论员的名义发表的《实践是检验真理的唯一标准》。这篇文章是南京大学哲学系讲师胡福明写的，由中共中央党校理论研究室的孙长江等同志协同修改，最后由当时任中共中央党校副校长的胡耀邦审定，于 5 月 10 日在党校内部刊物《理论动态》第 60 期刊出。5 月 11 日再由《光明日报》以特约评论员名义公开发表。当天新华社向全国播发；5 月 12 日，《人民日报》《解放军报》全文转载。

由《人民日报》在显著位置转载《光明日报》的特约评论员文章，这是很不同寻常的做法。

5 月 17 日，汪东兴在一个小会上说："理论问题要慎重。特别是《实践是检验真理的唯一标准》和《按劳分配是社会主义的原则》两篇文章，我们都没有看过。党内外议论纷纷，实际上是把矛头指向主席思想。我们的党报不能这样干，这是哪个中央的意见？要坚持、捍卫毛泽东的思想。要查一查，接受教训，统一认识，下不为例。"汪东兴当时是兼管宣传口的中央副主席，他认为真理标准的讨论是"把矛头指向主席思想"，问题就显得严重了。

虽然有来自上层的压力，但舆论界和广大知识分子却热烈支持这场讨论。《解放军报》于 6 月 24 日发表特约评论员文章《马克思主义一个最基本的原则》，针锋相对地逐条批驳了"凡是派"强加给《实践是检验真理的唯一标准》的各种罪名，进一步阐明理论与实践统一是马克思主义的一个最基本的原则，强调理论指导实践的过程，同时也就是实践检验理论，使理论得到补充、纠正、丰富和发展的过程。

与报刊上的讨论相配合，学术界还举行了多种形式的研讨会。7 月 5 日，由中国自然辩证法研究会和中国科学院理论组出面召开有自然科学家和哲学家参加的真理标准讨论会。接着，中国社会科学院哲学所、《哲学研究》编辑部于 7 月 17 日至 24 日邀请全国各哲学研究单位的代表 160 余人讨论真理标准问题。冯定、汪子嵩等在大会上作了发言。中国社会科学院顾问周扬在闭幕式上讲话。他说，真理标准之所以成为问题，是因为有人不承认实践是检验真理的唯一标准，似乎真理还要受实践检验，真理就没有"绝对权威"了。这就足见林彪、"四人帮"虽然被粉碎了，但是他们的阴魂不散，我们要做消毒工作，做驱散阴魂的工作。

这次讨论会过后，不少省市的代表回去作了传达，从而把真理标准的讨论推向四面八方。

正当真理标准讨论的高潮中，中共中央于 1978 年 11 月到 12 月在北京召开了工作会议。邓小平在会上作了题为《解放思想，实事求是，团结一致向前看》的长篇讲话，他说："目前进行的关于实践是检验真理的唯一标准问题的讨论，实际上是要不要解放思想的争论。大家认为进行这个争论很有必要，意义很大。从争论的情况来看，越看越重要。一个党，一个国家，一个民族，如果一切从本本出发，思想僵化，迷信盛行，那它就不能前进，它的生机就停止了，就要亡党亡国"，"只有解放思想，坚持实事求是，一切从实际出发，理论联系实际，我们的社会主义现代化建设才能顺利进行，我们的马克思主义、毛泽东思想的理论也才能顺利发展。从这个意义上说，关于真理标准问题的争论，的确是个思想路线问题，是个政治问题，是个关系到党和国家的前途和命运的问题"。[①]

邓小平的这个讲话既是中央工作会议的总结报告，也为接着召开的中共十一届三中全会确定了主题和基调。因此，由真理标准的讨论而冲破"两个凡是"的束缚，由全会作出重点转移的决策而划出一个新的时期，终于廓清十年"文革"的重重迷雾，迎来思想解放的新局面。

人道主义与异化问题的讨论

在确立实践为检验真理的唯一标准以后，讨论的主题就转向人道主义与异化问题。也可以说，重点转向了价值领域。

建国以来，我国的哲学教科书都脱胎于苏联模式，以"科学的哲学"自况，忽视价值观，讳言人的问题。但这些并不是马克思主义理论所固有的缺陷。马克思在他的著作中曾多次强调人的问题。1932 年，马克思的《1844 年经济学—哲学手稿》全文发表。在这篇手稿中，马克思充分

---

① 《邓小平文选》第 2 卷，人民出版社，1994 年，第 143 页。

地表达了他的人道主义思想和关于劳动异化的理论。由于历史的原因，我国理论界对人道主义思潮和异化理论几乎一直采取抵制的批判态度。直到真理标准讨论以后，80年代初期的中国理论界才逐步开展对人道主义与异化问题的探索。这次讨论的主要特征是：

第一，很多理论工作者认真研读《手稿》，悉心探讨人道主义与异化问题，提出了"人"在马克思主义哲学中的地位问题。当然，人们并不满足于学究式地训释《手稿》的经义，而是要在先哲已经开通的航道上，在新的实践基础、新的时代要求上，对"人"和人的解放问题进行创造性的研究。

第二，通过对"文革"造神运动的控诉和批判，自然而然地发出了提倡人道主义和反对异化的呼声。人性、人道、人权、人格、人的尊严、人的价值、人的自由、人的需要、人的感情、人的幸福……成为人们所津津乐道的热门话题。通过仔细研读马克思的原著来重新阐释马克思主义；通过吸取苏联肃反扩大化和我国"文革"的沉痛教训来重新评估人的价值，从而有人提出"人是马克思主义的出发点"，试图给马克思主义理论注入新的生命力。

第三，重新审视哲学教科书的架构，将价值观引入马克思主义的哲学体系。自从1938年以来，苏联哲学教科书都是以《联共党史》第四章第二节（即斯大林的《辩证唯物论与历史唯物论》）为范式而编撰的。四章二节把历史唯物论仅仅看作辩证唯物论的推广和运用，把历史规律等同于自然规律，忽视了人在历史中的能动作用，因而带有明显的形而上学的性质。30年代由米丁、西洛珂夫等编撰的教科书讲了一些认识论和辩证法，但同样忽视人的作用，把价值观排除在视野之外。建国以后，我们自编的哲学教科书，大体是以上两类教材与毛泽东"两论"相融合的产物。它的长处是增补了认识论的内容。它的弱点，是仍然忽视人的主体性，忽视价值观。为了克服这一根本缺陷，哲学界提出了"实践唯物主义""实践哲学"的口号。人的实践活动既要服从于人的目的（价值观），又要服从于客观规律（科学理论）。在实践中，世界对人的服从（价值观）和人对世界的服从（科学理论）统一起来了。哲学从价值观与科学理论相统一的立场出发来认识人与世界的关系，因此它本身是认识论（真）、伦理学（善）、美学（美）的统一，唯物主义与人道主义的统一，它的中心问题是人的问题。

1983 年 3 月 16 日，在纪念马克思逝世 100 周年时，周扬在《人民日报》发表了《关于马克思主义的几个理论问题的探讨》。文中谈到马克思主义与人道主义的关系时，强调了人在马克思主义中的重要地位，肯定人的价值，"那就要肯定社会主义和共产主义，反对一切形式的异化。承认社会主义的人道主义和反对异化，是一件事情的两个方面"，"个人崇拜是思想领域的异化"。异化是客观存在的现象，"承认异化，才能克服异化"。我们应在为实现共产主义的远大理想的奋斗中"实现人的价值，提高人的价值"。

周扬的文章把关于人道主义与异化问题的讨论推向新的高潮。同时驳论也逐渐加大了力度。至 1984 年 1 月 3 日，胡乔木在中共中央党校发表题为《关于人道主义和异化问题》的长篇讲话，对问题作了批判性的总结。讲话强调要区别人道主义的两种含义："一个是作为世界观和历史观；一个是作为伦理原则和道德规范。"对作为世界观和历史观的人道主义，他作了系统全面的批判，而对作为伦理原则与道德规范的社会主义人道主义则作了适当的肯定。同时，又强调要区别对异化概念的两种理解："一种是异化作为基本范畴和基本规律，作为理论和方法；一种是把异化作为表述特定的历史时期中某些特定现象（包括某些规律性现象）的概念。"他赞成在后一种意义上使用这一概念，拒绝前一种异化概念，特别是反对用"异化"论的说法来解释社会主义社会中的消极现象。

胡乔木的讲话在报刊公开发表以后，社会主义异化论暂时销声匿迹。不同观点的人们便转换话题，将讨论中获取的新认识融化到各项人文学科和社会科学的具体研究中去。

80 年代的"文化热"

人道主义与异化问题的讨论以"人"的探寻为主题。接下来，又掀起了更大规模的关于文化问题的讨论。文化即"人化"，实为同一主题的不同变奏。不过，这一次的热点是古今中西之争。古今问题即传统文化与现代化的关系。中西问题即中国文化与西方文化的关系。两对矛盾，互相交错。由于对待和处理这两对矛盾的态度不同，学术界便出现了以下几种思潮：

第一种是精神封闭论。

自晚清至"五四"时代的文化保守主义者有一个基本论点，认为西方文化仅仅是物质文明，以儒学为核心的中华文化则是精神文明。精神文明是"道"和"体"，物质文明是"器"和"用"，"道""体"统率"器""用"。因此，只有坚决维护圣贤学脉于不坠，才能明体达用，并持以救国救世，而当代坚持封闭论的人们，则导源于20世纪60年代风行的"顶峰论"与"世界革命中心论"。"文革"落幕以后，进入了改革开放的新时期，保守主义者也被迫承认物质文明落后，但拒不承认精神文化落后。他们坚持几千年来的老传统和几十年来的新传统是"道"和"体"，西方的科学技术与物质文明是"器"和"用"。为了维护"道""体"，经济领域可以改革，科学技术可以引进，唯有新老传统是身心性命与国脉之所系，万万不可动摇。不但不能动摇，而且还要筑起一道精神堤防，以抵制外来文化的污染，维护意识形态的纯洁与防止和平演变的危险。

第二种是全盘西化论。

中国在打破几十年的自我封闭状态之后，面对的是以西方文化为中心的世界文化格局。随着对外开放和体制转轨，意识形态的控制力逐渐削弱，羡慕西方文化成为一时的风尚。一批人文学者大量翻译引进西方哲学与文化学著作，其队伍之庞大，成果之宏富，影响之广泛，都是空前的。在青年人中，研读西方文化理论的热潮，一浪高过一浪。80年代初是存在主义热和早期人文主义热，80年代中期是西方技术文化与未来主义热，80年代后期是弗洛伊德和尼采热。在这一股热潮中，一些人甚至重新打出了"全盘西化"的旗号，强调现代西方的技术经济和文化发达是建立在一个完整的西方资本主义文明体制之上的，是一个有机的整体，在质上不能加以分割。因此，主张要对西方文化进行全株移植，在现代化与"全盘西化"之间画上等号。

　　第三种是新儒学。

　　作为批儒的一种反动，重新评价儒学和传统文化，成为一个引人注目的课题。梁漱溟是现代新儒学的奠基者，他在"批林批孔"的高潮中坚持只批林，不批孔。"文革"过后，以他为代表的耆老硕学，有如经过秦火的伏胜、张苍一样，复出传经讲学，要求重建儒学伦理与中国文化精神。漂泊海外的儒者更加眷恋民族文化的本根。牟宗三、徐复观、张君劢、唐君毅等早就在1958年联名发表了《为中国文化敬告世界人士宣言》，以宗教式的虔诚肯定中国文化的生命力。"文革"过后，两岸学术开始有所交流，海外儒者如杜维明等亦应邀回国讲学，颇强调以儒家为主体的中国文化，历史上经过两次大的开合，目前正在第三度的大开之后走向第三度的大合。为此，提出了"返本开新"的口号，即返传统儒学之本，开科学、民主之新，欲以儒学作为建构当代与未来精神文明之核心。

　　第四种是"西体中用"论。

　　"中体西用"历来被一些人当作抵挡对外开放的精神堤防。李泽厚便反其道而提出"西体中用"。他强调以社会存在为"体"，现代化首先是这个"体"的变化，即要改变小生产的经济基础、生产方式和生活方式。"体"有变化，才可能有"用"的真正变化。现代工业生产、蒸汽机、电器、化工、计算机……以及生产它们的各种科学工艺、经济管理制度等等都是从西方来的……这就是所谓"西体"。至于"西体"引进中国以后如何发挥作用，李泽厚提出"转换性的创造"这个新创词语来说明他所谓的"中用"。他强调"转换性"以区别于"革命性"，"创造性"以区别于照抄照搬。"转换性创造"的要义在于把西方现代化的成果与经济运用到中国来，从而创造出某些新的形式，走出一条中国人自己的路。

　　以上四种观点，坚持精神封闭论者，实质上是"两个凡是"在特殊历史条件下的变体，经过真理标准的讨论，其势已成强弩之末。会当苏联与东欧激变时，又借口反对和平演变，呈死灰复燃之势。迨至邓小平发表南方谈话，其势再遭顿挫。然而，"百足之虫，死而不僵"，此辈在学术上固无足称道，但在政治上翻云覆雨的能量仍然不小，在我们这个有"政教合一"深厚传统的国家里，其影响正未可低估。

"西体中用"论，倾向于渐进的西化，有很大的灵活性与实用性。但它将中西关系纳入体用二元的范畴，似难自圆其说。如谓以社会存在为体，则"西体"何能移植于中国？！无视既定的历史条件，欲将西方的社会存在选定移植为中国之"体"，岂不比"挟泰山以超北海"还难？从理论上说，既不符合马克思的历史唯物论，也不符合卢卡奇的社会存在本体论，不免带有某种程度的主观随意性。

揆之情理，真正的学术界和社会上有广泛影响的主要还是新儒学与全盘西化两种思潮。前者坚持传统主义，后者坚持反传统主义。就文化取向而言，两者是针锋相对的。就方法论而言，两者却同样立足于文化决定论。

近年来一些海外华裔学者把儒家伦理作为解释 20 世纪 60—70 年代东亚四小龙经济起飞的原因。他们并据此而提出对"五四"以来"西化"思潮的批判，要求重新评估中国传统文化，走出一条"儒家资本主义"的道路。令人遗憾的是，他们并没有对四小龙经济腾飞的国际环境与内在机制作出实事求是的具体分析，只是抓住一些表面现象，便将儒家伦理与经济起飞联系起来，从而推导出一种所谓儒家资本主义模式。

"全盘西化"论者是反传统的。他们认为文化的现代化，并不是文化从古典型态历史地向现代演变与转型，而是在消除传统文化的基础上将西方文化移植过来。他们无视现有的经济基础和社会制度对整个文化的决定性影响。就方法论而言，他们与传统主义者一样，都是文化决定论，而不是历史唯物论。

从马克思主义的观点来看，中西文化的差异有多方面的原因，但最主要之点在于它们是在现代商品经济与传统农业的不同基础上形成的。现在我们经常遇到的仍是传统文化的消极因素同现代化的发展要求相冲突。在小农经济和封建基础上形成的传统文化，突出地发现为"天地君亲师"五位一体的宗法观念，上下尊卑垂直隶属的等级关系，"内圣外王"的思想体系，闭关锁国、尊华攘夷的民族意识，以至究心于人际关系的帝王术与关系学，如此等等，都是积淀在民族文化传统中的消极因素。在史无前例的十年中，这些东西像色彩斑斓的毒菌一样冒了出来。80 年代文化讨论的重大贡献之一，就是从文化视角，比较认真地挖掘了

"文革"病毒的深层根源，并指明了现代化的历史走向。

中国的社会主义现代化事业越是向纵深发展，就越是需要在经济和政治体制上实现相应的变革。而体制改革越是深入，又越是要遇到传统文化心理结构上的障碍。因此，要自觉地推进改革，就不能不对传统文化心理结构进行深刻的反思与变革。正是这种社会实践的需要，诱发了学术文化界 80 年代的"文化热"。应该清醒地看到，在这场热烈讨论中，纵然人们的视角与观点各不相同，但却有一个共同的趋向，就是大家都注意扣紧"现代化"这一历史主题。无论比较中西古今，反思新老传统，研究国民性或民族精神，进行文化调查或制定文化发展战略，以至从事"社区文化""企业文化""校园文化""旅游文化""消费文化"等实用文化的研究，都是围绕着社会主义现代化这一中心来进行的。不同工作岗位、年龄层次、文化程度和思想观点的人们，都通过多种形式参加了讨论。这样就使它超越了书斋学者的抽象议论而转化为广大群众的具体实践，也可以说是从思辨的平面开始转向于生活的立体。事实清楚地表明：文化讨论只有扣紧"现代化"这一历史主题来进行，才能在现实生活中开拓出广阔的发展道路。"面向现代化，面向世界，面向未来"，这是唯一正确的方向。

人文精神的讨论

1989 年以后，文化讨论转趋沉寂。但进入 90 年代，人文精神的讨论又提上了议事日程。

随着市场经济的崛起，社会商业气息日益浓烈，以流行歌曲、音乐电视为代表的港台文化浪潮滚滚而来，它以强烈的视听觉冲击切入人们的感情世界，歌颂生命与爱情，追求"一瞬的拥有，一生的珍惜！"。同时，以王朔为代表的"调侃文学"又从本地勃然兴起。王朔以侃爷、顽主自任，他从撕破自己入手撕破一向被人们奉为神圣的精英文化，"玩的就是心跳""过把瘾就死"，是他的得意之句。文学、戏剧、电影，都是他手中的玩物，其功能就是消解人文价值，嘲笑理想与崇高。总之，"调侃一切"，就是他的价值取向。

随着港台文化与调侃文学对大众意识与生活的渗透日益深入，而知识分子的批判意识与人文精神则遭到某种程度的压抑与冷落。在这种情势下，上海文艺界首先发出了"人文精神失落"的呼唤。在《文汇报》1993年3月召开的一个座谈会上，毛时安提出"经济的发展与文化的滞后，严肃艺术的衰落与通俗艺术的膨胀，形成了令人困惑茫然的社会景观。一方面，各类报刊正在'蜕变'，变得'轻松、轻快、轻巧、轻灵'，变得青春调色板、爱情变化球、家庭录像都成了栏目主角；铺天盖地的周末，乙抄甲丙抄乙丁抄丙甲再抄丁，循环往复地炒来炒去那几颗'星'，炒那几条秘闻隐私；拧开的电视，无聊浅薄的画面、搔首弄姿的演唱充斥眼帘，以至一些素来严肃的文化名流也不惜挖空心思地嘲弄自己聊博观众一笑。文化和艺术正以自己的媚俗出演一场商业大潮下的突围表演"。如果说毛时安的发言着重揭露大众文化的媚俗与无聊，那么，王晓明的发言就直接地批判商业大潮给文化界带来的生存危机："当前这一股极富中国特色的'商品化'的潮水，几乎将文学界连根拔起。文学杂志纷纷转向，新作品的质量普遍下降，成熟的读者日益减少，反而是作家和批评家发现自己选错了行当，踊跃'下海'的人倒是越来越多。""这很可悲。这不但表示了我们文化素养的普遍下降，更意味着整个社会人文精神的严重萎缩。似乎大多数人都只关心眼前利益，更不关心自己的灵魂；他们越来越轻视知识、轻视文化，什么审美追求、生存价值，统统不在眼里。"

当上海的一些作者在座谈会上尽情发泄知识分子在商业大潮与大众文化冲击下的困惑与伤感时，北京的王蒙却连续发表《躲避崇高》《人文精神问题偶感》等文，一面极力为大众文化进行辩护，另一面又提出了对人文精神的质疑。王蒙认为，中国历史上未曾有过人文精神，因此谈不上"失落"或"重建"。

除了王蒙以外，从不同角度对讨论人文精神提出质疑者，亦颇为踊跃。有的人提出，讨论人文精神，首先要对中国的人文精神传统进行追踪。还有人认为，"五四"启蒙时代已经过去了，当下的知识分子应该守定自己的岗位埋头做学问，凭什么又要打出人文精神的旗号来指挥别人？

对此，人文精神的首倡者大都采取了守势。如张汝伦引证康德给启蒙下的定义，强调启蒙在于运用自己内在的理智去摆脱蒙昧，进入自由的天地。自我启蒙的根据就在于内部的自由，而这种自由的实现也必须首先在自身之中。王晓明则在《人文精神寻思录》的《后记》中，将提倡人文精神定位于知识分子的自救行为。

然而，另一位讨论的参加者张志忠则对质疑者采取了进攻的姿态。在批驳王蒙所谓中国从来没有人文精神的论点时，他反问道："人道主义和民主自由，难道从来没有进入中国吗？五四新文化运动的旗帜上高张科学与民主，"五四"新文学高扬人道主义精神，并且以此掀开民族现代化进程的新篇章，这难道可以一笔勾销吗？70年代末以来的思想解放运动，再一次把科学与民主，把人道主义精神高高托起，关于人情、人性和人道主义的论战，曾经几起几落，而终于争得一席之地。怎么能够闭着眼睛拒绝事实，把并不遥远的往事统统抛弃呢？"十分明显，张志忠已经把当下人文精神的讨论与中国近现代史上的历次启蒙运动联系起来，并给以充分的肯定。

资深学者袁伟时也积极地参与了这场讨论。他更明显地将关注点从知识分子的主体世界转向于客观社会的对象世界。关于市场经济对人文精神的影响，他指出有正负两方面的作用。从负面的作用来看，"市场经济无疑对人文精神有强烈的销蚀作用。理想的追求为现实的利害计较取代；感官的满足成了文化的最高指令；庸俗文化淹没高雅文化；金钱的权威冲决道德堤坝；日益扩大的财富差距亵渎着社会公平；以新技术为基础的话语霸权钳制着人们的思想自由……诸如此类的世界性的市场经济固有的弊端，已足令人忧心忡忡。而中国独有的下海狂潮——'知识分子大逃亡'，更不能不令忧时之士摇头叹息，为文化前景悲痛欲绝。"但他以更多的篇幅分析了市场经济对人文精神的正面推动作用。

袁伟时还指出，人文精神失落或遮蔽并不自今日始，早在50年代学习苏联，实行大学院系调整时就已开始。当然，问题暴露最突出是在市场经济崛起以后。由于这种局面是在长时期中由多种因素所造成的，因此，要改变这种局面，亟须"正视现实，从根救起"。所谓"正视现实"就是要从以市场经济为中心的现代化建设这个现实出发。所谓"从根救起",就是要从这个现实基础上来培育人文精神,即"不断发展的市场经济,合理全面的教育,以民主和法制为基础的现代社会管理体系,健康的文化氛围,这些是中华民族复兴的不可缺少的基础,也是现代人文精神赖以昌盛的基石。我们必须全面关注这些因素的成长。不要把人文精神的培植化为不吃人间烟火的清谈"。

总起来看,"人文精神"的讨论的确提出了有现实意义的新问题,但讨论尚未充分地展开。也许是受到主客观条件的制约,发起者首先就把这场讨论定位为知识分子的自救行动,因此,讨论的广度与规模比较狭小,远不能与往年的真理标准及文化讨论相匹配。就深入的程度来看,也远远不如人道主义与异化问题的论争。应该承认,这场讨论基本上还停留在起步阶段。我们希望倡导者不要满足于浅尝即止,而要有耐心和信心把讨论深入下去,尤其希望知识界乃至社会各界能积极投入,共同促进。本来,人文精神事关人的现代化,即现代化事业的根本,谁能置身事外?况且,主体世界与客体世界紧密相联,联系两者的桥梁就是实践。因此,讨论的深入,正有待于加强理论与实践的联系,避免独坐书斋的闭门修养与在名词概念上兜圈子的玄学清谈。

"文革"落幕至今整整 20 周年,往事仍历历在目。文化领域的四场讨论,大体上是 5 年来一次,呈波浪式的发展、螺旋式的递进。第一、第二场讨论,主要是针对"文革"遗毒——封建专制个人迷信;第三场讨论主要是针对自我封闭的保守心态与历史惰性。最后一场讨论主要是针对随着市场经济大潮而来的拜金主义与庸俗文化,也可以说是第二场讨论的补充和延续。四场讨论的重点虽各有不同,却有一根贯串于其中的红线,这就是呼唤人性、人道、人的自由、人的解放。恩格斯曾经说过:人类文化"每前进一步,都是迈向自由的一步"。20 年来的经验表明,迈向自由的道路是不平坦的,但我们毕竟已经打破了坚冰,明确了航向,展望未来,我们应该满怀信心,敢于冲波逆折地向前迈进。

摘自《东方文化》1998 年第 4 期

1978 年报刊上若干有关文章的篇目（存目）

张成：《标准只有一个》，《人民日报》1978 年 3 月 26 日；

夏甄陶：《真理是具体的——读书笔记》，《哲学研究》1978 年第 5 期；

邢贲思：《关于真理的标准问题》，《人民日报》1978 年 6 月 16 日；

齐振海：《论实践标准的相对性和绝对性》，《哲学研究》1978 年第 7 期；

《学习辩证唯物论的认识论，端正思想路线：本刊编辑部召开真理标准问题座谈会》，《哲学研究》1978 年第 7 期；

《中国社会科学院哲学研究所、〈哲学研究〉编辑部召开理论和实践问题讨论会》，《哲学研究》1978 年第 8 期；

黄楠森：《列宁论真理的实践标准》，《哲学研究》1978 年第 9 期；

姜成林：《逻辑证明与检验真理的标准》，《辽宁大学学报》（哲学社会科学版）1978 年第 5 期；

李秀林等：《实践标准与理论指导》，《哲学研究》1978 年第 10 期；

陶德麟：《关于真理标准的几个问题》，《哲学研究》1978 年第 10 期；

胡福明：《理论不是检验真理的标准》，《文史哲》1978 年第 5 期；

李洪林：《科学和迷信》，《人民日报》1978 年 10 月 2 日；

萧萐父：《真理和民主》，《光明日报》1978 年 11 月 16 日；

邢贲思：《真理有阶级性吗？——关于真理有没有阶级性的对话》，《人民日报》1978 年 11 月 28 日。

真理标准问题大讨论中的主要理论问题（节选）

刘晓虹 *

二、讨论的主要内容

真理标准讨论中涉及的哲学理论问题主要包括：检验真理的标准究竟是什么、实践是不是检验真理的唯一标准、如何理解实践标准及实践如何检验真理、逻辑证明与实践标准的关系，以及如何理解实践概念、实践的特点、实践系统的结构等等。

（一）关于检验真理的标准

尽管自"文革"以来的社会政治生活中实际流行和贯彻的是"唯书""唯上"的标准，"两个凡是"就是其最集中的体现，但就学术层面来看，当时公开以思想理论本身（主要是指马列主义、毛泽东思想）作为真理标准的观点并不多见，大多数人都支持并从不同角度论证了实践是检验真理的唯一标准，强调这是马克思主义哲学的一个基本原理。但讨论中一部分理论工作者认为实践只是检验真理的方式或手段，而不是标准，检验真理的标准只能是客观事物本身。如，有的研究者指出，认识是否有真理性，就是看它与客观对象是否相符合，因此检验真理的标准只能是客观事物及其规律，不能说实践是标准。因为其一，实践是具有主观性和客观性二重特征的，如果把含有主观性的东西作为检验真理的标准，其可靠性值得怀疑；其二，马克思主义创始人虽然讲过实践

---

* 刘晓虹，1961—　，男，《华东师范大学学报》编辑部主任。

标准，但那讲的是实践结果，即独立于主体之外的客观存在，因此仍然是以客观实际为标准的。对前述观点及其理由，许多研究者提出了批评。其主要理由是：其一，就客观事物本身来说，无所谓对错，只有在人们对客观事物的认识中，才会产生对错的问题或真理与谬误的问题；其二，任何实践，都是有目的有意识的活动，都带有主观性，而实践就是把主观和客观联系起来，这样才能检验认识，客观事物本身无法检验认识；其三，反映客观现实的真理，也只是近似地、大致地反映着现实，如果把客观真理看成是同现实完全一致，实际上就是把真理同现实等同起来，或看成是一回事了。还有的研究者指出，把客观事物当作检验真理的标准，实际上是混淆了真理的意义和真理的标准两个不同的问题。

（二）关于真理标准的绝对性和相对性

在肯定实践是检验真理的唯一标准的前提下，许多研究者还对实践标准的绝对性和相对性问题进行了探讨或阐述。一些研究者强调指出，因为人类改造客观世界的实践活动是不断由低级向高级发展的，因而检验真理的实践标准既有绝对性的一面，又有相对性的一面。所谓实践标准的相对性是指，实践只能相对正确地检验认识的真理性，因为任何实践都是一定历史条件下的、一定范围的实践，是有一定局限性的，因而被这种实践证明的认识只能是相对真理。所谓实践标准的绝对性，是指实践是检验真理的唯一的客观标准，舍此无法最终证明认识的真伪，实践本身的不断发展，对任何认识都能最终做出确定的检验。正是由于实践标准是绝对性和相对性的统一，因此真理也必然是一个过程，是一个不断从相对走向绝对的逐步深化的过程。

（三）关于如何检验真理

这场讨论在学术层面的另一内容是如何认识实践对真理的检验，即："实践怎样检验认识的真理性？"关于这一问题主要有四种观点：一种观点认为，认识的正确与错误是由实践的成败来检验的，而衡量实践的成败，要依据实践的目的，达到了实践的目的，就是成功，没有达到目的，就是失败，因此，认识的正确与否，取决于认识指导下的实践是否达到了预期的目的。第二种观点认为，应该从整体上、全局上，从实践运动的全过程来理解实践作为检验真理的标准，实践对真理的检验体现在认识的全过程及每一个环节上，如在从感性认识到理性认识的过程中，实践是形成正确的理性认识的基础，在理性认识上升到实践的过程中，实践对理性认识的真理性及其程度作出验证；如果把实践对真理的检验仅仅理解为看是否达到了实践的目的，就等于是把目的这种精神性的东西当成了标准，就会在真理标准问题上与主观唯心主义、实用主义划不清界限。第三种观点认为，这一问题要把实践的结果与人的需要联系起来考虑，即根据实践结果满足社会需要的情况和程度来判断认识的正确与否，因为，人的认识包括两个方面：对事物的固有属性的认识和它对于人的需要之关系的认识，后者包括人的需要和事物对人的价值两个方面，因此，对任何一个方面的错误认识都会导致不能满足社会需要甚至危害社会的实践结果。第四种观点认为，实践检验真理是从认识到实践，再从实践到认识的运动中实现的，后者是指实践结果形成后又被人们所认识（回到认识）并与原来的认识相对照。这也就是说，对认识的真理性的检验，最终必须借助思维甚至就是在思维的对照中实现的。

（四）关于逻辑证明在检验真理中的作用

与前述问题密切相关的另一个问题是，如何理解实践检验与逻辑证明的关系。有一部分人承认实践是检验真理的标准，但认为它只是最终标准而不是唯一标准，逻辑证明等也是检验真理的标准——尽管是相对标准，它可以在一定范围内、一定条件下对认识进行检验。有个别研究者进而认为，在逻辑证明中那种已被证明了的真理作为客观事物的等价物，可以作为检验认识真理性的标准。对于这两种观点，许多研究者提出了批评。他们指出，尽管逻辑证明在检验真理的过程中起着重大的甚至是不可或缺的辅助作用，但在判定认识与对象是否符合这一问题上，最终的标准只能是实践。因为，逻辑证明只是揭示了观念之间的逻辑联系，并不能最终证明观念与客观对象是否相符合。

（五）关于"实践"范畴

真理标准问题的讨论还引起人们对马克思主义哲学核心范畴之一的"实践"概念本身的讨论。在真理标准问题讨论的同时及稍后一段时间里，这方面也有较多的讨论。

首先，关于实践的定义。有的研究者对将实践解释为"人类改造自然和改造社会的有意识的活动""人类能动地改造自然和社会的活动"的说法提出了质疑，认为这种说法不够确切，因为它忽视了这样一个问题，人们最初的认识往往是从无意识的活动中产生的，如果把无意识的活动排斥在实践之外，那就等于否认认识来源于实践这一马克思主义的基本原理了，另外，如果把实践仅仅限于"改造自然和社会的活动"，那就把许多活动排斥在实践活动之外了。有的研究者则强调指出，实践活动必然是有目的、有意识的活动，这是它与动物本能活动的本质区别所在，同时，实践活动是一种物质性的改造活动，因此只能限制在改造自然和社会的范围之内，如果扩大其范围，将其与"行"等同，就混淆了辩证唯物主义与唯心主义及旧唯物主义实践观的界限。还有的研究者则提出了较为"折中"的观点，指出，必须对实践活动进行区分，人类的实践活动有两种：基本的社会实践和非基本的社会实践，或者叫作绝对意义下的社会实践和相对意义下的社会实践，前者是实践概念的基本含义，后者实际上不是实践，而是实践基础上的反映活动，如艺术、教学、写作、观察等活动，但从相对的意义上，也就是相对关于它们的理论或活动的愿望来说，也可以叫作实践活动，但它们并不能直接改变客观世界。

其次，关于实践的要素。除少数研究者反对对实践进行要素"分解"外，大多数研究者都认为实践有其结构，可以进行要素意义上的结构分析。但如何分析实践的结构，却产生了不同的看法。有研究者指出，实践既然是主体作用于客体的过程，那就首先必须具备主体和客体这两个前提，除此之外，还包括实践的目的、手段和结果三个要素。有的研究者则依据信息论和系统论的原理，提出了"四要素"说，即认为实践的要素包括人、对象、手段和结果四个方面，因为实践作为一个完整的形态，是具有目的的人以一定信息作用于工具，通过改造对象产生一定的结果，并由结果构成新的信息反馈给主体，然后又形成新的目的，开始新一轮的实践。还有人指出，实践活动并不仅仅是由目的、手段、对象、结果等静态地构成，因为实践是活动，是一个过程，因此过程本身是实践的一个必须要素。这种观点被称为"五要素"说，持此观点的人数不多。实际上，在关于实践有哪些要素的讨论中，分歧最大的是"目的"是不是实践的一个要素或独立要素。肯定者认为，目的是实践活动的起点，也是实践活动与动物本能活动的根本区别，因此不能把目的从实践要素中排除出去；反对者认为，实践活动固然是有目的的，但目的并不构成一个独立的要素，它是从属于实践活动的主体或人的，是人的一种属性，因此目的不能与其他方面并列为实践的要素。还有的研究者进而认为，实践就是人的感性物质活动，不应把目的、能动性等等"嵌入"实践，否则就会使马克思主义哲学的实践概念失去本来的意义。

再次，关于实践的特性。关于实践特性的讨论主要集中在如何理解实践活动的客观性。一种观点强调，在认识论中，实践是与认识、观念相对立的范畴，因此不能把主观的精神、意识等因素纳入实践的范畴，对那种融主观精神和客观物质为一体的实践观必须进行"净化"，这样才能坚持实践问题上的唯物主义一元论。这种观点认为，作为认识对象的客观世界，就是在实践中各种物质力量交互作用的世界，而目的、意识等只是作为人这种物质实体（更确切地说是人脑）的机能和属性才加入实践活动当中的，因此实践都是由物质要素构成的，实践是物质的活动。另一种观点认为，马克思主义对实践的理解是以主客体之间的对象性关系为特征的，实践是主体与客体之间的相互作用和物质变换过程，它与自然界所发生的客观过程是不同的，实践过程中人把自己作为一种物质力与外部的物质力相互作用的时候，是受人的自觉意识和思维的调整与控制的。因此实践是社会的主体有目的有意识地改造客观世界的感性物质活动，实践是联系主观和客观的桥梁和中介，是一种主客观产生相互作用的客观活动。

原载尹继佐、高瑞泉主编《二十世纪中国社会科学》（哲学卷），上海人民出版社，2005年，第348—352页

有关真理讨论的几个问题

任 原[*]

一、"真理面前人人平等"是不是认识论的命题

"真理面前人人平等"这个马克思主义的口号，是认识论命题，还是政治性命题，或者既是认识论命题又是政治性命题？在一些哲学研究者当中，尚存在着不同的看法。主要意见是：

（一）"真理面前人人平等"是一个认识论命题，同时也是一个发扬民主的政治口号

持这种意见的论者认为，一个口号是否是马克思主义认识论命题，主要是看这个口号是否属于马克思主义认识论的内容，是否提出了马克思主义认识论所研究的对象，与它是否包含其他内容例如政治内容无关。

邓贤科在《"在真理面前人人平等"首先是一个认识论命题》一文中认为，真理不是一个民主的口号，也不是个政治概念，而是认识论中的一个重要问题。但是"在真理面前人人平等"则反映了人们认识真理和应用真理的一种正确关系，即客观真理对人们所具有的平等关系，这种关系来源于真理自身的性质，所以说它首先是一个认识论的命题。

唐道能等人在《否认"在真理面前人人平等"是认识论命题，就否定了真理的客观性》一文中指出，说"在真理面前人人平等"是个认识论命题，首先是因为，真理的根本属性是它的客观性，是否认识了真理，

---

* 任原，作者情况不详。

312

只取决于是否正确地反映了客观事物及其规律，不取决于反映者自身的社会地位或阶级属性；其次，检验真理的唯一标准是社会实践，不同社会身份和阶级的人，都有使用这一标准的平等权利；再次，不论什么人，在认识真理的过程中，都必须遵循认识发展的客观规律；最后，马克思也曾清楚地讲过"在真理面前人人平等"这一认识论的命题。他说："真理是普遍的，它不属于我一个人，而为大家所有，真理占有我，而不是我占有真理。"①

他们还认为，认识主体的差别，没有改变认识真理的平等权利。因为，人人都有发现和认识真理的可能性，即都有这种能力。尽管这种能力有大小之分，但它是普遍的和绝对的，而人们能力的差别和贡献的大小却是相对的。此外，认识论中的认识真理的平等权利，同政治上的"平等"概念的含义，是不同的。认识论中的"平等"，不是指阶级社会中不同阶级之间在政治上是否平等的问题，而是指在认识真理过程中人们所处的地位是否平等的问题。不同阶级的人，对真理所持的立场和态度会有不同，反动阶级由于它们的阶级利益与社会发展规律相违背，总是反对在真理面前人人平等的原则，然而这不是真理本身对不同阶级有什么偏倚，而是不同阶级的人对真理抱有不同的态度。

还有的论者认为，真理是主观和客观的统一，对于发现和利用真理的人来说，由于阶级或其他因素的影响，当然谈不上什么"平等"，但对于真理的客观作用或效果来说，却都是一样的，即按客观真理办事，就会成功，不按客观真理办事，就会失败。

（二）认为"在真理面前人人平等"是一个发扬民主的政治口号，不是一个认识论命题

有的研究者从历史的渊源方面作了考察。指出恩格斯在《反杜林论》中曾明确地讲过，所谓"平等"观念，在古老的原始时期就已经存在，经过几千年的过程，才提出了以政治的与社会的平等为内容的"现代的平等要求"②。过去的和现代的平等要求在内容上有着原则的区别。恩格

---

① 《马克思恩格斯全集》第1卷，人民出版社，1956年，第7页。
② 《反杜林论》，人民出版社，1970年，第100—101页。

斯还说过，现代社会中的平等要求，都只能是实际存在的社会历史关系，即"平等的观念，无论以资产阶级的形式出现，还是以无产阶级的形式出现，本身都是一种历史的产物，这一观念的形成，需要一定的历史关系，而这种历史关系本身又以长期的已往的历史为前提"①。

谢祥皓在《为什么说"在真理面前人人平等"是一个政治性的命题》一文中认为，"在真理面前人人平等"和"在法律面前人人平等"一样，是恩格斯所说的"现代的平等要求"的一种具体形式，它所表明的只能是"一定的历史关系"，即只能是一个政治性命题。在现实的社会实践中，例如1966年的《二月提纲》提出这个口号，也是反对"像学阀一样武断和以势压人"，不是以学术性是非为判断准则的，就是说它是以一个政治性命题出现的。"文革"中，林彪、"四人帮"否定和攻击这个口号，也是出于政治上搞特权的需要，粉碎"四人帮"之后，党中央重新肯定并提出"在真理面前人人平等"的口号，也是为了反对搞特权等政治斗争的需要。

他还认为，认识论的原理是讲认识的客观规律，而"在真理面前人人平等"则是一条政治性原则，它所依据的不是认识论原理，而是无产阶级的利益和真理的要求完全一致。真理高于一切，任何权势都必须服从真理，这就是这个口号的实质所在。

杨孟权在《"在真理面前人人平等"是一个认识论命题吗？》一文中，论证了这个口号只能作为政治性命题而不能当作认识论命题来理解的观点。他认为，对人们来说，认识真理和运用真理是不平等的。不同的人由于实践经验不同和其他各种条件不同，在认识、运用真理上，也会产生差别。况且，有些社会科学真理本身就反映着阶级间的利害关系，同一真理会受到不同阶级的人的不同看法和对待，这就很难说真理可以对一切人都是平等的。"在真理面前人人平等"作为一个政治口号，其含义是，要用真理为标准衡量一切人，在真理的共同标准下，一切人都享有平等权利，只要标准的运用者不发生偏差，平等权利就得以实现。可见，从认识论方面，对人对真理和真理对人是否平等的问题，是讲不通的，

---

① 《反杜林论》，第104—105页。

只有把它作为政治口号，才可以理解。

沧南在《"在真理面前人人平等"不是一个认识论问题，而是反对封建特权的思想武器》一文中认为，必须遵循认识规律，才能认识真理，这对任何阶级、任何人都是一样的，是平等的，但这不等于说在真理面前人人平等。他认为：（1）认识真理人人平等，讲的是在获得真理的过程中，人人都须遵循共同的规律。"在真理面前人人平等"讲的却是把已有的真理运用于实际，作为判断是非的理论依据。（2）前一个"平等"强调的是离开了实践就不可能认识真理，后一个"平等"强调的是把真理作为判明是非的理论依据。（3）认识真理人人平等，是反对天才论，讲唯物论的认识论，"在真理面前人人平等"，却是反对封建特权，讲政治平等的。

二、真理能否"放之四海而皆准"？

自去年10月《天津日报》发表赵建文、佟玉琨两同志的题为《真理岂能放之四海而皆准？》的文章以来，一些哲学研究者对真理能否"放之四海而皆准"的问题，进行了热烈的讨论。

这个问题的讨论，出现了两种根本对立的意见。一种意见认为，只有具体的真理，没有抽象的真理，不存在"放之四海而皆准"的真理；另一种意见认为，真理是相对与绝对的统一，客观真理应能"放之四海而皆准"，否则就不能称为真理。

第一种意见以赵建文、佟玉琨等同志为主要代表。

他们认为，真理都是对客观事物及其规律的正确反映，客观事物及其规律总是具体的，所以真理也总是具体的，由于任何一个正确的认识都只能是在一定时间和空间内反映客观对象，都只能部分地和在一定层次上正确反映客观对象，所以它的真理性也只是在一定范围和一定程度内才是正确的。这也是真理只能是具体的一个重要原因。检验一个认识是否具有真理性的标准，是社会实践，而实践标准本身也都是具体的，因而真理也不能不是具体的。真理的具体性就决定了真理不可能"放之四海而皆准"。脱离真理的具体性，谈论抽象的真理，也必然违背马克思主义的真理观，导致抽象真理论，事实上，抽象的真理是根本不存在的。

他们还认为，真理的普遍性与"放之四海而皆准"是不同的，后者是对前者的夸大和歪曲。（1）真理的普遍性与具体性是不可分割的，没有脱离具体性的普遍性，普遍性总是对某一具体过程的全体来说的。（2）真理的普遍性表现了具体的某类事物的普遍意义，是同类事物共同特性或发展过程的反映。（3）某一具体的真理，只有对其所反映对象的相同条件的事物来说，才具有普遍性的意义。

正因为马克思主义主张真理的普遍性不能离开具体性，所以，马克思主义经典作家从不把自己的研究成果当成"放之四海而皆准"的真理，而总是注意使理论与实际相结合，在革命实践中不断修正和完善自己的理论。"放之四海而皆准"从来就不是马克思主义的观点，它是封建主义者用来描述封建伦理道德规范在一切地方绝对适用这样一种超时空的错误观点，今天我们用来说明真理的普遍性，显然是不正确的。

论者在《再谈谈我们的一些看法》一文中，补充了自己的意见。认为，真理都是有界限的，主张真理"放之四海而皆准"，就否定了真理的界限性，真理的普遍性存在于它的具体性之中，脱离真理的具体性讲普遍性，只能是抽象的普遍性，主张真理"放之四海而皆准"，就是主张有脱离具体性的普遍性；真理是个过程，检验真理也是个过程，主张"真理放之四海而皆准"，也就否定了一个具体的真理是一定时间和空间条件下的产物，否定了它是一个发展过程。

孙新雷也认为，用"放之四海而皆准"来修饰真理，是不妥当的。但他认为从具体真理和具体的发展阶段看，说真理"放之四海而皆准"是可以的；就抽象的真理和永恒的发展过程来看，说真理"放之四海而皆准"是不正确的。

持第二种意见的论者，从"放之四海而皆准"一语的来源和演化、真理的客观性、真理的相对性和绝对性以及真理的具体性和普遍性等方面，论证了真理应能"放之四海而皆准"的观点。

他们认为，凡真理都是客观真理，它既是正确反映客观对象即绝对性的一面，又有只能部分地反映客观对象即相对性的一面，这两个方面是同一真理的两个方面，不是两个不同的真理。绝对真理存在于相对真理之中，而相对真理又是绝对真理的一个组成部分。绝对真理具有"放之四海而皆准"的性质。

郭保国在《真理是相对的又是绝对的》一文中认为，真理的绝对性表现为：（1）真理的内容是客观的，不依人的主观意志为转移。（2）真理性的认识，在发展中不断接近某一具体的认识对象和作为对象的全体。真理的相对性表现为：（1）真理只是相对正确的反映对象。（2）一个具体的真理性的认识，只能达到某一对象的一定层次，对于整个认识对象来说，更是如此。可见，真理的相对性和绝对性虽是对立的两端，但它是对立的统一，正是二者的对立的统一，构成了现实的具体的真理。否认真理可以"放之四海而皆准"正是只看到真理的相对性，而看不到真理的绝对性的结果。

邹礼玉认为，真理的本质属性，是它的客观性，凡真理都是指客观真理。具体性是真理所具有的一种品格，并不是真理的本质，所以，我们不仅应当看到真理的具体性，更应当看到它的客观性。从真理的客观性出发，就必须承认真理是"放之四海而皆准"的。

还有的论者指出，真理的具体性与普遍性是不可分割的，只讲真理的具体性，不讲它的普遍性，就会否认真理可以"放之四海而皆准"。晋程认为，人们认识事物，是由个别到一般，普遍真理包含着具体内容，具体真理也包含着普遍真理；具体真理是对某一客观对象的一定发展阶段、一定层次和一定范围的正确反映，但它不仅对于这一过程的全体来说，有普遍的意义，而且当别的发展过程出现相同条件时，也有普遍的意义；具体性体现着普遍性，普遍性须通过具体形式来体现，说真理"放之四海而皆准"，就是指它的普遍性，并不是用普遍性去否定具体性。

田立吾等人认为，用"放之四海而皆准"形容真理的普遍性，并不是超时空的。曾子在《礼记》中，用"放之四海而皆准"来宣扬超时空的封建主义的道德规范，是错误的，但并不妨碍我们利用它的语言形式，赋予全新的内容。例如我们说马克思主义"放之四海而皆准"，从空间上讲，是指它的基本原理在全世界有普遍意义；从时间上讲，是指它的基本原理过去、现在和将来都有指导作用。

原载《国内哲学动态》1981 年第 10 期

深入开展实践标准的理论研究

《哲学研究》评论员

一

关于实践是检验真理的唯一标准问题的讨论，已经两年了。这是一场两条思想路线的争论，是一次大规模的马列主义、毛泽东思想的教育运动。党的十一届三中全会高度评价了这一讨论，认为它对于促进全党同志和全国人民解放思想，端正思想路线，具有深远的历史意义。

在两年来的讨论中，我们面临的主要任务是打破林彪、"四人帮"制造的"现代迷信"的枷锁，批判社会上出现的那股否定实践标准的思潮，以求达到端正辩证唯物主义的思想路线，坚持实事求是、一切从实际出发、理论联系实际的原则。虽然我们在阐述和宣传马克思主义关于实践是检验真理的唯一标准的基本原理方面，做了大量的工作，但是，对于实践标准本身的许多理论问题的研究，从系统性和深刻性上看来还是不够的，需要深入地开展这方面的理论研究工作。

深入开展实践标准的理论研究之所以十分必要，是由于：首先，马克思主义的实践标准理论要随着社会实践的发展而不断丰富和发展。否则，它就会失去生命力和战斗力。马克思、恩格斯第一次提出了实践标准理论，列宁和毛泽东同志继承和发展了这一理论。但是，对于经典作家的许多内容丰富的、深刻的原理，需要我们正确地加以说明和发挥，并以新的实践经验来丰富和发展这些原理。其次，实践标准理论是辩证唯物主义思想路线的理论基础。我们要进一步端正思想路线，就要深入地从理论上论证它。理论研究愈透彻，愈能巩固和发展这条正确的思想路线。又其次，当前世界处在一个伟大的变革时代，现代科学技术正经历着一场大革命，我国也进入为实现四化而奋斗的新的历史时期，社会实践和现代科学技术发展的深度和广度是前所未有的，它迫切要求我们运用实践标准理论去研究这些新情况、新问题，概括和总结许多新的成就，做出科学的结论。再次，现代资产阶级哲学流派制造了种种唯心主义真理标准理论，要研究它、批判它，就必须加强对马克思主义实践标准理论本身的研究，并在同它们的斗争中发展自己。最后，两年来关于真理标准的讨论中，广大理论工作者和实际工作者发表了不少好的见解，提出了许多值得探讨的理论问题，也需要我们加以深入的研究。总之，深入开展实践标准理论的研究，是我们哲学工作者面临的一项重要任务。

二

要深刻理解实践是检验真理的唯一标准，就要研究实践这个重要的哲学范畴。马克思主义告诉我们，实践作为有目的的活动，表现着人和物质世界关系的特点，表现着人在客观世界中存在的方式。它是一个完整的动态体系，包括实践的目的、手段、对象、过程和结果等因素。缺少其中任何一个因素，实践就不成其为实践，既失去其直接现实性的品格，也失去其普遍性的品格。马克思说："人自身作为一种自然力与自然物质相对立。为了在对自身生活有用的形式上占有自然物质，人就使他身上的自然力——臂和腿、头和手运动起来。当他通过这种运动作用于他身外的自然并改变自然时，也就同时改变他自身的自然。""他不仅使自然物发生形式变化，同时他还在自然物中实现自己的目的，这个目的是他所知道的，是作为规律决定着他的活动方式和方法的。"① 人们正是利用一定的手段（工具），作用于客观对象，改变客观对象，使作为观念形态存在于头脑中的目的客观化，表现一定的实践效果，并通过实践活动的过程及其所达到的结果，使自己的认识受到检验。尽管在马克思的《资本论》、列宁的《哲学笔记》和其他经典著作中对实践诸因素有不少的论述，但过去我们对之研究甚少。比如：实践诸因素在实践活动中的作

---

① 马克思：《资本论》第1卷上，人民出版社，1975年，第202页。

用是什么？其相互关系是怎样的？实践是怎样检验认识的真理性的？等等。有的同志认为实践只是检验真理的手段和途径，不是检验真理的标准。这种观点，我们认为是与对实践是一个完整的动态体系的理解不够有关的。

实践是检验真理的唯一标准，其内容是多方面的，而真理标准只能是实践这个问题，应是研究的重点。列宁指出，经过实践检验是走向真理的"唯一的道路"①。又说："马克思认为理论符合于现实是理论的唯一标准。"②我们要把为什么是"唯一标准"这个道理研究透彻，讲透彻。与此有关，对当前讨论中有争议的两个问题是需要着力予以研究的。这两个问题就是：实践检验与逻辑证明的关系问题，客观事物本身能否成为检验真理标准的问题。

有人曾经提出，实践是检验真理的标准，这是毫无疑问的，但是不是唯一标准？逻辑证明不能作为一个独立的或主要的标准，但能否作为一个派生的、次要的标准，在一定的条件下和范围内起检验真理的作用呢？我们知道，逻辑证明是借助一些正确的判断，通过推理，从理论上确认某一判断的真理性的一种方法。逻辑证明本质上是理论思维活动，它在真理形成过程中确有不可缺少的、重要的作用。比如，在科学假说中，逻辑证明对假说作出逻辑上的说明，起着探索真理的作用。对于已被实践证实了的真理，逻辑证明起着使它更加系统化的作用。但是逻辑证明能不能代替实践检验？真理的证明方法与检验真理的标准是否一而二、二而一呢？一句话，如何正确估计逻辑证明在认识中的作用以及它和实践标准的关系，是需要进一步研究和阐发的一个问题。

有人认为，既然真理是对客观事物及其规律的正确反映，所以其正确与否，应当以客观事物本身作为衡量的标准，实践只是检验真理的手段和途径。这种观点承认真理性的认识必须和客观对象相一致，是正确的。但是，殊不知以客观对象为标准，归根到底是以感性直观为标准。因为客观对象的形态，人们只有通过感官才能感知它，所以，以客观对

---

① 《列宁选集》第 2 卷，人民出版社，1972 年，第 143 页。
② 《列宁选集》第 1 卷，人民出版社，1972 年，第 30 页。

象为标准，实际上就是由感官来判明主观与客观是否符合。这本质上是早为马克思所批判过的直观唯物主义的观点。再说，真理是关于客观事物及其规律的正确认识，属于理性认识的范畴，具有高度抽象的性质。人们能够从可以感觉到的事物造成抽象，但对于抽象化的认识，怎么从事物的具体形态上去感知它呢？比如马克思主义的价值理论无疑是真理，但它是"没有感性材料的范畴"①。怎么凭感官感知它呢？怎么能直接以客观对象来检验呢？而商品生产与商品交换的实践活动，则能证明它的正确性。凡是理论，都有这个共同的特点。此外，辩证唯物主义还认为，真理不是对客观事物的消极反映，而是可用来指导有目的有计划地改造客观世界的科学知识，这种知识是否正确，现存的客观事物是无法衡量的，只能通过实践使知识物化、目的实现后才能证明。这些道理对不对？还有一些什么道理？是可以深入研究讨论的。

真理的实践检验方式，是我们深入研究实践标准理论时又一个值得注意的问题。真理是具体的，因而，检验真理的实践方式必然是多种多样的。天文学、医学等的理论和假说，是通过积极观察和实验来进行检验的。考古学、古生物学理论的检验，是通过对比新发现的事实材料（如埋藏在地下的文物、化石的出土，各个时代文献、档案材料的发现，等等）来进行的。社会科学理论是通过人民群众的生产斗争、阶级斗争的实践活动来检验的，看它们的结论是否同历史发展的进程相一致。实践形式表明人在活动中以怎样的方式处理客体，它是人们把握客体能力的表现。人们把握客体的水平，是与生产力的发展和科学发展的水平相适应的。现代科学技术的大革命，既大大扩展了实践领域，又使检验真理的实践形式更加丰富多样，并且出现了前所未有的检验方式。从科学实验的方式看，现代科学研究中大规模采用了实验研究方法，包括模拟实验、定性实验、定量实验和析因实验等等，同时，也运用多种多样的技术手段和更加精确完善的实验工具。而且，越来越多的科学实验方法被运用到社会科学的研究中去。这给哲学工作者提出了许多研究的新课题，如不同领域、不同学科的实践各有什么特点？它们之间有什么联

---

① 列宁：《哲学笔记》，人民出版社，1974年，第183页。

系？各自怎样验证真理？等等。我们应当对这些问题进行认真的分析和研究，用以丰富实践标准理论，并使它更好地起指导实践的作用。

深入研究马克思主义的实践标准理论，必须分析、研究和批判现代资产阶级的真理标准理论。这里，有两个资产阶级哲学流派的观点是应当予以特别注意的：一是实用主义。由于它"强调实践"，自称"实践主义"，也"认为实践是唯一的标准"等，与马克思主义所用的名词大体相同，因而使一般人对之混淆不清。就连著名的资产阶级哲学家罗素也混淆了，认为实用主义和"卡尔·马克思的学说密切相似"。正因为它欺骗性大，所以它的"有用即真理"的谬论不仅在国际上影响很深，而且在我国一部分人中，至今仍分辨不清，甚至还受其影响。因此，继续从理论上划清马克思主义和实用主义在实践及实践标准问题上的原则界限，对实用主义的主观唯心主义真理观进行深刻的批判，仍然是摆在我们面前的一项战斗任务。另一个需要予以特别注意的是西方科学哲学家波普提出的证伪主义。波普主张各种假说要用观察、实验的事实来检验，经不住检验的，证明为伪，就被抛弃；经得住检验的，被"证实"的，就留下来。存留下来的理论终究也经不住一些新事实的检验，因此就出现新的问题，就会以新的理论取代它。他认为，一切理论最终都会被驳倒，为别的知识体系所代替，这就是科学进步的规律性。对于这类理论，我们要进行具体分析研究，有说服力地批判其缺陷和错误。在这方面，我们做的更少了。总之，我们要下功夫了解、研究、分析、批判资产阶级有关真理标准的种种理论，从而教育人民，划清界限，捍卫并发展马克思主义的理论。

三

为了把实践标准理论的研究引向深入，一定要坚决贯彻执行党的"百家争鸣"的方针，提倡发表创造性的见解，提倡不同意见的讨论。有一种思想认为，关于真理标准的讨论是个政治问题，即使有弄不清的问题或不同看法，还是不讲为好。我们认为，党中央号召要解放思想，我们不能再设禁区，这种顾虑是应当打消的。有些理论问题虽然和政治问题有密切的联系，但它毕竟不等于政治问题。在理论探索和研究的道路上出现不同的认识，是完全正常的，否则，倒是怪事了。所以，应当允许发表不同的意见，提倡开展充分说理的讨论。那种一有不同意见就扣帽子、打棍子，甚至置人于死地的做法，是林彪、"四人帮"搞的一套文化专制主义，绝不是我们党的传统作风。关于真理标准的问题，我国60年代在报刊上就有过一次讨论，当时有的同志曾有唯物辩证法是"检验真理的一种间接方式"的看法。在这次讨论中，也有一些不同意见。如有的同志认为，实践是检验真理的手段、途径，客观事物才是检验真理的标准。另一种意见认为，逻辑证明、正确理论也能起检验真理的标准作用，不过，归根结底实践是检验真理的标准。我们认为，这些看法都是可以进行讨论的。有不同意见进行讨论，通过摆事实，讲道理，互相启发，促进思考，有助于将理论问题研究得更加深入。经过讨论，本着坚持真理、修正错误的精神，最后在马克思主义基本原则的基础上统一起来。

马克思说："理论只要说服人，就能掌握群众；而理论只要彻底，就能说服人。所谓彻底，就是抓住事物的根本。"① 我们加强对实践标准理论的研究，就是做这个"彻底"的工作。这一理论研究得越彻底、越深刻，它就越有力量，也就更能掌握群众，更能有效地指导我们的实践活动；同时，理论本身也更不容易被歪曲、破坏和庸俗化。任务是艰巨的，意义是深远的。我们深信，在马列主义、毛泽东思想的指引下，只要我们肯下功夫，勇于探索，就一定能使实践标准理论的研究达到新的水平，为促进我国四个现代化的早日实现贡献力量。

原载《哲学研究》1980 年第 5 期

---

① 《马克思恩格斯选集》第 1 卷，人民出版社，1972 年，第 9 页。

全国真理问题讨论会综述

王廷奎 *

5月13日至5月18日，全国辩证唯物主义研究会、安徽省委党校、安徽大学、安徽省社会科学院、安徽省委讲师团和徽州地委党校在安徽屯溪联合发起召开了全国真理问题讨论会。130余位与会同志，主要就下列问题进行了讨论：

一、关于真理的定义问题

大多数同志认为，现行哲学教科书关于真理的定义基本上是正确的，但应该注意吸收现代自然科学、社会科学和思维科学的最新成果来加以补充，使之更为完善和精确。也有同志认为，目前的真理定义有静态化的缺点，应该赋予它动态方面的内容，这是由人们的认识是一个发展过程的特点所决定的。还有同志提出，现在的真理定义虽坚持了唯物论，却缺少辩证法；坚持了反映论，却对能动的实践观体现不够。因此，他们提出，可以把真理定义为"人们在实践过程中，对无限发展的客观存在及其规律正确反映的过程"。

关于相对真理和绝对真理以及真理的相对性和绝对性的关系问题，一些同志认为，不能把相对真理和绝对真理同真理的相对性和绝对性混为一谈。相对真理和绝对真理是指不同类型的真理，而真理的相对性和绝对性是指真理的不同属性。有些同志则不同意有不同类型真理的观点，

* 王廷奎，作者情况不详。

他们认为，如果把绝对真理和相对真理看成是不同类型的真理，容易在理论上造成混乱，所谓相对真理和绝对真理，只是真理的不同层次。

二、关于真理的价值问题

该问题是会议上讨论得最热烈的内容之一。多数同志认为，价值问题是真理观的重要内容，由于种种原因，这一问题很长一段时间未能得到充分的重视和研究。但对价值观和真理观的关系问题，看法则有分歧。一些同志认为，"价值"在认识论中是同真理相对应的范畴，其主要理由是：第一，从历史上说，价值问题始终是认识论乃至整个哲学发展中存在的一个重要问题；第二，价值问题是以实践为基础的认识活动的基本内容之一；第三，价值问题对于发挥一切科学理论（包括认识论和全部哲学）在现实实践中的作用，具有根本的意义。但也有一些同志对上述观点提出了异议，认为不能把"价值"看成与真理相对应的范畴，它只是真理的一个属性。

三、真理的发展规律问题

对于真理是否包含谬误的问题，一部分同志持肯定意见，因为：第一，这是由人类认识能力的有限性决定的；第二，是由主观反映客观中的差异性决定的；第三，是由实践标准的相对性决定的；第四，是由认识过程中真理与谬误的辩证运动决定的。有的同志主张"相对真理中包含着谬误"。他们认为，真理的相对性就包含着存在某些谬误的含义，这是相对性的一种具体体现。一部分同志不同意真理包含着谬误的观点，其理由是：第一，"真理"和"认识"不能等同；第二，真理的相对性离不开其绝对性；第三，不能忽视实践标准的绝对性；第四，必须正确理解真理和谬误的同一性。

会议也就真理的一元或多元问题进行了探讨。许多同志坚持真理的一元论，认为：第一，真理的客观来源只有一个，即物质世界；第二，获得真理的根本途径只有一个，即通过社会实践；第三，检验真理的客观标准只有一个，即社会实践。

有些同志认为，在真理问题上必须澄清以下几个问题：第一，不能把多种学科理论或科学方法可以描述同一事物及其规律同真理多元论混为一谈；第二，不能把独断论同真理一元论混为一谈；第三，不能把学术上提倡多种学派与真理多元论混为一谈。

会上，一些同志还尝试着用数学方法对认识真实性做定量分析，用数理逻辑方法对争论的问题做逻辑证明，用信息论、控制论、系统论以及结构-功能分析方法来研究真理问题等。

原载《光明日报》1985 年 6 月 10 日

一次经得起历史检验的会议
——1979 年党的理论工作务虚会回顾

沈宝祥 *

40 年前，即 1979 年 1 月到 4 月初，新任中央宣传部部长胡耀邦根据中央的决定，主持召开了党的理论工作务虚会。会议是 1979 年 1 月 18 日至 4 月 3 日在北京召开的。今年是这次会议召开 40 周年，笔者以为很有必要对这次重要会议作一些回顾，并以此庆祝改革开放 40 周年。

一、党的理论工作务虚会的背景和由来

真理标准问题讨论开始以后，党内一度出现了不同意见。当时的中央理论刊物《红旗》组织撰写了一篇长文《重温〈实践论〉》，系统表达了对真理标准问题讨论的不同意见，并将文章报送中央。叶剑英同志鉴于刚结束不久的国务院经济务虚会开得很好，提议中央召开一次理论务虚会，让大家把不同意见摆出来，在充分民主讨论的基础上，统一全党认识。① 叶帅的这个提议得到了中央的同意。

1978 年 11 月至 12 月召开的中央工作会议和十一届三中全会，热烈讨论并高度评价了真理标准问题讨论，摆出了许多情况，提出了不少问题。中央主要负责同志在中央工作会议闭幕会上说："由于这次中央工作会议的议题多，时间有限，这方面的问题不可能花很多的时间来解决。

---

* 沈宝祥，1932— ，男，中共中央党校教授。
① 参见《胡耀邦文选》，人民出版社，2015 年，第 110 页。

中央政治局同志意见，还是按照叶帅的提议，在党的十一届三中全会之后，专门召开一次理论务虚会，进一步把这些问题解决好。"这就是理论工作务虚会的背景和由来。

二、党的理论工作务虚会的基本情况

党的十一届三中全会以后，党中央任命胡耀邦为中央宣传部部长（耀邦同志此时担任的职务还有：中央政治局委员、中共中央秘书长、中共中央纪律检查委员会第三书记、中共中央党校副校长，并主管《理论动态》）。他按中央要求，集中了很大精力抓理论工作务虚会召开的准备工作。

理论工作务虚会第一段会议于1979年1月18日在北京召开。参加会议的有中央理论宣传单位的主要负责人和首都理论宣传方面的专家，自然包括坚持"两个凡是"观点的部分同志，共160多人。会议特邀多年从事理论宣传领导工作和关心理论宣传工作的20位老同志参加，包括冯文彬、陆定一、成仿吾、吕正操、李一氓、李卓然、吴亮平、许涤新、莫文骅、蒋南翔、薛暮桥等。各省、自治区、直辖市也都派人参加（多数来自地方党委宣传部）。会议共分5个组，每组各有3位召集人，主要召集人有童大林、周扬、于光远、吴江等。中央党校有11人参加会议，笔者是参会者之一。

开幕会上，胡耀邦同志将事前准备好的《理论工作务虚会引言》（以下简称"《引言》"）发给大家。他对这个《引言》很重视，早早起草好后，报送中央领导同志审批同意。耀邦同志在开幕会上又讲了一些意见。

《引言》说，我们召开这样一次理论工作务虚会，要达到什么目的呢？第一，要总结理论宣传战线的基本经验教训，……把思想理论上的重大原则问题讨论清楚，统一到马克思列宁主义、毛泽东思想的基础上来。第二，要研究全党工作重心转移之后理论宣传工作的根本任务。①

《引言》说："这次会议的开法，应当推广三中全会和中央工作会议

---

① 《胡耀邦文选》，第111页。

的那种会风，大家解放思想、开动脑筋、畅所欲言，充分恢复和发扬党内民主和党的实事求是、群众路线、批评和自我批评的优良传统，达到弄清是非，增强整个理论宣传队伍的团结。"①

从1月19日开始，理论工作务虚会各组开会。大家围绕主题，既解放思想、踊跃发言，又严肃认真、充分准备，有些人写了长达几千字、上万字的发言稿。每人的发言定稿后，即刊登简报，共印发简报260多期。这些简报内容丰富，阐述有深度，主要涉及三个方面：一是揭露和剖析"两个凡是"；二是对一些重要问题的拨乱反正；三是总结经验，研究新情况并提出建议。

3月30日下午，理论工作务虚会继续召开，议程是听取邓小平同志《坚持四项基本原则》的报告。笔者也现场听了这个报告。报告会由中共中央副主席李先念主持。邓小平讲完后，李先念同志只讲了一句话："小平同志这个报告非常非常重要，大家回去要讨论，认真地讨论。"

三、党的理论工作务虚会的主要成果

（一）深入揭露剖析"两个凡是"

理论工作务虚会的第一个目的，就是"把思想理论上的重大原则问题讨论清楚"。当时需要讨论清楚的思想理论上的重大原则问题，首先就是"两个凡是"。

1977年2月7日，《人民日报》与《红旗》杂志、《解放军报》"两报一刊"发表了《学好文件抓住纲》的社论，社论提出："凡是毛主席作出的决策，我们都坚决维护，凡是毛主席的指示，我们都始终不渝地遵循。"②当时中央宣传口负责人耿飚同志看了这篇社论后认为："如果按照这篇文章的两个'凡是'，什么事情也办不成了。"邓小平首先将这句话概括为"两个凡是"，并指出"两个凡是"不符合马克思主义。③后来，"两个凡是"的提法广泛流传。

---

① 《胡耀邦文选》，第111页。
② 《学好文件抓住纲》，《人民日报》1977年2月7日。
③ 《邓小平文选》第2卷，人民出版社，1994年，第38页。

经过半年多的真理标准问题讨论，特别是通过中央工作会议的观点交锋和思想统一，十一届三中全会对真理标准问题讨论给予了高度评价，"两个凡是"已经在原则上、方法论上被推倒。而如何看待"两个凡是"涉及的一系列重大问题，尚需要深入讨论，分清是非。

在 1 月 19 日上午的会议上，杨西光（时任《光明日报》总编辑）、曾涛（时任新华通讯社社长）、华楠（时任《解放军报》总编辑）、王惠德（时任中央编译局负责人）、于光远（时任中国社会科学院副院长）等同志联合发言。这篇名为《关于真理标准讨论的情况》的书面发言共分两个部分，第一部分系统摆了"两个凡是"的形成和出笼情况，讲了实事求是与"两个凡是"观点的区别及其相互较量的情况。第二部分从 10 个方面披露了"两个凡是"的错误言论和行动，如：反对邓小平出来工作的言论；反对为天安门事件平反，坚持在文件中使用"天安门反革命事件"表述"四五运动"的言论；公开诋毁胡耀邦"凡是不实之词，凡是不正确的结论和处理，不管什么时候、什么情况下搞的，不管是哪一级、什么人定的和批准的，都要改正过来"[①]的重要讲话；强行将"文革"中大讲的批判"唯生产力论""全面专政论"、按劳分配产生资产阶级等谬论，作为正面的理论观点写进文件；以毛主席看过为由，不许指名批判张春桥、姚文元鼓吹的坚持所谓无产阶级全面专政、造成恶劣影响的文章；坚称"文艺黑线确实有"等错误观点。

联合发言指出，提出和坚持"两个凡是"错误言论及其行动，已经阻碍了揭批"四人帮"，阻碍了拨乱反正和实现四个现代化。联合发言中列举的许多情况，对许多与会者来说是闻所未闻，因而有触目惊心之感。这个联合发言在会上引起强烈反响。

应该说，这个联合发言引领并提高了理论工作务虚会与会者对真理标准问题讨论重要意义的认识。正如许多与会同志所说，这个发言打开了我们的眼界，很受启发，也为会议讨论提供了比较系统的丰富的材料。有的同志说，联合发言很好，这一发言对于粉碎"四人帮"以后开展

---

① 《胡耀邦同志伟大光辉的一生》，《人民日报》1989 年 4 月 23 日。

思想理论战线上的斗争描绘了一个轮廓，提供了一条线索。与会的大多数同志认为，在某种意义上说，这次理论工作务虚会是中央工作会议和十一届三中全会的继续；十一届三中全会在政治上、组织上解决了问题，现在需要在思想理论上解决问题。与会者依据各自接触的实际，摆出了很多情况和问题，进一步揭露了"两个凡是"。

揭露"两个凡是"，必然涉及一些人。胡耀邦在理论工作务虚会开始时就提出，要坚决肃清"四人帮"摧残文化、钳制思想的恶霸作风，真正发扬民主学风。会议对那些坚持、认同"两个凡是"错误观点的部分同志进行中肯和尖锐的批评，鼓励和促使他们认识错误、进行自我批评，回到正确的思想认识上面来。

这次会议达到了这个目的。如在真理标准问题讨论前夕任《红旗》杂志总编辑的某位同志，当时曾公开表示不同意《实践是检验真理的唯一标准》的观点并执行"不卷入"方针，拒不刊登有关真理标准问题讨论的文章，甚至还参与组织撰写长篇文章《重温〈实践论〉》，同真理标准问题讨论唱反调。他在发言中承认自己犯了思想路线的错误；在对待毛主席和毛泽东思想的态度问题上，自己是一个思想僵化和半僵化的人；甚至在不久前的中央工作会议上还没有认识到自己的错误，反而给别人扣帽子。他表示诚恳接受大家的批评。

又如时任毛主席著作编委会办公室副主任的某位同志，曾把许多认同真理标准问题讨论的讲话斥为"八股老调""过于轻率"。他在这次会上多次作自我批评，认为自己在"两个凡是"与"实践标准"这两种对立的思潮中基本上站在了错误方面，表示自己已经在真理标准问题讨论中意识到"两个凡是"思潮的危害性和反对这种思潮的现实政治意义。

有位担任过《人民日报》社社长、新华通讯社社长的高级干部，曾严厉指责过《人民日报》转载《实践是检验真理的唯一标准》文章。他在发言中坦承，自己当时武断地认为那篇文章割裂了毛主席关于理论与实践相互关系学说的完整性，提出了所谓"举旗还是砍旗"的指责，现在看来是断章取义、危言耸听，本身就是轻率的、错误的。还有当年主持撰写了那篇宣告"两个凡是"的"两报一刊"《学好文件抓住纲》社论的领导同志也表态愿意承认错误，承担责任，决心改正错误。①

上述几位曾经坚持"两个凡是"观点的同志都能够承认自己犯了错误，提高了认识，大家也对他们进行了诚恳的批评帮助，达到了团结—批评—团结的目的，这也是理论工作务虚会的一大收获，无疑具有重要意义。

（二）彻底否定"文革"

胡耀邦同志对"文化大革命"早就持否定的态度。他在 1977 年 7 月创办的《理论动态》上刊登的许多文章都从不同角度对"文化大革命"提出质疑。实际上，当时无论是党内还是社会上，特别是理论界、新闻界，不少人已对"文化大革命"持否定态度，并进行了较深刻的思考和研究。理论工作务虚会为他们提供了表达观点和意见的机会。因此评价"文化大革命"就成为理论工作务虚会的一个重要议题和热点。

1. "文革"的纲领性文件。《"五一六"通知》是完全错误的。会上，有同志发言指出，1966 年的《"五一六"通知》（以下简称《通知》"）是"文化大革命"的纲领性文件，经过"文革"10 年的实践检验被证明是错误的，是不符合当时的历史实际的。《通知》把学术问题、政治问题的界限，两类不同性质矛盾的界限，统统取消了。更不妥的是，《通知》认为中央和中央各机关、各省区市都有一批资产阶级代表人物，对国内政治形势作了错误的估计和判断。

2. "文革"的理论基础"继续革命理论"是完全错误的。多位与会者评析了作为"文化大革命"指导思想的"继续革命理论"。他们认为"实践证明，所谓无产阶级专政下继续革命，就是在无产阶级取得政权和社会主义经济制度已经建立的条件下，通过'全面的阶级斗争'搞政治大革命，对无产阶级和广大人民实行'全面专政'"。

与会的一位经济学家痛切地说，我们过去在"继续革命"口号下所提出的许多经济理论和政策，是有严重错误的，是不符合社会主义经济规律要求的，是经不起实践考验的。为了实现四个现代化，我们必须加

---

① 参见沈宝祥《真理标准问题讨论始末》，中共中央党校出版社，2015 年。

以纠正，纠正得越快越彻底越好。

3. "走资派"是不科学的概念。"文革"初曾有个《中共中央关于无产阶级文化大革命的决定》，这个文件共十六条，因而通称"十六条"。"十六条"规定："这次运动的重点，是整党内那些走资本主义道路的当权派"，简称"走资派"。不少与会者着重指出，"走资派"这个概念不科学，造成很大危害。"文化大革命"一开始，"走资派"的概念已经扩大到上至国家主席，下至基层的党支部书记，只要沾一点"权"的边，就可以被打成"走资派"。"走资派"是一个没有明确规定性的不科学的概念，它成为可以任意用来打人的棍子和帽子，应当抛弃这个不科学的概念。

4. "文革"造成极大破坏和损失。与会者有不少在"文革"中受到残酷打击迫害。他们结合自身经历，痛诉"文革"的破坏和祸害。理论工作务虚会对 10 年"文革"从理论到实践进行了全面的、彻底的剖析与否定。在如何评价"文化大革命"这个问题上，当时参与理论工作务虚会的绝大多数同志的认识和态度，是明显超前的。

5. 由评价"文革"引起的深思。参加理论工作务虚会的人员中，有多位资深学者，也有不少善于思考问题，敢于发表创见的年轻闯将。王惠德（时任中央编译局负责人，第三组副召集人）在发言中说："现在全党面临着一个重新认识的问题。建国快要 30 年了，现在还有 2 亿人吃不饱饭。面对这种情况，全党、全民都在思考：我们一定是在哪里出了毛病。这个重新认识的要求是阻挡不住的。在这种情况下，我们搞理论工作的同志麻木不仁不思考，不去研究是不行的。"周扬也在发言中提出了相同的观点。① 多位与会者指出，在这个新旧历史时期的交替时刻，我们必须认真总结历史经验，建议党中央把建国 30 年来的经验，像《若干历史问题的决议》那样，做出一个社会主义时期若干历史问题的决议。这实际上就是改革开放前的思想酝酿。

（三）在阶级斗争问题上的拨乱反正

阶级斗争问题，是所谓"无产阶级专政下继续革命理论"的核心问

---

① 吴江：《吴江文稿》上卷，中央编译出版社，2009 年，第 230—232 页。

题，也是"文化大革命"的基本理论依据。这是一个政治上十分敏感的问题，也是理论工作务虚会又一个热议的问题。

与会者回顾了从 20 世纪 50 年代开始，到"文革"结束这一时段中，党和国家政治生活的演变状况。1957 年 2 月，毛泽东同志发表《关于正确处理人民内部矛盾的问题》的讲话，宣布革命时期的大规模的急风暴雨式的群众阶级斗争基本结束，今后的主要任务是正确处理人民内部矛盾。[①]许多与会者带着痛惜的情感说，毛泽东同志和党中央当时提出正确处理人民内部矛盾，向自然界开战，发展经济和文化，建设新国家，多么好啊！可是，就在 1957 年的 5 月，又开展了一场比以前更加疾风暴雨式的阶级斗争。在这 20 来年的"阶级斗争"中，逐步形成一条"左"的路线，且长期未得到纠正，给党、国家和人民带来了极为严重的恶果。

一位经济学家在会上作了长篇发言。他引证了马克思、恩格斯、列宁的有关论述后指出，阶级存在的根源是生产关系、是所有制，某一阶级的存在，总是同一定的生产关系、经济制度、所有制和经济成分相联系的。多位与会者指出，只能从经济上划分阶级，不能从政治上、思想上划分阶级，在社会主义时期也应该如此。阶级的产生、阶级的存在的基础只能是与一定的生产力水平相适应的生产关系，按政治态度和思想状况划分阶级，这种主张是反马克思主义的。

（四）提出社会主义社会发展阶段问题

理论工作务虚会的与会者回顾历史，总结经验和教训，思考在逐步深入，提出了我国社会主义社会的发展阶段问题。中国社会科学院两位研究员合作撰写了《关于社会主义社会的发展阶段问题》的长篇文稿，系统地论述了社会主义社会的发展阶段这个命题。

这两位研究者提出了"不发达的社会主义时期"的概念。他们明确指出：我们现在正处在不发达的社会主义社会阶段，我国现在并没有进入马克思和列宁所设想的共产主义的初级阶段，即发达的社会主义社会，还处在不发达的社会主义社会阶段。著名经济学家薛暮桥和许多与会者

---

① 《毛泽东文集》第 7 卷，人民出版社，1999 年，第 216 页。

在发言中认同这个观点。

以上这些见解，是社会主义初级阶段理论的最初酝酿，是理论工作务虚会的重要成果。1979 年 9 月 29 日，叶剑英同志代表党中央在庆祝中华人民共和国成立 30 周年大会上发表长篇讲话，其中讲到了我国社会主义社会的发展阶段问题："我国现在还是发展中的社会主义国家，社会主义制度还不完善，经济和文化还不发达。""在我国实现现代化，必然有一个由初级到高级的过程"，"我们要从中国的实际出发，认真研究经济规律和自然规律，努力走出一条适合我国情况和特点的实现现代化的道路"。① 这个讲话是经过党的十一届四中全会讨论通过的，是全党的共识。叶帅的这个讲话已经明确表达了社会主义初级阶段的思想。参与叶帅这个讲话稿起草的成员中，就有理论工作务虚会的参加者。

以后经过不断探索思考，到 1987 年党的十三大，就系统阐述了社会主义初级阶段理论。而追溯历史，这一理论早在 1979 年的理论工作务虚会上就进行了初步准备和酝酿。

四、党的理论工作务虚会经受了历史检验

这次理论工作务虚会及其成果，在当时产生了很大影响，但也遭遇了一些非议和指责，因为很多东西太超前了。现在看来，这是历史转折过程中拨乱反正、解放思想、正本清源所面临的必然现象。当时，思想僵化、半僵化状态还普遍存在，而理论工作务虚会却是思想活跃，敢想敢说，最终使得理论工作务虚会成果丰硕。这些成绩的取得，离不开邓小平、叶剑英、陈云、李先念等老一辈革命家给予的有力引导和坚定支持，离不开一些关心党和国家前途命运的各级领导干部、老干部、专家学者以及宣传思想战线的理论工作者的思考和探索，更离不开广大党员和人民群众穷则思变、心系发展和幸福的民心基础。

作为理论务虚工作会的主要组织者，胡耀邦同志为会议的顺利举行付出了大量心血，但他绝不自我夸耀。正如他在务虚会闭幕结束语中所

---

① 中共中央文献研究室编：《三中全会以来重要文献选编》下，人民出版社，1982 年，第212、233 页。

说："我们这个会开得怎么样？最保险的办法还是让历史去检验。我们不是讲实践是检验真理的唯一标准嘛！"40 年过去了，我们回头来看看，这次理论工作务虚会的成果，有些是理论创新，已经成为中国特色社会主义理论的重要观点；有些建议早已经成为党中央的重要决策；更大的成果是人民的思想启蒙，为改革开放奠定了强大的理论基础。这些都有力地表明，理论工作务虚会已经经受了历史的检验。

原载《决策与信息》2019 年第 4 期

60年代初关于真理标准问题的讨论：
当代中国思想史上被忽略的一个片段

曹光章*

一、当代中国思想史上被忽略的一个片段

即将由人民出版社出版的《邓力群自述：1915—1974》（下文简称《自述》）一书中，用四五百字的篇幅讲述了20世纪60年代初期在《红旗》《新建设》《文汇报》等一批刊物上展开的关于真理标准问题的学术讨论。当代中国研究所原副所长程中原在帮助邓力群整理《自述》的过程中，发现这一次学术讨论几乎没有被后来的学者们关注。为此，他曾就此事请教邓力群。邓力群说，《红旗》杂志当时发表的关于实践标准问题的讨论文章，不是他组织编发的，对讨论的具体情况也记不太清了。所以，《自述》一书中关于这一次讨论的叙述非常简略。程中原认为，这次讨论虽然只是限于学术讨论，不像1978年的真理标准大讨论那样有重大的政治影响和社会影响，但是这次讨论在当代学术史、思想史上应该有其地位，值得挖掘和研究。

笔者了解到这一情况后，就这一次讨论做了一些研究。查阅资料过程中发现，《光明日报》在1978年5月11日以本报特约评论员名义发表《实践是检验真理的唯一标准》之前，曾于1963年2月1日发表过一篇标题完全一样的文章，署名作者为朱士耀。1978年那篇文章的内容已为大家所熟知，文章引用马列主义毛泽东思想、自然科学发展史、中国

* 曹光章，1972—　，男，中国社会科学院当代中国研究所文化史研究室副研究员。

革命发展史的事实正面阐述和论证"实践是检验真理的唯一标准"，批判"四人帮"在真理标准问题上的谬论及其恶劣影响，着重针对当时"左"的思想影响和"两个凡是"的思想禁锢，号召全党全国人民冲破思想牢笼，解放思想、实事求是，研究新的实践中提出的新问题，"顺利地进行新的伟大的长征"。① 1963 年那篇文章是学术性的商榷文章，主要内容是批评另一学者把实践作为检验真理的直接方式、把唯物辩证法作为检验真理的间接方式的观点，阐述检验真理的标准只有一个，只能是社会实践。② 两篇文章的价值不可相提并论，1978 年的那篇文章引发了关于真理标准问题的全国性大讨论，极大地解放了人们的思想，为我们党重新确立马克思主义的思想路线奠定了理论基础，为党的十一届三中全会实现伟大历史转折、迈向改革开放新时期作了思想准备，为坚持和发展中国特色社会主义道路、形成中国特色社会主义理论体系提供了长远的精神动力。1963 年的那篇文章并没有产生多少社会影响，但它是 60 年代初期学术界开展的关于真理标准问题讨论的众多文章中的一篇，这篇文章与其他讨论文章一起，对真理标准问题尤其是实践标准问题展开了一次相当规模的讨论。这次讨论也相当深入，涉及相对真理和绝对真理、实践检验真理的绝对性和相对性、实践检验和逻辑证明的关系等马克思主义真理论的一系列问题，基本形成了实践是检验真理的唯一标准的共识。

1978 年那篇文章的主要作者胡福明后来接受采访时说："文中的观点并不是我的首创，每个高校的哲学教师都懂。只是由我在一个特殊的'时间节点'把它写了出来。"③ 胡福明所说的"每个高校的哲学教师都懂"，是符合实际情况的。

事实上，关于检验真理的标准是什么的问题，"这是早被无产阶级的革命导师解决了的问题"④。马克思在 1845 年春写成的《关于费尔巴哈的提纲》一文中指出："人的思维是否具有客观的真理性，这不是一个理论的问题，而是一个实践的问题。人应该在实践中证明自己思维的真理性，

---

① 本报特约评论员：《实践是检验真理的唯一标准》，《光明日报》1978 年 5 月 11 日。

② 朱士耀：《实践是检验真理的唯一标准》，《光明日报》1963 年 2 月 1 日。

③ 《"集中了大家的智慧"——访〈实践是检验真理的唯一标准〉主要作者之一胡福明》，《光明日报》2011 年 6 月 16 日。

④ 本报特约评论员：《实践是检验真理的唯一标准》，《光明日报》1978 年 5 月 11 日。

即自己思维的现实性和力量，自己思维的此岸性。关于思维——离开实践的思维——的现实性或非现实性的争论，是一个纯粹经院哲学的问题。"① 毛泽东在《实践论》中也明确指出："只有人们的社会实践，才是人们对于外界认识的真理性的标准"，"真理的标准只能是社会的实践"。② 但是，在新中国成立前的战争年代并没有条件就真理标准问题进行深入研究，一些哲学教员只是知道这个观点，至于实践怎样检验真理、经验和实践的关系、实践检验和逻辑证明的关系等，并不十分了解。正是 60 年代初期的这次真理标准问题讨论，才使"实践是检验真理的唯一标准"这一马克思主义关于真理标准问题的基本观点为广大从事哲学研究的学者或者对哲学感兴趣的学者所熟知，成为"每个高校的哲学教师都懂"的基本观点。龚育之、何祚庥、陶德麟、陈先达、张世英、高清海、孙伯鍨、赵凤岐等当时还尚年轻的学者都参与了这次讨论。他们后来都成为我国著名的马克思主义学者，有些还在 1978 年的真理标准大讨论中发挥了积极作用。可以说，正是 60 年代初期的这次讨论，使新中国的哲学工作者和一些对哲学感兴趣的自然科学工作者，经历了一次关于马克思主义真理论的深入学习和研究，推动了马克思主义真理论在当代中国的发展，为 1978 年的真理标准大讨论做了知识上、思想方法上和人才上的准备。这便是 60 年代初期的这次讨论在当代中国思想发展史上的意义。

值得注意的是，60 年代初的这次真理标准问题的讨论，很少为党史或国史专业的学者所了解和关注；哲学专业的一些学者虽然了解甚至参与过这一次讨论，但他们几乎没有把这次讨论与 1978 年的真理标准大讨论联系起来予以思考和论述。就笔者目前查阅资料的情况看，仅发现龚育之在一篇谈新中国自然辩证法学科发展史的文章中提到了这场"关于真理问题的热烈争论"③，何祚庥在回忆自己学习自然辩证法的历程时也谈到了这场"论战"④。两位学者都是在自然辩证法学科发展的意义上谈论这次讨论的，谈论的内容也相当简略。从当代中国思想发展史的意义上

① 《马克思恩格斯文集》第 1 卷，人民出版社，2012 年，第 314 页。
② 《毛泽东选集》第 1 卷，人民出版社，1991 年，第 284 页。
③ 龚育之：《自然辩证法在中国》（新编增订本），北京大学出版社，2012 年，第 32 页。
④ 董驹翔、董翔薇：《哲人忆往》，中国青年出版社，1999 年，第 276 页。

来看，60年代初的这次讨论几乎成了被忽略的一个片段。

对60年代初的这次讨论作一研究，不但能够展现被思想史所忽略的这一片段，也有助于揭示当代中国思想史发展的连续性，为1978年的真理标准大讨论以及由此掀起的思想解放运动提供一个历史的注脚。

二、60年代初"讨论"的历史背景

新中国成立后，为肃清封建的、买办的、法西斯主义的思想，确立马克思列宁主义、毛泽东思想在意识形态领域的指导地位，曾开展了一系列的马克思主义启蒙教育。在历史唯物主义的普及方面，主要是结合新中国的社会改造普及社会发展史的基本知识，从劳动创造人、劳动改造人的角度来学习和确立马克思主义的社会历史观和革命人生观。在唯物辩证法的普及中，主要是学习毛泽东的《实践论》和《矛盾论》，在专业教师中恩格斯的《自然辩证法》、列宁的《唯物主义和经验批判主义》等经典著作也得到广泛传播。在上述学习和传播马克思主义的过程中，来自苏联的影响是显而易见的。比如，在马克思主义如何看待自然科学的阶级性问题上，我们就曾跟着苏联走过一段弯路。我们不自觉地接受了苏联科学家关于自然科学有阶级性的观点，要求在生物学领域坚持米丘林的方向，照搬李森科对遗传学中摩尔根学派粗暴批评的办法在国内开展了类似的批判活动；在生理学领域把巴甫洛夫学说绝对化、教条化等。自然科学领域的这种倾向，反映在哲学上就是如何认识真理、如何检验真理、怎样发展真理的问题。1950年，斯大林发表《马克思主义和语言学问题》，批评了把马克思主义简单化庸俗化的倾向，指出自然科学并非上层建筑，没有阶级性。此后，苏联开始纠正在自然科学领域开展的各种批判，但是并不彻底。在我国，也是这种情况。1950年，北京农业大学一位领导仿效苏联的做法，粗暴对待坚持摩尔根学说的教职人员，被校内一位教师写信辗转反映到毛泽东那里，毛泽东批示要求彻查农大领导，并作适当处理。这是对自然科学领域照搬苏联错误做法的第一次纠正。

1956年2月苏共二十大召开，使毛泽东等中央领导人认识到有必要破除对斯大林和苏联经验的迷信，独立自主地探索适合本国国情的革命和建设道路。这一转变反映到艺术和科学工作方面，就是提出了"百花齐放、百家争鸣"的方针。1956 年 5 月 26 日，陆定一在中南海怀仁堂作题为《百花齐放，百家争鸣》的讲话，向文艺工作者和科学工作者宣讲"双百"方针，其中明确讲到：自然科学包括医学在内是没有阶级性的。它们有自己的发展规律……在某一种医学学说上，生物学或其他自然科学的学说上，贴上什么"封建""资本主义""社会主义""无产阶级""资产阶级"之类的阶级标签，例如说什么"中医是封建医，西医是资本主义医"，"巴甫洛夫的学说是社会主义的""米丘林的学说是社会主义的""孟德尔-莫尔根的遗传学是资本主义的"之类，就是错误的。我们切勿相信。[1]

　　"双百"方针得到广大文艺工作者和科学工作者的热烈欢迎，同时也引起对过去所走弯路的反思。这种反思在哲学上的反映，就是展开了一场关于真理是什么、真理有没有阶级性的学术讨论。《光明日报》组织的一次关于"真理是什么"的讨论最为引人注目。从 1956 年 4 月到 1956 年 9 月，《光明日报》发表了近 20 篇关于真理是什么和真理有没有阶级性的文章。[2]1956 年 9 月 19 日，《光明日报》以"哲学"双周刊编辑部的名义发表了《关于真理是什么的讨论的意见》，对上述讨论作了总结。[3]除了哲学上的反思，科学界也召开了一些会议讨论"双百"方针，反思过去的错误做法。例如，1957 年 8 月，中国科学院和高等教育部在青岛

---

[1]　参见陆定一《百花齐放，百家争鸣》，《人民日报》1956 年 6 月 13 日。

[2]　常学思：《真理有没有阶级性》（《光明日报》1956 年 4 月 18 日）；任之：《辩证唯物主义论客观真理、绝对真理与相对真理》（《光明日报》1956 年 4 月 18 日）；康宏逵、韩鹰：《真理有阶级性吗？》（《光明日报》1956 年 5 月 30 日）；钟德喧：《关于"真理有没有阶级性"》（《光明日报》1956 年 5 月 30 日）；王达仁：《不应当对客观真理作片面的理解》（《光明日报》1956 年 5 月 30 日）；《关于真理问题的讨论（附编者按）》（《光明日报》1956 年 5 月 30 日）；李学昆：《为什么真理不是客观存在》（《光明日报》1956 年 6 月 13 日）；朱天顺：《说真理属于观念形态难道就是唯心主义吗？》（《光明日报》1956 年 6 月 13 日）；郭宝钧：《从关于客观真理的讨论谈起》（《光明日报》1956 年 6 月 13 日）；常学思：《再谈真理的阶级性问题》（《光明日报》1956 年 6 月 27 日）；庞朴：《真理愈辩愈明》（《光明日报》1956 年 7 月 11 日）；马仲扬：《必须学会区别马克思列宁主义的字句和实质——谈列宁关于真理的论述中的几个问题》（《光明日报》1956 年 8 月 22 日）；章沛、陈政翔：《究竟什么是"被认识了的客观存在"？》（《光明日报》1956 年 8 月 22 日）；王达仁：《关于客观真理的一些问题》（《光明日报》1956 年 9 月 19 日）；关锋：《马克思主义的阶级性和真理性的统一》（《光明日报》1956 年 10 月 3 日）。

[3]　"哲学"双周刊编辑部：《关于真理是什么的讨论的意见》，《光明日报》1956 年 9 月 19 日。

联合召开的遗传学座谈会，就是贯彻"双百"方针、系统地纠正过去错误的一次很好的会议，产生了很大的社会影响。

此后，纠正自然科学领域中错误倾向的工作受后来的反右派、"大跃进"和反右倾影响，没有很好地进行下去。尤其是"大跃进"中不尊重科学、不尊重科学家、违反科学规律，片面强调发挥群众在科学技术上的创造性，对所谓具有资产阶级学术观点的专家教授作为"白旗"进行斗争。著名数学家、中国科学院数学研究所所长华罗庚被当作"白旗"拔掉，北京大学拔掉了冯友兰等几百面"白旗"。在这种氛围下，什么才是有利于发展科学知识和技术的正确态度、什么是真理、如何判断真理和错误等，都不可能进行理性的研究和讨论。对此采取调整措施是从1960年下半年开始的，科技教育政策方面的调整是其中的重要方面。上海和北京都召开了科学工作者座谈会，科学家们以严肃认真的态度，列举事实，批评了几年来的错误思想和做法。1961年7月，中共中央批准试行"科研十四条"，总结了几年来对待科学知识、对待知识分子问题上出现的偏差及其经验和教训，要求正确贯彻执行"百花齐放、百家争鸣"的方针和理论联系实际的原则。提出要正确划分政治问题、思想问题和学术问题之间的界限，不要给自然科学技术的不同学派、不同主张贴上"资产阶级的""无产阶级的""资本主义的""社会主义的"之类的阶级标签。同年9月，又批准试行《高教六十条》。此前中央书记处会议在讨论"高教六十条"的时候，提出了一些修改意见。其中，关于知识分子政策和"双百"方针这一部分，书记处会议认为，对社会科学与自然科学必须加以区别，原稿中的各个学派自由竞赛、自由探讨等条文，一般只适用于自然科学。在社会科学方面，要明确提出贯彻"双百"方针的目的是为着发展和巩固马克思主义的领导地位，而不是使马列主义和资产阶级学说平起平坐。同时，还增加了"在马克思主义者内部，也允许对学术问题的自由讨论"的内容。①

中央的调整政策和措施很快在学术界引起了积极反应。"最近一个时期，学术界活跃起来了，讨论会开得很活泼，文章写得也不少。这种现

---

① 傅颐：《〈高教六十条〉的制定、试行及历史经验》，载中共中央党史研究室第二研究部编《社会主义时期党史专题文集 1949—1978》第 2 辑，中共党史出版社，2008 年。

象，十分可喜。"① 正是在这一背景下，学术界关于真理问题的讨论又一次热烈起来。讨论首先关注的是真理和错误的关系问题，最后集中在真理的标准问题，特别是实践标准问题。

三、讨论的过程和主要问题

（一）关于真理和错误的关系

1962 年 4 月 12 日，《文汇报》刊登陈伯翰的《关于科学史上的错误观点》一文，引起了关于真理和错误关系的讨论。该报先后发表余源培的《错误观点是相对真理吗?》(5 月 15 日)、丘权的《如何理解错误和真理的对立》(6 月 12 日)、沈佩英的《关于真理与错误的对立统一问题》(7 月 31 日)、李宝恒的《真理和错误》(8 月 17 日)、龚育之的《认识曲折发展的一种形式》(1963 年 1 月 11、12 日) 等文章。《新建设》1962 年第 9 期把这次讨论称为"关于真理和错误问题的讨论"，并以此为题写了讨论综述，《新华月报》1962 年第 10 期转发了这篇综述。《哲学研究》1963 年第 3 期发表综述，也把这次讨论称为"关于真理与错误关系问题的讨论"，《新华月报》1963 年第 11 期也转发了这篇综述。1962 年 8 月 23 日和 1963 年 3 月 16 日的《人民日报》也分别以《关于真理与错误对立统一问题的讨论》和《关于真理与错误关系问题的讨论》为题刊发了综述文章。

陈伯翰的文章以"燃素说"为例，阐发对待科学史上的错误观点应有的正确态度。燃素说是解释燃烧现象的一种学说，认为物体之所以会燃烧，是因为这个物体中包含一种没有重量的物质——燃素，当物体燃烧的时候，燃素就从那个物体中逸出。这个学说在 17 世纪下半期到 18 世纪 70 年代的化学中占统治地位，直到拉瓦锡发现了氧气，并把燃烧解释成氧化反应。由如何看待燃素说这一问题，引起了关于以下几个问题的讨论。

第一，燃素说是不是相对真理？一种观点认为，燃素说完全是错误，

---

① 陈伯翰：《百家争鸣，探求真理》,《前线》1961 年第 9 期。

绝非真理。另一种观点认为，燃素说不是真理，但包含着真理的颗粒，对科学发展起过积极作用。龚育之认为，燃素说不能称为真理或相对真理，但也不同意把燃素说断言为"完全错误、绝非真理"，而应该称为"相对错误的学说"。这一观点得到了比较一致的赞同。

第二，相对真理中是否包含有错误的因素？一种观点认为，相对真理中包含有错误的成分，但它仍然是人类认识史上不能完全避免的一个阶段。另一种观点认为，相对真理不包含错误。相对真理的"相对"是和绝对真理的"绝对"相对应而言，不是与错误相对应而言的，是用以探讨真理范围内的问题时用来说明人们对客观真理把握程度的。第三种观点认为，如果从真理和错误的对立的绝对意义而言，可以说相对真理不包含错误；如果从真理和错误对立的相对意义而言，也可以说相对真理最终会被证明有错误。因此，两种提法都能成立，这取决于是从相对意义还是绝对意义上来讲真理和错误的对立。

第三，真理和错误的相互对立和相互转化问题。萧前认为，真理可以转化为错误。但这不是因为真理中包含着错误，而是我们超出了真理所反映的范围、对象和过程去运用真理，把它夸大，因而产生谬误。还有学者认为，客观事物从一个阶段发展到另一个阶段，也会导致原来正确的认识变成不正确。龚育之认为，真理和错误的对立，既是绝对的，又是相对的。二者的绝对对立有两层意义：真理是人们对客观事物的正确反映，错误则不是；随着人类认识和实践的发展，人们总是能够把真理和错误区分开来。所谓相对性，照恩格斯的说法，就是"凡今天被承认是真理的东西，都有现时隐蔽着的而过些时候会显露出来的错误的方面；同样，凡现在被承认是谬误的东西，也都有真理的方面，因而，它从前才被认作真理"[①]。

（二）关于检验真理的标准问题

关于真理和错误的关系问题的讨论，内含着判断真理和错误的标准问题。《红旗》1962 年第 2 期刊登了何祚庥的《论自然科学研究中有关实践标准的若干问题》一文，把关于真理问题的讨论引向检验真理的

---

① 《马克思恩格斯选集》第 4 卷，人民出版社，1995 年，第 244 页。

标准问题。到 1964 年年底，共发表讨论文章几十篇 ①，绝大多数都是讨论实践标准或与实践标准相关的问题。1964 年，《哲学研究》编辑部把1962—1963 年报刊上讨论真理问题的部分文章编辑成《真理问题讨论集》由人民出版社出版，其中第二、三部分收集了关于真理标准问题的主要讨论文章。《红旗》1964 年第 10 期以《关于实践标准问题的讨论情况》为题写了讨论综述。到 1964 年年底，讨论基本终止。之后《光明日报》1966 年 2 月 4 日又发表了朱波的一篇题为《逻辑证明和实践检证》的文章，对这次讨论中涉及的逻辑证明和实践检验的关系问题做了比较公允的总结，算是为这次讨论画上了句号。

在这次讨论中，以何祚庥为一方，以杜雷和吴俊光、陶德麟为另一方之间的争论最为引人注目。何祚庥在《红旗》1962 年第 2 期发表文章后，杜雷和吴俊光、陶德麟发表了多篇商榷文章，何祚庥也发表了多篇答复文章，如此几个来回。在争论中，涉及实践标准的绝对性和相对性、

---

① 关于实践标准问题的讨论文章：许上栋：《检验认识正确性的标准只能是社会实践》（《山西日报》1962 年 6 月 28 日）；陆魁宏：《检验真理的一种间接方式》（《光明日报》1962 年 8 月 24 日）；赵凤岐：《实践标准的相对性和绝对性》（《前线》1962 年第 9 期）；陆魁宏：《论实践标准的不确定性与确定性》（《江汉学报》1962 年第 10 期）；夏雁：《关于从实践中总结经验——哲学随笔》（《黑龙江日报》1962 年 11 月 6 日）；何祚庥：《不能离开历史观点理解实践标准——敬答杜雷、吴俊光两同志》（《新建设》1962 年第 11 期）；道哲："辩证法是检验真理的间接方式吗"吗？——与陆魁宏同志商榷》（《光明日报》1962 年 12 月 28 日）；林莹：《真理的尺度》（《广西日报》1963 年 1 月 30 日）；朱士耀：《实践是检验真理的唯一标准》（《光明日报》1963 年 2 月 1 日）；陆魁宏：《检验真理的方式问题的讨论》（《新建设》1963 年第 3 期）；陈先达：《实践检验和逻辑证明》（《教学与研究》1963 年第 4 期）；赵坤：《论实践标准的绝对性和相对性》（《江淮学刊》1963 年第 6 期）；王正萍：《真理的标准只能是社会的实践》（《学术月刊》1963 年第 7 期）；皮明庥：《论实践标准的确定性与不确定性》（《江海学报》1963 年第 11 期）；李光远：《怎样用实践来检验认识——谈谈实践检验认识的过程中的几个矛盾》（《前线》1963 年第 22 期）；刘相诚、陈筠泉：《实践证明是正确的科学理论能够修改吗？——与何祚庥同志商榷》（《哲学研究》1964 年第 4 期）；草间：《实践不能确切地证明真理的适用范围吗？——与陶德麟同志商榷》（《江汉学报》1964 年第 8 期）；展鹏：《关于实践标准问题讨论的情况》（《红旗》1964 年第 10 期）；杜雷、吴俊光：《实践是检验真理的唯一的客观标准——与何祚庥同志商榷》（《红旗》1964 年第 10 期）；何祚庥：《再谈自然科学研究中的实践标准问题——答杜雷、吴俊光、陶德麟等同志》（《红旗》1964 年第 10 期）；陶德麟：《怎样理解绝对真理、相对真理和实践标准？——与何祚庥同志商榷》（《红旗》1964 年第 11 期）；陆魁宏：《关于实践标准的绝对性和相对性——从一个化工厂三种试验田的故事谈起》（《红旗》1964 年第 12 期）；林定夷：《试论实践标准的辩证性》（《新建设》1966 年第 1 期）；朱波：《逻辑证明和实践检证》（《光明日报》1966 年 2 月 4 日）。

相对真理和绝对真理、实践证明和逻辑证明等重要问题。

第一，关于实践标准的相对性和绝对性。何祚庥以科学理论经实践检验为正确后，以后又加以修改的科学史事实来证明实践标准具有相对性。因为实践检验科学理论的基本内容，总是由个别检验一般，由有限推出无限。实践总是个别的、具体的、有限的，理论则是一般的、普遍的、无限的。在理论的概括中总免不了要把有限转为无限，进行"内插"或"外推"。新的实践有可能证明这种"内插"或"外推"不完全符合实际，这就导致了实践标准的相对性。杜雷和吴俊光认为，何祚庥关于实践标准相对性的分析给人的印象是，实践检验为正确的自然科学理论，仍然不可靠，实际上就否定了实践是认识的真理性标准。杜雷和吴俊光提出自己对于实践标准相对性和绝对性的看法：有限的实践只能获得有限的认识，在有限实践范围内验证的科学理论是可靠的，就这个意义上它是绝对的。也因为其只在有限范围内适用，因此是相对的，超出有限范围适用它，就会得出错误的结果。何祚庥在答复文章中认为，杜雷和吴俊光以适用范围来界定实践标准的相对性和绝对性，是抽去了"真理界限的可变易性"这一面，没有具体地历史地看待实践检验的作用范围。陶德麟指出，关于实践到底能不能证明某一认识是真理或错误，何祚庥的观点自相矛盾，最终会抹杀实践标准的绝对性。

第二，关于绝对真理和相对真理的区分。何祚庥认为，把相对真理和绝对真理归结为部分和整体的关系是不对的，应按照反映客观实际的精确和完备程度来划分绝对真理和相对真理。绝对真理是全面而完善的认识，不会被后来的实践推翻。相对真理基本上也正确地反映了客观现实，但是不够完全，是在一定界限内、一定条件下反映了客观现实，将随着科学的发展不断修改、补充、深化、精确和具体。杜雷和吴俊光、陶德麟都不同意何祚庥划分绝对真理和相对真理的方法，而是主张任何真理既是相对的，又是绝对的。

第三，关于逻辑证明和实践检验。何祚庥认为，逻辑证明能够证明一个命题或判断是否正确。杜雷和吴俊光则认为，形式逻辑不能证明科学理论，相反，形式逻辑的前提是否正确，需要由科学来证明。朱波发表在《光明日报》的文章，肯定何祚庥的观点，但是强调指出，在承认逻辑证明可以检证命题之正确与错误的时候，必须加以说明。在逻辑证明中，如果论据是正确的，如果论据与论题具有逻辑的联系，那么，这个论题就可以证明是正确的，这个论证就可以令人信服。不过，一种理论要证明为正确，归根结底是由实践来决定的。因此，对待逻辑证明的正确态度是：承认逻辑证明在检验知识的真理性方面所起的作用，决不是说，它可以代替实践的作用。

除上述论战双方的争论外，还有一些争论也颇引人注目。比如，关于检验真理的方式问题，陆魁宏提出实践是检验真理的直接方式，唯物辩证法是实践检验真理的间接方式。朱士耀认为，实践是检验真理的唯一标准，把唯物辩证法作为检验真理的间接方式与实践作为检验真理的直接方式并列提出是不恰当的，会让人以为检验真理的标准有两个。

到 1964 年年底，上述讨论基本停止。1964 年之后，除 1966 年《新建设》和《光明日报》各发表过一篇文章外，关于真理标准问题的讨论就没有看到其他文章了。类似文章再次出现，则是 1978 年的事了。

至于讨论停止的原因，主要是当时的政治气氛和社会氛围已经发生了重大变化。1964 年 7 月，毛泽东对文艺界提出严厉批评，说文艺界的协会和他们掌握的刊物，15 年来基本上不执行党的政策，最近几年，竟然跌到了修正主义的边缘。毛泽东根据对世界形势的判断，决心搞三线建设。对于国内形势，认为全国基层有三分之一领导权不在我们手里，要搞社会主义教育运动。《人民日报》开始点名批判杨献珍的"合二而一"论。林彪开始鼓吹"毛泽东思想是当代马克思列宁主义的顶峰""学习毛主席著作是学习马列主义的捷径"等。

笔者曾就这一次讨论采访过何祚庥，讲到讨论为何停止时，他说，《红旗》讨论到一段以后，干脆刹车不再讨论了。双方都有些理由，如果你强调真理的绝对性的话呢，就变成是为了反修；如果过分反对相对性的话，那么马克思主义就不用发展了，变成了独断论。后来这些问题就非常敏感了，"文化大革命"即将开始。我的理解，范若愚①同志就定下来，不再讨论。因为大家都感到这是个政治问题了，不知道中央是什

---

① 范若愚，时任《红旗》杂志副总编辑。

么意见。知道这个事情讨论下去牵扯面太大了，所以，就先停止，都不登了。①

四、结　语

这次关于真理标准问题的讨论是在 1956 年之后我们党开始探索符合我国国情的社会主义建设道路的大背景下逐步酝酿展开的。消除苏联科学界对待科学知识和知识分子错误做法的影响，"双百"方针的提出，使得 1956 年出现了一次关于真理是什么的讨论，算是为 60 年代初期的这次讨论打下了基础。1960 年开始的全面调整，科学教育政策的调整、知识分子政策的调整、对"双百"方针的进一步贯彻，学术界研究和探索马克思主义理论的努力等推动了关于这次讨论的出现。讨论主要局限于自然科学领域的真理问题，力图从自然科学认识问题作出一般认识论和真理论的结论，基本上遵循了《高教六十条》关于百家争鸣"一般只适用于自然科学"的原则规定。但是，理论发展有其内在逻辑。自然科学领域的真理问题与社会科学领域的真理问题固然有着明显区别，但是从理论上来讨论真理和真理标准问题，继续推进和深入下去的话，必然也要涉及社会科学领域的真理问题，甚至会涉及如何看待党的路线、方针、政策的问题。鉴于后来政治气氛的变化，这样的讨论趋势明显是不合时宜的，讨论因此而终止。

这次讨论在当时，对于贯彻教育、科技、知识分子政策的调整有其意义，可以看作是学术界对中央调整政策的积极响应。从学术层面看，在认识论和真理论上推动了马克思主义的发展。从长远看，为 1978 年的真理标准问题讨论做了知识上、思想方法上、人才上的准备，当年参与讨论的不少青年学者后来都成长为我国著名的马克思主义学者。

这次讨论的性质是一次学术讨论，在当时的历史条件下所发挥的社会作用和政治影响比较有限。究其原因，教育、科技、学术和知识分子路线都深受党的思想路线的制约，由一场学术讨论上升为思想路线的讨

---

① 2013 年 11 月 20 日于中科院物理研究所何祚庥办公室采访何祚庥先生录音。

论并进而产生广泛的政治影响和社会影响，需要相应的政治条件和社会条件，这些条件在当时尚不具备。但是，联系到 1978 年开始的真理标准大讨论和思想解放来看，它毕竟是当代思想史上的一个环节或片段，不应被忽略。

原载《毛泽东邓小平理论研究》2015 年第 11 期

六、关于生产力问题的论争

    从 1950 年代到 1990 年代初期，关于生产力问题有过多次论争，其中最有影响的是两次：一次是 1959 年到 1961 年，围绕李平心提出的"生产力性质"的理论而展开，他在两年左右时间对此发表了十论生产力性质等 20 余万字的论文（这些论文后来编为《论生产力问题》，生活·读书·新知三联书店，1980 年）。李平心认为生产力具有物质技术方面和社会方面的双重属性，生产力能够在与生产关系的矛盾运动中"自行增殖"，不能因为强调生产关系对生产力的反作用，而忽视研究生产力。这些观点在"文革"中被作为修正主义"唯生产力论"的典型。另一次是从 1979 年展开，直至 1990 年代中期，讨论除了否定林彪、四人帮对"唯生产力论"的批判之外，主要内容还有社会主义生产的目的是什么，即发展生产力的价值取向问题、重新认识生产力和生产关系（与重新评价李平心的生产力理论紧密相关）、科学技术是生产力的问题、生产力标准的含义等。两次讨论的历史背景、具体内容不尽相同，但贯穿的主线则是一致的，即如何认识生产力在社会主义建设中的作用以及如何发展生产力。这里编选的文献分为 3 辑：第 1 辑，1950 年代到 1960 年代的有关讨论，重点是对李平心生产力理论的讨论，这里选编他的答辩和发言以及有关讨论综述，从中更容易看到不同观点；第 2 辑，1979 年开始到 1980 年代中期关于生产力的讨论，既是此前对李平心观点讨论的延续，又有改革开放后的新内容；第 3 辑，关于社会主义生产的目的、科学技术是生产力和生产力标准的讨论；第 4 辑，这两篇文章试图对以往生产力问题的讨论进行总结。

关于生产力和生产关系几个问题讨论的简介

胡素卿 *

从 1950 年开始，特别是从 1956 年以来，我国学术界对生产力和生产关系问题进行了讨论，现将讨论过程中的几个问题介绍如下：

一、关于生产力的要素问题

（一）生产力包括几个要素？

一种意见认为，生产力是二要素。有以下几个理由：

第一，经典作家认为生产力是二要素。斯大林在《论辩证唯物主义和历史唯物主义》一文中说："生产物质资料时所使用的生产工具以及因有相当生产经验和劳动技能而发动着生产工具并实现着物质资料生产的人——这些要素总合起来，便构成为社会底生产力。"[①]这段话特别值得深思的是，斯大林论生产力要素时，明确地提"生产工具"而不提"劳动手段"，这决不是一个偶然，而是为使生产工具不致与劳动手段中包括的原料、材料直至土地等因素相提并论或混为一谈。

第二，从生产力是生产中最活跃最革命的要素这一理论来考察，不能把自然条件、劳动对象包括在内。这是因为自然条件不但在漫长的时期内没有显著的变化，而且作为劳动对象，它们是比较被动的。

第三，把劳动对象、自然条件列入生产力要素之中，不是使生产

---

* 胡素卿，作者情况不详。

① 斯大林：《列宁主义问题》，人民出版社，1957 年，第 707—708 页。

力这一概念更加明确起来，而是使这一概念变得模糊，特别是会使它和"劳动过程""劳动生产率"等概念相混淆。劳动过程是创造使用价值、创造生产物的过程。要实现劳动过程，必须具备三个要素。劳动过程和生产力有不可分割的联系，劳动过程离开了生产力就不能实现，生产力离开了劳动过程就不能实际发挥出来。但两者又不相同，对劳动过程来说，生产力是主体。对生产力来说，劳动过程是生产力与自然条件相结合，并实际发挥作用的过程。不能把两者混为一谈，就如我们不能把平炉炼钢能力和它的实际冶炼过程混为一谈一样。劳动生产率是社会生产力与劳动对象、自然条件结合在劳动过程中所具有的效率。一般用单位时间内产品的数量或单位产品上所凝固的劳动时间来表示。可见，影响劳动生产率的不但有生产力二要素、劳动过程三要素，而且还有较此广泛得多的其他要素。生产力三要素论者，没有弄清这三者之间的内在联系和区别，从而在概念上造成了混乱。

另一种意见认为，生产力是三要素。理由如下：

第一，经典作家是三要素论者，斯大林在他的著作中认为地理环境是社会发展的经常必要的条件之一，这就说明他是把自然条件和劳动对象包括在生产力概念中的，只是不把自然条件和劳动对象与生产力和劳动工具并列地作为社会发展的决定因素。

第二，劳动对象、自然条件是不是生产力要素的根据，应当看它是不是生产力统一体中的组成部分。劳动对象固然不是生产中最活跃最革命的因素，但它是社会生产力发展所不可缺少的要素之一，没有它，生产就无法进行。如果根据作用的大小来鉴别某一事物是否应当列入它所属的整体中，是说不通的。此外，假如因为劳动对象的作用是被动的，从而否认它是生产力的要素就更说不通。劳动工具和劳动对象一样，都是生产中物的因素，它们都是生产的客体，只有人才是生产中的主体，才对物起着主导作用。

第三，在考察劳动工具的作用时，还应当辩证地看到劳动工具本身也是由劳动对象制成的。劳动对象的性质和质量，在很大程度上决定着劳动工具的性质和质量。如没有新的合成材料，就不能制造宇宙飞船、火箭和电子仪器等最新的技术设备。

（二）什么是生产力的决定要素？

第一种意见：劳动力是生产力中的决定要素。因为（1）生产工具是人制造的；（2）生产工具如果没有人去掌握、运用，就成为一堆死的东西，什么用处也没有；（3）生产力本身就是指人与自然的关系，生产工具只是媒介物，最能动的因素是人。

第二种意见：生产工具是生产力中的决定要素。生产工具不仅决定劳动力，而且决定社会生产力的发展水平。有什么样的生产工具，劳动者才会有什么样的劳动经验和劳动技能。如没有火车，就不会有火车司机。当然，生产工具如果离开劳动力的使用，就不能成为活的生产力要素。但是，在生产力的要素中，直接决定生产力发展水平的应该是生产工具而不是劳动力。

第三种意见：当我们说生产工具是生产的物质骨干，有什么样的生产工具就有什么样的劳动力，生产工具不只是劳动力的尺度，而且是社会关系的指标，在这个意义上说，生产工具是生产力的决定要素之一。同时，也应当知道，生产工具毕竟是劳动者创造和使用的，没有劳动者发动的机器是无用的，而且会腐蚀变坏的，在这个意义上说，劳动力又反过来决定生产工具的发展，成为生产力的决定要素之一。

第四种意见：一般地说，在旧时代的生产力中，生产工具是一个决定性的、最能动的要素，工具决定和反映着生产力的水平，在人和工具的辩证关系中，工具居于主导地位。但是，对于社会主义和共产主义的新时代来说，就完全不同了。人的作用第一次提到应有的高度，物统治人的时代过去了，人统治物的时代开始了。在我们这个新时代的生产力中，人是最重要的决定的、最能动的要素。

（三）生产力中包括不包括精神因素？

一种意见认为，生产力既包括物质因素，又包括精神因素。基本生产力——劳动群众具有强大的主观能动性（革命、斗争）。无产阶级只要接受了马克思列宁主义理论，有高度的政治觉悟，强烈的革命要求，它比起缺乏政治觉悟和革命要求的无产阶级来，就成为新的生产力。因此，在美、英那些工业很强大的资本主义国家里，要推翻它们旧的生产关系，尚有待于那些国家的无产阶级是否产生出足够数量的新生产力。

另一种意见认为，人们的主观能动性、思想意识决不能归入生产力范畴，成为生产力本身的特性。否则，就可以做出如下的推论：第一，生产力既兼具物质和精神两个因素，又是推动社会关系向前发展演变的主导的、决定的终极力量，那么，物质和精神的东西都成为社会发展的终极因素了。这和唯物史观的根本观念相违背。第二，生产力既具阶级意识和阶级特性，也就能表现出社会的阶级关系和人们的精神关系，那么，整个社会的发展历史，就可以概括为生产力的发展历史，即生产力的新陈代谢的历史了。第三，生产力既然包括主观能动性，那么，在工业发达的资本主义国家里，要推翻旧的生产关系，必须等待那些国家的无产阶级是否产生出足够数量的新生产力。看来这些推论显然是错误的。

二、关于生产力的性质问题

（一）什么是生产力的性质？

第一种意见：生产力性质乃是在一定历史阶段生产力的物质技术属性与社会属性的总和，同时又是生产力的一般强变性与特殊强变性的综合。生产力的物质技术属性主要是反映生产过程中的自然力变化，而它的社会属性则主要是反映生产过程中人们自身的变化。生产力的一般强变性，主要是指生产力在各个历史时代催促社会转变与发展的一般物质原因，它的特殊强变性则是指生产力运动在一定经济形态中适合于当时生产需要和引起社会转变与发展的特殊作用。

第二种意见：生产力的性质是指什么样的生产力而言，例如，是手工劳动或机械化劳动；是分散的个体劳动或是集中的、社会化的生产力等等。所以，既包括生产力的质的规定性，又包括生产力的量的规定性。此外，生产力的发展程度、水平、状况等表述，也是指生产力的这些规定性而言。

第三种意见：生产力是劳动者和生产资料的统一。而这两者各有其性质，劳动者的性质就是指他们的社会性质，在阶级社会中就是他们的阶级性质；生产资料的性质就是它们的物质技术性质。其中起决定作用的是劳动工具的物质技术性质。

第四种意见：生产力的性质，是指生产力的质的规定性。是由生产资料，特别是劳动工具的技术特征，生产劳动过程的规模和特征，劳动者对这些特征的认识、掌握和驾驭的程度，以及整个人类社会控制、改造自然界的程度来表明的。

第五种意见：所谓生产力的性质，无非是指生产力所具有的不断发展的本性和性质。

第六种意见：生产力性质和生产力根本属性是同一内涵的概念，二者是同义异语。除了生产力本质上是什么，并无另外的所谓生产力性质。所谓一定社会阶段的生产力性质，也无非是指生产力根本属性在特殊场合下的实际表现：就是人类在这一定社会阶段上究竟是操纵什么样的劳动工具、作用于什么样的自然物象、在劳动过程中表现了多大的征服自然的能力；也就是人类运用什么劳动工具和物质材料、生产了多少产品和用什么方式生产产品的问题。一定社会生产力的性质，就是在特殊场合下生产力根本属性的具体表现。当这样理解生产力性质的时候，是把生产力的物的方面和生产力的人的方面，统一包摄在内的。离开了社会对自然、人对物的关系这一前提，就谈不上什么生产力性质。

（二）什么决定生产力的性质？

一种意见认为，生产资料的性质，特别是劳动工具的性质决定生产力的性质。不能说是劳动力的性质决定生产力的性质。因为在某一代的劳动者，还只是利用祖传的劳动技能和生产经验，并且只在根本性质不变的限度内加以革新的时候，他们就没有新性质的劳动力（这里不谈部分质变），只有当他们创造了新的劳动工具，改变了更多、更新的劳动对象的时候，才有新性质的劳动力。所以，在生产力的发展中，劳动者和劳动工具所进行的生产活动，改变了劳动对象，但是作为生产力性质的标志的东西，则是生产资料，特别是劳动工具。

持这种意见的人还认为，如果说是劳动者和生产资料二者共同决定生产力的性质，就会导致生产力具有"二重性质"的错误。

另一种意见认为，决定生产力性质的要素，一方面要从生产力所包含的要素，即人和物的对立统一的关系中去找；另一方面还要估计到生产关系、上层建筑对于生产力性质的影响作用。

首先，决定生产力性质的因素必须从组成生产力诸要素的对立统一关系中去找。一方面是人，就是生产力要素中的劳动力要素；另一方面是物，就是生产力要素中的劳动工具的要素。这两个要素的对立统一及其相互作用，乃是决定生产力性质及其发展变化的力量。这也表现为形式和内容的关系，全部历史的进程可以论证这一论点。因此，劳动者和劳动工具共同决定生产力的性质，不能说是一种生产力有两种性质，或称"二重性质"，而是说这一生产力具有它的工具的形式方面和劳动力的内容方面。生产力要素中的劳动工具只是在一定条件下对生产力性质起决定作用，归根到底对生产力性质起决定作用的还是劳动者。

其次，还应当估计到生产关系、上层建筑等这些具体的历史形式在决定生产力性质中所起的影响作用，在一定条件下，上层建筑甚至还起决定作用。

（三）生产力的二重性问题

一种意见认为，生产力具有二重性，即物质技术属性和社会属性。生产力的物质技术属性是指：一定历史阶段的生产工具、动力系统和其他劳动数据（包括土地、水利、交通条件、运输机关、工厂、作坊、矿井等等）的性能与数量，原料的性能、数量和来源，以及由它们制约的劳动技能、加工知识、操作方法、生产经验和受这些因素规定的劳动生产率与一般技术水平（或科学技术水平），所有这一切综合起来，标志着一个社会经济形态的生产力的物质技术属性。生产力的社会属性是指：一定历史阶段劳动者的社会地位、生活面貌与精神机能，一般的劳动性质，生产的社会性质，劳动组织性质，生产数据使用的目的性与社会作用，生产力诸因素新陈代谢的特点以及生产力变化和发展的各种社会条件，所有这一切综合起来，标志着一定社会经济形态的生产力的社会属性。生产力的二重性构成一个矛盾统一体，并且是生产力内部的主要矛盾，这个矛盾与生产力和生产关系之间的矛盾是互相联系互相作用的。

生产力二重性的中心论点（也是争论的焦点），是在于生产力的社会属性问题。持这种意见的人认为生产力之所以有社会属性，主要理由如下：第一，生产力不是一个简单的物质技术力量，而是一个社会力量。第二，生产力既然是社会生产力，它就有自己的社会形式和社会内容，社会关系就是构成这种形式和内容不可缺少的网和纲。正是通过这种社会关系，才能使生产力的诸因素结合起来，不断运动。第三，构成生产力重要因素的是人，而人是社会的人，其本质是社会关系的总和。第四，生产力也有阶级性。这种社会属性是生产力内部关系中带有决定意义的东西。因为马克思曾讲过最强大的一种生产力是革命阶级本身，而革命阶级是有阶级性的。

此外，在讨论中有些人同意生产力有二重性，但认为生产力的社会属性，只是指生产的社会性和劳动的社会化，而不能涉及其他。

另一种意见认为，"生产力二重性"这一概念是一个虚构的概念，是错误的。其主要理由如下：第一，马克思主义经典作家把生产力看作是一种社会力量，是从生产力与自然界的力量相区别的意义上而言的。生产力所以是一种社会力量，因为它是社会生产的一个方面，它离不开人与人之间的社会关系，而并不是因为它本身就是社会关系。可见，经典作家的论述，不能作为生产力有社会属性的论据。第二，在生产过程中，人与人结合起来从事生产活动这种社会关系，实际上属于生产关系的范畴，而不是生产力内部的社会关系。第三，认为生产力有二重性，生产力有社会属性，把许多属于生产关系以至某些上层建筑的范畴归并入生产力，这就从根本上混淆了马克思主义关于生产力、生产关系和上层建筑等基本范畴，从而在实际上否定了马克思主义有关历史唯物主义的一些最基本的原理。第四，所谓生产力有阶级性的说法是不能成立的。因为在阶级社会里，劳动者总是作为阶级而存在，因此劳动者是有阶级性的。但是，劳动者的阶级性是由生产关系决定的，而不是由生产力性质决定的。把劳动者本身具有的阶级性说成是生产力具有阶级性，是混淆了马克思主义的生产力和生产关系的概念。

三、关于生产力发展的动力问题

第一种意见：生产力的内部矛盾是生产力发展的动力。

什么是生产力的内部矛盾？有些人表述为人和自然之间的矛盾；有些人表述为劳动者和劳动工具之间的矛盾；有些人表述为生产力的二重性，即生产力的物质技术属性和社会属性之间的矛盾。

持这种意见的人一般都认为生产力内部矛盾的主要方面是"人"——劳动者。从这一共同的出发点出发，有些人认为还应当进一步从"人"——劳动者这一能动的要素上去探讨生产力发展的动力。形成两种意见：一种意见认为人们从事生产的目的和动机，即人们为满足生活的需要就是促使生产力发展的动力；另一种意见认为人们改造自然过程本身，实质上就是生产本身，是生产力发展的动力。

生产力的内部矛盾是生产力发展的动力，有以下几个论据：

第一，从马克思主义辩证法关于内部矛盾是决定事物发展的根本原因的原理出发，那么事物内部的矛盾永远是事物运动变化的第一位原因，是事物发展的源泉。依据这一原理来分析生产力发展的动力问题，那就是：生产力发展的动力是生产力自身中的矛盾。对于生产力来说，生产关系和生产力之间的矛盾则是生产力发展的外部原因。谁否认这一点，谁就是离开了马克思主义的辩证法，实质上就是形而上学的外因论。

第二，先进的生产关系会随着生产力的发展而变旧，并且阻碍生产力的发展，而生产力却始终是生产中最活跃、最革命的因素，因此，生产力发展的动力主要来源于它的内部，生产关系只能给予重大的推动或阻碍作用。如果否认生产力发展有其内在的动力，必然会陷入生产力决定生产关系，生产关系又同等地决定生产力的循环论中去。

第三，资本主义发展到帝国主义阶段，生产力之所以还有所发展，正是由于一方面有资本主义生产关系的极度腐朽，一方面有社会生产力"自己增殖""自发膨胀"。

第二种意见：生产力发展的动力必须在生产力与生产关系之间的矛盾和对立斗争的统一中，在它们之间的辩证发展中，去找到它的依据。

论据如下：

第一，马克思主义辩证法关于内部矛盾是决定事物发展的根本原因的原理，是绝对正确的。但是，我们必须正确运用这个原理。如果把生产力和生产关系之间的矛盾分割为两个"独立"的矛盾，并且依据内部矛盾决定事物发展的原理予以考察，就会得出这样的结论：既然生产力的内部矛盾是生产力发展的根本动力，那么，生产关系的内部矛盾也是生产关系发展的根本动力。显然，这是错误的。事实上，生产力并不是一个独立自在的事物，而是统一在社会生产方式中的一个方面。因此，无论是生产力的"内部矛盾"或生产关系的"内部矛盾"，都只能是生产力或生产关系发展的必要条件，而不是基本的动力。

第二，生产力和生产关系的矛盾运动，以及与此相联系的经济基础和上层建筑的矛盾运动，是推动社会生产和生产力发展的基本动力。当然，生产力是有它的内部矛盾的，但这种矛盾从属于基本矛盾。

至于把人们为满足生活的需要、把劳动本身看成是生产力发展的动力，更是明显的错误。因为，不从生产关系的性质上去理解人的需要，而抽象地谈论什么"人们为满足生活的需要"，在客观上必然会导致否认阶级利益的根本对立，否认阶级斗争的唯心论观点。至于劳动，它不是生产力的要素，仅是人类改造自然的手段。劳动既然不是矛盾的一方，就没有可能同矛盾的另一方发生斗争。因此，把劳动当作生产力发展的动力，实际是否认矛盾斗争是事物发展的动力的马克思主义原理，因而也是错误的。

第三，生产力在生产中是最活跃、最革命的因素，是对生产关系而言的。这是说，在不断进行的生产过程中，生产力总是不断地在发展，而生产关系则是相对稳定的。随着生产力的不断发展，生产力迟早要冲破生产关系，使生产关系发生相应的变化。社会生产力的大发展，总是发生在生产关系变革以后。因此，决不能由此证明生产力的内部矛盾是生产力发展的动力。同时，生产力和生产关系之间的相互作用和辩证运动，是螺旋式上升的前进运动。由此可见，把马克思主义关于生产关系和生产力的辩证关系的原理贬为"循环论"是没有任何根据的。

第四，资本主义发展到垄断阶段，生产力所以还能缓慢地发展的原因，也必须从资本主义社会的基本矛盾去分析。在帝国主义阶段，资本主义的生产关系对生产力主要的是起阻碍作用，但并不排斥个别部门、个别方面还能给生产力有限增长的可能性。此外，垄断企业之间为了追逐高额垄断利润，互相存在着尖锐的竞争，从而促使社会生产的某些发展。因此，在帝国主义阶段生产力的缓慢发展是在资本主义社会基本矛盾日益尖锐化的条件下实现的，而不是生产力的"自己增殖""自发膨胀"。

此外，还有一种意见认为，新的生产关系是生产力发展的动力。他们认为，只有新的生产关系才是生产力发展的决定性因素，至于旧的生产关系，已经阻碍生产力的发展，因此就不能成为生产力发展的动力。

四、关于生产力和生产关系的辩证关系问题

第一种意见：生产力的质和量的状况决定生产关系的状况，因此，研究某一生产关系变革时，总是既要注意分析生产力的质的状况，也要注意分析生产力的量的状况。例如，如果是以简单的、分散的、个体化的手工工具生产时，面临这样的生产力，人们一般是分别私自占有来生产，构成个体经济，而当出现以蒸汽磨代替手工磨，即以机械化劳动代替手工劳动的时候，这样社会化的、集中的和巨大的生产力，就不能分散和个别经营了。马克思曾说："手工磨产生的是封建主为首的社会，蒸汽磨产生的是工业资本家为首的社会。"① 由此得出：生产关系不能不随着生产力的变化而变化，这是事物的内容决定事物的形式这一普遍原理的又一具体表现。

第二种意见认为不应当孤立地从生产力的质和量的规定性中，而应当从生产关系和生产力矛盾的具体情况中，去考察生产关系变革的物质前提。这就是说，生产关系的变革是在于在现实生活中生产关系和生产力之间的矛盾是否已经发展到一定的广度和深度，达到质变的阶段。旧的生产关系所给以充分发展余地的那一切生产力是否已经展开，新的生

---

① 《马克思恩格斯全集》第 4 卷，人民出版社，1958 年，第 144 页。

产关系所借以存在的物质条件是否已在旧社会胎胞里成熟，而不是看生产力是否已经发展到一个千篇一律地适用于各种具体情况的某种质的和量的规定性。

第三种意见：在生产方式中，生产力和生产关系是辩证的统一。社会生产方式的发展、变化，取决于生产力和生产关系的矛盾斗争和解决。在生产力和生产关系的矛盾运动中，一般说来，起主导作用的、主要的方面，是社会生产力的发展。生产力决定生产关系，随着社会生产力在历史上的变更和发展，于是人们的生产关系，也与此适应而变更和发展。但是生产关系的发展和变化，并不是和生产力同时发生的，它总是落后于生产力的发展，生产关系比较生产力具有相对的稳定性。

生产力和生产关系的矛盾双方，一般说来，生产力是矛盾的主要方面，但是在一定的条件下，生产关系也会转化为矛盾的主要方面，起决定性作用。"当着不变更生产关系，生产力就不能发展的时候，生产关系的变更就起了主要的决定的作用。"[①]

生产关系对于生产力的反作用，主要表现在两个方面：适合生产力发展的新的生产关系是生产力发展的决定性力量，促进生产力的蓬勃发展；不适合生产力发展的旧的生产关系就会阻碍甚至破坏生产力的发展，成为生产力进一步发展的桎梏。

生产力和生产关系的矛盾运动，也就是生产关系一定要适合生产力性质的规律。它是人类社会发展的一般规律，它以不同形态适用于一切社会。

五、在目前我国的生产关系和生产力的矛盾中，矛盾的主要方面是什么？

第一种意见：在目前我国的生产关系和生产力的矛盾中，矛盾的主要方面，即起主导作用的方面，是先进的社会主义生产关系，而不是落后的生产力。毛主席曾说过："事物的性质主要地是由取得支配地位的矛盾的主要方面所规定的。"[②]正因为这样，所以在我国社会主义制度已经建

---

① 《毛泽东选集》第 1 卷，人民出版社，1952 年，第 300 页。
② 同上书，第 298 页。

立的情况下，尽管生产力落后，但因为生产关系是社会主义性质的，这就决定了我们的经济性质也是社会主义的。认为在目前生产关系是矛盾的主要方面，并没有违反马克思列宁主义的基本原理。毛主席曾说："诚然，生产力、实践、经济基础，一般地表现为主要的决定的作用，谁不承认这一点，谁就不是唯物论者。然而，生产关系、理论、上层建筑这些方面，在一定条件之下，又转过来表现其为主要的决定的作用，这也是必须承认的。"① 在一种情况下，如同毛主席所说的，"当着不变更生产关系，生产力就不能发展的时候，生产关系的变更就起了主要的决定的作用"；在另一种情况下，如同在目前我国的社会主义改造已经取得了决定性的胜利以后，当生产关系已经起了革命、暂时走到生产力前面的时候，因为它是推动生产力发展的决定性力量，所以先进的社会主义生产关系也就变成了矛盾的主要方面，即起主导作用的方面。当然，矛盾的主要方面和非主要方面是可以互相转化的，等到过渡时期完了，实现了社会主义工业化和农业现代化以后，生产力又将成为矛盾的主要方面。

第二种意见：在我国生产关系和生产力的矛盾中，生产力是矛盾的主要方面。理由如下：

第一，当我国已经建立起先进的社会主义经济制度后，我们主要的任务就是要在尽量利用和发挥先进制度的优越性及其他无穷潜力的前提下，把我们的工作重心摆在发展生产力这个重要目标上。因为严格地说，改变制度只是手段，发展生产力才是目标（当然，发展生产力的最后目的还是满足人民需要），同时，检验一种生产关系是否先进，它的标准不能是别的，而只能是它对生产力发展究竟能起多大推动作用。这就说明，把发展生产力看成矛盾的主要方面，决不是为了贬低社会主义制度的优越性和能动作用，而恰恰是为了发挥其优越性和能动作用。

第二，毛主席告诉我们，"事物的性质主要地是由取得支配地位的矛盾的主要方面所规定的"。毛主席在《矛盾论》中还说到，物质与精神、社会存在与社会意识、实践与理论、基础与上层建筑、生产力与生产关系，其矛盾的主要方面，通常属于第一性的东西。只有在这样情况下，即生产

---

① 《毛泽东选集》第1卷，第300页。

力的发展要求改变旧的生产关系时，生产关系才成为矛盾的主要方面。

第三，在社会主义制度下，生产关系和生产力仍然存在着矛盾，表现在生产关系中某些个别方面、个别因素需要经常地、及时地加以调整，这样，生产力本身不仅是检验生产关系先进与落后的准绳，同时也是衡量我们一切工作得失的标尺。这一切说明，把生产力看成矛盾的主要方面，对于我们集中一切力量解决主要矛盾的正确行动，是有着巨大的实际意义的。

原载《教学与研究》1963 年第 6 期

关于生产力性质问题的一点答辩

李平心 *

《光明日报》"经济学"副刊第九期与第十二期先后发表了胡星的《什么是生产力的性质》和周治平的《不能把生产力性质与生产关系混而为一》两篇文章,批评我的关于生产力性质的论点。不久又收到《光明日报》的约稿信。我本拟写《四论生产力性质》作为一篇讨论文章;因最近忙于学校工作,无暇执笔,只得先写此文表示我的态度。等比较有空,决另写长篇答辩。胡、周二位对我的批评,我不能接受。他们的论点,和另一位批评我的杨宇先生有些相同,只是错误更严重。我在《三论生产力性质》回答杨宇先生的话,基本上也可以作为对他们的反批评的论据。

胡、周二位有两个共同的错误:第一他们把规定生产力性质的社会关系(重要条件之一)与历史特征完全抽掉;以为社会关系和历史特征是完全属于生产关系的范畴,同生产力全不相干。这是对生产力与生产关系的严重误解。其实,生产力决不排除社会关系,正如生产关系决不排除物质关系;没有社会关系,生产力的诸因素是不能自动结合形成运动力量的;没有物质关系,生产关系也不能形成。

同时,生产力决不是超历史的自然范畴,而是具有历史性质的社会力量。把生产力看作脱离历史环境的抽象东西,认为一个社会经济形态和另一个社会经济形态例如社会主义和资本主义的质的差别,只是由于生产关系的不同,而忽视生产力性质的作用,是不正确的。一切社会经济形态,都具有生产力与生产关系的矛盾,这是决定生产力发展和社会性质的

---

* 李平心,1907—1966,男,华东师范大学历史学系教授。

基本矛盾。关于这一点，我在论文中已经说明过。但是必须看到，在生产力和生产关系两个领域中也分别存在着矛盾，它们在各个不同的社会发展阶段是秉有不同性质的。每个社会经济形态中的生产力体系就具有特殊的矛盾，首先是物质技术属性和社会属性的矛盾，它在生产力和生产关系的根本矛盾运动中，不能不给生产力打上特殊的历史印记。生产力的历史性质，首先取决于生产力与生产关系结合与矛盾的性质。但是，仅仅承认这一点是不够的。因为生产力与生产关系两者的结合与矛盾是异常复杂的，它们常常通过生产力与生产关系两者的内在矛盾表现出来和发生作用。对于生产力和生产关系之间的矛盾，决不能简单地了解为外部关系，而必须了解为内部的相互渗透的关系。若果只承认生产力与生产关系之间的对立统一，而不承认生产力和生产关系双方的特殊矛盾，不承认生产力的二重性，非但无法全面解释不同历史阶段的生产力性质，也不能明确解释生产力运动和发展的内在泉源。我在《伟大的社会主义的优越性》一文中比较社会主义和资本主义说："在社会主义制度之下，生产力和生产关系也有矛盾，但这种矛盾不带有对抗性，因为生产关系可以经过自觉的、及时的、和平的调整活动，经常处于有系统的新陈代谢过程中，经常促进生产力的发展。而只有建筑在生产资料公有基础上的社会主义生产关系，才具有这种完全区别于资本主义生产关系的性能。不仅如此，社会主义的生产力性质，也不同于资本主义；这首先是由于经过了社会主义革命和社会主义改造，经过了集体主义的生产与生活的陶铸，社会主义体系中的劳动者和他们的劳动性质已经发生了根本的变化。既然作为社会主义生产力的主要因素的劳动者，在社会地位、生活面貌和精神实质各方面都和资本主义制度下的劳动者两样，那么，其他各领域的社会主义生产力也就不能不发生相应的质的变化。"[1] 在几篇研究生产力性质和生产力运动的论文中，我论述劳动性质、生产力的社会结合状态，生产力的社会化程度、劳动组织方法、生产资料新陈代谢的社会关系、生产资料的服务性质等等，在规定生产力的社会属性上都起不同程度的作用。胡、周二位不同意我的分析，因为他们把生产力所包含的人对自然的关系同人对人的关系截然切为两

---

[1] 《人民日报》1959年5月9日。

段，把作为生产力的主要因素的人看作超社会范畴的存在。他们完全不懂马克思主义创始人向来就是把生产力当作一种属于历史范畴的社会力量看待。例如，马克思和恩格斯揭露生产社会化和占有私人性的矛盾是资本主义社会经济的基本矛盾，这个矛盾难道不是生产力和生产关系矛盾的集中表现吗？恩格斯指出，"分工把许多局部工人联合在一个共同手工工场企业里"①，是"资产阶级运用起来的新的生产力"②，这个说法难道还不足以证明生产力具有社会属性吗？第二，周治平把生产力性质同生产力水平对立起来，不消说是完全错误的；胡星虽然不赞成把生产力性质与生产力水平对立的说法，但他对于生产力性质的含义非常模糊；他同周治平一样，以为生产力性质是指生产力的质的规定性，而生产力水平是指生产力的量的规定性。其实，生产力性质决不排除量的规定性。（性质是量与质的规定性的概括表述，与哲学上和量对称的质不能混为一谈）正如生产力水平（或生产力的发展程度）决不排除质的规定性。生产力性质本来就是生产力的一定的发展程度或生产力水平、生产力状况的概括表述。而发展程度、水平、状况也不是单指量态，同时包括质态。我在《论生产力性质》一文中说过："生产力性质是在一定历史阶段上的生产力的发展量态和质态的矛盾统一体：只看到质的一面而忽视量的一面，或者相反，只看到量的一面而忽视质的一面，都是片面的。"③这一段话，不知他们是否读过。

胡、周二位的错误当然不只上述两点，我可以再举二事来证明。

胡星批评我的生产力具有二重性的论点说："这种论点的根据是：'作为生产力的基本要素之一的人……是社会人，他的本质乃是一切社会关系的总和。'我们认为这种论点是不正确的。他不正确地理解了生产力和生产关系间的密切联系，把生产力和生产关系混同起来。"胡星否认作为生产力重要因素具有主观能动性的人是社会人，更否认人的本质是社会关系的总和，因而断定我混淆了生产力和生产关系，断定我的论点是不正确的。在这个问题上，究竟是谁不正确呢？我想每个懂得辩证唯物主义的基本知识的人，是能够作出公正判断的。

---

① 《马克思恩格斯文选》第 2 卷，人民出版社，1955 年，第 392 页。

② 同上。

③ 李平心：《论生产力性质》，《学术月刊》1959 年第 6 期。

胡星既然否认人的本质是社会关系的总和，在逻辑上自然不得不否认生产力体系内部具有社会关系和社会属性，否认我所提出的生产力诸因素必须通过人与人的关系结合和运动的论点，从而也就必然否认生产力的二重性。他说我混淆了生产力与生产关系。其实，抽掉了生产力的社会关系与历史性质，不仅把一些本来构成生产力的内容与形式的重要条件取消了，从而真正混淆了生产力与生产关系，而且把生产力简单化了，贫乏化了。试问，在马克思列宁主义经典中具有非常生动非常丰富的内容和形式的生产力，是像胡星、周治平等等所想象的那么一副干瘪面貌么？

周治平反对我所提出的社会主义的优越性不仅表现在生产关系方面而且表现在生产力方面的论点，同他否认生产力具有社会属性与历史特征的错误见解是分不开的。社会主义生产力同社会主义生产关系、社会主义上层建筑一样具有巨大的优越性，这不仅在理论上无法动摇，在事实上也有无数的凭据足资证明。以我国的情况而论，难道今天六亿五千万人口不是和资本主义社会的人口属于不同性质的生产力要素吗？（在此要顺便指出，马寅初先生的人口质量论，刚刚把社会主义国家的人口质量同资本主义国家的人口质量作了颠倒的估价。）难道我们的人力与人力的结合、人力与物力的结合和物力与物力的结合，同资本主义国家没有质的区别吗？关于社会主义社会的生产力同生产关系一样具有无比优越性的问题，我在《三论生产力性质》中已经有详细论述，这里话不多说。

最后，我十分遗憾地感觉到，胡、周二位把我的论旨随意割裂，在批评中断章取义，避重就轻；周治平按照他自己的观点任意解释我的主要论点，同我的原义大不相符，甚至相反。这种批评态度，我以为是不能令人心服的。

以上是我对于胡、周二位的批评的一点意见。在《四论生产力性质》发表之前，希望对我们所争辩的问题感兴趣的同志们阅读我的下面两篇文章：（1）《三论生产力性质》（载《学术月刊》1959年12月号），（2）《伟大的社会主义的优越性》（载《人民日报》1959年5月9日16版），并望批评指正。

原载《光明日报》1960年2月22日

关于生产力性质几个问题的发言

李平心 *

各位同志、各位前辈：

关于生产力性质的问题，我本来希望多听听各方面同志的意见。但是社联（上海市哲学社会科学学会联合会）的领导同志指定要我先作专题发言。我想把过去已经发表的十篇文章① 和准备写的几篇文章，所提出的一些论点略略概括一下，向同志们作一次汇报，希望批评指教。我在论文中提出了大约十几个论点，其中已经引起和可能引起争论的问题有下面十个：

（1）关于生产力性质的含义问题；

（2）关于生产力的二重性问题，特别是生产力有没有社会属性的问题；

（3）关于生产力的历史性质问题；

---

* 李平心，1907—1966，男，华东师范大学历史学系教授。

① 《论人民公社——学习中共八届六中全会"关于人民公社若干问题的决议"的初步体会》，《历史教育问题》1959 年第 2 期；

《论两个社会体系的生产力（上）——学习赫鲁晓夫关于七年计划的报告的初步体会》，《历史教育问题》1959 年第 3 期；

《论生产力性质》，《学术月刊》1959 年第 6 期；

《论生产力运动和生产关系性质》，《新建设》1959 年第 7 期；

《再论生产力性质——关于生产力的二重性质的初步分析》，《学术月刊》1959 年第 9 期；

《关于生产力运动的初步分析》，《新建设》1959 年第 10 期；

《三论生产力性质——关于生产力性质的含义问题及其他》，《学术月刊》1959 年第 12 期；

《伟大的社会主义的优越性》，《人民日报》1959 年 5 月 9 日；

《关于生产力性质问题的一点答辩》，《光明日报》1960 年 2 月 22 日；

《四论生产力性质——给"有关生产力的几个理论问题"的作者谢昌余先生的一封信》，《学术月刊》1960 年第 3 期。

370

（4）关于社会主义生产力优越性的问题，即社会主义生产力是否和社会主义生产关系、社会主义上层建筑一样具有巨大优越性的问题；

（5）关于生产力与生产关系的区别与联系的问题，关于生产力与生产关系之间的矛盾性质问题；

（6）关于生产力的结构与运动的问题；

（7）关于生产力发展的动力问题；

（8）关于生产力是否具有精神因素的问题，直接为生产服务的积极性与创造性和上层建筑与生产关系的区别与联系的问题；

（9）关于生产力的强变性问题；

（10）关于经济学研究的对象与任务的问题。

我提出了一些问题，也发表了一些不成熟的论点。我在问题的提出上是否有错误，我在一些问题的看法上是否正确，这都不能由个人的研究作出判断，而必须通过各方面严肃的认真的科学讨论，特别是通过客观的社会实践的检验，才能得出结论。假如将来证明我的问题的提法不妥当，我的看法没有任何根据，我会毫不可惜地把它们抛弃，像抛弃拔掉的蛀牙一样。假如我所提的一些问题还值得研究，我的一些肤浅的见解符合于或基本上符合于真实，对于哲学、史学和经济学的许多问题的探讨或许不是全然没有用处的。但一切要取决于党所领导的学术战线上的百家争鸣，取决于实践的鉴定。

自从我发表了一些讨论生产力性质，生产力运动和生产力与生产关系的矛盾性质的论文之后，得到了各方面的反应。从报刊已经发表的批评论文中，从《学术月刊》编辑部转来的许多投稿和读者来信中，从各地朋友的来信中，从我接触到的朋友的谈话中，我知道有人同意或基本上同意我的一些看法（请参看《学术月刊》1960年3月号《四论生产力性质》第42页）；也有人反对我的一切或某些论点（请参看《学术月刊》1959年12月号、1960年2月号，《光明日报》"经济学"副刊第9、第12两号的批评文章）。我以为不管是赞成的主张或批驳的说法，对于我都是有帮助的，起鼓舞作用的。但是请容许我提出一点申辩。我感觉到，某些批评者有一个共同的缺点，就是尽量回避我揭出的一些主要问题、基本论据和具体理由，而惯用一套莫须有和想当然的话来代替正面的讨论和细致的分析，把我的主张和论据歪曲得面目全非，然后恣意诋毁。例如说我断定生产力和生产关系"无差别"，说我"脱离"生产关系研究生产力，说我"混淆了"生产力和生产关系，或者"混淆了"基本矛盾和派生矛盾，说我认为"生产方式变更的原因无须到生产关系与生产的矛盾中去找，只要在生产力内部找就够了"，诸如此类，目不暇接。更使人寒心的是，个别批评家居然构词诬谤，淆乱视听。例如分明是自己引述了又歪曲了我们最敬爱的领袖和导师的话，接着就擅自加上一句"平心先生认为这不是真理的全部"；分明是自己把恩格斯所说的生产和列宁所说的加引号的"生产"混为一谈，却暗示读者是我认为两位大师的话互相抵触。这一类的手法，究竟会给讨论带来什么好处呢？我十分纳闷儿。假如这些批评家不在这方面多做工夫，而把所批评的对象了解得更清楚些，然后把对方所持的基本论据与重要理由逐一批驳，由此得出否定的断案，岂不有理得多么？

　　我是否主张过或暗示过生产力和生产关系"无分别"？是否"混淆了"二者？是否"脱离"生产关系研究生产力？是否忽视了生产关系对生产力发展的反作用？是否忘掉生产力与生产关系的矛盾是社会发展的基本矛盾？"混淆"了基本矛盾与派生矛盾？是否认为"生产方式变更的原因无须从生产力与生产关系的矛盾中去找只须从生产力内部去找，就够了"？这些问题必须首先弄清楚。否则，在我们的讨论过程中是会碰到许多迷人的障碍的。因为如果我真像几位批评家所描摹的那么荒唐，那么幼稚，（主张生产力与生产关系"无分别"，"脱离"生产关系研究生产力，等等）我的论文就不值一驳，更不值得展开讨论。但是正如我在《四论生产力性质》（请参看《学术月刊》1960 年 3 月号）所说，几位批评家的虚构经不起事实的批驳；我并且从一位批评家的论文中，找到了有力的反证，证明他自己也不相信自己的罗织。自然，这一类不顾事实的批评，无伤于问题的真相，但总不能不说是讨论途程中的障眼迷雾，不消除这些迷雾，我们的讨论就无法展开，更无法深入。

　　下面我大体上按照前面列举的问题次序，提出些粗浅看法，向各位同志请教。由于时间的限制，也许只能集中谈三四个问题。

一、关于生产力性质的含义问题——怎么分析生产力性质

在哲学、经济学和史学上有一些概念和范畴如果不弄清楚，必然要窒碍许多有关理论问题的探讨。生产力性质就是一个值得讨论的概念。有人以为讨论概念，就会使科学研究概念化和空洞化，这是一种误解。问题在于概念的讨论能否为理论研究与社会实践服务，是否为讨论而讨论，而不在于要不要弄清楚概念。概念不明确，是不能进行任何科学研究的，从而也就不能使科学研究正确地为社会实践和生产实践服务。

关于生产力性质，有各种不同的理解。例如在批评我的两篇论文中，对生产力性质的含义的解释就不一样。但是，它们基本上是相同的，就是主张生产力性质是指生产力的质的规定性，而不包含量的规定性。不能认为这种看法是正确的。所谓性质一词，在欧洲语文中都导源于希腊文"嘉乐客地"，与哲学上和量对称的质"瓜离蒂"或"佳节识大渡"不能混而为一。"嘉乐客地"的初义为铭划工具，引申为铭记，再引申为特征或特点。而所谓特征或特点，实际是质态与量态的综合。比方我们要描述一个人外形态度的特征，除了从质的方面——男女、美丑、敏捷与迟钝、活泼与呆板等因素观察外，还得从量的方面——长短、肥瘦、老少（当然老少也不全属于量态，这里只是就年龄来说）等因素来观察。一个社会或一个国家的生产力性质，不能不是生产力的量态与质态的矛盾统一体。所谓生产力性质不过是马克思主义经典中所说生产力的发展程度，生产力水平、生产状况等概念的统一的概括的表述。要衡量一个社会或一个国家的生产力发展程度或生产力水平、生产力状况，不光要从劳动力总量、劳动生产率、生产资料总量、产品总量等指标来估计，而且要从劳动技能、劳动积极性、生产资料的性能、产品质量等方面来估计。马克思主义大师们提出任何一个概念、范畴和命题，总是从量与质的矛盾统一出发的。照这样说来，我们就没有任何理由把生产力性质同生产力发展程度、生产力水平、生产力状况对立起来。要不然，在逻辑上就必然要把生产关系适合生产力性质的定律（通称规律，我以为可称定律）同马克思主义经典中所说的，生产关系同"物质生产力的一定

发展程度相适应"或"生产方式、生产力在其中发展的那些关系并不是永恒的规律，而是同人们及其生产力发展的一定水平相适应的东西"之类带有规律性的命题对立起来。不但如此，如果按照这种看法，生产关系适合生产力性质的定律根本就不能成立。因为不能设想，生产关系只是适合生产力的质态；排除了量的规定性，生产力就不能起任何规定生产关系的作用，也就不能与生产关系形成对立面的统一，在两者的矛盾运动中促进社会的发展。

区别任何社会形态和任何历史阶段的生产力性质、生产力发展程度、生产力水平、生产力状况，如果只从质的方面或量的方面着眼，必然得出片面的认识。

只有明确了生产力性质这个概念的初步含义，我们才能进一步分析生产力的内在矛盾，分析生产力与生产关系的相互联系与相互矛盾，也才能解决生产力是否具有历史性质和社会属性（这种属性和物质技术属性构成生产力的二重性），社会主义生产力是否同社会主义生产关系、社会主义上层建筑一样具有为资本主义所没有的巨大优越性之类的问题。

但是，仅仅明确了生产力的量与质的关系，对于生产力性质还不能得出全面的整体的认识，因为一切事物都具有量与质的规定性；单是接触了这两种规定性的矛盾综合，还不能说明生产力的特殊内容与本质。为要进一步明确生产力性质，我们必须分析和综合生产力的构成因素。马克思说："劳动过程的简单要素，是有目的的活动或劳动本身，它的对象和它的手段。"[1]依据这个经典式的概括，我们可以把生产力分为两大基本要素，即具有劳动力和自觉性参加生产的人和生产物质资料时与劳动相结合的生产资料。

人的要素是生产力的决定要素。马克思说："最强大的一种生产力是革命阶级本身。"[2]列宁说："全人类的第一个生产力就是工人，劳动者。"[3]可见没有人和人与人的结合（生产力与生产关系两方面都有人与人的结合，说详后），就不能构成任何生产力体系，也不能进行任何生产，

---

① 《资本论》第 1 卷，人民出版社，1963 年，第 172 页。

② 《马克思恩格斯全集》第 4 卷，人民出版社，1958 年，第 197 页。

③ 《列宁全集》第 29 卷，人民出版社，1956 年，第 327 页。

劳动群众是物质财富和社会历史的创造力量,任何物质生产力(生产工具和原料等),都是由人的劳动力生产出来的,而外部的物质条件只能作为供劳动者生存滋养劳动力的必需资料,却不能创造劳动力。没有人的作用,生产工具不过是一堆死物,一切自然物也无由变为供人生产和资人生活的社会产品。人以自觉的劳动实践引起自然物的性状变化,同时还在自然物中实现自己的目的;这就是社会生产力产生和发展的主要源泉。但是,构成生产力的人的要素的因子是很复杂的。在生产过程中,不但体力经常起作用,而且劳动技能、劳动经验、劳动的积极性与创造性、劳动的结合状态等等,都起不同程度的而又互相联系的作用。不过,无论是体力、精神力量、技术力量,都必须以直接服务于生产、作用于自然创造使用价值为度。非生产的体力、精神力量、技术力量等等,不能借以生产任何物质财富,不具有生产力的品质;但它们和生产的体力、精神力量、技术力量等等可以互相转化。

强调生产力的人的要素,决不能忽视它的物的要素。没有物力与人力的结合和物力与物力的结合,也不能构成任何社会生产力。在生产力的物的要素中,起基本作用的,是劳动资料,它们是为劳动者直接占领进行生产劳动的物质装备。其中具有决定意义的,是机械性的劳动资料,即生产工具加上(或包括)动力,它们是由人直接占领并且传达劳动于自然物的必要媒介,足以延长人的肢体器官,扩大人与自然的接触面,增加劳动生产率,丰富人的劳动成果,并且有助于人的劳动智能的发展,有助于人的生产经验的凝固。机械性的劳动资料内容最为复杂,其中包括各种工具、耕具、牧具、渔具、机器、机械、仪器、构件、部件、零件、模型和各种动力(水力、风力、火力、畜力、蒸气、电力、地下热、阳光、原子能、化学能等)与动力系统(火力发电站、水电站、原子能反应堆等),这一类的劳动资料即马克思所说的生产的骨骼系统和筋肉系统,可以称为主导的劳动资料。和它们相配合的是各种当作劳动对象的容器的劳动资料(如导管、桶、笼、篮、篓、箱、柜、盆、瓶、囊、袋等),即马克思所说的生产的脉管系统,可以称为辅助的劳动资料。主导的和辅助的劳动资料的总和,可以称为中心劳动资料,因为它们是进行一切物质资料的生产所必需的中央手段。但是,进行物质资料的生产,不能仅仅凭借中心劳动资料。为要配合中心劳动资料的运动生产物质财富，必须具备各种外围的劳动物质条件。其中一部分是生产基地，如耕地、牧场、林场、果园、苗圃、蔬圃、鱼池、猎场、工地、基建地等等，它们是结合劳动和中心劳动资料与劳动对象的面；一部分是为联络劳动力和各种劳动资料、劳动对象与社会产品所不可少的东西，如道路、铁道、河渠、运河、桥梁、涵洞、码头、转运站、航空线、电报、电话以及各种交通工具（车、船、飞机、通信设备）等。它们是沟通各种物力与人力的线；一部分是生产场所、是聚集生产的人力与物力进行生产或储存物资和后备物资所必需的点，如工厂、作场、车间、矿坑、实验所、仓库、堆栈等等。所有这一切面、线、点结合起来，构成与中心劳动资料相对的劳动物质条件，可以称为周缘的劳动资料。除了耕地、牧场、林场、果园、蔬圃等之外，它们一般不是直接作用于自然物的劳动媒介手段，然而却是实现使用价值生产所不可缺少的外部条件，是经常围绕直接生产服务的必要环节。由于它们本身都凝结了人的劳动，其中每一个环节不但是实现财富生产的必要手段，而且是扩大生产力积累的物质凭借。

在生产力的物的要素中，还有以劳动资料为媒介直接受劳动作用的各种自然对象，即所谓劳动对象。但不是一切劳动对象都属于生产力系统。没有经劳动滤过的许多自然资源，例如未开垦的处女地、未开采的矿山、未砍伐的原始森林、未利用的水利与水力等等，都不能算是生产力因素。否则，生产力的所包括的范围就未免失之太宽。若果一切自然资源都无条件地列入生产力系统，那么，具备丰饶的地理条件的经济文化落后民族，就可视为生产力水平很高的民族了。实际上，只有那些曾经劳动滤过的劳动对象，才可以列入生产力的物的因素中；其中包括工业所用的原料、辅助材料、燃料等，农业所用的肥料、种子、秧苗、农药等，牧业所用的种畜、饲料等，蚕丝业所用的蚕种、桑、柞、蓖麻等；渔业所用的鱼苗、饲料等，林业所用的树苗、树种等。有一部分经济学家和哲学家认为原材料不能归入生产力范围之内。他们的理由是，原材料不能决定生产的变更与发展。这种见解是与事实不符合的。一切经过劳动作用的物资，只要是投入生产中供生产消费的，都是生产力的组成部分。因为社会生产力是依靠许多类型的劳动成果配合和积聚而成的。一种新的重要的原材料的发现和应用，往往可以解决生产的关键问题，大大提高劳动生产率。现代科学技术创造了许多天然物质的代用品，并且创造了许多自然界所没有的物质，它们在生产上所发生的效应，试问可以不从生产力发展的意义估计吗？高分子化合物（例如塑料）和某些有色金属（有些金属在过去是不用于生产的珍贵的稀有金属，后来由于大量开采冶炼，变为工业的常用金属了。铝就是一个很好的例子。铝的发现和被用为饰物是很早的事，前年发掘的晋代周处墓内殉葬物就有铝制饰物。在欧洲铝的发见与应用迟于我国；铝在过去一个很长时期内，是当作稀有金属应用的。但是，最近铝的产量大增，就成为工业的重要原料了），在现代工业中，就起了极大作用。诸如此类的原材料，决不能被排除于生产力的物的因素之外。由此类推，一切经过劳动滤过充当生产之用的劳动对象，都可以包括在生产力的物的范畴内。马克思说："同一产品，还可以在同一劳动过程中，同时作为劳动手段和原料。"[①] 可见原料与劳动手段，并没有绝对界限。

直接作用于自然生产物质资料——生产资料与生活资料的一切人力与物力的总和，就是社会生产力的物质基础。说得具体些，社会生产力是一切直接为生产服务、生产使用价值的人的体力、精神力量、社会条件和一切被人用来生产使用价值的物质手段、物质条件、自然对象和一切投入生产中的能量与动量的综合。凡不直接为生产服务、不生产使用价值的人力（包括体力与精神力量）、社会条件和一切物质资料，都不能称为生产力的因素。但是，在一定条件下，这些东西也可以转化为参加财富生产的因素，属于生产力系统。生产力的构成因素，要经过具体分析，不能笼统地把某些因素（体力、精神力量、物资、物力等）排斥于生产力体系之外或者包括于生产力体系之内。但是，要阐明生产力性质，不论是从生产力的量与质的矛盾统一关系着眼，还是从生产力的组成因素着眼，都不能得到究极的解决。更重要的是，结合生产力与生产关系之间的矛盾（我在论文中屡次说明，它是在人与自然斗争和结合

---

① 《资本论》第 1 卷，第 176 页。

的生产过程中，促使社会发展的基本内在矛盾），分析和综合生产力的内在矛盾。只有在生产力与生产关系之间的矛盾运动的整体过程中，才能寻求生产力与生产关系两个领域中分别存在的矛盾；也只有结合社会发展的基本矛盾，具体地分析分别存在于生产力和生产关系两方面的内在矛盾，具体地分析那反映并影响生产力与生产关系之间的总矛盾与总联系的生产力与生产关系双方的内在矛盾相交，具体地分析那反映生产力和生产关系的之间的总矛盾与总联系以及分别存在于生产力与生产关系两个领域中的矛盾运动的上层建筑的内在矛盾，才能说明社会发展基本矛盾运动不是孤立的过程，而是与各个社会生活领域的内在矛盾互相联结、互相作用、互相渗透、互相转化的过程。生产力的内在矛盾是异常复杂的，其中有结构与运动的矛盾，量与质的矛盾，劳动生产率与生产需要、生活需要的矛盾，各种劳动资料与劳动对象的矛盾，新旧劳动资料性能的矛盾，新旧原材料的性能的矛盾，各个生产领域与生产部门的生产力水平的矛盾，同一生产领域与生产部门的各单位生产水平的矛盾，诸如此类，不能一一缕述。但我以为所有这类矛盾，都不是生产力的主要内在矛盾，这种主要矛盾，只能从生产力的物质条件与物质关系和生产力的社会条件与社会关系去寻求。根据结合马克思主义经典学习《矛盾论》和其他毛泽东著作所得到的一点初步体会，根据初步掌握的一部分材料的简陋分析，我认定生产力具有二重性，即物质技术属性与社会属性，这就是生产力的主要内在矛盾。这种矛盾不但和决定一切社会经济矛盾的生产力与生产关系之间的总矛盾相联结、相转化，也和生产力的内部其他矛盾相联结、相转化，并且间接与生产关系的内部矛盾和上层建筑的内部矛盾相联结、相转化。马克思主义的唯物辩证法，特别是由毛主席的《矛盾论》所深化了的唯物辩证法，揭示了自然现象与社会现象的矛盾规律的普遍性和特殊性以及普遍矛盾与特殊矛盾的相互推移关系。应用这个科学的辩证法，我们是不难肯定，在生产力与生产关系的矛盾之间的总运动过程中，生产力、生产关系和上层建筑各方面都分别蕴含着滋生着复杂的矛盾性与矛盾运动规律。抽去了这许多的矛盾性与矛盾运动规律，就无法深入生产力的复杂内容，也就无法深入以生产力与生产关系之间的矛盾为主轴的各个社会生活领域的复杂内容。

《矛盾论》教导我们，不仅要分析各种事物、现象与过程的内外矛盾，而且要找到存在于它们之间的主要矛盾和矛盾的主导面。假如我们确定生产力与生产关系之间的矛盾是社会发展的基本矛盾，也就是推动历史进程和导致历史变化的主要矛盾，那么，这并不妨碍我们在生产力内部找出起决定作用的主要矛盾。对社会发展的基本矛盾来说，上述存在于生产力内部的主要矛盾，是处于从属的地位；但是它在生产力本身运动中所发生的作用是不能低估的；而且它对于社会发展的基本矛盾所起的反作用也是不容低估的。

二、关于生产力的社会属性问题——生产力有没有二重性？

我们在讲到生产力性质含义的时候，归结到生产力性质不仅要从量与质的矛盾统一去观察，不仅要从生产力诸因素及其结合状态和运动过程去观察，而且特别重要的是，结合生产力与生产关系之间的矛盾，去分析和综合生产力的内在矛盾，并且在其中找到主要矛盾。我们断定这种主要矛盾，是生产力的物质技术属性与社会属性的矛盾，也就是生产力的二重性，认为这对范畴是生产力内部的各种对立面的统一的主要表现。究竟我的粗浅分析与初步判断有没有根据呢？这是需要求教于哲学界和科学界的问题。假如说：生产力确有二重性，那么底下必须研究的问题，就是这种二重性的实质与表现形式是什么？物质技术属性与社会属性的提法是否妥当，还是有待于修正，这都是需要研究的问题。假如说，生产力根本没有二重性，这种二重性不过是我的臆测衍生出来的，那么，就需要用具体的实际材料和理论证据来否定它。在真理面前，任何人是没有特权用主观臆测来代替科学分析的。

我在提出生产力具有社会属性与物质技术属性的主张以前，曾经把生产力体系中的人与物的矛盾作为生产力的内在主要矛盾来分析。但是，不久就考虑到，这样的提法容易同人与自然的矛盾混淆起来。生产力中的人与物的矛盾和整个社会生产过程中的人与自然物的矛盾，按其范围和内容来说，都是不同的。毛主席说"社会和自然的矛盾，用发展生产力的方法去解决"①。人与自然的矛盾，实质上就是社会与自然的矛盾。生产力体系中的人与物的矛盾关系，始终是通过社会关系表现出来并作用于自然；而生产力体系中社会关系，也不能脱离物质技术条件单独发生作用；因此我不得不考虑把生产力中的人与物的矛盾改为生产力中的社会属性与物质属性的矛盾，认定这种矛盾为生产力的二重性；继后又把物质属性改称为物质技术属性。确认生产力具有社会属性和物质技术属性，不但容易看出二者的矛盾运动，而且容易看出二者的互相渗透与互相转化的关系。但是，假定生产力具有二重性的说法不错，我的用语究竟妥当与不妥当，还需要讨论。假如有人能提出比我更好的表述方法，我是可以放弃原来的用语的。不过生产力具有二重性的说法，我以为是不无根据的。我得出这样的一个论点，是经过了许多次的自我反问的；后来反对我的论点的朋友们所提出的一些驳难，其中有很大一部分我是在反问中估计到的。由于不能找到任何反证，我就把生产力具有二重性——物质技术属性和社会属性的论据肯定下来了，并且发表出来求教于各方面的哲学与社会科学工作者。在讨论过程中，我又逐渐积累了一些新的证据和理由，而批评我的人回避我所提出的主要依据和基本理由，益发加强了我的自信。有人反对生产力具有二重性的说法，认为我是就社会生产的矛盾（按照几何级数一样，一而二、二而四……地无限琐细地分解下去）；他的批驳是没有任何根据的。我在论文中说生产力与生产关系之间的矛盾是社会发展的内在基本矛盾，但除了这个基本矛盾以外，在生产力与生产关系两个领域中也分别存在着矛盾；生产力的二重性正是生产力内部的主要矛盾，这个矛盾和生产力与生产关系之间的矛盾是互相联系互相作用的。可是我并不是按"几何级数"一样，一而二、二而四……地无限琐细地分析下去。这是用不到多解说的。那个批评家的指摘不过是王充在《论衡》中所说的"语增"之病。列宁说："一分为二以及吾人对其矛盾组成部分的认识……是辩证法的本质，辩证法的'实质'之一，是它的主要特点或特征之一，甚至可说是它的最主要的特点或特征。"② 为什么不能分析生产力的内在矛盾确定生产力具有二重性呢？

---

① 《毛泽东选集》第 1 卷，人民出版社，1952 年，第 286 页。
② 列宁：《谈谈辩证法问题》，1915 年。

自然界和人类社会的无数事物、无数范畴都具有二重性，为什么生产力的二重性就不能见容于我们呢？

到现在为止，我们还看不出生产力的二重性说法是站不住脚的。因为如果否定生产力具有社会属性，那就必然得出生产力只有物质技术属性的结论，这是同生产力的内容与职能完全不符合的。如果生产力只有物质技术属性，没有社会属性，就无法构成一个矛盾统一体，也就无法在社会发展的基本矛盾——生产力与生产关系之间的矛盾过程中运动不息。因此排斥生产力的社会属性，除了得到一个残缺不全的生产力概念之外，什么也不能得到，马克思主义的创始人与发展人经常把生产力称为社会生产力或劳动生产力。马克思在《资本论》中，把协作劳动所发挥的力量称为"社会能力"。无论是人的劳动力，还是整个生产力体系，从古到今都是同自然力对立的社会力量。恩格斯说：

"社会力量，在我们还没有把它们认识和不肯顾及到它们的时候，也是和自然力量一样发生的盲目、强制和破坏作用。可是当我们已经认识了它们理解了它们的动作、方向和影响的时候，那就全靠我们自己来使它们愈益服从我们的意志，并利用它们来达到我们的目的了。现代强大的生产力特别是如此。当我们执拗地拒绝理解它们的本质和特质时——而资本主义生产方式及其卫护者，正是反对这种理解的，——生产力总是像上面所详述的那样违反着我们和反对我们而动作，把我们置于它的统治之下。可是，当它们的本性已被理解时，它们就可以在集体生产者掌握中从恶魔似的统治者变成顺从的奴仆。"①

恩格斯所指的社会力量，包括生产实践和阶级斗争诸范畴，而生产力无疑是其中最重的一种。不但恩格斯如此主张，马克思、列宁都在他们的经济学著作中非常注重生产力的"本性与特质"的分析。列宁所说的经济学研究生产上的社会关系，生产上的社会制度，正是把生产力和生产关系当作一定的社会力量和社会过程来处理的。恩格斯就曾认为作为社会历史基础的经济关系，包括有生产和运输的全部技术装备。② 既

---

① 《马克思恩格斯选集》第3卷，人民出版社，1972年，第437页。
② 《马克思恩格斯选集》第4卷，人民出版社，1972年，第505页。

然生产力是巨大的社会力量，那就无法设想，它不具有社会属性，否则非但与客观事实不符，在逻辑上也无法讲通。说社会力量没有社会属性，试问和说革命阶级没有革命性、物质财富没有物质性有什么两样？既然社会经济关系包括有生产和运输的全部技术装备，那就不能设想，在生产力结构内部没有社会经济关系。我们一定要否定生产力具有社会属性，把生产力当作不蕴含任何社会关系、社会条件的纯物质技术力量，来同马克思主义的创始人的科学分析对抗，岂不危险。

三、关于生产力的历史性质——生产力是否超历史的范畴

　　社会生产力有没有历史性质，是不是超历史的范畴，这是研究生产力与生产关系的理论必须解答的一个问题。有些人认为生产关系有历史性质，上层建筑、阶级和阶级斗争都有历史性质，生产力却不一定有历史性质。持有这种观点的人，不是把生产力看作纯粹的物质技术力量，就是把人对自然的关系和人对人的关系截然切为两段。因为他们不承认生产力有历史性质、就必然否定生产力有社会属性（把生产力的二重性看作是虚构的），公开地或半开半掩地否认社会主义生产力像社会主义生产关系、社会主义上层建筑一样，具有巨大的优越性，从而也就不可避免地把社会主义生产力和资本主义生产力等量齐观。

　　取消生产力的历史性质，把生产力看作超历史的范畴，分明是一种见物不见人的观点。既然我们不容许在生产关系问题上存在着拜物教思想，是否可以在生产力问题上存在着类似的思想呢？我以为是不可以的。人是生产力的决定要素，作为生产力的承担者和创造者的人，决不是超历史超社会的动物，而是处于一定历史环境中的社会动物。同时，在生产过程中，人对自然的关系，绝不能同人对人的关系截然分开。因为一切生产力因素包括人力与物力，总是首先通过人对人的关系结合起来，运动起来的；而人对人的关系，实质上是处于一定的历史条件之下的社会关系。我们已经说过，马克思主义大师们都把生产力看作一定历史阶段的社会力量，世上哪里有什么超历史的社会力量呢？有些人始终误解斯大林所说的生产力是规定人对自然的关系的著名论点，以为这个规定

完全把社会关系排除于生产力范围之外。他们全然不想到，没有一定的社会关系，生产力结构就不能形成，生产力运动也就不能实现所谓人对自然的关系，用我国古语来说，就是"天人之际"。古人所想象的"天人之际"，常常意味着天人交感关系，是带有极厚的神秘色彩的。剥掉这层神秘色彩，按照现在的科学解释，所谓"天人之际"就是人对自然的关系。世上绝不存在着超历史超社会的"天人之际"。因为具有现实生活内容的"天人之际"总是首先通过"人人之际"也就是人对人的关系实现的。人的劳动施加于自然，同大自然进行斗争，不可能没有人与人的结合作用于其间。有人以为人与人的结合只存在于生产关系领域中，绝不存在于生产力领域中。他们不懂得，作为一种相对独立的社会力量，总是有它自己的社会内容与社会形式的。社会关系正是构成这种内容与形式所不可少的网和纲，而社会关系在生产力范围中的性质与作用和在生产关系范围中并不一样，这一点我在下面还要谈到。

既然生产力必须具有一定的社会关系，才能构成体系，实现运动，那么，否认生产力秉有深刻的历史性质，把各个社会形态的生产力一视同仁，就必然完全排除生产力的社会内容与社会形式。这样，不但把生产力简单化、贫乏化了，而且把生产力神秘化、抽象化了。

有人并不公开否认生产力的历史性质，但是只从量的差别观察各个社会形态的生产力。他们承认各个社会的生产力水平不同，承认新社会的劳动生产率越来越大于旧社会。但是，他们所理解的"生产力水平"只不过意味着生产力的量的大小，而不涉及生产力的质的高低。他们不承认不同的社会的生产力体系具有质的差别，这实质上也是否定生产力的历史性质。按着我们前面的解释，马克思主义经典中所说的生产力水平是生产力的量和质双方的规定性的矛盾统一；各个社会的生产力发展的量态和质态是不相同的。新社会在刚刚诞生的时候，它的生产力的能量和动量（劳动生产率等）不一定大于甚至可能小于旧社会，但是，它的生产力的质，却优于后者，而且这种优势会越来越显著，最后会出现旧社会所不能具有的生产发展的高速度和大幅度。依据我们前面的分析，在生产力发展过程中，最初起决定作用的，是生产力的人的因素和社会属性。由于新社会经济形态的人的因素和社会属性强于旧社会经济形态，不可避免地会给生产力的物质技术属性带来强大的推动力量，结果就会使新社会的生产力在各方面超过甚至大大超过旧社会。社会主义的生产力和资本主义的生产力就不属于同一历史性质、同一历史范畴；前者在许多因素上远比资本主义生产力为优越，正像社会主义的生产关系和上层建筑远比资本主义的生产关系与上层建筑为优越；而且这种优越性将不断加强。这是社会主义制度战胜资本主义制度的重要保证之一。

我是学历史的，习惯于从不同的历史条件观察事物。近几年来我一直怀疑生产力同生产关系与上层建筑一样，不能不属于历史范畴。经过初步的摸索，我肯定了生产力的历史性质，尤其肯定了社会主义的生产力性质不同于资本主义。恩格斯在《反杜林论》说到"生产力的资本主义性质"（参看我的《三论生产力性质》第四节），给了我有力的启发。我想，既然资本主义的生产力具有独特的历史性质，为什么社会主义的生产力就不具有自己的历史性质呢？推广来说，封建制社会、奴隶制社会和原始共产社会的生产力为什么不分别具有不同的历史性质呢？诚然，类比法推理的应用是有条件的，但是我初步分析了一些材料，最后找不出任何反证足以驳倒生产力具有历史性质的推定。

各个社会经济形态的生产力性质互有差别，首先是由于在生产力与生产关系的矛盾运动中，生产力的物质技术属性和社会属性不同；由于二者的矛盾性质不同，生产力的结构形式与运动性质就不一样。

也许有人说，既然认为生产力在历史上一般是不消灭的，而生产关系在历史上一般是要消灭的（共产主义生产关系除外），怎么又断定生产力具有历史性质呢？我们的回答是，消灭与变化并不是同一概念，消灭可以包括在变化中，但变化的东西不一定归于消灭。某些事物在历史上一般不消灭，却无碍于它经历不断的变化。宇宙间不同事物的性质变化是通过不同的形式不同的道路实现的；有的经历爆发或新旧生灭的过程，有的不经历爆发或新旧生灭的过程，而只是经历过自身的巨大变化过程，以新阶段区别于旧阶段。在社会革命之后，生产力的质与量都发生巨大的变化，而质的变化最初总是大于量的变化。但是后来，会出现生产力发展速度和幅度胜于甚至大大胜于革命以前的局面。

如果否认生产力具有历史性质，或者认为新旧社会的生产力没有什么质的差别，那就必然要否认新社会改造旧社会的生产力的必要性。事实上，新社会虽然继承了旧社会遗留下来的生产力，但不是原封不动地利用它，而是经过了人们自觉的或不自觉的改造过程的。社会主义社会除了消灭资本主义生产关系以外，还对资本主义遗留下来的生产力用各种方式加以改造。例如我国改造资本主义工商业，不仅是要改变生产资料所有制，直到最后消灭资本主义所有制，而且同时也改造资本主义遗留下来的人力与人力以及人力与物力和物力与物力的相互结合形式。工人群众也要经过改造，但性质不同于资产阶级的改造。许多资本主义企业通过迁移、归并、淘汰、转业等方式起了性质和结构的变化，这样才能更好地为社会主义经济服务。

也许有人说，假如生产力同生产关系一样具有历史性质，是否会妨碍两者的矛盾，从而限制生产力的自身发展呢？我们的回答是，生产力的历史性质在内容与形式上不同于生产关系，两者决不会相互对销。而且，生产力与生产关系的历史性质都是在不断发展之中的，不是一成不变的，所以生产力与生产关系的矛盾也处于不断发展中。自然，在一个社会经济形态被另外一个社会经济形态代替之前，生产力与生产关系的根本性质是不变的。例如资本主义的生产力与生产关系到了帝国主义阶段不同于垄断前，但是支配资本主义的基本生产力性质和生产关系性质都是不变的；它的生产力与生产关系的矛盾性质一般也是不变的。我们非但要严格区别社会主义社会与资本主义社会的生产关系，而且不能混淆两个社会的生产力性质，混淆两个社会的生产力与生产关系的矛盾性质，这种矛盾性质和生产力性质与生产关系性质是有相互联系的。社会主义生产力与生产关系之间的矛盾，不带有对抗性，固然在极大的程度上要归功于社会主义生产关系，但不能否认社会主义生产力性质的作用；参加生产的劳动者的高度自觉性与强大组织性以及与此相适应的生产资料的使用性质和结构性质，足以保证社会主义的生产力与生产关系在矛盾过程中有利于相互适合，相互推动。

各个社会的生产力性质在很大程度上取决于生产关系性质和生产力与生产关系的矛盾性质。但是，生产力本身的内在特点和内在矛盾——特别是二重性的矛盾，在规定生产力性质上不能不起一定作用，这种作用应当如何估价，是需要进一步探索的。我初步得到的论断是：它在各个社会形式中是有程度上的不同的，甚至非常悬殊的。例如社会主义生产力的二重性是非对抗的，易于互相转化的，和资本主义生产力的二重性属于对抗类型易于僵化是完全不同的。这种不同不能不反作用于两个社会制度之下的生产力与生产关系的矛盾性质，虽然起决定作用的常常是后者。

如果我们为寻找矛盾而寻找矛盾，那就不过是玩弄概念，是用预设的虚拟代替具体的分析。唯物辩证法确定矛盾是普遍存在于一切事物内部的运动决定力量。我们可以以此作为观察事物的方法论依据，但不能以此代替对于复杂矛盾的客观分析。经过马克思主义和毛泽东著作的学习，经过许多的材料的初步分析，依据辩证法的对立统一规律，我们不得不断定各个历史时代的生产力和生产关系与上层建筑一样，在它的内部既有一般的矛盾，又有特殊的矛盾。既有主要矛盾，又有从属矛盾。它们围绕当时的生产力与生产关系的总矛盾而运动。

生产力内部一般的主要矛盾是什么呢？我以为就是物质技术属性和社会属性之间的矛盾。这种生产力的二重性存在于各个不同的社会经济形态中，但在各个时代表现的形式与特点互有差别，它绕着社会发展的主轴——生产力与生产关系之间的矛盾而跃动，而运转；但又经常施加作用于生产力与生产关系之间的矛盾。结合着社会经济矛盾主轴，通过生产力的二重性的分析，我们是可以说明一些问题的。例如：先进的社会制度和落后的生产力之间的矛盾，是我国过渡时期社会经济的重要矛盾。这是整个社会主义社会经济结构（包括生产力结构在内）和局部的社会主义生产力之间的矛盾，但是，所谓生产力的落后，只是相对的，也是暂时的；是就整个社会主义经济制度的范围的内部矛盾来说，而不是就社会主义与资本主义的生产力的对比来说；是拿目前的情况来说，而不是拿将来的远景来说。随着我国社会主义生产关系的不断更新和不断完善，我国的技术革新、技术革命和文化革命将大大高涨起来；而这种高涨必然引起生产力的迅猛发展，把我国的生产力水平千百倍地提高起来；这种提高又必然推动生产关系向更高的阶段变化。在这个历史过渡期间，生产力的二重性是起着一定的作用的。生产力的物质技术属性落后于它的社会属性，使一部分人误认为是生产力落后于生产关系，也就是所谓生产关系走在生产力前头。其实，只要分析我国在过渡时期的生产力二重性，特别是观察生产力的物质技术属性与社会属性之间的矛盾的解决过程，这种错觉是不难破除的。我们坚决相信，通过党的集中领导和群众的创造活动相结合的道路，通过党所领导的广大群众的自觉的技术革新、技术革命和文化革命，生产力的物质技术属性落后于社会属性的矛盾在不长远的时期内是可以得到完满解决的；而作为整体的永远先进的共产主义经济制度（社会主义经济制度是它的初级阶段，这种社会经济制度是社会主义生产方式和上层建筑的总和），和作为局部的暂时落后的生产力之间的矛盾，也是可以得到有效解决的。反对生产力包含二重性的说法的朋友们，不否认生产力具有物质技术属性，唯独否认生产力具有社会属性。按照他们的观点推论，不可避免地会得出生产力只有物质技术属性的结论。

一切社会力量都有历史性质，生产力是一种社会力量，所以有历史性质。这是一个很容易理解的三段论式。既然承认生产力有历史性质，那就不能设想，生产力可以离开当时的具体的历史环境悬空飘浮。否认生产力具有社会属性的人，把作为一种社会力量的生产力看作没有任何社会属性和没有任何历史内容的抽象的物力。总计，既违背事物发展的本身逻辑，也违背一般推理的形式逻辑。他们全然没有想到，生产力的诸因素，除非首先经过人与人的关系——一定的历史的社会关系，是不能自动联结起来，形成整个的生产力结构或生产力体系的，从而也就不能形成任何相对独立的运动力量。生产力决不排除社会关系，正如生产关系决不排除物质关系；没有人对人的关系，生产力诸因素不过是一堆死物和一盘散沙，没有人对物（生产资料与生活资料）的关系和各种的物质结合，生产关系就没有任何社会经济内容，根本不能与生产力形成对立面的统一。但是，生产力二重性的反对论者，不懂得生产力结构内部有社会关系，它们不仅当作生产力诸因素联结的形式而存在，而且当作生产力的结构内容的机制而发生作用。他们不懂得生产力体系中的社会关系、社会条件和社会作用等结合起来，就形成生产力的社会属性，并与物质技术属性（物质条件、技术条件、物质技术结合、物质技术发展过程等等的总和）构成生产力的二重性。他们担心确定生产力具有社会属性，就会损害和侵犯生产关系的地位和作用。他们之所以会有这种错觉，不仅是由于他们把生产关系当作包罗万象决定一切的饕餮式的怪物，把生产力降为生产关系的附庸，而且是因为他们完全不理解社会关系、社会条件等在生产力领域中所起的作用，同它们在生产关系领域中所起的作用是不相同的。明明是他们混淆了两个领域中的社会关系与社会条件的性质与作用，从而也就混淆了生产力与生产关系，却武断主张生产力具有社会属性的人"混淆了"生产力与生产关系。他们在主观上自以为是拥护社会主义的生产关系；但因为抽去了生产力的社会内容与历史性质，贬低了生产力的决定性作用，甚至根本否定了生产力的相对独立地位，实质上也就损害了生产关系对生产力的依存关系与两者的相互作用。贬抑了生产力对生产关系的影响，从而也就必然削弱了社会主义生产关系的内容。更不用说削弱了社会主义生产方式的优越性，试问这符合社会主义的利益吗？特别符合社会主义向共产主义过渡的利益么？

社会关系和社会条件在生产力领域中发生作用，主要是结合和加强生产力诸因素使成为相对独立的结构或体系，使人力与物力直接作用于自然，生产使用价值。因此，它们是直接为生产服务的。至于它们在生产关系领域中却不起或基本上不起这种作用，而是或基本上是通过人对物的关系形成人与人的相待关系，例如人吃人的剥削与被剥削关系或同志式的互助与合作关系，奴隶式的监督关系或平等式的管理关系，劳而少获与不劳而获的对抗关系或按劳取酬与同工同酬（这是逐渐向共产主义的"各尽所能，各取所需"过渡的社会主义分配制度）的协调关系，等等。

因此确定生产力结构内部有社会关系和社会条件，只是结合生产力的人力与物力的矛盾关系，如实地说明生产力的特性与本质，而决不会因此侵害或削弱生产关系的相对独立内容。关于生产力与生产关系的区别与联系，我们在后面第五个问题中还要进一步谈到；这事就不多说了。

四、关于社会主义生产力的优越性问题——社会主义生产力是否和社会主义生产关系一样具有巨大的优越性

若果承认生产力有历史性质，那就必然要承认社会主义生产力远比

资本主义生产力为优越，正如社会主义的生产关系与上层建筑远比资本主义的生产关系与上层建筑为优越。

大家都知道，资本主义生产方式比封建主义生产方式优越，今天社会主义生产方式又比资本主义生产方式优越，从历史发展观点来看，是非常自然的事。但是，必须知道，社会主义制度超越资本主义制度，不是资本主义超越封建主义所能比拟的。

一个历史时代的生产方式优越于别一个历史时代的生产方式，当然不仅仅是指彼此的生产关系迥异，而且是指两者的生产力性质不同。既然承认社会主义生产关系远胜于资本主义生产关系，那就不得不承认社会主义的生产力性质远胜于资本主义的生产力性质；这本来是用不着多解释的事。但是，有些人把生产关系看作决定一切、包罗一切臃肿不堪的庞然大物，把生产方式同生产关系等同起来，因而否认社会主义生产力具有为资本主义生产力所不能比拟的巨大优越性，这明明是一种违反生产力与生产关系的矛盾统一规律的偏见。

也有人并不完全否认社会主义生产力优越性，但是，他们以为这种优越性只是表现在量的方面，而不表现在质的方面。他们看到了社会生产力发展的高速度，看到了社会主义的集体生产组织的巨大规模，这是好的；然而他们却不认识社会主义生产力的结构与运动的性质远远超过资本主义生产力，也就是社会主义生产力在质和量两方面的发展，秉有为资本主义生产力所无法梦想的优越性。按照社会主义社会生产力的发展规律来说，生产力的质的差别，比起量的差别往往具有更大的意义。正由于这些人没有看到社会主义生产力和资本主义生产力彼此在质的方面有根本的差别，所以否认社会主义制度之下的劳动者的生产自觉性对生产力发展起巨大作用，甚至把我国的生产力"同发达的资本主义国家"的生产力相提并论。

根据平日对马列主义经典和毛泽东著作的学习，根据初步分析和对照有关社会主义经济与资本主义经济的材料的体会，我不能不断定社会主义生产力具有为资本主义生产力远不可及的巨大优越性，正像社会主义生产关系和社会主义上层建筑具有为资本主义生产关系和资本主义上层建筑远不可及的优越性一样。我在《三论生产力性质》一文中说："在社会主义制度之下，不论是生产过程中的人的因素或社会因素，也不论生产过程中的人力与人力的结合，人力与物力的结合或物力与物力的结合，无不充分表现了十分有利于生产力发展和全面有裨于整个社会经济文化繁荣的重大特点。随着社会主义经济文化建设的日益加强和急速扩大，这些特点像春潮怒涨一般一浪高似一浪奔腾着、增长着，而且在固有的特点结合的基础上，会经常地滋生新的特点。所有这些特点，是为资本主义社会绝对不能梦想的。它们像万众一心所向披靡的革命大军一样，和来自生产关系方面同样无敌的革命友军——社会主义生产关系的许多特点协同作战，发挥旺盛无比的战斗力量，占领一个阵地又一个阵地，夺取一个胜利战果又一个胜利战果。"

在社会主义社会里，人的主观能动性得到了无限的发挥，这种主观能动性表现在社会主义生产方面，就是直接为生产服务的生产积极性与劳动创造性（我们在前面已说过并非任何精神力量都秉有生产力的属性，只有那些直接作用于生产过程中的精神力量，例如生产积极性和劳动创造性才能归入生产力范畴）。它们是生产力的社会属性之一。这种属性在社会主义社会里和在资本主义社会里是完全不同的。当然，在资本主义社会里乃至在一切阶级社会里，并不是没有劳动积极性与创造性的；任何时代的劳动者为了要进行生产，和自然作斗争，都需要不同程度的劳动积极性与创造性。犹如在绝对温度以上，任何物质运动在任何时间任何空间，总是有高低不一的温度的。但是在阶级社会例如资本主义社会里，劳动积极性与创造性非但受到极大的压制与束缚，而且受到严重的歪曲与窗割，在量与质方面都与社会主义社会不可同日而语，至于在原始共产主义社会里，由于生产力水平极度低下，生产关系规模非常微弱，人们经常遭遇到自然界自发势力的威胁，人的劳动积极性与创造性受到难以想象的严酷的限制，当然也不能与社会主义的劳动积极性与创造性相提并论。

有人认为劳动积极性与创造性不是生产力的社会属性，而是上层建筑或生产关系的属性，这自然是误解。我在《四论生产力性质》一文中已经分辨劳动积极性和创造性与上层建筑和生产关系是有区别又有联系的。我以为生产力决不排除精神因素，而并非任何精神活动与精神状态都可归之于上层建筑或生产关系。

通常我们所说的生产力的解放与增长，在很大程度上是指劳动者的生产积极性与劳动创造性的解放与增长。社会主义制度之下的劳动人民的生产积极性和劳动创造性的不断解放与不断发扬，是生产力增长的主要内容。如果把生产积极性与劳动创造性从生产力属性中抽掉，生产力解放与增长的意义就要大为削弱。

人口是劳动资源。社会主义的人口发展规律和资本主义迥然不同。即以人口质量而论，社会主义就对资本主义占极大优势。我们所说的人口质量和新马尔萨斯主义者与马寅初先生所说的完全是两回事。我们认为社会主义的人口和资本主义的人口是有质的差别的，无论是就人的自觉性、积极性与创造性来说，就人的健康水平来说，在社会主义国家里不断上升，和在资本主义国家不断下降刚刚成为一强烈的对照。我在《关于生产力性质问题的一点答辩》一文中，论证社会主义人口质量远非资本主义所能比拟，并且指出马寅初先生恰好把社会主义制度之下的人口质量同资本主义制度之下的人口质量作了颠倒的估价。事实确实如此。凡是把社会主义的生产力同资本主义的生产力等量齐观的人，都可能忽视我国的劳动人口的质量向着与资本主义相反的方向变化的事实。社会主义生产力在社会属性方面远胜于而且越来越胜于资本主义，这是不容怀疑的事；在物质技术属性方面，我们在某些条件方面，暂时落后于资本主义；但是就物质技术属性的潜力及其所能发挥的程度来说，社会主义生产力有很大的优胜面。

就生产力的地理分布来说，资本主义是服从价值规律与剩余价值规律的；但社会主义却服从社会生产需要与生活需要发展的规律。社会主义生产力布局的合理性与计划性和资本主义生产力布局的盲目性与紊乱性刚好处于两极状态，这不能不影响生产力变化的对比。

在资本主义的社会经济制度之下，人与自然力的关系是完全对抗的；对自然资源的惊人浪费和惨烈破坏，引起了自然界自发势力的剧烈报复。而在社会主义制度之下，人对自然的关系，不断向减少"敌性"和增加"友性"的方向变化，这是决定两个社会体制的生产力性质的根本差别的重要因素之一。

有人被迫承认社会主义生产力具有优越性，但把这一切优越性都归因于生产关系，从而否定社会主义生产力具有相对独立的优越性，这实质上是把社会主义生产力看作不能自己发光的卫星，是非常错误的观点。我在《三论生产力性质》中已经料到有人反驳我的社会主义生产力同社会主义生产关系一样具有优越的说法，在这个问题上作了一些简单说明。

我非常重视社会主义生产关系对生产力的反作用，论证社会主义生产力的巨大优越性，在许多地方是由于受到社会主义生产关系的影响，但是，我接着就说明，社会主义生产力除了在很大程度上取决于社会主义生产关系的影响而外，它本身还有相对独立的优越性。

否认生产力具有相对独立性的人，只看到生产关系对生产力的反作用，没有看到生产力对生产关系的决定作用与反作用，也没看到规定生产力发展的，除了生产关系与上层建筑之外，还有生产力的内在矛盾和自己运动。没有看到人民民主革命和社会主义革命的伟大胜利，首先解放了而且不断鼓舞了劳动人民的生产积极性与劳动创造性，而社会主义生产关系的巩固建立和全面胜利，是经历了比较长的过程（当然是一个很不平衡的过程）。如果社会主义生产力的优越性完全来自生产关系，那么试问社会主义的优越性又是从哪里取得的呢？

不论按辩证法的规律来说，按生产力的运动规律来说，都无法否认社会主义生产力秉有相对独立的优越性，这种优越性在很大程度上导源于生产力的内在矛盾运动。例如，社会主义生产的持久跃进，技术革新与技术革命的不断胜利，自然面貌与经济面貌的迅速改观，在历史上都是空前的。这些特点大大鼓舞了劳动人民的生产积极性与劳动创造性，而劳动积极性与创造性的高涨又推动社会生产力的迅猛腾涨，这是资本主义生产力所不能比拟的。又如，人民的健康水平大大提高，引起劳动生产率的增长，而人民的健康水平虽然在很大程度上取决于社会主义生产关系与上层建筑，但是社会主义生产力水平的迅猛上升，不能不认为是社会环境卫生和人民健康情况改善的重要原因。更值得注意的是，劳动人民的革命积极性，在革命胜利后，迅速发展为生产积极性，引起劳动生产率的上升。然后社会主义生产关系得到了蕴藏于劳动人民身上的生产力与生产潜力的推动，不断向前发展；社会主义生产关系的发展又继续促进生产力的发展。这一类的例证不胜枚举。有些人虽然被迫承认社会主义生产力有优越性，但认为这不过是社会主义生产关系作用的结果。试问这与马寅初所说的生产关系走在生产力前面的理论实质上有什么分别呢？

也许有人说，既然社会主义生产力具有无比的优越，为什么我国又要在党和毛主席的号召之下，为赶上和超过英国而奋斗？为什么苏联人民要为赶上和超过美国而奋斗。我们可以回答，要估量一个社会形态的生产力性质的优劣，必须全面地分析生产力增长的一切因素，并且从中找到主导的因素。社会主义生产力在某些条件方面，暂时落后于资本主义，这是毋庸讳言的。但是，我们的社会生产力发展具有许多为资本主义所没有的特点。例如，劳动人民的集体积极性、创造性与组织性，生产的直接社会性，劳动生产率与物质技术发展的定向性，物质资源与劳动资源的综合利用性，等等，都是资本主义所不能梦想的。在对比两个不同社会体系的生产力性质的时候，不仅要看到生产力的物质要素，更要看到生产力的人的要素；不仅要看到各种技术因素，更要看到各种社会因素；不仅要看到现实的劳动生产率，更要看到潜在的劳动生产率；不仅要看到暂时的情况，更要看到发展的远景。总之，要有全局的发展的观点。总的结算起来，社会主义生产力性质远胜于资本主义，正像社会主义生产关系远胜于资本主义，是毫无疑义的。不同的是，社会主义生产关系在一切方面，都大大超过资本主义，而社会主义生产力在最初一个时期还有不如资本主义的一些条件。不过，这种逊色只是暂时的现象。随着社会主义生产在不断调整的生产关系与上层建筑的作用之下高速地全面地跃进，社会主义生产力在一切条件方面超过资本主义，以至把资本主义远远抛在后面是完全可能的事。

也许有人担心，确认社会主义生产力具有优越性，就会削弱社会主义的生产关系与上层建筑的优越性，这是必须破除的一种误解。问题在于社会主义生产力有没有真实的优越性，如果有的话，就根本谈不到削弱社会主义的生产关系与上层建筑的优越性。社会主义的生产力的优越性并不是由于侵削社会主义生产关系与社会主义上层建筑的优越性而得到，而是它本身具有的品质。比方说：当我们评定一部文艺作品具有先进的革命思想内容，这决不会妨碍我们对于它的优美艺术形式作很高的估价。对于社会主义生产力的优越的评定，又怎么会削弱我们对于社会主义的生产关系与上层建筑的优越的估价呢？社会主义生产力和社会主义生产关系、社会主义上层建筑珠联璧合、相得益彰这是灼然无疑的事实。肯定了这个事实，难道不会帮助我们全面地理解和评价社会主义制度的优越性吗？难道会带来任何不利于社会的弊端吗？

党一手抓社会主义生产关系、社会主义上层建筑，使它们不断完善；一手抓社会主义生产力，使它不断增长，是由于全面地掌握了社会主义社会生产的发展的规律，社会主义经济制度的全局优越性，在党的路线政策方针各方面都得到了异常鲜明异常确切的反映。

五、关于生产力与生产关系的区别与关系问题——断定生产力有社会物质技术属性是否会损害生产关系的内容

生产力和生产关系是社会生产的内容，与形式的矛盾统一，它们既有区别，又有联系，在研究生产力与生产关系问题的时候，既要防止混淆两者的性质和作用，又要反对截断两者相互作用相互转化的关系。这就是说，我们需要坚持全局的观点来研究生产力与生产关系以及与之有关的一些问题。我忽然想起《孟子·尽心篇》有一段话，很可以借用来比喻生产力、生产关系与上层建筑的整体关系。这段话是：

"君子有三乐，而王天下不与存焉。父母俱存，兄弟无故，一乐也；仰不愧于天，俯不怍于人，二乐也；得天下英才而教育之，三乐也。"

我觉得一定的社会经济制度好比一个家族，生产力好比生儿育女的母亲，生产关系好比与母亲不可分离的父亲，而上层建筑好比他们所生的一群子女。《周易·系辞传》说："男女媾精，万物化生。"生产力和生产关系必须"媾精"，才有物质财富的生产，在这个基础上才能形成反映生产力和生产关系以及两者的矛盾统一的上层建筑。研究生产力性质当然不能忘掉生产关系与上层建筑，研究生产关系与上层建筑，也不能忘掉生产力。不仅如此，我们还要明了它们的不同性质与不同作用；就好像要分辨父母子女，必须弄清楚它们的身份和辈分。当然，一切比喻

都是有局限性的。把生产力、生产关系与上层建筑的关系比作家族关系，除了表示它们彼此有区别又有联系之外，并不包含别的意义。

只有懂得生产力、生产关系与上层建筑有区别又有联系，懂得它们在社会发展过程中所处的不同地位和所发生的不同作用，然后我们才能弄清楚社会与自然的关系。我们人类来自自然，是自然的特殊的一部分，同自然时刻不可分开。因此，不仅要善于利用自然，而且要善于与自然相处，使我们在生产斗争中源源不绝地从自然摄取物力与能量，使自然力量不致被浪费、被破坏，自然也不施加它的自发力量威胁我们、报复我们。这就叫作"仰不愧于天"，"天"就是自然的古称。在另一方面，我们又要通过对于生产关系适合生产力性质的规律，生产关系经常反作用于生产力的规律，基础决定上层建筑与上层建筑经常反作用于基础的规律和不断革命论与革命发展阶段论的正确理解与全面掌握，为生产斗争和阶级斗争服务，为社会发展和历史变革服务。这就叫作"俯不怍于人"。"人"就是人间，也就是社会的代名。

要彻底了解生产力、生产关系与上层建筑发展的规律以及与之相关的一些社会经济运动规律，我们不仅要坚持向马克思主义经典学习，同时还要坚持向群众学习。孟子所说的"得天下英才而教育之"；"教育"二字我们首先要读成学习（我国古代语文，施受不嫌同辞，教学不分，犹授受不分，买卖枲枲不分），"英才"二字则可以解释为群众和他们的领袖。只有在实际生活中向体现生产力与生产关系发展规律的群众生活与群众斗争学习，特别向集中体现群众的智慧和创造力最善于掌握生产力与生产关系的发展规律的党学习，我们才不会陷于片面，流于教条主义。当然，学与教是可以互相转化的。我们必须一方面学习，一方面教育，所谓教育也就是向群众宣传马克思列宁主义，宣传毛泽东思想。

在研究生产力性质问题的时候，如果对生产关系与上层建筑的地位和作用怀着任何轻视的偏见，或者估计不足，都会陷于严重的错误。随着生产力的发展，生产关系与上层建筑必须不断调整、不断变化才能适应生产力性质，才可以避免生产力与生产关系的严重冲突。

但是，并非任何生产力与生产关系的矛盾，都可以按照人们的自觉意旨随时用调整生产关系与上层建筑的方法求得解决。例如：阶级社会的生产力与生产关系的矛盾，一般必须通过严重的阶级斗争和暴力革命才能解决。只有社会主义的生产力与生产关系的矛盾，才能经过人们的自觉活动用不断调整生产关系与上层建筑的方法求得解决。不能把社会主义的生产关系与上层建筑同阶级社会的生产关系与上层建筑混为一谈，更不能拿两种不同性质的社会的生产力与生产关系的矛盾性质、基础与上层建筑的矛盾性质混为一谈。在社会主义社会里，生产关系与上层建筑对生产力所起的推动作用远非阶级社会的生产关系与上层建筑所能比拟，生产力与生产关系的矛盾易于向有利于生产力发展和社会经济发展的道路转化，更不是阶级社会所能办到。

但是，这只是问题的一面，另一面我们也不能拿社会主义的生产力性质同阶级社会例如资本主义社会的生产力性质混为一谈。不能拿社会主义和阶级社会例如资本主义彼此不同的生产力的内在矛盾（例如：物质技术属性和社会属性的矛盾）性质混为一谈。按照我们以前的说法，生产力具有历史性质和社会属性。一切社会经济形态的生产力的结构与运动，除了有某些共同特征和共同规律外，还有各别的特殊内容与特殊规律。

有人担心，断定生产力有社会属性，就会"混淆"生产力与生产关系，或者会侵害和削弱生产关系的地位，这也是一种必须破除的严重误解。所谓社会属性是指社会关系、社会条件等等的总和。它们在生产力体系中和在生产关系体系中所具的性质和所起的作用是有本质的差别的。

任何一个社会的生产力诸因素，首先必须通过一定的人对人的关系，也就是一定的社会关系，依靠一定的社会条件，结合起来和发生作用，否则就不过是一堆死物、一盘散沙。可见生产力绝不排除社会关系与社会条件。或许有人以为这种结合和滋长生产力诸因素的社会关系与社会条件就是生产关系。如果真是这样想，那就要犯极大错误，即是认为未经社会关系与社会条件结合起来的生产力诸因素为整个社会生产力。更糟的是，这样一来，必然抽去生产力固有的脊骨与经络，把生产力当作完全依靠生产关系没有自己的结构与运动的佝偻病患者。我们决不能拿关系当作属于形式的东西，无论是内容与形式、本质与现象，都离不了关系。生产力有它自己的结构与运动，当然不能没有自己的内部关系；

社会关系正是其中带有决定意义的东西。

为要说明社会关系与社会条件在生产力与生产关系两个领域中的性质上和作用上的差别，我们可以先拿两个领域中的物与人的条件的对比来说。在生产力与生产关系两方面都有物的要素，例如生产资料，但生产资料在生产力的领域中，起着人与自然发生物质变换关系、生产使用价值的作用，而在生产关系中却不起这作用，它们只是形成人与人的相对关系所必要的物质荷体（Stoffsträ-ger）。在生产力与生产关系两方面都有人的要素；但同一人的要素例如劳动阶级在两个领域中所起的作用也不相同；在生产力领域中劳动阶级是生产物质财富的力量，而在生产关系领域中他们只是与剥削阶级形成对立统一体的一种社会力量。

同理，社会关系与社会条件在生产力与生产关系两个领域中所起的作用也不一样。在生产力方面，社会关系与社会条件是结合生产力诸因素发挥这些因素的生产机能与社会机能所必需的东西，因而是直接为生产服务的；而在生产关系方面，它们却基本上不起这种作用。所谓基本上不起这种作用，是由于生产力与生产关系的内容与形式，在某些情况之下，有错综交叉的现象。在生产关系方面属于所有制与分配制的因素，显然不直接为生产服务；但属于活动交换的一部分，即斯大林所说的"各种不同社会集团在生产中的地位以及它们的相互关系"，或如马克思所说的"互相交换自己的活动"。却不能这样说。例如：某些生产组织与劳动组织，主要的是属于生产关系的范畴。但它们都在一定程度上为生产使用价值服务。我国工业中所试行的三结合，干部参加生产和工人参加管理，都属于这一类型。它们和全民所有制、集体所有制（包括三级所有制等等）；按劳取酬、同工同酬等等纯然属于生产关系的形式是不相同的。所以不能把生产力与生产关系之间的界线绝对化。自然界与人类社会都存在着错综交叉现象，是不足为怪的，问题是在于找到它们的主导性质。我们不会把在形体上与鱼有相似之点的鲸当作鱼类，把在器官上与鸟有相似之点的蝙蝠当作鸟类，而分别把它们归入哺乳动物的游水类与翼手类，正是由于确定了它们的主导性质属于哺乳纲。对于某些与生产力交叉的生产力形式或与生产关系交叉的生产力形式（如分工协作等）我们也应当这样来分类。但是，生产力具有社会属性却不属于错综交叉的范围。生产力本身有社会关系和社会条件，正如生产关系本身有物质关系、物质条件等（而且是一定的物质关系、物质条件，例如：各个历史时代的生产关系都必须通过人对生产资料、生活资料及其相互结合而表现人与人的关系。军队虽有物质条件如武器给养等，但除了参加生产建设的部队而外，都没有生产资料所有关系，所以不构成生产关系。虽然从整个社会结构来看，军队仍然处于一定的生产关系之内，但与人民公社、工厂等生产单位毕竟不同），它们在两方面所具的性质和所起的作用，正如上面所分析的，各不相混；因而也决不能说，断定生产力有社会属性，就侵犯削弱了生产关系的"主权独立"与"领土完整"，它们是井水不犯河水。如果认为分析生产力有社会关系与社会条件就是"挹彼注兹"（《诗经·大雅·泂酌》）损东益西，那是由于不明了生产力与生产关系的本质区别。有人在这一点上大作文章，提出难题，其实是难不倒我们的。《新约》里记载法利赛人和希律党人向耶稣提出难题，耶稣用"该撒的东西归于该撒，耶和华的东西归于耶和华"的答辞来解纷。我们也可以用"生产力的东西归于生产力，生产关系的东西归于生产关系"的断语来释疑。

我在《三论生产力性质》一文中曾经提出过一个关于生产力与生产关系的区别点，说生产力在历史上一般是不消灭的，而生产关系在历史上一般是要消灭的（共产主义生产关系除外），这个区别点我以为在分辨两个范畴时是可以考虑的一点。所谓生产力在历史上的一般不消灭，并不排斥生产力的局部的暂时的消灭（例如：新劳动资料代替旧劳动资料，野蛮部落与法西斯匪徒用战争消灭生产力，等等）；但生产力一般是不随生产关系消灭而消灭的。社会主义并不消灭资本主义的生产力，而只是一面继续利用，一面加以改造。生产关系在历史上一般要归于消灭，是指人类的前史而言。一种社会经济形态代替另一种社会形态而出现在历史上。总是要经过旧生产关系的被消灭而实现的。但是共产主义的生产关系却不会消灭，这主要是因为：第一，参加生产关系体系的人，同时都参加（包括过去参加和未来参加）生产力体系；生产力与生产关系已经在生产资料公有制与共同劳动制的基础上完全统一起来了。第二，作为生产力与生产关系双方参加者的人，是具有高度生产觉悟、社会觉悟和文化觉悟的新人。第三，不断增高的生产水平与不断调整的生产关系完全适应（生产力与生产关系都是按计划地合目的地通过人们的自觉不断的变迁，易于使生产力与生产关系的矛盾基本向有利于生产力发展和社会经济发展的方向转化。第四，人与自然之间的矛盾基本上已经消除了对抗性，自然力量已经完全变成人类的驯服工具。人与物的关系和过去历史上一切社会形态完全不同。第五，脑力劳动与体力劳动之间，城市和乡村之间，工业与农业之间的差别已经消除了，人类的活动交换与互助关系无限扩大。第六，社会经济发展规模已经超越了国家界限，而不断向着世界范围推移。

我在《三论生产力性质》一文中说："假如说，生产关系是通过人对物的关系表现的人与人之间的关系（在阶级社会里，首先是阶级关系），那么，生产力就是通过人对人的关系形成的人力对人力、物力与物力和人力与物力的结合。"

这个也是关于生产力与生产关系之间的一个区别点。或许可提供学术界参考。

我所提出的一些生产力与生产关系的区别，无论正确与否，都不妨碍斯大林分辨生产力与生产关系的基本原则，这些原则是永远有效的。

关于生产力与生产关系的相互联系，由于时间关系，不能多说，我们只是要指出，对于生产关系在社会经济发展过程中的作用，应该充分估计到，特别必须强调社会主义的生产关系与上层建筑不断调整、不断变革，以适应生产力发展的重大意义。我们还要重视，在一定历史条件之下，生产关系可以转化为生产力与生产关系之间的矛盾的主导面。我们还要注意到，一方面生产力与生产关系之间的基本矛盾经常影响生产力和生产关系两方面的内在矛盾；另一方面，这两方面的内在矛盾又经常地反作用于社会发展的基本矛盾——生产力与生产关系之间的矛盾。

毛主席在这些问题上所作的创造性的科学阐明，我们得好好学习，但是我们也要学习毛主席关于发展生产力的历史学说与经济学说。认为生产关系决定一切，否认生产力的相对独立性和内在矛盾性，贬抑生产力在历史发展中的重大意义和忽视社会生产关系与上层建筑对于生产力发展的推动作用、低估生产力与生产关系的矛盾及其解决、基础与上层建筑的矛盾及其解决，都是不符合马克思列宁主义和毛泽东思想的，都是对于历史唯物主义的严重歪曲。

六、关于经济学的研究对象与任务的问题——经济学

社联领导要我就经济学的研究对象与任务问题发言。由于时间不早，我只能略谈几点：

第一，关于"政治经济学"的译名问题。我以为这个译名是可以商榷的。所谓"政治"在希腊文原意为社会结构，与作为阶级活动、阶级斗争和国家生活的总和的上层建筑的一个组成部分的政治，虽然语源相同，意义却有分别。将来进到了共产主义高级阶段，阶级完全消灭了，国家也消亡了，作为上层建筑的政治关系、政治制度、政治活动、政治组织等也将不存在，而研究一类社会经济生活与经济运动规律的科学，也就是广义的经济学将仍然存在，而且将要大大发展。为了解除人们对于这门科学的性质的误解，不如简识为经济学。这是一个正名问题，但是我以为是一个可以研究的问题。

第二，关于经济学研究的对象问题。经济学是否只研究生产关系而不研究生产力，这是会引起争论的问题。据我的粗浅体会，恩格斯在《反杜林论》中所说的"政治经济学，从最广的意义上说，是研究人类社会中支配物质生活资料的生产和交换的规律的科学"[①] 是需要深刻体会的，恩格斯所说的生产决不是单指生产关系而言，而必然包括生产力；他所说的交换也必然包括产品交换与活动交换两方面，既然广义的经济学必须研究支配物质资料的生产与交换的规律，那就不能设想，经济学排除生产力的结构与运动规律，而专门研究生产关系。

有人援引列宁在《俄国资本主义的发展》中所说的"经济学不是研究'生产'"的一句话，反对把生产力的规律列为经济学研究的对象，我认为这也是一种误解，在《俄国资本主义的发展》所说的"生产"是加引号的，是批评民粹派所用的一个名词。民粹派脱离社会关系与经济

---

① 恩格斯：《反杜林论》，人民出版社，1970年，第144页。

组织而孤立地研究"生产",正像他们脱离社会关系与经济组织孤立地研究"更换""流通"与"消费",这当然是不符合社会经济运动的真相,违反社会经济发展的客观规律的。这样的"生产"当然不是经济学研究的对象。恩格斯在《反杜林论》中所说的生产与列宁在《俄国资本主义的发展》中所说的加引号的"生产"显然不是同一概念。有些人一方面把恩格斯所说的生产解译为生产关系,另一方面又把列宁说的"生产"解译为生产力,这明明是自相矛盾。生产力的内容与形式,并不像某些反对我的论点的批评家所想象的那样简单、那样贫乏,生产力结构是非常复杂的,生产力运动也包含了无数的规律与范畴,而生产力与生产关系的相互矛盾、相互联系的规律与范畴也是绝不简单的。试问这样许多问题,要不要研究?假如说要研究,那么,应当哪一门科学负担?如果说应由唯物主义负责研究,我很怀疑是否适当。因为历史唯物主义和自然辩证法是辩证唯物主义的两翼,是属于哲学的部门。历史唯物主义阐明关于生产力与生产关系以及两者的矛盾统一的一般规律与基本原理,却不涉及历史上一切有关生产力结构与生产力运动的具体问题。这许多问题的研究除了由经济学担负起来之外,是不能由其他科学担负的。

许多科学的分工,并不完全在乎研究对象的分工,同一对象可以由不同的科学部门分别来研究,例如许多科学都研究水。化学主要是研究水的分子结构与化学反应;物理学主要是研究水的聚集状态、导热性和导电性等;天文学研究在各个天体里是否有水;其他如地质学、自然地理学、海洋学、植物学、农业学、水文学、水利工程学无一不接触到水,但在研究的重点与要求上不同。与此相似,历史唯物主义、经济学、史学等都研究生产力与生产关系,但研究的重点与要求也不相同。广义的经济学必须探索不同社会经济形态的生产力与生产关系的特殊规律和某些为几个社会经济形态共同的规律。

第三,关于经济学的任务问题。科学的任务是有历史性的。马克思列宁主义经济学的任务在资本主义时代和在社会主义时代并不完全一样。在马克思写《政治经济学批判》《资本论》的时候,无产阶级经济学只能为阶级斗争服务。马克思在《资本论》中所研究的资本主义生产方式,揭露了资本主义剥削的秘密,解剖了资本主义与劳动之间的经济关系，分析了资本主义不可克服的内在矛盾，论证了资本主义生产力与生产关系的矛盾不可避免地表现为严重的阶级斗争，无产阶级必然推翻资本主义制度建立社会主义的必然性。马克思列宁主义的经济学成为武装无产阶级反对资产阶级和进行社会主义革命的无敌武器，列宁、斯大林等伟大的马克思主义者发展了马克思主义的经济学理论，加强了无产阶级反对资产阶级的革命斗争。这是谁都知道的。在十月革命以后，世界形势已经发生了根本的变化，过去被剥削被压迫的无产阶级和劳动人民成为社会主义生产方式的建立者与保卫者和社会生产力的解放者与发展者。今天我们又已进入了新的历史阶段，不但要建立和发展社会主义经济，而且要为逐渐过渡到共产主义准备物质条件和社会条件。经济学研究的任务和马克思、恩格斯的时代已经有所不同。经济学要不要为阶级斗争服务呢？毫无疑问，不能放松这方面的斗争任务。经济学应该继续而且日益加强为阶级斗争服务，为社会革命和社会改造服务，但是，与此同时，经济学还要进一步为生产斗争服务，为社会主义建设和共产主义建设服务，到了明天，全世界阶级消灭了，进入了全面的共产主义时代，经济学就不再为阶级斗争服务，为生产服务为社会改造与社会建设服务，就将成为经济学的严重任务。其实，时至今日，一切社会科学都必须在为阶级斗争和社会改造服务而外，同时为生产斗争和社会建设服务。不但经济学如此，历史学、经济地理学、政治学等等都必须担负起为阶级斗争、社会改造服务和为生产斗争、社会建设服务的双重任务。不过，经济学担负的二重任务特别是生产斗争为社会建设服务的意义更为重大。但是，经济学和其他社会科学为生产斗争服务，同自然科学与技术科学在方式和要求上并不一样，它们是比较间接的，是不直接促成使用价值的创造的，但它们面向生产面向社会建设的趋势是越来越明显，这是完全可以肯定的。

时间已到了，我的两次发言就到此为止。我提出的一些意见和论据是很不成熟的，非常欢迎同志们指教，正像我在一篇论文中说到的："我所提出的一些论点，不过是平日读书的一些粗浅体会。"并不像某些朋友所说的我持有什么"独特见解"。也许有些同志和我的看法相同，从而把我的一些粗糙的论点锤炼得、琢磨得更像样点，那自然就是我十分盼望的。但是，各人的看法不能一样，也许还有些同志不以我的说法为然，我也希望不客气地提出批评。不过不论如何，我诚恳地请求各方面的同志们为了真理，在讨论中尽量接触问题。如果反对我的朋友，能就我提出的一些论据与理由提出反证逐一批驳，证明这些论据和理由无法成立，我的几个不成熟的意见自然全部垮台，我自然会放弃原来的主张。否则，我还要在这些问题上面进一步的探索，希望能够得到各方面同志的教导与督促，让我们共同努力吧。

由于今天参加座谈会的一部分同志没有出席第一次座谈会，为了接受几位同志的嘱托，我的发言有一部分与上次重复，希望两次出席座谈会的同志们原谅。

原载《学术月刊》1960 年第 4 期

读者对平心先生提出的几个问题

《学术月刊·读者来信综述》

自从生产力性质问题的讨论展开以来，本刊收到高扬、沙文、胡志林等同志来信，表示对平心先生的文章和发言①，很感兴趣，建议本刊继续组织讨论。现选择来信中比较重要的问题摘录如下：

（一）生产力总是社会的生产力，所以生产力具有社会性是不成问题的。但是平心先生提出的社会问题是指："一定历史阶段劳动者的社会地位、生活面貌与精神机能，一般的劳动性质，生存的社会性质，劳动组织性质、生产资料使用的目的性与社会作用，生产力诸因素新陈代谢的特点以及生产力变化和发展的各种社会条件，所有这一切综合。"这是值得讨论的。

（二）平心先生认为生产力的两重性是生产力内部的主要矛盾，怎样理解？这个矛盾与生产力和生产关系矛盾的关系怎样？这个矛盾如何推动生产力的发展？希望结合我国当前的实际情况来说明这个问题。

（三）生产力有相对独立性和"自行增殖""自发膨胀"的见解，希望平心先生能具体分析。

（四）发言中谈到"在生产力中的社会关系，我以为一般的是起促进、发展、直接为生产服务的作用，基本上一般地不起阻碍作用"应作何理解？

（五）发言中谈到，每个社会有个生产力体系，它就有个服务对象。在资本主义社会里，它是二重的：一方面为资产阶级的剥削服务，另一

---

① 李平心在上海市社联 1960 年 3 月 17 日、21 日座谈会上的发言。

404

方面，它还解决全社会的生活问题，包括劳动者本身在里面。……社会主义生产力服务性质完全不同于资本主义，它不是为某一个阶级、某一个集团服务。平心先生的这个提法也很值得讨论。

（六）平心先生认为，生产力与生产关系、上层建筑，是"三方面大军会师，并肩作战"。应如何理解？

（七）平心先生认为生产力具有正义性。应如何理解？这种正义性怎样从生产力中表现出来？

（八）平心先生认为政治经济学的译名不妥，需要正名一下，改为"经济学"。这个问题，请从事政治经济学研究工作和翻译工作的先生们参加讨论，因为这个问题与政治经济学研究对象有关。

《学术月刊》编者按：平心先生在社联 3 月 21 日座谈会上的发言是："政治经济学第一个问题是正名问题。政治经济学的译名，通行很久了，我们以为这一译名恐怕要正名一下。政治经济学一词，是从希腊文来的（三版政治经济学教科书好像提到这一名词），原来不是'政治'的意思，是'社会'的意思，'社会结合'的意思，它与上层建筑的'政治'不同的。将来到共产主义社会，我们晓得，国家是要消亡的，作为上层建筑的组成部分的政治关系、政治制度、政治活动等也是不存在的。但是共产主义的经济学、广义的经济学还是存在的。如果还是用'政治经济学'来对待这个科学，恐怕有些不合适，还是简单地说'经济学'。恐怕这一看法不一定对，可以提出讨论。"[1]

原载《学术月刊》1960 年第 4 期

---

① 原文注：根据录音。

关于生产力问题讨论的来稿综述

东　明*

本刊自去年 6 月发表了平心先生有关生产力问题的文章后，引起许多读者的注意，除上海外，广州、厦门、吉林、西安、南京等地的读者也纷纷来稿、来信提出各种意见，展开了热烈的讨论。一年多来我们除发表了范定九、金兆梓、束世澄等基本同意或部分同意平心论点的文章外，也发表了不同意平心论点的文章。还有许多不同意平心论点的文章，由于意见大致相同并限于篇幅，未能全部刊出，现特综述如下：

关于生产力的"社会属性"问题。周治平、乔林、王守淦等认为生产力具有社会性，这是指生产力在任何时候，都是社会的生产力。而平心所谓的生产力"社会属性"的概念却很混乱，它包括劳动者的"精神状态""劳动者的社会地位""生产资料使用的目的性"等等，把生产关系、上层建筑包括在内，显然是不恰当的。许正广指出这在实际上否认了生产力是人对自然的关系的这个经典性的定义，从而混淆了生产力与生产关系的区别；平心从马克思主义著作中找出"生产社会性""生产力的资本主义性质"等词句来证明自己的生产力"社会属性"的理论。实际上恩格斯所说的"生产力的资本主义性质"，是指这种生产力没有摆脱资本主义生产关系的束缚、生产力为资本家所有而言。张贵笼来稿，对比了平心在《再论生产力性质》和《三论生产力性质》两篇文章中关于生产力社会属性的内容，认为前后所说的内容不同，例如在《三论生产力性质》中，把原来说的劳动性质改说成劳动组织方法。吴威廉、葛寿

---

* 东明，作者情况不详。

昌等来稿指出平心把劳动者的社会地位、生产的目的性等等要素列为生产力的内容，使生产关系成为一个可有可无的社会要素，目的是想给生产力创造一个不依赖于生产关系的独立运动体系，也就是给生产力创造一个能够自己增殖的动源。

劳动者的精神状态（主要是劳动者的生产兴趣、劳动积极性、创造性）是否属于生产力范畴？许正广、陈振维、张贵笼等不同意平心把劳动者的精神状态包括在生产力范畴内的论点。许正广根据历史唯物主义原理，认为社会存在是第一性的现象，社会的精神生活是第二性的现象，社会生产方式是决定社会制度性质、社会精神面貌的东西。平心把劳动者的精神状态归属于生产力的范畴内，必然得出这样的结论：决定社会发展的力量，不是物质生活条件，而是物质和精神两个条件。这是违反马列主义原则的。陈振维认为劳动者的积极性和创造性不是自发的，是上层建筑作用的结果。由于劳动者的积极性和创造性，和劳动者的阶级觉悟密切联系，而阶级觉悟是在政治思想教育下提高的。因之，劳动者的积极性和创造性是属于上层建筑的范畴，不属于生产力的范畴。张贵笼来稿对平心有关这一问题的论据提出不同意见。平心说："劳动者是以整个人格和全部力量投入社会生产的，如果把体力、智力划为生产力，生产兴趣、生产积极性划为上层建筑，就割裂了劳动者的整个人格和全部力量，这是个不小的错误。"张贵笼意见：按照唯心主义的观点，"人格"是第一性的实在，人格主义把"人格"解释为存在的精神基原，而平心认为人格是生产力的一部分，必然把人格看成是第一性的实在的东西了。实际上人格是由其供以产生的物质生活条件决定的，有显明的阶级性，"人格"不是物质的东西，是精神的东西，从属于上层建筑的范畴。许正广认为人在整个社会中的活动是多种多样、交错复杂的，科学的任务就在于找出它们之间的联系和发展规律来，分清主要和次要的现象，分清思想关系和物质关系，这决不是割裂人格。第二，平心说："劳动者在生产过程中的精神状态（包括生产兴趣、生产的积极性和创造性等等；请注意"在生产过程中的"七个字）并不是完全取决于生产关系或上层建筑；整个生产过程的各种生产条件、技术条件和劳动条件、政治教育、阶级斗争、历史传统乃至一般社会生活、文化生活等等，都对劳动者在生产过程中的精神状态发生程度不同的影响。"张贵笼不同意平心把政治教育、阶级斗争精神面貌排斥在上层建筑之外，他认为劳动者的生产兴趣、生产积极性、创造性是由社会生产关系决定的，应属于上层建筑范畴。如资本主义制度下的工人对劳动没有兴趣，也没有创造性和积极性；而在社会主义制度下，工人却发挥了高度的积极性和创造性。第三，平心说："劳动者作为生产力最重要的因素参加生产，他们的整个精神状态不是随旧生产关系和旧上层建筑的消灭而消灭的；这种精神状态在各个历史阶段只是经历不同的变化，经历不同性质的发展。"张贵笼认为精神状态既然经历不同性质的发展，也就是说它否定了旧质，也就是"消灭"，而劳动者的精神状态是要随着旧生产关系和旧上层建筑的消灭而消灭的。第四，平心认为劳动者在生产过程中的精神状态是直接为生产服务，在任何社会里，劳动者都有生产兴趣和生产积极性。许正广认为在奴隶社会，奴隶不愿为奴隶主劳动，他们仇视劳动，没有生产的积极性，在社会主义条件下，劳动者有生产兴趣和积极性。因之，劳动者的精神状态在不同社会制度下是根本不同的，归根结底是由生产关系决定的。而平心的所谓精神状态不灭论，实质上是混淆了新旧社会劳动者精神状态的根本区别。按照这种说法，就不会有社会主义革命的胜利，根本不会有什么大跃进。

生产力能否"自行增殖""自发膨胀"？生产力发展的动力是指什么？葛寿昌不同意平心所说的"生产力发展服从它自己的运动规律"、生产力发展"主要决定于它的内在矛盾"，至于新的生产关系"只能在生产力增长所容许的限度内，对社会生产起促进作用"，"生产关系不能越过这种规律的活动范围来推动生产力前进"等。也就是说新的生产关系不是生产力发展的主要动力，它至多也只能在生产力增长所容许的限度内起促进作用。葛寿昌意见：既然生产力的产生不能离开生产关系，那么生产力的增长就更不能脱离生产关系，离开了生产关系而孤立地只从生产力本身去寻找什么"自己增长的可能性"的说法是错误的。因为按照平心的逻辑推论，很难说明生产关系对社会发展的作用。葛寿昌列举我国在社会主义改造以后出现的"大跃进"局面，就是由于建立了新的社会主义的生产关系，保证了劳动者的积极性、创造性的充分发挥，来论证中国在共产党领导下，改变了旧的生产关系以后，才为生产力的发展开辟了广阔的余地。毛主席曾指出："当着不变更生产关系，生产力就不能发展的时候，生产关系的变更就起了主要的决定的作用。"①只有找到了生产力与生产关系的矛盾是社会发展的动力，找到了生产力发展的主要动力是新的生产关系时，才能进行无产阶级革命，推翻资本主义制度，建立社会主义生产关系的一系列学说和战斗号召。我们进行社会主义革命就是为了变革旧的生产关系和上层建筑，为了解放生产力、推动生产力的发展。如果按照平心的论点——在资本主义制度下，即使不改变生产关系，也能使生产力继续不断地发展，必然会引导人们把主要精力放在解决生产力的内在矛盾上，使人们不去为解决主要任务——消灭资本主义生产关系而斗争。这样，马列主义关于社会主义革命的学说就没有重大意义，社会主义生产关系也没有产生的必要，结果必然麻痹工人阶级的意志，解除工人阶级的思想武器。

关于社会主义生产力优越性的问题。许正广认为平心从生产力二重性出发得出结论，说社会主义国家经济高速度的发展是由于社会主义生产力的特殊优越性。从表面看来，平心是歌颂社会主义制度，但是平心却说生产高涨这一切不是由生产关系决定的，这就实际上否定了社会主义生产关系和上层建筑在生产中的主要的决定的作用。这里问题不在于社会主义生产力有没有优越性，而在于这种优越性是从哪里来的？为什么资本主义的生产力没有特殊优越性？而社会主义生产力有特殊优越性？如果不经过革命，不经过生产关系的变革，生产力能否在资本主义生产关系内，自己长出社会主义优越性来？我国今后要使生产持续地高速度地发展是依靠生产力内部的力量，还是坚持不断革命的精神，不断地调整生产关系和上层建筑，使之适应于生产力的发展，适应于经济基础的发展？而平心这一否认生产关系作用的理论，只会模糊工人阶级的斗争意志，使社会主义革命永不能实现，客观上起着极大的危害作用。杨展波认为平心把社会主义优越性导源于生产力内在矛盾运动，从而削弱了社会主义制度下生产关系、上层建筑的巨大优越性和在一定条件下

---

① 《毛泽东选集》第 1 卷，人民出版社，1952 年，第 300 页。

的决定性作用；削弱了党在国民经济发展中的决定性作用，因而是真正抹杀和削弱了社会主义整个制度的优越性。

关于政治经济学的正名、研究对象问题。陈振维、周治平、克生等来稿不同意平心关于政治经济学应改名为经济学的论点，他们的意见，"政治经济学"这个名称很好，它正确地反映了这门科学的本质问题，因之，无须正名。由于马克思、恩格斯所创造的政治经济学是无产阶级的科学，它是为阶级斗争、为社会生产实践、为改造世界服务的马克思主义理论，它是研究人类社会生产关系即经济关系的科学，它必然触及各阶级切身利益的最迫切问题，因而是具有鲜明的阶级性和党性的科学。因之它是工人阶级世界观的组成部分，是工人阶级为摆脱资本主义制度而斗争的武器，是为建成共产主义而斗争的武器。政治与经济是不可分割的，列宁说过："政治是经济的集中表现。"如果把它正名为经济学，就不能表明这门科学的政治性、阶级性和党性，是漠视阶级斗争、阉割这门科学的阶级性的表现，是脱离社会发展规律、超阶级的空谈"经济"的理论。

对平心关于到共产主义高级阶段，阶级完全消灭，作为政治制度、政治活动、政治组织等上层建筑的政治组织等也将不存在，建议"政治经济学"应简称为"经济学"的论点，陈振维认为是错误的。政治经济学不仅是工人阶级反对资本主义制度的斗争武器，而且是共产主义社会建设的武器。到共产主义社会，虽然阶级消灭，并不是就没有政治、没有斗争了，矛盾着的对立面又统一又斗争，才推动了事物的运动和发展，事物的新陈代谢是宇宙间永远普遍存在的规律。在阶级彻底消灭以后，单就国内情况说，政治完全是人民内部的关系，那时人与人之间的思想斗争、政治斗争和革命也一定还会有的，并且不可能没有，只是革命的性质和方法上有所不同，而是人民内部先进和落后的斗争，社会制度的先进和落后的斗争，因此，幻想共产主义社会就不要政治经济学了，急于修改政治经济学的名称和内容，这是错误的，"政治是经济的集中表现"，到了共产主义社会，经济领域大大地扩大，能没有政治吗？

关于政治经济学研究对象。陈振维认为它研究的是各个不同社会发展阶段的生产的社会制度，阐明其支配物质资料的生产、交换和分配的各种经济规律，也就是研究生产关系的科学。而马列主义者从不排斥生产力去孤立研究生产关系。列宁说过："研究这个历史上一定社会的生产关系的发生、发展和衰落，就是马克思的经济学说的内容。"生产关系是通过与生产力相互作用而实现着发生发展和衰亡的过程，生产力是改变生产关系的决定因素，但生产关系并不是消极的，它又推动或阻碍生产力的发展，因之，政治经济学是从生产关系与生产力不断相互作用、相互联系、互为因果来研究生产关系的，但我们不能把生产关系与生产力并驾齐驱、等量齐观地作为政治经济学的研究对象，应该明确生产力的物质技术方面不是政治经济学的研究对象。平心引用恩格斯的话，并且"深刻体会"到"恩格斯所说的生产决不是单指生产关系，而必然包括生产力"。其实，恩格斯所指的广义的政治经济学，是指扩大政治经济学研究对象的历史界限，不要局限于资本主义生产方式一种社会形态，而是扩大到"研究人类各种社会中生产和交换所借以进行的那些条件和形式，以及与此相适应的生产品分配所借以进行的那些条件和形式"，决不是如平心所说的研究"生产力的结构与运动的规律"。

原载《学术月刊》1960 年第 10 期

关于生产力问题的讨论

贤　真*

《学术月刊》编者按：李平心同志于 1959 年在《学术月刊》第 6 期发表了《论生产力的性质》一文，以后又继续在《学术月刊》和其他报刊发表了一系列论著，他在这些文章中提出了一些值得研究和讨论的学术问题。在讨论中既可以发表赞同他的观点，也可以发表不同意他的观点。这本来是学术讨论中的正常现象。谁料在"文化大革命"中，林彪、"四人帮"竟给李平心同志扣上种种政治帽子和罪名，对他进行迫害。现在，李平心同志在政治上已经得到平反，对李平心同志在生产力问题的种种政治上的诬陷不实之词应予推倒。但在理论上仍然没有解决，也不宜轻易作出结论，我们希望学术界对这个问题继续展开讨论。

当时对生产力性质的讨论，主要涉及以下几个问题：

第一个问题，生产力有没有内在矛盾？生产力内部矛盾的主要表现是什么？

李平心同志认为生产力有它内在的矛盾，这一对矛盾是生产力的自然属性和社会属性，这对矛盾是生产力内部的各种对立面的统一的主要表现。他说："生产力性质乃是在一定历史阶段生产力的物质技术属性与社会属性的总和，同时又是生产力的一般强变性和特殊强变性的综合。区别各种不同社会经济形态的生产力性质，不仅要从它们的物质技术属

---

*　贤真，作者情况不详。

性考虑，而且要从它们的社会属性考虑。又不仅要注意它们的一般强变性，而且也要注意它们在不同历史环境中的特殊强变性。"① "一定历史阶段劳动者的社会地位、生活面貌与精神机能，一般的劳动性质，生产的社会性质，劳动组织性质，生产资料使用的目的性与社会作用，生产力诸因素新陈代谢的特点以及生产力变化和发展的各种社会条件，所有这一切综合起来，规定着一定社会经济形态的生产力的社会属性。"② "生产中人的因素是生产力的最重要的因素，这是大家都承认的。人的活动力量和创造作用不能不赋予生产力一定的社会属性。"③ "生产力既是人为主体的社会劳动力量和以生产工具为主体的物质技术力量的对立的统一，而前者居于主导的决定的地位，那就不难断言，劳动力量实质上是肉体力量和精神力量的矛盾的统一。"④ "在生产力、生产关系与上层建筑三者之间，并没有万里长城隔绝着：在三个领域中都有人的因素和物的因素，也都有社会因素和精神因素，只是这些因素在各个领域的性质不同、作用不同；而它们的性质作用，在一定条件之下是可以互相转化的。"⑤

不同意这种意见的同志认为，人的社会地位和思想意识完全不是生产力的东西，前者是生产关系的东西，后者是上层建筑的东西。生产力内在矛盾是人与自然界的矛盾，无所谓社会属性。劳动者总是社会的劳动者，总是具有社会性的，在阶级社会，劳动者总是作为阶级而存在，因此劳动者总是有阶级性的。但是问题在于劳动者的社会性和阶级性，并不是生产力的性质决定，而是由生产关系的性质决定的。

第二个问题，生产力究竟有没有自行增殖自己运动的能力？

李平心同志根据他对生产力内在矛盾的分析，认为："人以自觉的劳动实践引起自然物的性状变化，同时还在自然物中实现自己的目的；这

---

① 李平心：《论生产力性质》，《学术月刊》1959 年第 6 期。
② 李平心：《再论生产力性质——关于生产力的二重性质的初步分析》，《学术月刊》1959 年第 9 期。
③ 李平心：《三论生产力性质——关于生产力性质的涵义问题及其它》，《学术月刊》1959 年第 12 期。
④ 李平心：《关于生产力二重性等问题的概括说明——九论生产力性质》，《光明日报》1961 年 2 月 13 日。
⑤ 同上。

就是生产力产生和发展的主要源泉。"① "人与自然的矛盾，实质上就是社会与自然的矛盾。"② "生产力必须依靠自己增殖与更新的机能实现量的增长和质的变革。"③ "生产力发展是服从它自己的运动规律的。"④ "生产关系不能越过这种规律的活动范围来推动生产力前进。"⑤ "生产力运动的内在规律性也不能脱离生产关系孤立地发生作用，生产力消长总是在一定的社会经济形式中表现出来的。"⑥ "生产和生产力的自己发展趋向是社会物质生产过程的基本规律。"⑦ "不能把生产关系的反作用当作生产力发展的唯一决定作用，也不能把生产力与生产关系的矛盾当作引起生产力变化的唯一动力。"⑧ "生产力与生产关系双方的内部矛盾对于社会发展的基本矛盾说来，总是处于从属的地位，而社会发展的基本矛盾也是经常通过生产力与生产关系双方的内在矛盾而起作用的。"⑨ "生产关系对于生产力的发展所起的作用，不论多么强大，终不能据以修改马克思主义的基本定律，即生产关系适应生产力性质的定律。"⑩

　　不同意这样讲的同志则认为，社会物质生产过程的基本规律是生产关系一定要适合生产力的性质的规律，平心先生实际上是离开了生产力与生产关系的矛盾，离开了生产关系一定要适合生产力性质的规律去分析历史的发展。劳动者是以生产关系和生产力的统一体现者参加生产的，因此参加生产的劳动者当然不会失去他的阶级性，相反这种阶级性对于生产发展具有决定作用，马克思正是在这个意义上说，革命阶级本身是一种最强大的生产力。在生产过程中发生的人与人之间的社会关系，只

① 李平心：《四论生产力性质——给〈有关生产力的几个理论问题〉的作者谢昌余的一封信》，《学术月刊》1960 年第 4 期。
② 李平心：《关于生产力性质几个问题的发言》，《学术月刊》1960 年第 4 期。
③ 李平心：《再论生产力性质——关于生产力的二重性质的初步分析》，《学术月刊》1959 年第 9 期。
④ 同上。
⑤ 同上。
⑥ 同上。
⑦ 同上。
⑧ 李平心：《三论生产力性质——关于生产力性质的涵义问题及其它》，《学术月刊》1959 年第 12 期。
⑨ 李平心：《论生产力与生产关系的矛盾运动——五论生产力性质》，《新建设》1960 年第 6 期。
⑩ 同上。

能归结为生产关系，而不能把它分为生产关系中的社会关系和生产力中的社会关系。生产力各要素只有通过生产关系的结合，才能发生矛盾，生产力才能够运动。没有人与人之间的社会关系即生产关系，也就不可能有人与自然的关系，不可能有现实的生产力。各个社会所创造的生产力之所以能够保存下来，并且越来越迅速地发展起来，就是因为通过社会革命，变革了旧的生产关系，建立了新的生产关系的结果。这正是说明，生产关系一定要适合生产力性质的规律，是社会生产发展的基本规律，生产力的保存、积累和发展，决不是生产力自己"增殖"的结果。至于生产力的发展动力问题，由于生产力和生产关系是社会生产的两个不可分割的方面，因此，如果不是陷入形而上学，就同样不能企图离开社会基本矛盾，离开一定的生产关系和上层建筑去抽象地寻找什么生产力发展的动力。

第三个问题，政治经济学的研究对象应该是什么？

李平心同志认为："关于'政治经济学'的译名问题：我以为这个译名是可以商榷的。所谓'政治'在希腊文原意为社会结构，与作为阶级活动、阶级斗争和国家生活的总和的上层建筑的一个组成部分的政治，虽然语源相同，意义却有分别。将来进到了共产主义高级阶段，阶级完全消灭了，国家也消亡了，作为上层建筑的政治关系、政治制度、政治活动、政治组织等也将不存在，而研究一类社会经济生活与经济运动规律的科学，将也就是广义的经济学将仍然存在，而且将要大大发展。为了解除人们对于这门科学的性质的误解，不如简识为经济学。这是一个正名问题。但是我以为是一个可以研究的问题。"[1]经济学是否只研究生产关系而不研究生产力，这是一个可以讨论的问题，社会主义社会的经济学不仅要为阶级斗争服务，还要为生产斗争服务。没有理由把生产力的结构和运动规律排除于经济学的研究范围以外。经济学和法学、政治学、军事学等科学不同，它在将来决不是随阶级和国家的消亡而消亡，相反在共产主义社会中，经济学将有更高的发展。[2]

① 李平心：《关于生产力性质几个问题的发言》，《学术月刊》1960 年第 4 期。

② 参见李平心《三论生产力性质——关于生产力性质的涵义问题及其它》，《学术月刊》1959 年第 12 期和《关于生产力性质几个问题的发言》，《学术月刊》1960 年第 4 期。

不同意这种意见的同志认为，马克思恩格斯所创造的政治经济学是无产阶级的科学，它是研究人类社会生产关系即经济关系的科学，具有鲜明的阶级性和党性。应该明确生产力的物质技术方面不是政治经济学的研究对象。随着社会主义的发展和逐步向共产主义过渡，政治经济学研究生产关系的任务不仅没有结束，而且也没有减轻。旧的矛盾解决了，还会出现新的矛盾，又需要我们去研究解决。

讨论中还涉及生产力的内涵，生产力性质的含义，生产力性质和生产力水平的区别等等问题，这里不一一列举。

原载《学术月刊》1979 年第 7 期

关于生产力的若干理论问题讨论简介

力　新[*]

生产力是历史唯物主义最基本的范畴之一。长期以来，对于什么是生产力？它是由哪些要素构成的？哪个要素是起决定性作用的？等等，都存在不同观点。搞清楚这些问题，不仅具有重要的理论意义，而且对于加速四个现代化建设也具有现实指导意义。为了便于大家深入地讨论和研究，现将近年来我国理论界在这些问题上的不同意见简介如下。

一、什么是生产力？

在当前的哲学教科书和有关论文中，对于生产力这个概念的定义是极不一致的。苏联康斯坦丁诺夫主编的《马克思列宁主义哲学原理》给"生产力"下的定义是："社会用以影响自然界和改变自然界的那种力量。"[①]在我国编写的哲学教科书中也有类似的提法，如北京市高等学校政治课哲学教材编写组编写的《辩证唯物论　历史唯物论》认为，人们"改造自然和征服自然，获得物质资料的能力，叫做社会生产力"[②]。而艾思奇同志主编的《辩证唯物主义　历史唯物主义》教科书给"生产力"下的定义，则是这样的："从事物质资料生产的人同以生产工具为主的被用于生产的劳动资料相结合，就构成社会的生产力。社会生产力所表示

---

① 费·瓦·康斯坦丁诺夫主编：《马克思列宁主义哲学原理》，生活·读书·新知三联书店，1976年，第288页。

② 北京市高等学校政治课哲学教材编写组：《辩证唯物论　历史唯物论》，北京人民出版社，1975年，第218页。

的是人们在生产中对自然界的关系。"① 显然，这个定义和前两个定义是从两个不同角度给生产力概念下的定义。

有的同志认为，前两个定义是从广义的角度给生产力下的定义，后一个定义是从狭义的角度给下的定义，这两种定义都是可以的。因为在马克思的著作中，在不同的场合，马克思所用的生产力概念其含义也并不完全相同。归纳起来，大致可以区分为广义的生产力概念和狭义的生产力概念。广义的生产力概念泛指人们认识自然，改造自然，从自然界获取物质生活资料的能力，它既包括物质形态的生产力，又包括精神形态的生产力（如自然科学），既包括直接的现实的生产力，又包括间接的可能的生产力。狭义的生产力概念，是限于某一范围和角度讲的，马克思讲到的主要有下列一些：（1）"有用具体劳动的生产力"。这种生产力是从创造使用价值的角度讲的。要创造一定的使用价值，就必须具备具有特定性质的生产资料与特定的生产经验和劳动技能的劳动者，而且二者必须在现实的生产过程中结合起来。这种有用具体劳动的生产力，是直接的生产力。他们认为斯大林在《论辩证唯物主义和历史唯物主义》中对社会生产力所下的定义，就是非常准确地体现了有用具体劳动的生产力的含义。上述第二种生产力概念的定义，也就是给有用具体劳动的生产力所下的定义。（2）"一般社会生产力"。它是和有用具体劳动的生产力相对应的概念，是从一般意义上讲的。自然科学就属于一般社会生产力。这种一般社会生产力之所以称为生产力，是因为它可以参加到现实的生产过程中去，转化为有用具体劳动的生产力。（3）"劳动的社会生产力"或"社会劳动的生产力"。这种生产力是指由劳动的社会结合（如分工、协作）而产生的（或增加的）生产力。（4）"个人的生产力"。这是和社会劳动的生产力相对应的概念，指的是劳动者个人的体力和智力，即劳动者个人的生产经验和劳动技能。（5）"以自然为条件的劳动生产力"。这是指由于有较好的自然条件而增加的生产力。他们认为准确地掌握马克思关于生产力概念在不同场合的不同含义及它们之间的相互关系，具有理论意义和实际意义。

---

① 艾思奇主编：《辩证唯物主义　历史唯物主义》，人民出版社，1978年，第212—213页。

有的同志还指出，生产力这一范畴可以分别从量与质两个方面去考察，生产力的量的规定性是指劳动所能提供的使用价值的量，包含有劳动生产率的意思。而生产力的质的规定性是指人类在劳动过程中，以一定体力和脑力的支出，通过劳动手段，在劳动对象上引起一个预先企图变化的能力。所以有的同志还给生产力下了如下定义："人们进行生产的能力或按照生产的要求引起自然界物质的变化所拥有的能力，叫社会生产力。"

二、生产力由哪些要素构成？

这个问题在苏联国内和我国理论界都长期存在着"两要素说"和"三要素说"之争。在面临实现四个现代化任务的今天，我国理论界对这个问题的讨论又热烈起来了，并且随着近代科学技术的发展，争论双方的论点、论据又有了一些新的内容。

持"三要素说"的主要论据是：（一）马克思关于"劳动过程的简单要素是：有目的的活动或劳动本身，劳动对象和劳动资料"①。这个劳动过程的三要素也就是生产力三要素。因为生产力不能在劳动过程以外，不经过劳动的东西是自然力，而不是生产力。他们认为斯大林关于生产力是由生产工具和人两个要素构成的观点是不对的。因为劳动者使用生产工具，没有劳动对象，"巧媳妇难做无米之炊"，就不能构成现实的生产力。（二）劳动对象的不同情况直接影响着生产力的不同发展水平。特别是随着现代科学技术的发展，在能源、材料等劳动对象方面引起了重大的革命，给生产力的发展起了巨大的推动作用。如原子能和合成橡胶、合成纤维、合成塑料等合成材料的被制造和被利用，引起了工业的新的革命。这表明劳动对象不仅是生产的不可缺少的因素，而且是生产力的因素。它们同生产工具、劳动力结合起来，提高了人们征服自然的能力。持"三要素说"的同志还认为，我国有个原材料不过关、不重视的问题，这与轻视劳动对象，主张"两要素说"，不能说没有关系。因此，为着适

---

① 《马克思恩格斯全集》第 23 卷，人民出版社，1972 年，第 202 页。

应四个现代化建设的需要，应该大力宣传"三要素说"。

持"两要素说"的同志则认为，马克思的定义讲的是劳动过程的要素，劳动过程的要素是生产的要素。但构成生产力的要素和构成生产的要素是不同的。生产力是由人和生产工具（也就是劳动资料）两个要素构成的，它不包括劳动对象在内。正如构成战斗力的要素与构成战斗的要素不同，战斗力是由人和武器两个要素构成的，不包括战斗对象即不包括敌人本身在内。在战斗的因素中，则一定要把战斗的对象——敌人包括在内。同样，生产也一定要有劳动对象，不包括劳动对象这个要素，也就构不成生产。但是生产力作为人们驾驭自然、征服自然、改造自然的能力，却只有两个要素：生产者和生产工具。说生产力包括劳动对象在内，同论战斗力也包括敌人在内是同样说不通的。当然生产中的劳动对象同战斗中的战斗对象是有许多不同之处的，战斗对象就是敌人，但在劳动对象与自然界之间是不能画等号的。在许多生产活动中，劳动对象本身就是人的劳动产品，有些劳动对象的使用本身意味着生产的进步。例如先是青铜，后是铁能够作为劳动对象，就意味着人类社会生产的划时代的进步。在今天，各种合金钢、塑料等材料的使用，对社会生产进步的意义也是不容低估的。但是我们仍旧不能据此把劳动对象和生产者、生产工具并列，都看作构成生产力的要素。因为：（一）一种新的劳动对象之所以能够生产出来和比较普遍地加以使用，是由生产者和生产工具构成的生产力水平提高的结果。也就是说，劳动对象的进步已经包括在构成生产力的生产者和生产工具这两个要素的提高和进步当中了。因此，劳动对象的进步不是一个独立起作用的要素。（二）一种新的产品，如上面所说的青铜、铁、合金钢、塑料等的使用，对社会生产的发展和生产力的提高之所以发生很大的作用，并不因为有了它们作为新的劳动对象，而是因为有了用它们来制作的生产工具。另外，在生产中，当我们发现对生产有利的新的自然资源，例如发现有开发条件的丰富的矿藏时，社会生产可以因此大大提高，但这也不能作为劳动对象是生产力构成要素的理由。因为，发现对生产有利的自然资源，是生产者生产知识的增加，是包括在生产力的两个要素之一生产者这个要素之中的。

此外，还有一种意见认为，"两要素说"和"三要素说"都是有理论根据的，革命导师都是讲过的。问题在于是讲什么问题时使用生产力这个概念。他们认为革命导师在用生产力这个概念时，有时是指它的量，有时是指它的质。在论述生产或劳动生产率这类问题时，一般是指它的量，即生产能力的高低或大小；在论述生产力同生产关系的关系这样的问题时，则是指它的质，即生产力的性质或状况。论生产力的大小、劳动生产率的高低，劳动对象就是一个不可忽视的因素。因为劳动对象作为创造生产工具的材料，对于工具的生产效率有重大作用。新的动力资源的出现和被利用，对于提高生产力也很明显。马克思关于劳动过程的三要素，就是在研究资本主义的生产过程时论述的，讲的是生产和劳动生产率的问题，指的是生产力的高低，所以提出了三个要素。斯大林和毛泽东同志提出生产力包括两个要素：一个是人，一个是工具。这都是在讲生产力同生产关系的关系——生产力的发展变化必然引起生产关系的变化——时说的。马克思主义认为生产关系一定要适合生产力的性质是社会发展的客观规律。所谓生产力的性质就是指在社会生产中使用的是什么样的工具。生产力性质的变化是指生产工具的变化，而不是指劳动对象的变化。这是因为作为劳动对象的自然资源是经常不变的，或者是很少变化的。它的变化只在于能在多大程度上成为劳动对象引入生产，而这又要依赖于生产工具的不断革新，依赖于人的生产经验和劳动技能。因此，当说到生产力是生产中最活跃最革命的因素时，那只是指劳动者和生产工具。正是这两个因素在经常地、不断地发展变化，决定着生产关系的发展变化。

三、生产力中什么是主要的起决定作用的因素？

一种意见主张人是生产力诸要素中主要的起决定作用的因素。因为：（一）生产力是人进行生产、驾驭自然的能力，因此人是生产力的主体。生产工具不过是人体的延长。人的体力作为生产中所需的能源，虽然将被人控制的、通过一定的生产工具从自然界取得的强大的能源代替，而且，在科学技术高度发展起来的今天，各种先进工具，包括电子计算机的广泛使用，以往靠人体来进行的各种复杂操作将被简单得像按电钮这样的动作所代替；甚至许多控制生产过程的活动，也将因为电子计算机的使用大大减少。但是，尽管如此，在任何时候人始终是如何生产的主体，是生产工具的发动者，是生产过程的设计者、管理者、控制者。人的这种作用是不能为人以外的任何物包括电子计算机所能代替的。（二）进一步说，物质资料的生产是物质运动，必须由人的物质力量——体力来引发、管理和控制。（自动化中的电钮的开、关也不例外。）人的这种体力是和人的脑力相结合的。脑力也是物质（人脑）的运动，脑力劳动也是人体的一种消耗。生产过程和生产工具的设计都必须经过人脑的思考。电子计算机在设计中的广泛应用，不能代替人脑的辩证思维。在发动生产工具，对生产过程进行管理、控制中，都有一个从人脑的意识活动到人的运动器官运动的过程，有一个真实的体力，一种物质力量在作用生产工具，改造劳动对象。因此实现着物质资料生产的是人，生产永远是人（社会）进行的生产，不存在没有人的生产。所谓自动化，是以作为生产过程的设计者、管理者和控制者的人的存在和活动为前提的。（三）生产工具归根到底是人制造出来的，是人类世世代代积累起来的经验的结晶。特别是近代新的生产工具要依据人所发现的自然科学的规律发明创造出来。虽然在制造新的生产工具和探索自然界的客观规律从事发明创造时，都要靠原有的生产工具，但是制造新工具的创造性的活动始终是人的活动。

第二种意见认为，生产工具是最终的决定因素。其理由是：（一）用生产工具是人创造的、要靠人去使用，作为人是生产力发展的决定因素的观点，必然导致把智慧、精神说成是历史发展的最终动因的历史唯心主义。普列汉诺夫在《论一元论历史观之发展》中对这种观点早已作过批判。（二）生产工具是人创造的，但是，决不能忘记，人是在既定的社会经济条件下，在既定的生产力下，利用既定的生产工具来创造生产工具的。而这些既定的条件是不能自由选择的。（三）诚然，生产工具要靠人去制造和使用，但是要制造和使用生产工具，人们就必须具备一定的生产技能和经验，而人的生产技能和经验也是历史地确定的，它们只能随着生产工具的发展而发展，并以历史地形成的上一代人的生产技能和经验为出发点。当一种新的生产工具没有被广泛地使用以前，人们是不可能普遍地具有掌握和使用这种新的生产工具的技能和经验的。这就是说，人的生产技能和经验本身也要受既定的生产工具的决定。同时生产工具的发展有其自身由低级到高级发展的规律。（四）一种新的生产工具的诞生和广泛被采用，总是由一定社会经济条件下所产生的客观需要所决定的。这种客观需要也是历史地形成的。持这种观点的同志也指出，在生产力的发展中，人的因素也决不是消极的，特别是在社会主义制度下对人的作用更不能低估。但是，即使在社会主义制度下，人的这种作用也是在既定的物质条件下的能动作用，而不能超越生产工具、劳动对象等物质条件许可的范围。

在关于生产力范畴的研究讨论中，除了以上问题外，还对如何理解生产力里包括科学，科学是否生产力的一个独立因素？生产管理和劳动组织是否属于生产力范畴？对人的因素的含义应如何理解？生产力的发展有无内在动力？什么是生产力的性质？等等，都存在不同看法，并在继续深入地研究之中。

原载《哲学动态》1979 年第 8 期

学术界又开展对李平心同志关于生产力理论的讨论

力 新*

　　李平心同志于 1959 年在《学术月刊》第六期发表了《论生产力的性质》一文，以后又继续在《学术月刊》《新建设》《光明日报》《文汇报》等报刊上发表了一系列论著，到 1961 年止，他围绕生产力性质问题就写了约十七万字十五篇文章。他在这些文章中提出了一些值得研究和讨论的学术问题，在当时就引起了理论界的关注，并开展了一场规模颇大的讨论。当时的讨论主要涉及以下几个问题：一、生产力有没有内在矛盾？生产力内在矛盾的主要表现是什么？二、生产力究竟有没有自行增殖自己运动的能力？三、政治经济学的研究对象应该是什么？此外，讨论中还涉及生产力的内涵、生产力性质的含义、生产力性质和生产力水平的区别等等问题。"文化大革命"中，林彪、"四人帮"给李平心同志扣上了种种政治帽子和罪名，对他进行迫害。现在，李平心同志在政治上已经得到平反，那么在理论上究竟应当如何评价呢？《文汇报》在 1979 年 4 月 6 日和 11 月 30 日的学术专刊上发表了对此问题持不同意见的文章；《学术月刊》1979 年第 7 期也刊登了《关于生产力问题讨论》简介，介绍了"文化大革命"前学术界对这个问题的两种不同意见，《学术月刊》还加了编者按，编者按说："对李平心同志在生产力问题的种种政治上的诬陷不实之词应予推倒。但在理论上仍然没有解决，也不宜轻易作出结论，我们希望学术界对这个问题继续展开讨论。"现把近期讨论中的两种不同意见简介如下。

---

* 力新，作者情况不详。

一种意见认为，李平心同志关于生产力的理论是大胆的、富于创造性的和基本正确的，是对历史唯物主义的一个贡献。他们认为，李平心同志关于生产力的发展并不完全依赖于生产关系的反作用，生产力由于它内在的矛盾而呈现自发膨胀趋势，也就是说，生产力的发展有其内在动力，这个观点是富于创造性的，是符合辩证唯物主义基本原理的。有的同志指出，生产力是社会发展的根本动力。但是，生产力怎样发展，无产阶级革命导师只是从生产力和生产关系的矛盾来论述，而没有着重去分析生产和生产力内部构成因素之间的矛盾以及这种矛盾在生产力发展中的作用。李平心同志敢于提出历史唯物主义中革命导师们没有论述过的一个重要问题，这确实是大胆的勇敢的举动。他们还认为，特别应该强调指出的是，李平心关于生产力发展有它自己的规律，"生产关系只有在它和这种规律相适合而不是相抵触的时候，才能够对生产力起强大的推动作用"的观点，更是发前人之所未发，是实践经验的总结，并对实践有巨大的指导意义。

持上述观点的同志也认为，李平心同志的理论确实存在某些表述不够确切、值得商榷的地方。至于这种"不够确切"的地方表现在哪里，则仍有不同看法。有的同志认为，李平心把生产力中的人，看作"作为社会关系的总和"的人，这是不正确的。因为在马克思和斯大林那里，是把生产力中的人，看作自然人，而不是社会人。把生产力中的人看作是社会关系的总和，就是把经济基础和上层建筑的因素混入生产力范畴，这就会搅混了生产力这一范畴的含义。另外，李平心同志关于生产力的社会属性的论述中，也同样有把经济基础和上层建筑的因素混入生产力范畴的毛病。但有的同志则不同意说生产力中的人是自然人而不是社会人。他认为李平心同志在谈到生产力内部的"社会联系"时，认为分工就是生产力，这似乎有点简单化了。

持这种观点的同志还一致认为，尽管李平心同志的理论中存在某些值得商榷的地方，但是从总的来说，他所持的一些基本观点，是经受住了二十年的实践检验的。过去把他的理论看成是"离经叛道"，当作修正主义来批判，这是极不公正的。现在是对他的理论贡献实事求是地加以肯定的时候了。

　　另一种意见认为，李平心关于生产力性质的理论是不科学的、错误的。它不是对"历史唯物主义的一个贡献"，而是给历史唯物主义和政治经济学的一些基本概念制造混乱。

　　他们认为李平心同志的所谓"创造性"的观点是站不住脚的。首先，李平心同志提出政治经济学的研究对象不仅是生产关系，而且是生产力。这个观点同马克思主义经典作家的一贯论点确实是不同的。经典作家一贯认为，政治经济学研究的对象是生产关系。但是，在他的文章中却又找不到对经典作家论断进行修改的站得住脚的根据，所以，不能认为这一论点是对马克思主义政治经济学的"创造性"的"贡献"，而应该说这是对马克思主义关于政治经济学研究对象的曲解。当然，马克思主义者也是要研究生产力的，但这是属于另一个学科研究的对象。不能因为我们现在要重视生产力的研究，就认为李平心关于政治经济学的研究对象应该包括生产力的主张也是正确的。第二，李平心同志提出生产力有所谓二重性，即所谓物质技术属性和社会属性。他所谓生产力的"社会属性是指社会关系、社会条件等等的总和"，其中包括劳动者的精神状态。这就把很多属于生产关系和上层建筑的问题，吞没到生产力里面去，这是根本错误的。而这个生产力两重性的论点，正是李平心同志生产力性质的理论的基础。第三，李平心同志提出"生产和生产力有一种自己增殖、自己更新的趋向"，"生产力自己增长的可能性，主要决定于它的内在矛盾性"。对于李平心同志这一个论点，需要从实质上进行分析。因为抽象地说，事物的发展在于它的内在矛盾性，这是谁都承认的。所以，抽象地承认所谓"生产力的内在矛盾是生产力发展的动力"，这并不是李平心的创造。问题在于如何理解生产力的内在矛盾。李平心同志所说的生产力的内在矛盾和内在动力，就是指生产力的所谓"物质技术属性和社会属性的矛盾"。也就是他所说的"生产力的二重性"和生产力的"自己增殖"。所以他的这种观点，不仅根本不同于主张"新的生产关系是推动生产力发展的决定性动力"的观点，也不同于学术界一部分同志所主张的用生产力自身的矛盾（不包括生产关系）来说明生产力发展主要动力的观点。可见，李平心同志所谓生产力"自己增殖"的观点，是以"生产力的二重性"观点为立论基础的。在他看来，因为"生产力有二

重性"，所以生产力能够"自己增殖"。既然他的"生产力二重性"如前
分析是错误的，同样，他的生产力"自己增殖"论也显然是站不住脚的，
是没有科学根据的。

原载《国内哲学动态》1980 年第 1 期

生产力研究新进展评述

张曙昌 *

　　生产力是社会发展与变迁的最终决定力量，因此从理论上阐明生产力及其发展规律对我们进行社会主义现代化建设有重大的理论价值和现实意义。但长期以来由于忽视对生产力的研究，许多基本理论问题在理论界还没有统一的认识。或者只知道斯大林关于生产力的定义及其二要素论，或者把马克思关于劳动过程三个简单要素的观点当作生产力的定义及其构成，这就难免造成思想混乱，并在社会主义建设实践中出现种种偏差。十一届三中全会以来，由于摆脱了教条主义和个人迷信的束缚，生产力研究的深度与广度就超过了解放以来的任何时期，取得了可喜的新进展，并产生了一门新学科，即生产力经济学。本文试图对其新进展中的某些主要方面作一粗浅的评述。

一、马克思主义历史观所理解的生产力

　　关于生产力的含义有四种代表性观点。第一种是于光远的观点，他声称"坚持二要素论"，认为生产力中究竟包括哪些基本要素，来源于我们对生产力作何种理解。在他看来，社会生产力不是劳动生产力（劳动生产力只是它在数量上的表现），社会生产力是特定社会征服自然界取得物质产品的能力，而征服敌人的战斗力是决不可以把对立面，即敌方包括在我方的战斗力之内的。因此，也不能把作为劳动对象的自然界放在

---

* 张曙昌，北京医学院哲学教研室教师。

428

生产力内。^①

第二种是熊映梧、卫兴华和李凯明的观点，这种观点认为生产力就是历史地积累起来的生产物质资料的能力或力量，这种力量是不断发展的，因而构成生产力的内在要素也就不是固定不变的。随着生产力的发展，它的内容也扩大了，特别是科学的发展及其应用、分工和协作、生产的组织和管理、自然力等，都成了发展生产力的重要因素。论者还征引了马克思原著，证明马克思经常把社会生产力又称作劳动生产力，马克思的目的是把它同资产阶级经济学所强调的土地生产力、资本生产力等概念区分开来，而且更重要的是表明生产力只能是有用的具体的劳动的生产力，任何生产力的因素如果不与劳动相结合，就形不成现实的生产力。我国理论界由于长期否定劳动生产力就是社会生产力，把生产力的内容理解得很狭窄。论者还认为，目前流行的所谓生产力就是"人们改造自然和征服自然的能力"的定义，是不够完全和科学的。另外，生产劳动同战争是根本不能相类比的，战争的目的是摧毁和消灭敌人，而"劳动过程……是为了人类的需要而占有自然物"^②。因此，自然物质或劳动对象的数量越充分、质量越高，对于生产物质资料越有利。可见，排除劳动对象是生产力的因素，是不适当的。^③

第三种是以赵光武、李澄和赵家祥为代表的观点，这种观点首先从分析马克思在不同场合对生产力论述的不同含义入手，概括为广义的和狭义的两种概念。广义的生产力是指人们利用自然、改造自然、从自然界获取物质生活资料的能力；狭义的生产力是指有用的具体的劳动的生产力，是直接的现实的生产力，而不是间接的可能的生产力。他们明确地指出：这种有用的具体的劳动的生产力就是我们通常所说的生产力或社会生产力，就是马克思在《〈政治经济学批判〉序言》中所指的"物质生产力"；也就是历史唯物主义所讲的与生产关系相对应的生产力。^④

---

① 于光远：《生产力经济学的几个问题》，《江汉论坛》1982年第4期。
② 《马克思恩格斯全集》第23卷，人民出版社，1972年，第208页。
③ 熊映梧：《对生产力要作动态考察》，《光明日报》1980年6月8日；熊映梧：《生产力动态考察论》，《求是学刊》1980年第4期；卫兴华、李凯明：《关于生产力的内容和发展生产力的问题》，《哲学研究》1980年第11期。
④ 赵光武等：《历史唯物主义原理》，北京大学出版社，1982年，第85—86页。

第四种是邓三瑞的观点，这种观点提出对生产力应重新定义，生产力的概念应反映系统论、控制论出现后的新情况，反映伴随现代化大生产所产生的新问题。为此，他提出如下一个新的定义：〈生产力〉=〈科学·技术〉+〈经济结构〉+〈劳动系统〉〔=〈劳动体〉（包括三要素）+〈管理系统〉〕。①

四种观点都有可取之处。第一种观点提出了一个重要的问题：社会生产力与劳动生产力是否有区别？第二种观点则阐述了社会生产力与劳动生产力的一致性，并提出了必须随着社会生产的发展，动态地考察生产力构成因素的问题。第四种观点正确地要求生产力概念应该纳入系统论、控制论等现代科学的最新成果，来反映现代生产力的复杂系统。这些观点各从一定的侧面为理解现代生产力提供了有益的思考方法。其中第二、第三种观点大同小异，比较符合马克思的本意，得到理论界多数人的赞同。下面着重评论一下第三种观点中的狭义生产力概念。

长期以来，理论界一直认为马克思对生产力没有直接下过定义，而赵光武等却把马克思在《资本论》中关于生产力的定义第一次明确地阐发出来。这一定义的全文是这样的："生产力当然始终是有用的具体的劳动的生产力，它事实上只决定有目的的生产活动在一定时间内的效率。因此，有用劳动成为较富或较贫的产品源泉与有用劳动的生产力的提高或降低成正比。"②这一定义使人耳目一新，因而可以说这是对生产力研究的一大进展。简而言之，其意义有三：

（一）马克思这一科学定义指明了生产力的提高在于经济效益的提高。其中"有用的具体的劳动的生产力"这个提法是从创造使用价值的角度谈问题的。所谓"有用"是指能够满足人类物质文化需要的性质，所谓"具体的劳动"就是生产使用价值的不同形式的劳动。马克思这一生产力定义的实质在于有用劳动在一定时间内能提供产品能力的大小。马克思特别强调"一定时间内的效率"，这对于衡量生产力水平的高低有决定意义。正如马克思所说："我们所理解的劳动生产力〔增加〕，是指使用一定量劳

---

① 邓三瑞:《"生产力"应重新定义》,《自然辩证法报》1984 年第 12 期。
② 《马克思恩格斯全集》第 23 卷，第 59 页。

动时具有更大的效率，而不是指使用的劳动的量的任何变化。"① 因此，所谓生产力的提高，既不是指劳动人数的增多、劳动强度的增大，也不是单纯地看产品产量或产值的增长（对此，三十年来我国人民已经吃了不少苦头，有着切肤之痛），具有决定意义之点在于劳动生产率，也即经济效益，在于产品的质、量、品种是否适合社会需要，是否真正增加社会的有效财富。因此，提高经济效益对实现四个现代化是至关重要的。

（二）马克思这一生产力定义还包含着以下两个内容：（1）无用劳动（即不创造使用价值以及不提供适合社会需要的产品的劳动等）不应作为生产力的内涵，即如马克思所说，"既然生产力属于劳动的具体有用形式，它自然不再同抽去了具体有用形式的劳动有关"②；（2）经济效益或提供有用产品的质、量和品种或一定劳动时间内的效率，是确定生产力发展水平的基本依据，也即如马克思所说："劳动生产力的增长无非是使用较少的直接劳动创造较多的产品，从而社会财富越来越表现为劳动本身创造的劳动条件……"③ 这启示我们要以尽可能少的投入获取最佳的效益作为发展生产的一条主要规律。

（三）马克思关于"有用劳动成为较富或较贫的产品源泉与有用劳动的生产力的提高或降低成正比"的论述，揭示了一条取得物质产品极大丰富的法则。我们要使社会财富越来越多地涌现出来，不断地满足人民日益增长的物质和文化需要，就要努力发展"有用的具体的劳动的生产力"。

由此可见，马克思的这一生产力概念既有质的规定性，又有量的规定性，是对社会生产力进行科学抽象的结果，它对于我国四个现代化的建设无疑具有重要的指导意义。

二、生产力构成理论的新进展

几年来，理论界在学术研究和百家争鸣过程中不断发展真理性的认识，终于突破了"二要素说"和"三要素说"的束缚，提出了动态考察论、生

---

① 《马克思恩格斯全集》第 26 卷（第 1 册），人民出版社，1972 年，第 31 页。
② 《马克思恩格斯全集》第 23 卷，第 59—60 页。
③ 《马克思恩格斯全集》第 46 卷（下册），人民出版社，1980 年，第 360 页。

产力系统论、宏观生产力与微观生产力论，以及综合生产力论，等等，显示了理论研究的蓬勃生机和创造发展。现择要把有代表性的评价归纳于下：

（一）对生产力要素说给予了客观的、公允的评价

首先认为要素说是必要的，有一定意义的：（1）要素说，特别是三要素说，同细胞说揭示了有机体是由细胞构成的一样，也揭示了生产力最基本或最简单的构成。但如同对人体细胞的分析并不能代替对整个人体系统的分析一样，对生产力三要素的分析，毕竟不能代替对生产力总体的分析①；（2）把生产力解释为两三个或更多个基本因素的总和，这种看法无疑具有一定的科学价值，但它只反映了生产力这个客体的一部分本质（即生产力确实由若干个因素构成的）。②

其次指出了要素说的不足之处：（1）划分因素的方法实际是一种静态分析的方法，犯了孤立地、静止地考察生产力的毛病，因此这种方法不能无条件地使用。因为生产力是不断发展的，必须对生产力作动态考察③；（2）要素说不能把握具体的运动的生产力，马克思就指出："所谓一切生产的一般条件，不过是这些抽象要素，用这些要素不可能理解任何一个现实的历史的生产阶段。"④显然，用这些要素更不能理解"始终是有用的具体的劳动的生产力"。如，资本主义生产方式的第一阶段即简单协作的最初发展时期，工具、劳动者的技术以及劳动对象的状况与封建个体手工业者相比，几乎没有多少变化，但是生产力不仅在质上而且在量上都与封建个体手工业有了根本区别。如果仅仅抓住所谓三要素，就会根本看不到二者的这些区别⑤；（3）生产力要素说忽略了生产力诸因素之间的联系（质的又一规定性）和对比（量的规定性）。因此，我们应该在

---

① 王师勤：《微观生产力系统初论》，《求是学刊》1982 年第 2 期。
② 薛永应：《生产力系统论——关于生产力经济学的对象和任务的探索》，《经济研究》1981 年第 9 期。
③ 熊映梧：《对生产力要作动态考察》，《光明日报》1980 年 6 月 8 日；熊映梧：《生产力动态考察论》，《求是学刊》1980 年第 4 期；郭树清：《马克思主义的生产力范畴再探讨》，《学习与思考》1983 年第 2 期；项启源、余少波：《试论现代生产力诸要素》，《中国经济问题》1980 年第 5 期。
④ 《马克思恩格斯选集》第 2 卷，人民出版社，1972 年，第 91 页。
⑤ 郭树清：《马克思主义的生产力范畴再探讨》，《学习与思考》1983 年第 2 期。

这个基础上再前进一步，用"系统论"的观点来认识生产力①；（4）现代生产力是一个复杂的机体。现代生产力的巨大发展，早已超出了"二要素"或"三要素"所能容纳的范围②；（5）二要素说与三要素说都缺乏理论上的充分依据。如三要素说的主要理论依据是马克思在《资本论》中论述劳动过程的一段话："劳动过程的简单要素是：有目的的活动或劳动本身，劳动对象和劳动资料。"虽然不能离开劳动过程孤立地研究生产力，但它们毕竟是有区别的。劳动过程是指人们从事物质资料生产的活动，它的简单要素是固定的、不变的；而生产力则表现人们在生产中创造物质财富能力的大小，而且随着生产力的发展，这种创造物质财富的能力是不断提高的。因此不能把劳动过程混同于生产力，更不能把劳动过程的简单要素当作现代生产力系统构成的全部成分。③

（二）马克思究竟有没有关于生产力构成的理论

理论界在突破了要素说的束缚以后，对于这个问题还存在着两种有代表性的意见。

第一种意见是许惠农和王复三明确提出的。他们认为依照马克思关于生产力的科学定义，必然合乎逻辑地引出生产力诸因素的思想。既然生产力归根到底与有用劳动在一定时间内的效率相联系，那么，凡是在一定时间内的生产活动中直接影响提供产品量的因素，都应是构成生产力的因素。马克思在《资本论》中就曾明确指出："劳动生产力是由多种情况决定的，其中包括：工人的平均熟练程度，科学的发展水平和它在工艺上应用的程度，生产过程的社会结合，生产资料的规模和效能，以及自然条件。"④

第二种意见是金志广提出的。他认为马克思上述这一段话讲的是决定生产力状况的许多情况（或因素），并不是讲被决定者（生产力）本身的构成"要素"。他认为马克思在《资本论》中规定了"生产要素""劳动过程

① 薛永应：《生产力系统论——关于生产力经济学的对象和任务的探索》，《经济研究》1981年第9期。
② 项启源、余少波：《试论现代生产力诸要素》，《中国经济问题》1980年第5期。
③ 许惠农、王复三：《论生产力范畴及其诸要素》，《教育与研究》1982年第1期。
④ 《马克思恩格斯全集》第23卷，第53页；许惠农、王复三：《论生产力范畴及其诸要素》，《教育与研究》1982年第1期。

第四卷 中国当代哲学史史料·文献选编（上）

的简单要素"，但"没有规定什么'生产力要素'"。生产中有机结合的诸要素就是生产力的各种表现形态，就是生产力本身。马克思只是详细地考察了这些表现形态：物质的表现形态（包括劳动资料、原料、劳动者等）、精神的表现形态（科学与技术等）和社会的表现形态（协作与分工等）。①

　　然而，这两种意见正是不正确地理解马克思这段话的结果。其实，马克思在这里提到的五个方面的基本因素与生产过程的关系，是内在的、息息相关的。这里的"科学的发展水平及其在工艺上的应用"，显然已不再是纯粹"知识形态"的东西，处于生产过程之外，而已经是不断渗透、转化为劳动过程三要素内在的质的东西了。这里的"自然条件"，如生产的地理条件、矿物资源的分布与距离、自然力及道路状况等，也不单纯是外在的因素，而是与生产的投入产出链密切相关的重要条件。至于其他三个方面的基本因素就更是如此了。总之，这五个方面的基本因素指的都是在一定时间内的生产活动中直接影响和决定生产力发展的内在因素。因此，有充分的理由可以认为，马克思关于生产力的构成理论就是由上述这五个方面的基本因素有机结合构成的。金志广的论点和例证都是可以讨论的，因限于篇幅，拟另文商榷。

三、现代生产力是一个巨大的、多层次的系统

　　几年来对现代生产力系统提出了以下两种有代表性的观点：第一种观点是熊映梧提出的。他认为现代生产力是一个极其复杂的、多层次结构的"超大系统"。可以把它图解如下：

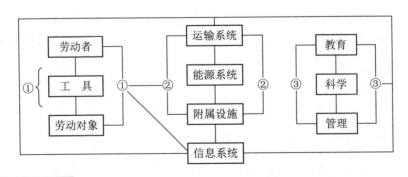

①　金志广：《关于〈资本论〉中的生产力范畴体系》，《历史唯物主义论丛》1984 年第 4 期。

434

图中①第一层次是构成生产力的最简单的因素，类似电子计算机中的"硬件"；②第二层次包括能源、交通及必要的附属设施（如厂房、仓库）等因素，对现代生产力来说，这个系统的作用日益增大；③第三层次诸因素并不直接构成生产力，但它们可以使第一、二层次诸因素保持在最佳状态，发挥更大的效用，类似电子计算机的"软件"。它的作用，在现代生产力中越来越重要了。"信息系统"是使各个层次、各个因素形成一个系统不可缺少的东西。其中每个层次、每个因素又是一个"子系统"或"支系统"。①

第二种观点是薛永应提出的。他认为社会生产力系统有四个特征。第一个特征是具有强烈的集合性，至少由三类因素组成，一是实体性因素，包括劳动资料、劳动对象和劳动者，它们是生产力的物质承担者；二是附着性因素，包括科学、技术和教育，这类因素只能附着在实体性因素之上；三是运筹性因素，包括经营管理、布局决策、结构设计和规模选择等。二、三两类因素都不能独立存在，但二者的差别在于附着性因素是通过改善被附着因素的质而发挥作用，而运筹性因素则通过对被运筹因素的调度、处置、匹配、选择等手段，改善这些因素之间的联系和对比，从而提高这些因素的总体效率，扩大它们的总体功能。在人类社会生产力较低的发展阶段，实体性因素几乎是生产力系统仅有的构成因素，其余两类，还是微不足道的。到了较高的发展阶段，后两类因素才显示了日益重要的作用。第二个特征是系统具有密切的关联性，它的各子系统内部和子系统之间，有特定的关联方式。它主要表现为投入产出链的联系及进行能量交换与物质循环的联系等。第三个特征系统的诸因素之间具有特殊的数量规定性，即任何产品的产出，都是生产力系统诸因素特定关联方式下共同作用的结果。要充分地发挥这种共同作用并获得最佳的成果，诸因素之间必须有适量的、最佳的配比。这无论对宏观上的社会总产品和微观上单个企业的产品而言，都是必需的，对提高生产力水平具有重要意义。第四个特征是系统具有明显的总体性，而总体性又具有不同于诸因素的新功能。如雷达具有测量飞行物位置与速度

---

① 熊映梧：《生产力系统论》，《社会科学战线》1981年第3期。

的能力，这种新功能是其各单独机件的组成部分所没有的。系统的整体大于各部分之和，离开这个整体，任何生产力因素都不会有创造同样使用价值的新功能。①

以上两种生产力系统的观点，能结合现代科学的最新成果来考虑现代生产力及其构成的系统，是一大优点，同时它们都把科学技术、教育和经营管理等纳入系统之中，避免了历来的静态考察生产力的缺点，而且也是符合现代化大生产的特点的。专业化和协作关系的发展，宏观与微观企业内部的劳动组织和管理，生产力诸因素的合理组织，是现代科技发展的客观要求，它又极大地提高了劳动生产率，推动着生产力的发展。薛永应还进一步把生产力诸因素归纳为三大类因素的有机结合，指出了现代生产力系统的四个共同特征，有创见地提出了在现代化大生产中日益显示重要作用的布局决策、结构设计、规模选择等运筹性因素，这就与四化建设的实践及应用经济学更紧密地联系起来。这些都是生产力研究的新成果新进展。

但是，这两种观点都还有某些不足之处，即都没有充分考虑马克思上述生产力五个方面因素的论述：（1）未考虑实体性因素中的劳动者，按马克思极其严密而又全面的观点，主要应指工人的平均熟练程度；劳动资料和劳动对象，主要应指它们的规模与效能。规模与效能是统一的。可从宏观与微观两方面去看。（2）未考虑自然条件（如生产的地理条件、矿物资源的分布与距离、自然力及道路状况等）也应作为实体性因素列入生产力系统中，它对生产力的发展也有着很大的影响与作用。（3）科学技术，未按马克思的意见，主要指科学的发展水平及其在工艺上的应用。这里的"科学"已不单纯是一种"知识形态"的东西，而是它的客观发展水平，并在工艺上与生产过程紧密地结合在一起了，它在现代生产力的发展中日益起着主导性的作用。（4）"科技"这一类因素不应称为附着性因素，用"附着"二字不够贴切，因为它容易被认为是事物之间的外部联系，而非内在的、本质的联系。因而以改称"智能性因素"更为准确恰当，以充

---

① 薛永应：《生产力系统论——关于生产力经济学的对象和任务的探索》，《经济研究》1981年第9期。

分体现科学技术渗透、转化为劳动者和生产资料的质，达到水乳交融的状况。（5）智能性因素中的教育（主要指科技教育与训练），一般也没有独立的物质形态，但它可以通过传授，渗透并改善劳动者的质，提高劳动者的科技水平和平均熟练程度，从而推动生产力的发展。实践证明，科技愈发展，生产愈发达，教育与训练在生产力系统中的地位也愈重要。

根据马克思关于生产力诸因素的论述，并综合以上两种生产力系统的优点，试制现代生产力系统模式表于下：

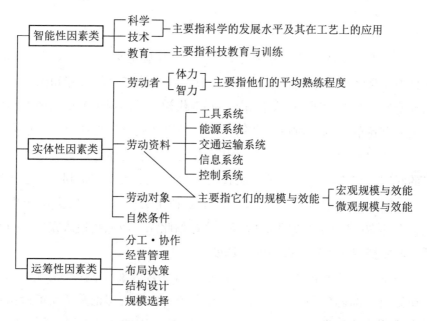

这里仅列出第一、二层次的内容，第三层次以下的子系统可以逐次进行分析。每一层次、每一子系统都具有上述系统的四个特征。

原载《哲学动态》1985 年第 1 期

李平心生产力性质的理论及其当代意义

商孝才 *

生产力性质及其发展规律的理论，是马克思主义理论的基石，因此，马克思主义者历来重视生产力性质及其发展规律理论的研究和探索。我国理论界，在 20 世纪 50 年代末和 60 年代初，就出现了关于生产力和生产关系理论的一场大讨论，当年我国著名的马克思主义理论家、华东师范大学历史系教授李平心同志，很认真地参加了这场大讨论。他用两年半的时间，在《学术月刊》《光明日报》《文汇报》等全国报刊上，连续发表了 10 篇论生产力性质的文章，加上其他论生产力问题的文章，共 17 篇，多达 20 多万字。据我们所知，这样如此深入而系统地研究生产力性质及其发展规律，迄今在国内外是极为罕见的。

然而，在"文化大革命"中，张春桥、姚文元竟然用"断章取义，栽赃陷害"的恶劣手段，诬指李平心生产力性质的理论是"反革命修正主义唯生产力论"，对其进行残酷批斗，并迫害致死。李平心同志被害身死了，而他的生产力性质的理论还活着。半个多世纪的社会实践证明，李平心生产力性质的理论是马克思主义的科学真理。当今，我们对这一马克思主义理论深入研究和阐发，对于我们深刻理解和全面落实以习近平同志为核心的党中央提出的"五大发展理念"，实现"两个一百年"奋斗目标，实现中华民族伟大复兴的中国梦，其理论价值和当代意义是重大而深远的。

---

* 商孝才，1936—　，男，华东师范大学哲学系教授。

一、生产力的性质：生产力的二重性

关于生产力的性质问题，是理论界十分关注的问题，也是理论工作者需要深入研究和探索的问题。

如何理解生产力的性质。我们一般认为，生产关系适合生产力性质和水平是人类社会发展的基本规律，而生产力性质是生产力的质，即劳动者用什么样的生产工具进行物质生产活动；而生产力水平或状况，是指生产力的量，即生产工具的数量多少，物质生产活动的规模，等等。这样理解问题，不是无道理的，但是未免太简单，不能深刻说明生产力和生产关系之间错综复杂的矛盾关系，以及它们之间矛盾运动的根源性等一系列重大理论问题。李平心同志正是考虑到这些问题，依据马克思主义基本理论和现实生活，认为生产力性质是"总的社会生产过程中人力和物力的量态和质态的统一"，是"生产力的一定发展程度或生产力水平、生产力状况的概括表述"，而"发展程度、水平、状况也不是单指量态，同时包括质态"，进而明确提出了"生产力的二重性"问题。他说："生产力性质乃是在一定历史阶段生产力的物质属性与社会属性的总和"，是"物质技术力量和社会劳动力量的统一"。[①] 这个重要的马克思主义理论观点，已经引起了我国理论界的重视。我国著名的马克思主义理论家匡亚明同志和孙冶方同志，早在 20 世纪 70 年代末，对李平心同志这个重要的马克思主义理论观点就给予了高度赞扬和充分肯定。匡亚明同志说：李平心同志关于"生产力二重性"的理论观点，"是一个有价值的出色的贡献"。孙冶方同志说：李平心同志关于生产力性质的一些主要理论观点，"我也是赞同的"。[②]

世界上一切事物都有"二重性"。马克思主义认为，世界上一切事物和现象，无不具有二重性，生产力、生产关系和上层建筑，都是客观存在的具体事物和现象，当然也都具有"二重性"，这是逻辑的三段论。世

[①] 李平心：《论生产力性质》《再论生产力性质——关于生产力的二重性质的初步分析》，《学术月刊》1959 年第 6 期、第 9 期。

[②] 参见李平心《论生产力问题》，生活·读书·新知三联书店，1980 年，第 4、9 页。

界上的事物和现象，千差万别，就在于都有各自的"二重性"，都有独自的发展规律。如果不承认这个客观事实，就是否定矛盾的普遍和特殊、共性和个性、绝对和相对、一般和个别辩证统一这一矛盾问题的精髓。

生产力和生产关系是一种特殊的物质形态，与自然界里的客观事物既有联系又有区别。其联系是指共同性，都是客观实在，都具有物质性；其区别是指，生产力和生产关系都具有社会性，自然界里的客观事物则不具有社会性。这里的问题是，人们往往承认生产关系有社会性，而否认生产力的社会性。人们一般认为，生产力是劳动者改造自然界，并在自然界获取物质生活资料的能力，是说明人和自然界的关系；而生产关系则是劳动者在生产实践活动中形成的人和人之间的关系，是说明人和社会的关系。这种对生产力和生产关系的理解，当然也是不错的。但是，不能依此否定生产力的社会属性。生产力是物质技术力量和社会劳动力量的矛盾统一，这是"生产力的二重性"，生产力是一种具有社会属性的特殊的物质形态。

从生产力的结构来分析，构成生产力的因素是很复杂的，是多种多样的。而归纳起来，生产力是由劳动者、以生产工具为主体的劳动资料和劳动对象等三种因素构成的。这三种因素概括起来说，就是劳动者和生产资料，就是人和物。李平心同志又考虑到，人与自然界的关系，也是人和物的关系，不可以把两个不同的概念混淆起来；而且人和物的因素遍及社会生活的各个领域，不是生产力的独有因素；还有，构成生产力的人和物有特殊性，不是所有的人都参加物质生产活动，也不是所有的物都是物质生产资料；再者，生产力是一个包含物质条件和社会条件的社会历史范畴，不同的历史阶段，生产力构成因素是有区别的，其社会历史性质也是不一样的。恩格斯在论及垄断资本的时候，一针见血地指出："无论化为股份公司和托拉斯，还是转为国家财产，都没有消除生产力的资本属性。"[①] 这个经典式的论断深刻说明，古今中外从来没有超历史范畴、超社会范畴的生产力。既然在资本主义社会里，生产力始终带有资本主义性质，那么，由此推定，在社会主义和共产主义社会里，生

---

① 《马克思恩格斯选集》第 3 卷，人民出版社，1972 年，第 436 页。

产力必定始终带有社会主义和共产主义性质，乃至在原始公社时代、奴隶社会时代和封建社会时代，生产力始终带有不同的历史性质和社会性质，这是合乎历史逻辑的。邓小平多次讲，在我们的"现代化"前面一定要加上"社会主义"四个字，我们搞的是"社会主义现代化"，也是讲的生产力的社会历史性质。由此可见，生产力具有社会属性，是一种社会劳动力量，是马克思主义基本观点。生产力不是一般的人与物的关系，而是物质技术属性和社会属性的统一，是物质技术力量和社会劳动力量的矛盾运动过程，这就是"生产力的二重性质"。

为了深入理解和把握"生产力的二重性质"，还要分析物质技术力量和社会劳动力量所包含的具体内容。社会劳动力量是指劳动者的体力活动、生产技能、劳动经验、操作方法、技术发明和技术设计、劳动人数、劳动时间，以及劳动者的生产积极性和劳动创造性。马克思、恩格斯在《资本论》《德意志意识形态》等著作中，还分析过劳动者的"社会分工"、劳动者的"共同活动方式""劳动者的联合"等等，"本身就是生产力"。毛泽东说"大工业"是"巨大的生产力"，"资本主义制度所包含的生产社会化和生产资料私人占有制的矛盾"，是资本主义社会的根本矛盾，是生产力和生产关系矛盾的"特殊表现"。可见，"生产社会化"也是生产力。这里讲的"分工""联合""共同活动方式"，以及"大工业"和"生产社会化"都是讲的人与人之间的社会联系，劳动者都处于一定的社会关系中，即生产力的社会属性，生产力是一种社会劳动力量。

物质技术力量是指生产力的物质技术属性，它包括劳动工具、机械、机器、动力、土地、水利、交通条件和其他劳动资料（容器、原料、种子、肥料、种畜、建筑设备等），各种直接和间接为生产服务的物质条件和技术装备，以及进入生产过程的各种客观事物，等等。所谓生产力的矛盾运动就是包括这两个方面：一方面是通过人与自然之间的物质变换形式进行，它主要反映生产力的物质技术属性；另一方面是通过社会生产和交换关系（包括活动交换和产品交换）的历史形式进行，它主要反映生产力的社会属性。生产力就是这种物质技术力量和社会劳动力量的矛盾运动，这是任何力量也无法限制的内在动力，这两种力量之间的矛盾运动，推动着生产力永不停顿地向前运转。

　　人的精神因素为何划归为生产力。有的同志提出，劳动者的积极性和创造性，是精神因素，为什么把精神因素划归为物质生产力范畴，精神因素应属于上层建筑。我们一般都是这样理解问题的，认为生产力和生产关系是纯粹的物质关系，只有上层建筑才包括精神因素，是纯粹的精神关系。社会实践和现实生活证明，这种理解问题的思想方法，具有形而上学片面性。辩证法是讲对立统一的，任何对立的双方，都是相互包含、互相渗透、互相转化的。坚持彻底的辩证法，不可以把生产力和生产关系看作纯粹的物质关系，也不可以把上层建筑看作纯粹的精神关系。在生产力、生产关系和上层建筑这三大领域中，都离不开人的活动。而人是肉体和精神的统一，体力和智力的统一，凡是有人活动的领域或地方，都会有物质因素和精神因素。上层建筑中的精神因素，必须以人和各种物质设施作为载体，否则，把上层建筑抽象化，精神因素成了空中楼阁，难于生存和发展。生产力、生产关系、上层建筑中，都有人的因素和物的因素，同是一人一物可在生产力、生产关系、上层建筑三个方面"兼职"，只是所担负的职能和起的作用不同而已，问题是先要看它们为什么服务，然后再来决定它们的职能和作用。劳动者的积极性和创造性，内化在劳动者中，并转化为一种物质技术力量。劳动者的积极性和创造性的提高，是物质生产力增长的一个重要内容。马克思说："最强大的一种生产力是革命阶级本身。"[1] 马克思还明确说："我们是把劳动力或劳动能力理解为肉体力和精神力的总和，它们存在于一个人的身体中，存在于他的活的人格中，他把它推动时，通常会生产某一种使用价值。"[2] 社会发展史证明，劳动者的精神状态解放同他们的肉体解放，是生产力性质的根本变化的主要内容。在生产过程中，劳动者不是只凭肉体活动，不需要任何精神活动，不能设想，生产力完全排除人的精神状态。如果把劳动者的积极性和创造性排除在生产力之外，劳动者就成了"没有灵魂的机器或是人格分裂的怪物"[3]，劳动者就成了"机器人"，这是不可思

---

① 《马克思恩格斯全集》第 4 卷，人民出版社，1958 年，第 197 页。
② 马克思：《资本论》第 1 卷，人民出版社，1953 年，第 176 页。
③ 李平心：《四论生产力性质——给〈有关生产力的几个理论问题〉的作者谢昌余先生的一封信》，《学术月刊》1960 年第 3 期。

议的。因而，生产力包括精神力量，是符合马克思主义的，是客观事实。马克思曾在《经济学手稿（1857—1858）》中明确提出"精神生产力"这个重要概念。人的体力和器官是有限的，而人的精神活动力量是无穷的。这也是生产力最具革命性的根本原因所在。

"生产力的二重性"，即物质技术力量和社会劳动力量的矛盾运动，是生产力不断运动和发展的内在泉源。我们深刻理解和把握了生产力这一基本性质，就可以深刻理解和把握社会基本矛盾是人类社会发展的根本动力和根本规律。生产关系适合生产力的性质，从根本上说，就是要适合"生产力的二重性质"，就是要适合"物质技术力量和社会劳动力量矛盾运动的性质"，进而深入理解生产力是人类社会发展的"最终泉源"。

二、生产力的二重性：生产力内部矛盾的轴心

我国理论界一直重视生产力和生产关系、经济基础和上层建筑之间矛盾关系的研究，而生产力、生产关系、上层建筑等三大领域中，还有没有各自的内在矛盾和发展规律，在李平心同志提出这个问题之前，我国理论界几乎无人关注这个问题。能够深入到生产力内部（包括经济基础和上层建筑）研究其性质和矛盾运动规律，李平心同志是我国第一人。这个问题从提出至今已经半个多世纪了，引起了不少理论工作者的思考和关注。可以说，对这个问题的研究，正在走向深入。

生产力和生产关系的矛盾运动，经济基础和上层建筑的矛盾运动，是人类社会发展的根本动力和根本规律，"是人类社会发展的主轴"[①]，这是我们必须坚持的马克思主义基本观点。但是，也要看到，构成生产力、生产关系、上层建筑的因素和联系，也是很复杂的，在它们各自的领域中，还有内在的矛盾和独特的发展规律，这是它们之间矛盾运动的"泉源"。劳动者和生产资料是构成生产力的基本因素，只有通过生产关系把这些基本因素联结起来，才形成现实的生产力。物质生产就其本质而言，是劳动者使用以生产工具为主体的劳动资料，加工和改造劳动对象的物

---

① 李平心：《关于生产力性质几个问题的发言》，《学术月刊》1960 年第 4 期。

质活动，是劳动者与自然界之间的物质变换过程。但是，"生产力的二重性"，即物质技术力量和社会劳动力量，是"沟通社会与自然的桥梁"[①]。如果离开了"生产力的二重性"的矛盾运动，把社会设想为纯粹的人与人的关系，把人与自然的关系抽象化，就不会发生社会与自然之间的矛盾运动，也就不可能有人与自然之间的物质变换关系，也就不会有社会生活，更不会有社会的发展。

生产力本身的内部联系是一个十分复杂的矛盾体系。在生产力体系中的联系，是以人与人的社会联系为基础，以人与物的联系为桥梁，以物与物的联系为支柱的。由于它们的交互组织和交互作用，对生产关系来说，是有一定相对独立性的结构体系。这种"相对独立性的结构体系"，使生产力始终与生产关系处于矛盾统一的状态。因此，构成生产力的基本因素，只有通过生产关系把它们联结起来，才能形成现实的生产力，但是，生产关系不可能把生产力内部的一切联系"包举无遗"。[②]如果生产关系能把生产力内部的一切联系"包举无遗"，那么，生产关系就永远不会落后生产力的增长，生产力和生产关系就没有任何矛盾可言，阶级矛盾和阶级斗争也就失去了强大的物质基础。生产关系对生产力有巨大的推动和制约作用，但是，这种推动作用也只有通过生产力的内部矛盾和内部联系才能发生效用。李平心同志说："生产力发展是服从它自己的运动规律的，生产关系只有在它和这种规律相适合而不是相抵触的时候，才能够对生产力起强大的推动作用，但是生产关系不能超过这种规律的活动范围来推动生产力前进。"[③]李平心同志还明确讲："社会经济生活本身的铁的逻辑，是如此坚强有力，使一切愿意认真思考的人，在生产力和生产关系的领域里无法绕过这样的一个矛盾轴心：生产力的二重性。"[④]这是说，生产力的内部矛盾是异常复杂的，它们存在于量和质之间，也存在于结构和运动之间，但是其中最重要的是物质技术属性和社

---

① 李平心：《略论生产力与生产关系的区别——八论生产力性质》，《学术月刊》1960年第8期。
② 同上。
③ 李平心：《再论生产力性质——关于生产力的二重性质的初步分析》，《学术月刊》1959年第9期。
④ 李平心：《三论生产力性质——关于生产力性质的涵义问题及其它》，《学术月刊》1959年第12期。

会属性之间的矛盾，是物质技术力量和社会劳动力量之间的矛盾。如果否定了这个矛盾，就抽去了生产力内在矛盾的重要内容，也就无法解释许多社会经济生活中错综复杂的矛盾现象。李平心同志还多次申明："生产力的二重性"是生产力内部矛盾的"轴心"，而不是整个"社会经济生活的轴心"。社会基本矛盾是"人类社会经济生活的主轴"，而生产力的内部矛盾，即物质技术力量和社会劳动力量之间的矛盾运动，相对于社会发展的基本矛盾而言，只是处于"从属地位"。[①]"文化大革命"中，张春桥、姚文元把李平心的"生产力的二重性"，诬指为"整个社会经济生活的轴心"，是蓄意"栽赃诬陷"。

我们必须注意的问题是，对生产力和生产关系之间的矛盾，经济基础和上层建筑之间的矛盾，"决不能简单地了解为外部矛盾，而必须了解为内部的相互渗透的关系"[②]。它们是人类社会的内部矛盾和内部联系，决定社会的性质和面貌，决定社会的发展方向。然而，如果只承认生产力与生产关系之间的矛盾，经济基础与上层建筑之间的矛盾，而不承认生产力、生产关系、上层建筑等三大领域中，还有各自的内在矛盾和独自的发展规律，特别是不承认"生产力的二重性"，不但无法全面解释不同历史阶段的社会性质和面貌；也不能明确解释为什么生产力决定生产关系；为什么生产关系必须适应生产力性质；为什么只有生产力"首先"发生变化，而后才有生产关系的变化；为什么生产力是人类社会发展的"最终决定力量"，等等。所有这些问题的正确答案，只能从"生产力的二重性"，即物质技术力量和社会劳动力量的矛盾运动中去寻找。"生产力的二重性"，即生产力内部物质技术力量和社会劳动力量的矛盾，相对社会发展的基本矛盾而言，虽然处于"从属地位"，而并不是不重要。社会实践和现实生活说明，"生产力的二重性"，在生产力和生产关系领域里，确实是"无法绕过这样的一个矛盾轴心"。

"生产力二重性"的理论，是正确阐释社会革命的科学理论。"文化大革命"中，张春桥、姚文元把李平心"生产力二重性"的理论，视为

---

①　李平心：《关于生产力性质几个问题的发言》，《学术月刊》1960 年第 4 期。

②　李平心：《关于生产力性质问题的一点答辩》，《光明日报》1960 年 2 月 22 日。

"反对社会革命的反革命理论"，并对其进行残酷的批斗。这不仅表现了张春桥、姚文元对李平心同志的"政治陷害"，而且还表现了他们对科学理论的无知。数千年以来，人类社会为什么会发生大变革，从一种社会形态发展到另一种社会形态，从低级阶段不断地走向高级阶段。人类社会为什么会从无阶级社会，发展到阶级社会，而后又进入无阶级的共产主义社会。马克思主义认为，私有制和阶级有其自身产生、发展、灭亡的规律，其产生、发展和灭亡与生产力的发展相联系。马克思依据社会生产和人的发展状况，把人类社会发展进程分为人的依赖性社会、物的依赖性社会、人的自由全面发展的社会。马克思关于划分社会历史阶段和社会形态的方法，无论是五种划分法，还是三种划分法，其实质是一致的。人类社会通过大变革，不断地把其推向前进，是社会基本矛盾运动的必然结果，是"生产力的二重性"，即物质技术力量和社会劳动力量矛盾运动的必然结果。如果生产力内部没有物质技术力量和社会劳动力量的矛盾运动，人类社会的变革和发展是不可思议的。

自然界的生物体是依靠自己的生活机能成长起来的。自然条件（阳光、水分、气候、土壤、肥料等）无论如何优适，假如没有植物的内部矛盾，植物是无法成活生长的。同样的道理，假如生产力没有内部矛盾，生产关系无论如何强大，生产力也是无法发展的。"生产力的二重性"决定，生产力如同一切生物体一样，"有一种自己增殖自己更新的趋向"，是一种"最活跃最富有革命性的运动力量"。[①] 生产力在生产活动中，经常表现得"最活跃最革命"的原因，不能完全从生产关系中去寻找，也不能完全从生产力和生产关系的矛盾运动中去寻找。因为，如果离开了生产力的内部矛盾，无论是生产关系，还是生产力与生产关系的矛盾运动，"都不能源源不绝地给生产力运动提供物力和能量"[②]。由于生产力内部矛盾运动不息，由于生产力在历史上一般是不消灭的（生产关系和上层建筑在历史上是要消灭的），并且在反复不已的再生产过程中，不断积累着活劳动、物化劳动、劳动技能、劳动经验，以及一切与物质力量相

---

① 李平心：《再论生产力性质——关于生产力的二重性质的初步分析》，《学术月刊》1959 年第 9 期。

② 李平心：《五论生产力性质》，《新建设》1960 年第 6 期。

结合的必要的社会条件（如分工协作等社会经济联系），这就决定了生产力经常对生产关系处于领先地位，这也就决定了生产力在生产活动中成为"最活跃最革命的力量"。因此，"生产力的二重性"，即物质技术力量和社会劳动力量的矛盾运动，是人类社会发生革命的"最终泉源"。

"生产力的二重性"，即物质技术力量和社会劳动力量的矛盾运动，说明生产力能够"在生产关系中相对独立增长"。李平心同志一再声明，生产力不能离开生产关系。生产力和生产关系的关系，如同物质和运动、内容和形式的关系，是内在联系不可分割的。而"文化大革命"中，张春桥、姚文元把"生产关系"四个字抹掉，诬指李平心同志主张生产力脱离生产关系"自行增殖"，"是反对马列主义、毛泽东思想的反革命理论"。这是对李平心同志进行蓄意"政治陷害"。生产力"自行增殖""自行增长"，是决不会脱离生产关系的。因为，没有生产关系，生产力中人和物的因素就无法结合形成现实的生产力。同时，我们坚持生产力在生产关系中"相对独立增长"，是因为生产力内部矛盾不停地运动着，主要是物质技术力量和社会劳动力量在不停地起作用，就是落后的、衰朽的生产关系，也无法全面地绝对地限制生产力使其停滞不前，这已被社会发展的历史所证实。李平心同志说："假如生产力没有相对独立增长的可能性，它的每一次增长都需要生产关系推动，每一次变化都需要生产关系控制，非但生产关系要疲于奔命，而且生产力完全变成受生产关系支配的被动的东西，那么，在生产中最活跃最革命的力量就不是生产力，而是生产关系了。生产力与生产关系的矛盾也就很难理解了，马克思主义的生产关系适应生产力性质的定律必须修改成为生产力适应生产关系的'定律'了。"[1]也就是说，如果把生产力看作完全依赖于生产关系，而没有自己相对独立性的力量，这就不是生产力决定生产关系，而是"把生产力降为生产关系的附庸"[2]。

李平心同志关于"生产力二重性"的重要理论观点，一方面是必须反对把生产力看作离开生产关系孤立增长的力量，反对忽视生产关系对

---

[1] 李平心：《论生产力与生产关系的相互推动和生产力的相对独立增长——七论生产力性质》，《学术月刊》1960年第7期。

[2] 同上。

生产力的推动和限制作用的荒谬观点；另一方面，又必须反对把生产力看作完全依赖生产关系没有自己相对独立增长的力量，反对生产关系绝对地决定生产力的错误观点。当时实际生活中的主要倾向是什么呢？李平心同志明确提出：是"把生产关系绝对化，把生产力简单化，认为生产力始终要依赖生产关系才能增长，生产力不能有任何相对独立增长的运动"①。孙冶方同志说："我们现在回头看看当时我国的实际情况和所发生的问题，平心同志说得是完全有理的。"②这是对当年"大跃进"和"人民公社化"运动的经验教训的理论反思和总结。我们党在历史上犯过"把生产关系绝对化，把生产力简单化"的错误，给社会经济的发展造成了很大混乱和损失。十一届三中全会之后，我们党在总结历史经验教训的基础上，创建了"以公有制为主体，多种所有制经济共同存在和发展的经济制度"，这是符合我国生产力性质的经济制度，我们要切实保障这种经济制度长期稳定和健康发展，进而保障社会经济沿着科学的发展轨道稳健而持久地向前运转。

三、生产力发展的动力：多种因素的综合

李平心"生产力二重性"的理论，即物质技术力量和社会劳动力量的矛盾统一，深刻说明，生产力和生产关系的矛盾运动，及其生产关系的反作用，对生产力的发展有巨大的推动和制约作用，这是绝对不可忽视的，不然就背弃了马克思主义基本原理。但是，这不是生产力发展的"唯一推动力量"。推进生产力发展的动力，"是多种因素的综合"作用，特别是科学技术是推进生产力发展的巨大力量。近现代资本主义生产力发展的历史事实，已证明了这一点。马克思在《资本论》中，列宁在《俄国资本主义的发展》中，对资本主义生产力迅猛发展的复杂原因，即"多因论"，曾作过具体的科学分析，给我们研究生产力发展动力是"多种因素的综合"作用，提供了科学的理论依据。有的同志把李平心"生

---

① 李平心：《论生产力与生产关系的相互推动和生产力的相对独立增长——七论生产力性质》，《学术月刊》1960年第7期。
② 参见李平心《论生产力问题》，第10页。

产力发展的复杂性与多样性"的观点视为"资产阶级因素论"①进行批评，似乎生产力发展的动力，只能从生产关系和生产力与生产关系的矛盾运动中去寻找，他们这"是把生产力性质简单化、机械化"②。社会生活中大量事实证明，生产力发展的"多因素论"，是马克思列宁主义论，决不是否定社会基本矛盾是人类社会发展的根本"泉源与动力"。

"生产力的二重性"，就是物质技术力量和社会劳动力量的矛盾统一，这是生产力内部的主要矛盾。生产力和生产关系的矛盾运动，以及生产关系的反作用，都要通过"生产力的二重性"推进和制约生产力的发展。当生产关系极度腐朽、严重阻碍生产力发展时，物质技术力量和社会劳动力量的矛盾运动，要推动变革旧的社会制度和旧的生产关系，建立新的社会制度和新的生产关系，解放和发展生产力。但是，新的社会制度和新的生产关系建立起来之后，生产力不会自然而然地就上去了，也不会无限度地大发展，它总是遵循独自的发展规律向前运转，人们只能顺从它，不可以违背它。

社会劳动力量，主要是指劳动者。劳动者是肉体和精神的统一，体力和智力的统一。肉体和体力是精神和智力的物质载体，精神和智力总要受到肉体和体力的制约。在新的社会制度下，劳动者具有很大积极性和创造性。但是，也不可随意地"快马加鞭"，更不可以不讲条件地"大干快上"。社会的领导者和生产的指挥者要善于保护劳动者的积极性和创造性，要讲"科学"，要讲"条件"，要有"法律法规"，要健全和完善各种规章制度，"发展不能以牺牲安全为代价"，一定要讲究科学管理；特别是要注意发展文化教育科学事业，提高劳动者的科学文化素质和思想道德素质；等等，这些都是发展生产力不可缺少的因素。生产指挥者要善于自觉地处理好各种社会矛盾关系，特别是劳动者之间的矛盾关系，使劳动者和睦相处，团结合作。毛泽东在1957年曾号召全党，正确处理人民内部矛盾，"以便团结全国各族人民进行一场新的战争——向自然

① 李平心：《四论生产力性质——给〈有关生产力的几个理论问题〉的作者谢昌余先生的一封信》，《学术月刊》1960年第3期。
② 李平心：《论生产力与生产关系的矛盾运动——五论生产力性质》，《新建设》1960年第6期。

界开战，发展我们的经济，发展我们的文化"①。60 多年的社会实践证明，毛泽东同志关于正确处理人民内部矛盾的理论，是指导我们党协调劳动者之间的矛盾关系，构建和发展社会主义和谐社会，发展社会主义生产力的伟大理论。

物质技术力量所包含的内容很丰富，而主要指以生产工具为主体的生产资料以及纳入生产活动过程的自然物质力量，它和劳动者始终处于对立统一的状态。劳动者要通过自己的劳动实践，从自然界里获取物质生活资料，维持自己的生存和发展。而自然物质力量也有自身的发展规律，劳动者在自然物质力量面前，可以发挥自觉能动性，认识它、改造它、利用它，但是，必须顺从它自身的运动规律，决不可随心所欲、盲目蛮干，否则必然受到自然物质力量的惩罚。所以，劳动者要注意探究自然物质力量的客观规律，切实按客观规律办事。比如，要注意生产工具的维修和改进，注意生产工具的结构和布局，确保生产资料的合理配置和利用；要注意各地区、各生产部门之间的协调和合作；要注意协调人与自然、社会与自然的关系，把改造和利用自然物质力量，与保护自然物质力量结合起来，做到人和自然和谐相处，社会和自然和谐发展。保护生态平衡，保护自然环境，保护自然资源，合理地利用和开发自然资源，就是保护生产力。如果人们只顾眼前，不顾长远，为了个人私利，盲目开发自然资源，破坏自然环境，破坏自然资源，就是破坏生产力。这个哲学道理，已经成为世界各国人民的共识。我们党制定和提出的可持续发展的战略方针、西部大开发、振兴东北、建设社会主义新农村、注意各地区各部门之间的合理布局，以"五大发展理念"为引领等一系列战略决策，都是在总结国内外历史经验的基础上，所形成的发展社会主义生产力的重大战略举措。40 多年来，我国社会经济之所以保持着稳健而持续的向前发展，这与我们党对社会主义生产力性质和发展规律有了较深刻的认识，是密不可分的。

李平心同志认为，我们研究生产力性质及其运动规律的理论，决不能离开对科学技术的研究和应用。科学技术属于生产力，是马克思主义

---

① 《毛泽东文集》第 7 卷，人民出版社，1999 年，第 216 页。

的一个基本观点。"生产力的二重性",即物质技术力量和社会劳动力量的矛盾统一,与科学技术相联系。科学技术不是独立的物质生产力因素,而是把它自己发展的成果"凝结"在生产力的各个因素之中,进而构成物质生产力的一个组成部分。正如邓小平同志所指出:"大家知道,生产力的基本因素是生产资料和劳动力。科学技术同生产资料和劳动力是什么关系呢?历史上的生产资料,都是同一定的科学技术相结合的;同样,历史上的劳动力,也都是掌握了一定的科学技术知识的劳动力。我们常说,人是生产力中最活跃的因素。这里讲的人,是指有一定的科学知识、生产经验和劳动技能来使用生产工具、实现物质资料生产的人。"[1]构成生产力的各种因素,都与科学技术相联系,这已是不可否认的客观事实。社会越进步,科学技术越发展,越证明这个问题的正确性和重要性。

李平心同志提出的生产关系对生产力的发展有巨大作用,但"不是推动生产力发展的唯一力量"的科学论断,是以科学技术对生产力的发展有巨大推动作用为重要依据的。他在 1959 年写的第一篇《论生产力性质》一文中就明确指出:由于科学技术的巨大发展和应用,"引起社会生产力几十倍乃至千百倍的增长,大大突破与超越人的器官和精神能力的限制,突破和超越劳动力数量的限制"。由于科学技术的大发展,"所促成的社会生活和历史过程的变化,不是人的主观意志所能控制、所能限量的"。[2]在其他论生产力性质的文章中,他还说:在当今的时代,人类认识了"无数的自然现象的联系",在认识自然基本规律的基础上,又认识了"许多新的物质运动规律,这是不能不归于人类生产劳动和科学技术力量的"。"现代科学技术创造了许多天然物质的代用品,并创造了许多为自然界所没有的物质,它们在生产上所发生的效应,试问可以不从生产力发展的意义上估计吗?"[3]李平心同志早在半个多世纪之前所作出的这些科学预见和高明论断,已被当代新技术革命的兴起所证实,是千真万确的科学真理。

---

① 《邓小平文选》第 2 卷,人民出版社,1994 年,第 88 页。
② 李平心:《论生产力性质》,《学术月刊》1959 年第 6 期。
③ 李平心:《关于生产力二重性问题的重要声明》,《文汇报》1960 年 12 月 6 日。

　　李平心"生产力二重性"的理论，即物质技术力量和社会劳动力量的矛盾统一，告诉我们这样一个哲学道理：生产力和生产关系的矛盾运动，对生产力发展有巨大推动和制约作用，但不是推进生产力发展的"唯一力量"，推进生产力发展的动力，是"多种因素的综合作用"。比如，当今世界资本主义国家，各国的经济制度和政治制度尽管有不少差异，但就其本质而言都是资本主义性质的，而各国的经济发展状况却有很大差异。又比如，我们中国，就整体和本质而言，其经济制度和政治制度是在中国共产党领导下的社会主义性质的，而不同地区、不同生产部门的经济发展状况，也是很不均衡的。其所以如此，这其中的重要原因，不能单从生产力与生产关系、经济基础与上层建筑的矛盾运动中去寻找。这与不同国家、不同地区、不同生产部门的经济、政治、文化体制，自然条件，以及生产指挥者的智慧和管理能力等，有很大关系。我们为了推进生产力稳健而持久的发展，在坚持社会基本矛盾运动是人类社会根本动力和根本规律的前提下，一定要关注经济、政治和文化体制的不断完善；要关注生产过程中各个环节和各个方面的协调和联系；要关注人与人之间、人与自然和社会与自然的和谐关系；要关注人口的增减；特别是关注不断提高生产指挥者的思想道德素质和科学文化素质及其管理能力；等等。在当前，我们一定要牢固树立和全面落实以习近平同志为核心的党中央提出的以"五大发展理念"为指引，统筹推进"五位一体"的总体布局，协调推进"四个全面"战略布局，使我国现代化沿着科学的发展轨道稳健而持久地向前运转。这是历史和现实给我们得出的科学结论，也是万古长青的辩证法。

四、李平心生产力性质理论的当代意义

　　李平心生产力性质的理论观点，从问世至今半个多世纪了。半个多世纪的社会实践证明，李平心生产力性质的理论是马克思主义的科学真理。我们理论工作者应继续重视对这一理论的研究和阐发，把对生产力的研究引向深入，推向更高的研究阶段。

六、关于生产力问题的论争

（一）李平心生产力性质理论，有助于我们深入认识和把握生产力发展的动力及其客观规律，使社会主义现代化建设事业稳健而持续地向前发展

生产力和生产关系的矛盾运动及其生产关系的反作用，对生产力的发展有巨大的推动和制约作用，但是，对此也不要作"绝对化"和"简单化"的理解，千万不要孤立地在变革生产关系上做文章，特别是不要把注意力只放在不断地变革生产资料所有制方面，应格外重视生产力自身的复杂矛盾关系和独特的发展规律，推进生产力的发展。我们党在这方面有过严重的教训。20世纪五六十年代，一直到"文化大革命"中，曾用"群众路线"和"政治挂帅"以及"抓革命、促生产"的口号等，代替生产力发展的客观规律，搞单一的公有制经济，并把生产资料所有制公有化程度不断"升级"；在经济建设中搞"高指标""大冒进""浮夸风"等等。这种把"生产关系绝对化"，把"生产力简单化"的做法，严重脱离了我国生产力的性质，挫伤了广大人民群众的劳动积极性和创造性，给国家造成了极大混乱，使国民经济遭受到严重损失。李平心生产力性质理论，就是对这种历史经验教训的理论反思和总结，有助于我们深入认识和把握生产力发展的动力及其发展的规律，促使社会主义现代化建设事业稳健而持续地向前发展。

（二）在重视对生产关系研究的同时，加强对生产力的研究，是马克思主义发展的基本要求

我国著名哲学家匡亚明同志明确指出："在理论战线上虽然研究生产关系方面的问题仍不能说已很充分，确实仍须加强，毕竟还是做了不少工作，唯独从事生产力方面问题的研究工作，则做得很少，做得很不够。这种情况不仅国内如此，国外大体上也如此。"[①]他希望理论工作者，以李平心同志为榜样，在重视生产关系的同时，加大对生产力的研究。我们回顾马克思主义发展史和国内外理论界的发展状况，匡亚明同志这些意见，是很值得我们重视的。

---

① 参见李平心《论生产力问题》，第2页。

李平心生产力性质的理论，不仅是对社会主义革命和建设经验教训的理论反思，而且是对马克思主义发展史的总结。从马克思主义发展史来看，在马克思主义经典著作中，用于探索、研究和阐明生产关系方面的力量和篇幅，大大超过用于探索、研究和阐明生产力方面的力量和篇幅，这是符合当时的历史条件和斗争需要的。因为当时要求任何地方的共产党人，都要支持反对现存的经济制度和政治制度的每一种革命运动，而"在所有这些运动中，他们都强调所有制问题是运动的基本问题，不管这个问题的发展程度怎样"①。生产关系的核心问题是所有制问题，在当时社会革命运动高涨的历史条件下，理论工作者花大力气研究和阐明生产关系问题，是不言而喻的。即使如此，在马克思列宁主义经典著作中，对生产力和生产关系矛盾运动的阐述，总是严格遵守辩证唯物主义和历史唯物主义基本原理的。他们反复讲："生产力不仅是生产中最活跃、最革命的因素，而且也是生产发展中的决定因素。""有什么样的生产力，就有什么样的生产关系。"马克思还明确讲"无论哪一个社会形态，在它所能容纳的全部社会生产力发挥出来以前，是决不会灭亡的；而新的更高的生产关系，在它的物质存在条件在旧社会的胎胞里成熟以前，是决不会出现的"②等等。马克思主义这些精辟论述，尽管由于历史条件的限制，没有形成系统的专门论著，但是这是他们留下的对生产力问题的方向性说明。我们后人的责任，要以马克思主义立场、观点和方法为指导，独立思考，实事求是地去论证和阐明他们所没有来得及作详尽论证和说明的问题，实事求是地去研究新情况，解决新问题，得出新的结论，进而丰富和发展马克思主义。李平心同志早在 1960 年前后，花大力气对生产力性质问题的研究和探索，正是这样做的，这是值得我们学习的。

（三）李平心生产力性质理论，有助于我们牢固树立和全面落实"新发展理念"，把社会主义现代化建设事业，切实纳入科学的发展轨道，使其稳健而持久地向前运转

李平心同志反复申明"生产关系不是推进生产力发展的唯一的决定

① 《马克思恩格斯选集》第 1 卷，人民出版社，1995 年，第 307 页。
② 《马克思恩格斯选集》第 2 卷，人民出版社，1995 年，第 33 页。

力量"，并不是不重视生产关系的巨大作用。他的真实思想，是希望我们党从多方面入手抓生产力的发展。生产力的发展是"多种因素综合"作用的结果。李平心同志针对我们党重视抓生产关系的变革，而忽视抓生产力自身发展这一偏颇，忠诚地告诫我们党："党要一手抓社会主义生产关系、社会主义上层建筑，使它们不断完善；一手抓社会主义生产力，使它们不断增长。"[①]这是多么忠诚的忠告啊！然而，这些忠告不仅没有得到支持，反而遭到不公正的批判。如果说，我们由于没有接受马寅初先生的人口论，只是造成了人口政策的重大失误；那么，由于批判李平心同志的生产力论，就不仅仅只是我国经济建设上的巨大损失，它的危害性几乎波及社会主义经济、政治、文化各个方面，其教训是惨痛的！

以习近平同志为核心的党中央，在总结国内外现代化历史经验教训的基础上，提出了"牢固树立和认真落实以人民为中心，全面、协调、可持续的发展思想"。当今世界，无论哪个民族、哪个地区，以及哪个国家，都在谋发展。发展是"五位一体"的全面发展，必须努力探寻和遵守发展的客观规律。发展必须"以人民为中心"，发展的目的是为了人民，发展必须依靠人民。为了人民的利益，为了子孙后代的"永续发展"，必须努力处理好人与自然、人与社会的关系，处理好发展与人口、资源、环境的关系，"努力实现好生产发展、生活富裕、生态良好的文明发展格局"。党中央还强调，必须坚持"创新、协调、绿色、开放、共享"的"新发展理念"；必须深刻认识"稳中求进工作总基调"不仅是治国理政的重要原则，也是做好经济工作的方法论；必须坚持推进文化体制改革，创新文化发展理念，"解放和发展文化生产力"；大幅度提高"文化在经济社会发展中的地位和作用"；等等。我们党的这些科学发展理念，既是对我国现代化建设经验教训的总结，也是当今时代的潮流。我们要牢固树立和全面落实这些"新的发展理念"和新的战略举措，把我国现代化建设事业切实纳入科学的发展轨道，使其稳健而持久地向前运转。

[①] 李平心：《论生产力与生产关系的矛盾运动——五论生产力性质》，《新建设》1960年第6期。

（四）李平心生产力性质理论，深刻揭示了生产力发展的内在动力及其发展的规律，有助于人们坚定社会主义和共产主义的必胜信念

李平心生产力性质理论，即物质技术力量和社会劳动力量的矛盾运动，使"生产力在生产关系中能够相对独立增长"。当一个社会形态中，生产关系和上层建筑极度腐朽了，已经成为生产力发展的严重障碍时，社会生产也不会因此绝对停滞，而是仍会呈现出不同程度的"增长"。这深刻说明，生产力是社会生产中"最革命最活跃的力量"，是人类社会发展的"最终动力"。由此决定，生产力总要冲破旧社会的经济制度和政治制度对它的束缚和压制，这是不可抗拒的物质力量。在人类历史上，生产关系和上层建筑是会灭亡的，而生产力是永存的。当今的资本主义世界，某些发达资本主义国家的生产力还在继续增长，这不是不可以理解的，是合乎资本主义发展规律的，也是符合人类社会一般发展规律的。因为，一方面资本主义经济制度和政治制度由于资本主义的自我调整，使资本主义生产力还有一定的发展余地，它只能是逐步走向衰朽；另一方面生产力在资本主义生产关系中"自行增长"，才使得资本主义社会内部矛盾日益激化起来，也才能使资本主义社会为社会主义革命准备的历史条件和物质条件逐步成熟起来。所以，现代资本主义的灭亡，社会主义和共产主义的胜利，如同以往的一切社会形态的更替一样，是人类历史之必然，是任何人的主观意志也改变不了的，我们应坚定这个科学信念！

（五）"真理是不灭的，真理是不亡的"

李平心生产力性质理论问世不久，在全国报刊上发表了许多讨论文章。当年的讨论，从总体来看，还是充满学术气氛的，有"百家争鸣，百花齐放"的味道。那样大规模地讨论生产力性质及其发展的规律问题，不仅是我国理论界的首创，而且在马克思主义发展史上也是从来没有过的。那场有关生产力问题的大讨论，推进人们加深对生产力性质及其发展规律的认识，起了很大作用。

可惜，时隔不久，"文化大革命"开始了。"文化大革命"一开始，张春桥、姚文元把李心平生产力性质理论视为"反革命修正主义唯生产

力论",并对其进行极为残酷的批斗。在性命攸关的情况下,李平心同志誓死不低头,同张春桥、姚文元进行针锋相对的斗争,直到 1966 年 6 月 20 日被害身亡。正值笔健神旺 59 岁盛年的李平心同志,在他临终的遗书中写道:"任何人也不能剥夺我热爱党、热爱社会主义的权利。我的立场是坚定的,观点是经得住考验的,要我接受这种放弃原则的观点是绝对办不到的。我相信这不是党的看法,党迟早会了解我的态度和立场的……真理是不灭的,真理是不亡的,生命有限的个人是可以牺牲的,但是生命无限的人民是不朽的。以共产党为首的中国人民万岁!"①

这是惊天动地的、震撼人们心灵的历史呼唤!李平心同志热爱党、热爱人民,为真理而奋斗到底的决心,何等鲜明,何等坚定!

李平心同志曾说:"学术讨论是严肃的细致的思想劳动。惟有崇尚事实,坚持真理,诚意助人,虚怀纳善,才有益于学问,有利于争鸣。"②李平心同志这些话,是治学和论争的科学态度。我们相信,在改革开放的新时期,我国理论工作者一定会以这种科学态度,对待李平心同志对生产力性质及其发展规律所作的细致的、艰苦的、有成效的"思想劳动"。我国著名经济学家孙冶方同志曾表示:"我很赞佩平心同志独立思考、服从真理的科学态度。""我们要像平心同志那样,树立起为人民的利益坚持真理的科学态度。"③李平心生产力性质理论是马克思主义生产力论。我们理论工作者要继承和发展这一宝贵的精神财富!

李平心生产力性质理论是科学真理。当今,我们对这一马克思主义理论深入研究和阐发,对于深刻理解和全面落实习近平新时代中国特色社会主义思想,以党的"五大发展理念"为引领,推动我国经济社会全面发展,建设富强民主文明和谐美丽的社会主义现代化强国,实现中华民族伟大复兴的中国梦,其理论价值和当代意义是重大而深远的。

原载《生产力研究》2019 年第 2 期

---

① 参见李平心《论生产力问题》,第 303 页。
② 李平心:《论生产力与生产关系的相互推动和生产力的相对独立增长——七论生产力性质》,《学术月刊》1960 年第 7 期。
③ 参见李平心《论生产力问题》,第 22 页。